国際政治の〈変化〉を見る眼

理論・歴史・現状

島村直幸［著］

An Insight into the Changes
in International Politics

Theory, History and the Status Quo

晃洋書房

目　次

序章　国際政治の〈変化〉を見る眼

国家は、より正確に言えば、それを代表して行動する政策決定者たちと制度は、いかにして国際的な脅威と機会を評価するのか？　対外的な脅威の性質について意見の不一致がある時に、何が起こるのか？　誰が、対外政策の代替案が受諾できるか、それとも受諾できないかの範囲を最終的に決定するのか？　どの程度まで、またいかなる条件の下で、国内の行為主体（アクター）は国家の指導者たちと取り引きし、対外政策や安全保障政策に影響を及ぼすのか？　いかにして、またいかなる環境の下で、国内の行為主体は、国家が勢力均衡の理論や脅威の均衡の理論が予測する戦略の類型を追求することを妨げるのか？　最後に、いかにして国家は、対外政策や安全保障政策を履行するために必要な資源を抽出し動員しうるのか？　これらは、国際政治の支配的なネオリアリストやリベラリストの理論では答えの出ない重要な問いである（Taliaferro, Lobell, and Ripsman, 2009: 1）。

ジェフレイ・タリアフェッロ、スティーヴン・ロベル、
ノリン・リップスマン『ネオクラシカル・
リアリズムと国家、対外政策』（二〇〇九年）

一　リアリズムとリベラリズムのパラダイムと変化

国際関係論（ＩＲ）の支配的で第一義的なパラダイムである現実主義（リアリズム）は、国際システムの〝変化〟を説明することは苦手である。一六四八年一〇月までのウェストファリア講和会議以降の近代の国際システムで〝根本的に変化しない〟原理的な要素を切り取り、それを説明しようとするからである。場合によっては、古代ギリシャの歴史家トゥーキュディデースの『戦史』（前五世紀後半）の洞察にまで議論をさかのぼる（トゥーキュディデース、二〇一四；Doyle, 1997: 49-92; Gaddis, 2018: chap. 2; Freedman, 2015: chap. 3; Nye and Welch, 2016: chap. 1）。リアリズムの理論は、覇権（hegemony）安定理論など例外もあるが、基本的に〝静的な〟議論なのである（Smith, 1986; Waltz, 1992; Tellis, 1996; Gilpin, 1996; 1986; 1981; Donnelly, 2000）。

古典的なリアリズムは、システムのユニット・レベルにも注目するが、個人レベルの要因にまで議論を還元する。人間

表1　勢力均衡（BOP）の異なる意味

状況	規範	法則
① 力の均等な分布	④ 均等な分布を実現すべし*	⑥ 均等な分布は必ず実現する
② 自らに有利な力の分布	⑤ 自らに有利な力の分布を実現すべし	———
③ 単なる力の分布	———	⑦ 力の分布は絶えず変化する

*④の方法として，以下の三通りにさらに区別できる．
a ある国がバランサーとなって，均等な分布を実現すべし．
b 大国は，他の大国の獲得した領土に見合う領土を他の場所で獲得すべし（獲得してもよい）．
c 大国は協調して，均等な力の分布の実現を図るべし（大国の協調）．

出典：田中（1989: 68）．

性に関しては、性悪説に立つ。モーゲンソーによれば、人間には権力を志向する性質があり、「国際政治とは、他のあらゆる政治と同様に、権力闘争である」という（Morgenthau, 1978: 29）。

モーゲンソーやキッシンジャーのような古典的リアリズムは、国際秩序の安定のためには、勢力均衡（BOP）の政策が外交官や政治家によって意図的に展開される必要性を説く。これに対して、ウォルツをはじめとしたネオリアリズムは、国際システムのレベルの構造的要因（システム原理、ユニットの特質、「力の分布（distribution of capabilities）」）に注目する。ウォルツ流のネオリアリズムによれば、システム上、優越した勢力に対して、バランシングの機能が自ずと働く、と想定される（Waltz, 1979: 121）。

これに対して、リベラリズムは、〝時代とともに変化する〟国際システムの側面を切り取り、それを説明しようとしてきた。リベラリズムは、リアリズムと比較して、より楽観的な現状分析と将来の展望を描く。進歩（progress）を論じる議論さえある（Elman and Elman, eds., 2003）。人間性に関しては、特に古典的リベラリズムが性善説に立つ。

古典的リベラリズムとネオリベラリズムは、さまざまな要因によって、戦争が時代遅れになってきたことを示唆するため、国際関係が緊張するか、現実に戦争が起こると、理論としての説得力を失ってしまう。逆に言えば、国際関係が緊張したり、戦争が起こったりすれば、リアリズムの議論が説得力を増すことになる。他方で、二〇世紀後半以降のアメリカとヨーロッパ、日本の先進国間の関係のように、戦争が起こらない（起こりにくい）国際関係では、リベラリズムの議論は、リアリズムの議論よりも説明能力が高いとみなされる。逆に、たとえば、中国や北朝鮮の脅威がある東アジア地域や、イランとサウジアラビアがライバル関係にあり、アラブ諸国と対立するイスラエルが存在する中東地域では、依然としてリアリズムが説明能力の高い理論やモデルであるということになる。

こうして、リアリズムとリベラリズムの原理的な相違の一つは、国際システムの〝変化〟に対する捉え方の違いにある、と言うことができる。国際関係論を扱う上で重要となるのは、特にリアリズムとリベラリズムの使い分けである。どちらか一方が正しく、片方が間違いであるということではない。現実を切り取り、説明しようとする対象や現象がそもそも異なるのである。リアリズムとリベラリズムにそれぞれ、説明能力上、得手不得手があるということである。排他的に捉えるのではなく、両者のアプローチを相互補完的に活用していくことが、われわれに求められる学問の健全な姿勢であると言えよう（田中、一九九六：石川、一九九七：島村、二〇一八：序章）。

この序章では、国際関係論のさまざまな分析枠組みが〝変化〟をいかに捉えてきたのかを明らかにする。リアリズムとリベラリズムに加えて、世界システム論、英国学派のアプローチ、コンストラクティヴィズム（構成主義、構築主義）などを取り上げる。覇権安定理論も取り上げ、リアリズムが〝変化〟と無関係であったわけではないことも明らかにしたい。また、国際関係論のさまざまな分析枠組みを取り上げるにあたり、できる限り関連する図表を紹介していく。

二　リアリズムとリベラリズムとは何か

リアリズムとリベラリズム、それぞれの定義を改めてできるだけ簡潔に踏まえておこう。

リアリズムとは、国際システムを構成する行為主体（アクター）や単位（ユニット）を第一義的に主権国家に求め、無政府状態（anarchy）のシステム原理を重視する分析枠組みである。ここでは、国家としての〝生き残り〟、つまり国家安全保障が第一義的な価値として主権国家によって追求される。国際システムは、リアリズムにとって、〝自助（self help）〟のシステムなのである。主権国家の政策手段として、軍事力の行使や戦争は、政治や政策の延長である。戦争は、「最後の手段」だけではなく、「最初の手段」としても行使されうる。ただし、軍事面では、核兵器の存在から、大国間関係ではお互いに抑止（deterrence）が強く効くことを見逃さない。また、リアリズムは、古典的なアプローチでも、ネオリアリズムでも、国際協力の可能性については、懐疑的である。無政府状態に置かれた主権国家は、絶対的利得（absolute gain）ではなく、相対的利得（relative gain）を重視する、と想定されるからである。リベラリズムと比較した場合、リアリズムは、対立的なイメージ、世界観、思想を土台としている。リアリズムは、国際システムの〝時代によって変化しない〟本質的な要素を切り取ろうとする。リアリズムの思想的なルーツは、トゥーキュディデースやマキャベリ、ホッブス、クラウゼヴィッツなどである（Carr, 1939; Morgenthau, 1978; Schuman, 1933; Aron, 2003; Kissinger, 1957; Kennan, 1984; Wolfers, 1956; 1959; 1962; 1966; 高坂、一九六六；Waltz, 1959; 1967; 1979; 2008; Gilpin, 1981; Freedman, 2015; ホフマン、二〇一一：第五章）。

古典的リアリズムとネオリアリズムは、世界観をほぼ同じくするが、論理構造は若干異なる。表2は、古典的リアリズムとネオリアリズムの論理の相違をまとめたものである。

表2　古典的リアリズムとネオリアリズム

古典的リアリズム
人間の本質
↓
ホッブス「人間論」に依拠
↓
人間が利己的
↓
国家行動に援用
（本来的に争い合う）
↓
国家安全保障の極大化
↓
「力の均衡」原理と同盟

ネオリアリズム
国際システムの本質
↓
ルソー「鹿狩りの喩え」に依拠
↓
システムが無政府状態（アナーキー）
↓
国際関係に援用
（本来的に争い合う）
↓
国家安全保障の極大化
↓
自助メカニズム
〈プラス〉
市場メカニズムによる
寡占的秩序形成原理を援用
↙　↘
力の均衡化　覇権安定化

出典：進藤（2001: 130）.

　これに対して、リベラリズムは、リアリズムのように、主権国家を統一的で合理的なアクターとしては捉えない。多元主義的なアプローチをとる。つまり、主権国家を政府と首脳だけでなく、官僚組織や議会、利益集団に加えて、市民社会や非政府組織（NGO）、多国籍企業などトランスナショナルな主体、マスメディアなどに〝分解〟して分析するのである。またマクロなレベルでは、国際システムを構成する主権国家だけではなく、国際連合（国連）など国際機関や、国際経済などの国際制度ないし国際レジームなどの重要性を強調する（同盟でさえ、国際制度として捉える）。またリベラリズムは、リアリズムと違い、伝統的な安全保障や軍事力の重要性は、かつてと比較すれば、相対的に重要性がより低下し、経済や環境、人権・民主化などの問題領域（issue area）の重要性がより高まってきたことを強調する。そのため、リベラリズムは、国際協力は可能である、と結論づける。こうして、リベラリズムは、国際システムの〝時代によって変化している（きた）〟新しい要素を切り取ろうとする（Keohane and Nye, 2011）。

　ただし、リベラリズムの議論は、多種多様である。たとえば、政治的なレベルでは、民主主義国家が増えれば、戦争が起こる蓋然性はより低下するという「民主主義による平和（democratic peace）」の議論がある（たとえば、Russett, 1993; Doyle, 1983a; 1983b）。経済的なレベルでも、国境を越えた相互依存が深化し、グローバリゼーションが進展すれば、やはり戦争が起こる蓋然性はより低下する、と想定する

(Keohane and Nye, 2011; 田中、一九九六：第五章と第六章)。また、国際秩序がより〝制度化〟されていけば、戦争が起こる蓋然性はやはりより低下する、と想定される(田所、二〇〇三)。話し合う機会が増え、信頼醸成措置(CBM)が高まるからである。いずれも、第一次世界大戦期のウィルソンのリベラルな国際秩序構想(さらにはカントの政治思想)に思想的なルーツがある。政治的な民主化と経済的な市場化・自由貿易の拡大・相互依存の深化、国際秩序の制度化がそれぞれ進めば、戦争が起こる蓋然性は著しく低下するという「リベラル・ピース」の議論も可能である(Russett and Oneal, 2001; 大芝、二〇一六：一六二―一六五)。冷戦後には、国際連合や市民社会のレベルなど国家以外のアクターの役割も重視して国際レベルの秩序のあり方を規範的に論じるグローバル・ガヴァナンス(global governance)のアプローチも注目されてきた(Rosenau and Czempiel, eds., 1993; Young, 1994; Bevir, 2012; 渡辺・土山編、二〇〇一；納家・ウェッセルズ編、一九九七；山本、二〇〇八；鈴木、二〇一七；大芝ほか編、二〇一八；猪口、二〇一二)。

表3は、特に相互依存論とネオリベラル制度論、リアリズムの相違と位置づけを示す。注目すべき点は、ネオリベラル制度論が、(ネオ)リアリズムの前提である国際システムの原理が無政府状態であるという命題を受容した上で、国際制度の役割によって、国際協力が可能である、と説くことである。国際システムの構造(主に「力の分布」)の変化を独立変数、国際秩序の安定性を従属変数、国際制度を媒介変数とし

表3　相互依存論とネオリベラル制度論，リアリズムの相違

	相互依存論	ネオリベラル制度論	リアリズム
① 国家は，国際関係で唯一の主要なアクターである．	違う．（国際機構，利益集団，非政府的政策ネットワークのような）他のアクターも入る．	そう．（だが，国際的制度が，むしろ中心的役割を果たす）．	そう．
② 国家は合理的・統一的なアクターである．	違う．（国家は分散的である）．	そう．	そう．
③ 国際関係が無秩序なために，国家活動が中心性を持つ．	違う．（科学技術や知識，福祉，経済関連の政策集団もまた協力促進要因として機能する）．	そう（外見上）．	そう．
④ 国際制度が，国際協力を促進する中心的アクターである．	そう．	そう．	違う．
⑤ 協力の可能性	楽観的	楽観的	悲観的

出典：Grieco（1993: 123）; 進藤（2001: 142）．

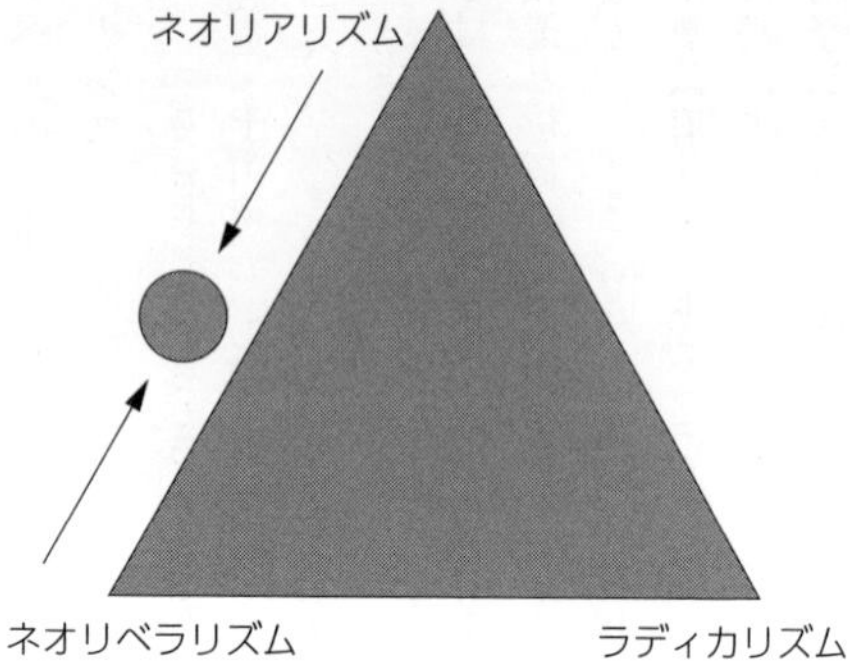

図１　ネオ・ネオ論争とネオ・ネオ統合
（とラディカリズム）

出典：Weaver（1996: 163）.

て捉えるのである。

ネオリアリズムとネオリベラリズムは、一九八〇年代に、国際協力の可能性をめぐって、相対的利得がより重要か（国際協力に悲観的）、それとも絶対的利得の計算のみで国際協力が可能か（国際協力に楽観的）で、論争を繰り広げた。論争は、お互いに精緻な理論とモデルをもたらした。こうした「ネオ・ネオ論争」は、問題領域によって、相対的利得がより重要になる場合もあり、逆に絶対的利得がより重要になる場合もあるという形で、「ネオ・ネオ統合」が図られた。**図１**の通りである。

三　ダイナミックなリアリズムとしての覇権安定理論

リアリズムにも、国際システムの〝変化〟を説明しようとする試みがある。ギルピンらの覇権安定（循環）理論である（Gilpin, 1981; Modelski, 1987; Modelski, 1981）。たとえば、ギルピンによれば、経済力や軍事力、外交力、資源をコントロールする力のほぼすべてで圧倒的な力を持つ覇権国（hegemon）が存在すれば、特に国際経済が安定し、国際システムは相対的により安定的であるという。国際システム・レベルの構造に注目するネオリアリズムの単極安定論である（Gilpin, 1981）。

これに対して、同じくネオリアリズムのウォルツらは、双極安定論を展開した。ウォルツによれば、多極よりも双極の国際システムの方が相対的により安定的であるという（Waltz, 1979）。また、冷戦後のような単極の構造は、歴史的には一時的なものに過ぎず、国際システムは、遠くない将来に多極（もしくは双極）に向かう、と議論された。すでに見た通り、システム上、一つの優越した力にはバランシング行動が自ずと働く、と想定されるからである（Waltz, 1993; Mearsheimer, 1990）。ただし、これでは、アメリカ中心の単極構造が四半世紀以上継続してきた冷戦後と二一世紀初頭の国際システムをうまく説明できない。圧倒的なパワーと同盟網を持つアメリカに、残りの大国がバランシング行動をとらず、むしろアメリカ中心のリベラルな国際秩序に「勝ち馬に乗る（bandwagon）」行動をとり続けてきたからである（アイケンベリー、二〇〇四：日本語版まえがき）。

冷戦後と二十一世紀初頭のアメリカ中心のリベラルな国際秩序、つまり単極の構造という現実を受けて、ギルピンの覇権安定理論が一定の再評価を遂げた。静的で、国際システムの変化を説明できないウォルツの国際システム論よりも、国際秩序の正統性なども分析するギルピンのダイナミックで柔軟な議論に注目が集まったのである（たとえば、Wohlforth, 2011）。ギルピンは、国際秩序の正統性を論じるにあたって、古典的リアリズムのキッシンジャーの国際秩序についての議論を持ち出していたから、リアリズムでも変化をまったく説明できないわけではない（Gilpin, 1981: 12-13）。キッシンジャーによれば、主要な大国間で秩序の正統性が共有されている場合には、「正統体系」と言うが、大国間戦争は起こる蓋然性は相対的により低いと想定される。逆に、主要な大国間で秩序の正統性が共有されていない、つまり、現状変革国家（revisionist powers）が登場した場合には、「革命体系」と言うが、大国間戦争が相対的に起こる蓋然性は相対的により高まるという（Kissinger, 1957）。

ギルピンの覇権安定理論によれば、覇権国が存在すれば、覇権国が国際公共財を提供し、国際経済秩序が安定するという。国際公共財としては、具体的に、たとえば、自由貿易の拡大や通貨の安定や、さまざまな国際経済制度の形成、広く国際経済秩序の安定などが想定されている。これらのどこに焦点を絞るのかは、論者によって若干異なる（田中、一九九六：八〇―八五）。覇権国の力が相対的にかつてよりもより低下すると、力を相対的により増大させた別の国家が現状の国際システムに不満を持ち、現状変革国家として台頭する、と想定された。結果として、それまでの覇権国と挑戦国との間で、覇権戦争が勃発し、勝利した国家（厳密には最も国力を増大させた国家）が新たな覇権国となるという。新たな覇権国は、新しい国際経済システムを提供し、国際経済秩序の安定に貢献する。そのことが、覇権国の国益にかなうからである。自由貿易の拡大や通貨の安定、国際経済秩序の安定で最も利益を享受するのは、最も経済力を持つ国家だからである。残りの大国も、既存の国際秩序に利益を見い出す限りにおいて、覇権国が提供する覇権秩序にしたがうインセンティブを持つことになる。こうした結果、新しい挑戦国が登場するまで、国際経済秩序はしばらく（おおよそ一〇〇年間ぐらい）安定するという（Gilpin, 1981: 12-13）。図2の通りである。

またギルピンは、国内システムとの比較で、国際システムの構成要素を表4の通り、捉えている。

その上で、ギルピンは、国内と国際の変化の比較を表5の通り、整理している。

現実の歴史上、覇権国の交代は、一〇〇年ぐらいのサイクルで繰り返されてきたと議論される。一六世紀のポルトガルもしくはスペイン（あるいは両者）、一七世紀のオランダ、一八世紀と一九世紀のイギリス、そして二〇世紀のアメリカである。二一世紀の国際秩序が、「パックス・アメリカーナ」の継続となるのか、新たな覇権秩序がもたらされるのかにつ

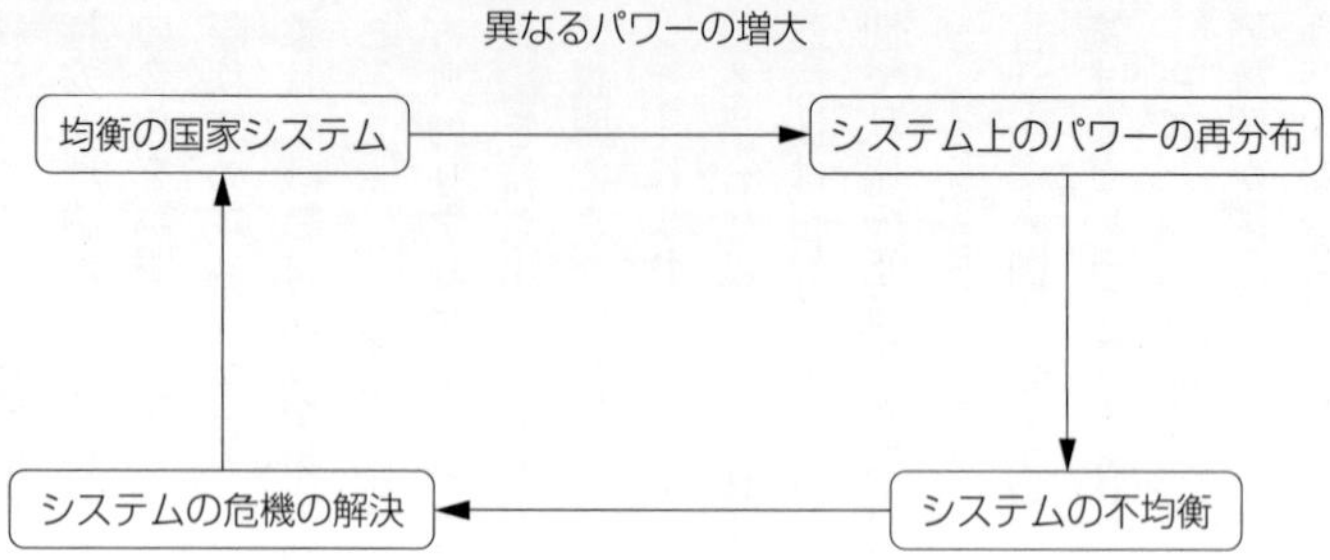

図 2　覇権国の交替のサイクル

出典：Gilpin（1981: 12）.

表 4　支配のメカニズム（システムの構成要素）

国内	国際
政府（government）	大国の支配（dominance of great power）
権威（authority）	威信のヒエラルキー（hierarchy of prestige）
所有権（property rights）	領土の分割（division of territory）
法（law）	国際システムのルール（rules of the system）
国内経済（domestic economy）	国際経済（International economy）

出典：Gilpin（1981: 28）.

表 5　国内変化と国際変化の比較

	国内	国際
漸進的変化の主要な手段	集団・階級間のバーゲニング	国家間のバーゲニング
革命的変化の主要な手段	革命と内戦	覇権戦争
漸進的変化の主要な目的	国内変化の微調整	国際システムの微調整
革命的変化の主要な目的	憲法	国際システムの統治

出典：Gilpin（1981: 47）.

表6　ギルピンらの覇権安定理論（もしくは世界システム論）

	ギルピン	モデルスキー	ウォーラーステイン
<構造>			
分析単位	国際システム	世界政治システム	世界システム
システム内アクター	国家，帝国	国家	国家，階級，ステータス・グループ，世帯
対象期間	限定せず，有史以来	1500年頃から現在	1450年頃から現在
空間的領域の設定	有	有	有
<システムの変動>			
システムの変動要因	国家の合理的計算（cf. 期待効用）	秩序の需要と供給の差	生産における需要と供給の時間的位相
主要アクター	覇権国	世界大国と挑戦国	中央国家
トレンド	科学技術の変化	システムの拡大	システムの拡大，商品化，機械化
サイクル	均衡した国際システム →システム内のパワーの再分布 →システムの不均衡 →システム危機の解決	世界大国→非正統化 →拡散 →世界戦争	中央地域と周辺地域の経済的不均衡発展（4期） コンドラチェフの波， ヘゲモニーと多極化， 自由貿易と管理貿易
サイクルの期間	なし	約100年	約100年（時間的規制性）
<近代国際システム>			
中心アクター	イギリス，アメリカ	ポルトガル（スペイン），オランダ，イギリス，アメリカ	オランダ，イギリス，アメリカ
現状 ソ連をどう見るか	アメリカの衰退期 覇権国を目指す国家	アメリカの衰退期 挑戦国	アメリカの衰退期 西ヨーロッパや日本よりも弱い挑戦国
国家の役割 第三世界	変化せず 関心少ない（弱い国家）	今後強まる． 関心少ない（弱い国家）	低下せず 関心はあるが，システム変動の影響少ない．
今後の対応	ソ連に対抗せよ 西側同盟内の結束	世界戦争はすぐには生じない． 防衛的対応を 長期的にはシステム自体の変革を	
核兵器態勢	変化なし	変化なし	変化なし
相互依存関係	システムの存在とともにある．		システムの存在とともにある．
<アプローチ>			
政治と経済	政治	政治	経済→政治 （学際的アプローチを主張）

出典：浦野（1989: 87）．

表7　モデルスキーの長期サイクル論

	局面		
世界戦争	世界大国	非正統化	分散化（挑戦国）
1494-1516年 イタリア及びインド洋での戦争	1516-1539年 （ポルトガル）	1540-1560年	1560-1580年 （スペイン）
1580-1609年 スペイン・オランダ戦争	1609-1639年 （オランダ）	1640-1660年	1660-1688年 （フランス）
1688-1713年 ルイ14世の戦争	1714-1739年 （イギリス）	1740-1763年	1764-1792年 （フランス）
1792-1815年 フランス革命とナポレオン戦争	1815-1849年 （イギリス）	1850-1873年	1874-1914年 （ドイツ）
1914-1945年 第一次，第二次世界大戦	1945-1973年 （アメリカ）	1973-2000年	2000-2030年 （ソ連）

出典：Modelski（1987: 40）；田中（1989: 104）.

いては、議論がある。ウォーラーステインは、後述するが、比較的に早い段階から、アメリカの覇権は衰退期に突入しつつある、という議論を展開してきた。ギルピンらの覇権安定（循環）理論を比較したものが、表6である。

モデルスキーの長期サイクル論を改めて取り上げてみたい。モデルスキーは、中世の終わりと近代の始まりから、ギルピンよりもより詳細な議論を展開した。それぞれの局面をまとめたものが、表7である。

モデルスキーは、覇権循環の要因として、政治的革新と経済的革新を考察した。表8の通りである。

四　変化とマルクス主義の世界システム論

ウォーラーステインの世界システム論も、一〇〇年サイクルの覇権交代を想定する議論を展開する。かつ、世界経済システムを構成する中心と準中心（半周辺）、周辺の三層構造は不変だが、これら三層構造を構成する国家群は、歴史とともに変化しうる、と議論された。特に中心では、覇権国が約一〇〇年ごとに交代するという。この点は、ギルピンらの覇権安定（循環）理論を想起させる。さらにウォーラーステインの世界システム論は、こうしたサイクルとしての変化、循環的な変化だけではなく、近代以降の資本主義システムが生成し、発展していくトレンドとしての変化、趨勢的な変化も想定する。また、リアリズムとリベラリズムが、国家がどれだけ重要かをめぐって論争してきたのに対して、世界システ

表8　モデルスキーにおける政治的革新と経済的革新

政治的革新	時期	主導産業部門
アメリカ独立革命	1763-1792年（下降）	綿工業─イギリス，1780年代
フランス革命	1792-1815年（上昇）	
世界大国としてのイギリス ウィーン講和会議 ヨーロッパ協調 ラテンアメリカ諸国の独立		
	1815-1848年（下降）	イギリス，1830年代
1848年の革命	1848-1873年（上昇）	
イタリア及びドイツの統一 ロシアの進出阻止（クリミア） アメリカおよびインドで政治的構造が変化		
	1873-1913年（下降）	鉄鋼──イギリス，フランス，ドイツ，アメリカ，1870年代 硫酸──イギリス，ドイツ，アメリカ，1870年代 電気──アメリカ，1880年代 自動車─イギリス，フランス，ドイツ，アメリカ，1990-1990年
ロシア革命，中国革命 世界大国としてのアメリカ 核兵器 国際連合 インドの独立，1947年	1914-1946年（上昇）	
	1946-1973年（下降）	プラスチック─アメリカ，1940-1945年 合成繊維─アメリカ，1950-1955年 電気，航空，旅行，教育，健康─アメリカ，1960年代
SALT OPEC	1973年（上昇）	

出典：Modelski（1981: 78）; 田中（1989: 110）.

ム論は、国家というよりもトランスナショナルな階級をシステムの構成単位として捉えている（ウォーラーステイン、二〇一三：ウォーラーステイン、二〇〇六：石川編、二〇〇五）。

こうして、世界システム論は、準中心を理論的に想定することで、現実のアジア新興工業経済地域（NIES）や東南アジア諸国連合（ASEAN）の経済成長、中国をはじめとしたBRICSなど新興国の台頭を説明できる。変化を説明できるダイナミックな構造主義の理論なのである。同じマルクス主義の従属論は、マルクスの上部構造と下部構造のごとく、中心と周辺の構造的な従属関係のみを想定し、〝革命〟が起きない限り、南北問題の貧富の格差は解消されないと仮定したから、現実のアジアNIESやASEANの経済成長を説明できなかった。従属論を主に展開したのは、たとえば、フランクやアミン、カルドーゾである（恒川、一九八八：進藤、二〇〇一：一〇四―一一〇）。ガルトゥングも、「構造的暴力」の議論で同じような構造的問題を批判した（ガルトゥング、一九九一）。フランクはその後、『リオリエント』で、ウォーラーステインのヨーロッパ中心の世界システム論を批判した（フランク、二〇〇〇）。

こうした変化を説明できない従属論に対して、ウォーラーステインらの世界システム論は、変化を説明できるものであった。

従属論や世界システム論の構造主義は、後述する通り、思想的なルーツがマルクスにあり、彼の思想を世界大（グローバル）に適用したため、「グローバリズム」の分析枠組みと位置づけられる。資本主義システムの行き着く終着点として、〝革命〟を想定していることから、「ラディカリズム」と位置づけられることもある。

ウォーラーステインは、比較的に早い段階から、二〇世紀のアメリカの覇権秩序は後退し、二一世紀半ばまでにインドの覇権秩序になるのではないか、と問題提起してきた。中国の覇権秩序を想定していないところが注目される（比較的に新しい業績として、Wallerstein, 2003）。たしかに、現実の中国は、高度な経済成長を遂げてきたが、「一人っ子政策」の結果、少子高齢化がすでに進行し、かつ貧富の格差が拡大している。中長期的な高度経済成長を今後も持続可能と考えるには、一定の留保が必要である。これに対して、インドは若年層の人口が比較的に多く、中長期的な高度経済成長を期待することができる。

二一世紀の新しい国際秩序のあり方については、終章で改めて論じよう。

ウォーラーステインによる経済と覇権のサイクルをまとめたものが、**表9**である。

表9で見た通り、ウォーラーステインの覇権安定（循環）理論は、経済面での長期波動、すなわち「コンドラチェフの波」と密接に関連づけられている。約五〇年周期であるコンドラチェフの波の下降期に、覇権戦争が起こる可能性が高まることが仮定される。

この五〇年という周期の要因は技術革新によるものとされる。こうして、技術革新により景気の循環があるサイクルで

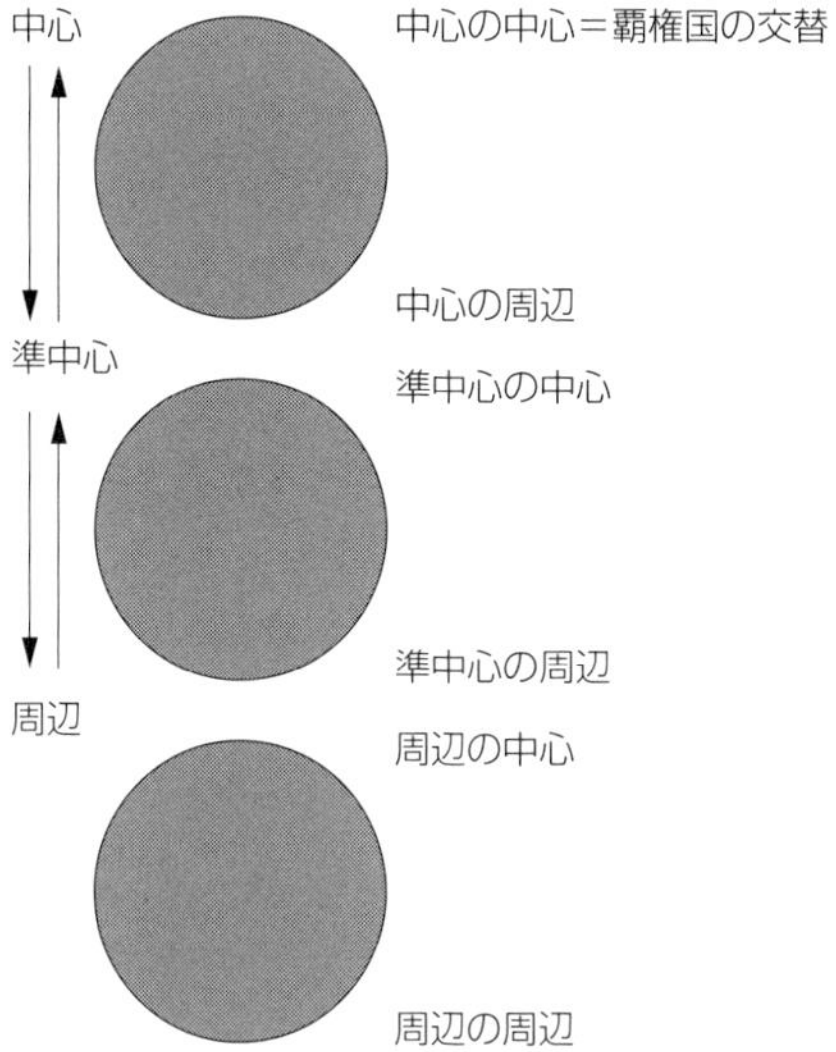

図4　世界システム論の構造主義

出典：筆者作成.

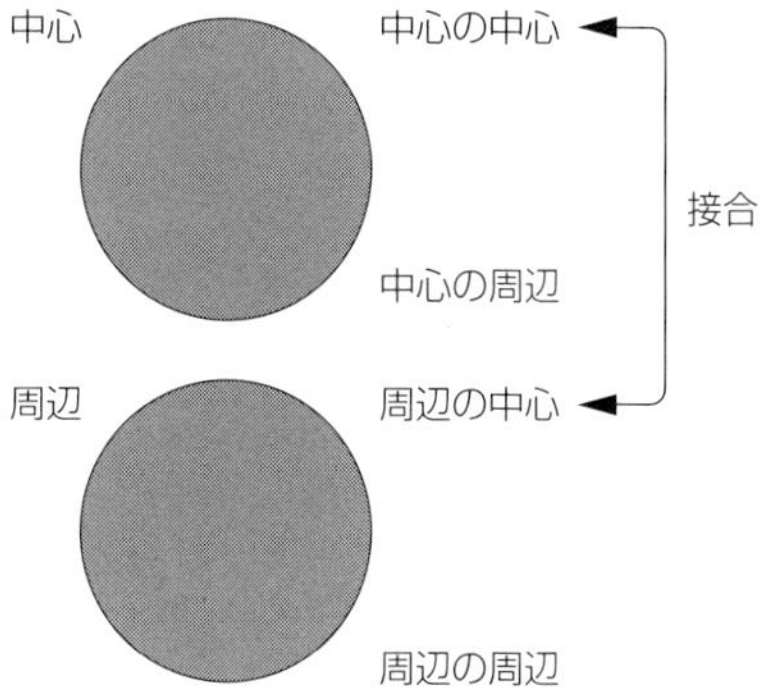

図3　従属論の構造主義

出典：筆者作成.

表9　ウォーラーステインによる経済と覇権のサイクル

覇権国	ハプスブルク	オランダ	イギリス	アメリカ
A1：覇権国の勃興	1450年-	1575-1590年	1798-1815年	1897-1913/20年
B1：覇権国の勝利		1590-1620年	1815-1850年	1913/20-1945年
A2：覇権国の成熟	-1559年	1620-1650年	1850-1873年	1945-1967年
B2：覇権国の衰退	1559-1575年	1650-1672年	1873-1897年	1967-？

＊Aはコンドラチェフの波の上昇期，Bは下降期を表している.
＊＊17世紀から18世紀にかけては，覇権国は存在しないとされ，コンドラチェフの波の時期区分としては，次のようなものが想定されている．A3：1672-1700年；B3：1700-1733/ 50年；A4：1733/ 50-1770年；1770-1798年.
出典：田中（1989: 115).

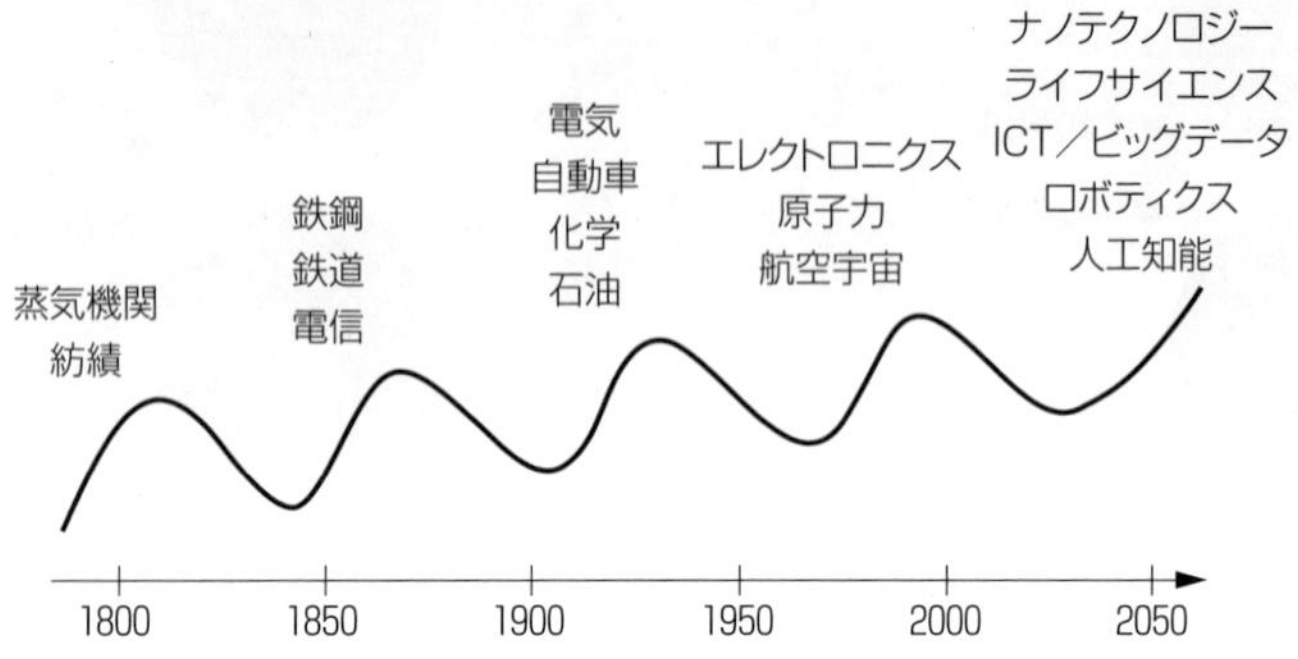

図5　景気の大循環と科学技術の発達

出典：http://special.nikkeibp.co.jp/as/201307/mitsuibussan/vol3/

起きてくるという考え方がコンドラチェフの波である。たとえば、ある分野で画期的な新技術が開発された場合、それに関連した産業が出現し、さまざまな製品が開発され、一大好況が出現する。しかし、そうした新しい産業もいつかは飽和状態となり、製品も売れなくなってきて、新たな技術革新まで景気の低迷が続くことになる、と想定される。

一八世紀後半の産業革命から現在までの間には、こうした景気の大きな波が四つもしくは五つあった、と考えられている。しかし、その波をつくった技術革新が何であるのかは、人によって多少捉え方に違いがあるが、景気の波を支えた技術革新とは、たとえば、一七八〇年頃からの波では蒸気機関や紡績、一八九八年頃から一九四〇年の波では電気や自動車、化学、石油と捉えられる。

景気の大循環と科学技術の発展を簡潔に示したのが、図5である。

景気循環論にはいくつかあるが、コンドラチェフの波はなかでも、大循環ないし長期波動と位置づけられる。表10の通りである。

コンドラチェフの波に、議論を戻す。

コンドラチェフの波では、一九五〇年頃からの石油、化学、電子のさらなる発展に加えて、原子力、航空、宇宙といったイノベーションが第四の波と位置づけられる。一九九〇年頃からのコンピュータを基盤にしたデジタル技術とそのネットワーク、バイオテクノロジー、ソフトウエア・インフォメーション・テクノロジーなどが第五の波で、今はその波が終わ

表10　いくつかの景気循環論

景気循環	周期	起因	別称	発見・解明者
キチンの波	約40ヵ月	在庫投資	在庫（投資）循環，小循環，短期波動	キチン（生没年不詳，アメリカの経済学者
ジュグラーの波	約10年	設備投資	設備投資循環，主循環，中期波動	ジュグラー（1819-1905年）フランスの経済学者
クズネッツの波	約20年	建築物の需要	建築循環	クズネッツ（1901-1985年），アメリカの経済学者
コンドラチェフの波	約50年	技術革新	大循環，長期波動	コンドラチェフ（1892-1938年），ソ連の経済学者

出典：fairstyle.net/minorityreport/?p=18 を元に筆者作成．

りを迎えようとしている、と想定される。他方で、現在までを第四の波として、これから人工知能（ＡＩ）、ビッグデータ、ロボテックス、ＩｏＴ（モノのインターネット）、ナノテクノロジー、ライフ・サイエンスが牽引する第五の波が起きてくるとする考えもある。

次の波を起こすイノベーションについては、人類の抱えている環境問題、エネルギー問題、食糧問題、少子高齢化問題などを無視しては人々に受け容れられないであろうと考えられるため、次の波のキーワードとして「持続可能性（sustainability）」が指摘されている。たとえば、再生可能エネルギー、バイオミミクリー（bio-mimicry〔生物模倣〕）、グリーン化学、工業エコロジー、グリーン・ナノテクノロジーなどがその牽引役となるという考えである。

しかし、こうした技術も単独で成り立つわけではなく、それを支えるものはおそらく、すでに見た人工知能やロボテックス、ビッグデータ、ＩｏＴなどのテクノロジーである。こうして、大脳としての人工知能・ビッグデータ、神経としてのインターネット・情報通信技術（ＩＣＴ）、感覚としてのセンサーなどのディバイス、手足としてのロボットなどのテクノロジーの発展が、「持続可能性」の第五の波を起こす原動力になると思われる。

五　三つのパラダイム

以上、考察してきた三つのパラダイム、すなわちリアリズム

表11 国際政治を見る眼――リアリズム，リベラリズム，グローバリズム

	リアリズム （現実主義）	リベラリズム （多元主義）	グローバリズム／ ラディカリズム
アクター	国家	国家プラス非国家	階級，資本主義世界経済
指向性	国家中心	多元指向	グローバル
イシュー	単一／安全保障	多様／経済や環境，人権	経済システム，資本，通商
政治的目的	国益の極大化	相互交流の増大	体制変革
手段	軍事力	経済力	民衆の力
イメージ	ビリヤード・ボール	蜘蛛の巣	タコの足
方法論	伝統主義	行動主義	弁証法
国際政治 の本質	不変・対立 （ペロポネソス戦争以来）	変化・進歩	変化（循環と趨勢）・支配
国際協力の 可能性	国際協力は不可能	国際協力は可能	国際協力は不可能
理論の射程	大国中心	先進国にほぼ限定	世界大（グローバル）
キーワード	力（パワー），国益， 勢力均衡（BOP）， 国際システムの構造 （多極か双極か単極か）	トランスナショナル， 相互依存， 国際レジーム，国際制度 グローバル・ガヴァナンス	資本主義システムの 生成と発展（と革命） 世界システムの変化 （覇権国の交代， 資本主義の趨勢）
思想のルーツ	トゥーキュディデース， ホッブス， マキャベリ， クラウゼヴィッツ cf.グロティウス→「英国学派」	カント	マルクス

出典：Weaver（1996: 153）を参照し，筆者が作成.

とリベラリズム、グローバリズムの特徴をまとめたものが、表11である。

リアリズムとリベラリズム、グローバリズムの主要な理論やモデルの変遷は、表12の通りである。詳しくは後述するが、「モーゲンソーとの対話」と呼ばれる古典的な理論の時代に、第一と第二の論争が繰り広げられ、一九七〇年代の三つのパラダイムの鼎立状況を経て（パラダイムとは、そもそも科学哲学者のクーンが提唱したもので、「科学者のコミュニティーによって共有される理論枠組みと方法論の妥当性を保証する前提の総体」を指す）、一九八〇年代には、すでにネオリアリズムとネオリベラリズムが国際協力の可能性をめぐって論争し（「ネオ・ネオ統合」へ至る）、同時に、これらの合理主義の理論に対抗して、コンストラクティヴィズムのパラダイムが台頭することになる。合理主義とコンストラクティヴィズムの比較は容易ではないが、コンストラクティヴィズムについては後述する。

表 12　主要な理論の流れ——リアリズム，リベラリズム，ラディカリズム

	リアリズム (現実主義)	リベラリズム (多元主義)	グローバリズム/ ラディカリズム
主な理論 (40-60年代)	古典的リアリズム 勢力均衡論 (モーゲンソーや キッシンジャー) 国際システム論 (カプランなど) 核抑止論 (シェリングなど)	古典的リベラリズム 機能主義 (ミトラニーなど) ↓ 新機能主義の統合論 (ハースとドイッチェ) ↓	従属論 (フランク，アミン， カルドーゾなど)
	↓	相互依存論 (コヘインとナイ)	↓　cf. ガルトゥング
(70-90年代)	ネオリアリズム 構造主義（双極安定論） (ウォルツなど) ↕ 祖語 覇権安定理論 (ギルピンなど) ↓ 攻撃的リアリズムと 防御的リアリズム	↓ ネオリベラル制度論 国際レジーム論 (コヘインやヤングなど) ↓ グローバル・ガヴァナンス (ローズノーやヤングなど) 民主主義による平和 (ドイルやラセット)	世界システム論 (ウォーラーステイン)
(2010年代まで)	↓ ネオクラシカル・リアリズム (ローズやレインなど)	↓ リベラル・ピース (ラセットなど)	

出典：筆者作成.

表12で取り上げた攻撃的リアリズム（offensive realism）と防御的リアリズム（defensive realism）、ネオクラシカル・リアリズム（neoclassical realism; 新古典的現実主義）とは何か——。やや蛇足の嫌いがあるが、少し敷衍しておく必要があろう。詳しい分析は、続く第一章で試みる。

まず攻撃的リアリズムと防御的リアリズムである。

両者とも、国家がパワーを求める原因は、ネオリアリズムと同じく、国際システムの構造にある、と想定している。攻撃的リアリズムを自称するミアシャイマーによれば、攻撃的リアリズムと防御的リアリズムの根本的な相違は、国家がどれだけのパワーを欲しがるのか、であるという（Snyder, 1991: 11-12; Mearsheimer, 2014: 22; Taliaferro, 2000/2001; Jervis, 1999; Brooks, 1997; 市原、二〇〇四）。**表13**の通りである。

ミアシャイマーによれば、攻撃的リアリズムは、無政府状態の国際システムの原理から、国家としての〝生き残り〟を最優先する国家は（地域）覇権を実現するまでは安心しない、と想定するという。これに対して、防御的リアリズムは、国家は攻撃的リアリズムが

表13　人間性リアリズムと防御的リアリズム，攻撃的リアリズムの理論

	人間性リアリズム	防御的リアリズム	攻撃的リアリズム
国家にパワーを求めさせる原因は何か？	国家に備わっているパワーへの欲望	国際システムの構造	国際システムの構造
国家はどれだけのパワーを欲しがるのか？	最大限得られるだけ．国家は相対的なパワーを最大化し，最終的な目標は覇権達成にある．	持っているもの以上のものは求めない．国家は既存の勢力均衡の維持に集中する．	最大限得られるだけ．国家は相対的なパワーを最大化し，最終的な目標は覇権達成にある．

出典：Mearsheimer（2014: 22）．

想定するほど、攻撃的とは考えない。国家は相対的パワーを最大化する、とは必ずしも想定しないのである。国家は、既存の勢力均衡の維持に主たる関心を寄せる、できる限り現状維持を図る、と想定される（Mearsheimer, 2014: chap. 1）。

　防御的リアリズムは、国家の対外行動を規定する独立変数として、国際システム・レベルの構造だけではなく、ユニット・レベルの国内要因、あるいは認識や誤認など個人レベルの要因を設定する。状況に応じて、独立変数を使い分けるのである。防御的リアリズムの立場をとる人物としては、エヴァラやウォルト、ジャック・スナイダー、ポーゼン、グラセールがいる（Zakaria, 1995: 476 fn. 34）。問題は、防御的リアリズムとネオクラシカル・リアリズムの相違は何か、という点である。結論を先取りするならば、何を独立変数として設定するのか、因果関係の論理構造が異なるのである。

　ネオクラシカル・リアリズムを〝発見〟したローズによれば、ネオクラシカル・リアリズムとは、古典的リアリズムの思想から得られる洞察を体系化し、国際システム・レベルの変数と国内レベル及び個人レベルの変数の両方を取り入れることを試みたものである。議論を恐れずに単純化すれば、古典的リアリズムは国内レベルと個人レベルの変数で対外政策を、またネオリアリズムは国際システム・レベルの構造的要因で国際政治を説明することを試みるアプローチである。ネオクラシカル・リアリズムは、その両方のアプローチを含む理論となっている。たしかに防御的リアリズムも両方の変数を考慮しているが、ネオクラシカル・リアリズムと防御的リアリズムでは、国際システムのレベルと国内レベル及び個人レベルの変数の相互関係に対する捉え方が異なる（Rose, 1998: 146-148）。

　再びローズによれば、ネオクラシカル・リアリストたちは、国家の対外政策を決定づけるものは国際システム・レベルの構造的要因（ウォルツが言うところの第三イメージ）、とりわけ相対的なパワーが理論の出発点であると捉える。ネオクラシカル・リアリズムの理論では、ユニット・レベルの国内要因（第二イメージ）や個人レベルの要因（第一イメージ）ではなく、

表 14　古典的リアリズムとネオリアリズム，ネオクラシカル・リアリズムの相違

リサーチ・プログラム	認識論と方法論	国際システム観	ユニット観	従属変数	基本的な因果関係の論理
古典的リアリズム	帰納的理論；政治の性質もしくは（概して西欧の歴史から導き出される）歴史的分析に関する哲学的熟考	ある程度重要	区別する	国家の対外政策	パワーの分布もしくは利益の分布（現状変革対現状維持）（独立変数）→対外政策（従属変数）
ネオリアリズム	演繹的理論；質的，時に量的手法を用いる競争的できわめて困難な仮説	きわめて重要；ただし本来的に競争的で，不安定ではっきりしない	区別しない	国際政治の結果	相対的なパワーの分布（独立変数）→国際政治の結果（従属変数）
ネオクラシカル・リアリズム	演繹的理論；質的手法を用いる競争的できわめて困難な仮説	重要；ただしアナーキーの含意は政策決定者にとって不定で時にわかりにくい	区別する	国家の対外政策	相対的なパワーの分布（独立変数）→国内の制約とエリートの認識（従属変数）→対外政策（従属変数）

出典：Lobell, Ripsman, and Taliaferro, eds.（2009: 20）.

あくまでも国際システム・レベルの構造的要因が独立変数として位置づけられている（Rose, 1998: 153-154）。

しかしながら，ネオクラシカル・リアリストたちは，国家の対外政策に対する国際システムの影響力は〝間接的〟であり複雑である，とみなす。なぜならば，国際システム・レベルの変数は必ず，国内レベルや個人レベルの媒介変数を通じて〝翻訳（translate）〟されるからであるという。ネオクラシカル・リアリストたちの理論では，独立変数は国際システム・レベルの要因であって，ユニット・レベルの国内要因あるいは個人の認識・誤認といった変数は媒介変数ということになる。こうした因果関係の論理構造が，防御的リアリズムと決定的に異なる点である（Rose, 1998: 151-152, 166-168）。

ネオクラシカル・リアリストたちは，相対的なパワーが国家の対外政策を説明する独立変数であると主張するが，相対的なパワーが対外行動へ直接あるいは完全に〝変換〟されない，と想定する。なぜならば，対外政策の決定は実際の政治指導者やエリートたちによってなされるため，単純に相対的なパワーの物理的な量が重要なのではなく，彼らの相対的なパワーに対する認識・誤認が重要だからである。ネオクラシカル・リアリズムは，国家の性質など国内レベルの要因も，媒介変数として位置づける。このため，ネオクラシカル・リアリズムは，国際システム・レベルの構造的要因を重視するネオリアリズムと、個人の認識・誤認や規範、アイディア、アイデンティティ、文化などを重視するコンストラクティヴィズムの中間の位置を占めている、と位置づけることができる（Rose, 1998: 152）。

ネオリアリストと攻撃的リアリストは、国際システム・レベルの要因を独立変数として扱い、防御的リアリストたちは国際システムのレベルと国内・個人レベルの要因をそれぞれ独立変数として設定する。古典的リアリズムでは、独立変数は国際システム・レベルの構造的要因ではなく、国内もしくは個人レベルの要因が独立変数として設定されている。ネオクラシカル・リアリズムは、繰り返しになるが、国際システム・レベルの要因を独立変数として設定しつつ、国内もしくは個人レベルの要因を媒介変数として位置づける。こうして、ネオクラシカル・リアリズムと古典的リアリズム、ネオリアリズム、攻撃的リアリズム、防御的リアリズムとでは、因果関係の論理構造が異なると言ってよい（Rose, 1998: esp. 153-154; 2010; Ripsman, Taliaferro, and Lobell, 2016; Lobell, Ripsman, and Taliaferro, eds., 2009; Freyberg-Inan, Harrison, and James, eds., 2009; Layne, 2007; Schweller, 2008; 1998; Zakaria, 1999; Christensen, 1996; Wohlforth, 1993; Ichihara, 2017; Vasquez, 1996）。

六　変化とコンストラクティヴィズム

国際システムのレベルの構造的要因にばかり注目するネオリアリズムとネオリベラリズムを特に批判するコンストラクティヴィズム（構成主義、構築主義）は、ユニット・レベル及び個人レベルの規範やアイディア、アイデンティティ、文化などの要因に注目し、国際システムの構造とユニットの間の〝リフレクティブな〟相互作用の変化を説明しようと試みる。国際システムの構造は、ユニットとの相互作用を絶えず繰り返し、〝再構築〟されていく、と想定されるのである。規範やアイディア、アイデンティティ、文化の〝間主観的な（inter-subjective）〟ダイナミズムを重視する（富永、一九九三）。

このようにコンストラクティヴィズムは、ダイナミックな議論を展開する。国際協力の可能性をめぐって、相対的利得がより重要か、それとも絶対的利得がより重要かで「ネオ・ネオ論争」を繰り広げていたネオリアリズムとネオリベラリズムが、現実の冷戦の終結という国際システム上の変化を説明できなかったことを批判して、コンストラクティヴィズムのアプローチがにわかに盛んとなった。ただし、コンストラクティヴィズムのアプローチは、既存のネオリアリズムとネオリベラリズムのダイナミズムのなさを批判する上では示唆に富むが、事例研究には不向きである、という指摘もある（Katzenstein ed., 1996）。

こうして、コンストラクティヴィズムは、これまで国際関係論であまり分析されてこなかった〝目に見えない〟部分に注目するのである。〝目に見えない〟部分に注目するという点では、自由民主主義を近代最後のイデオロギー形態とみなしたフクヤマの「歴史の終わり？」や、ハンティントンの

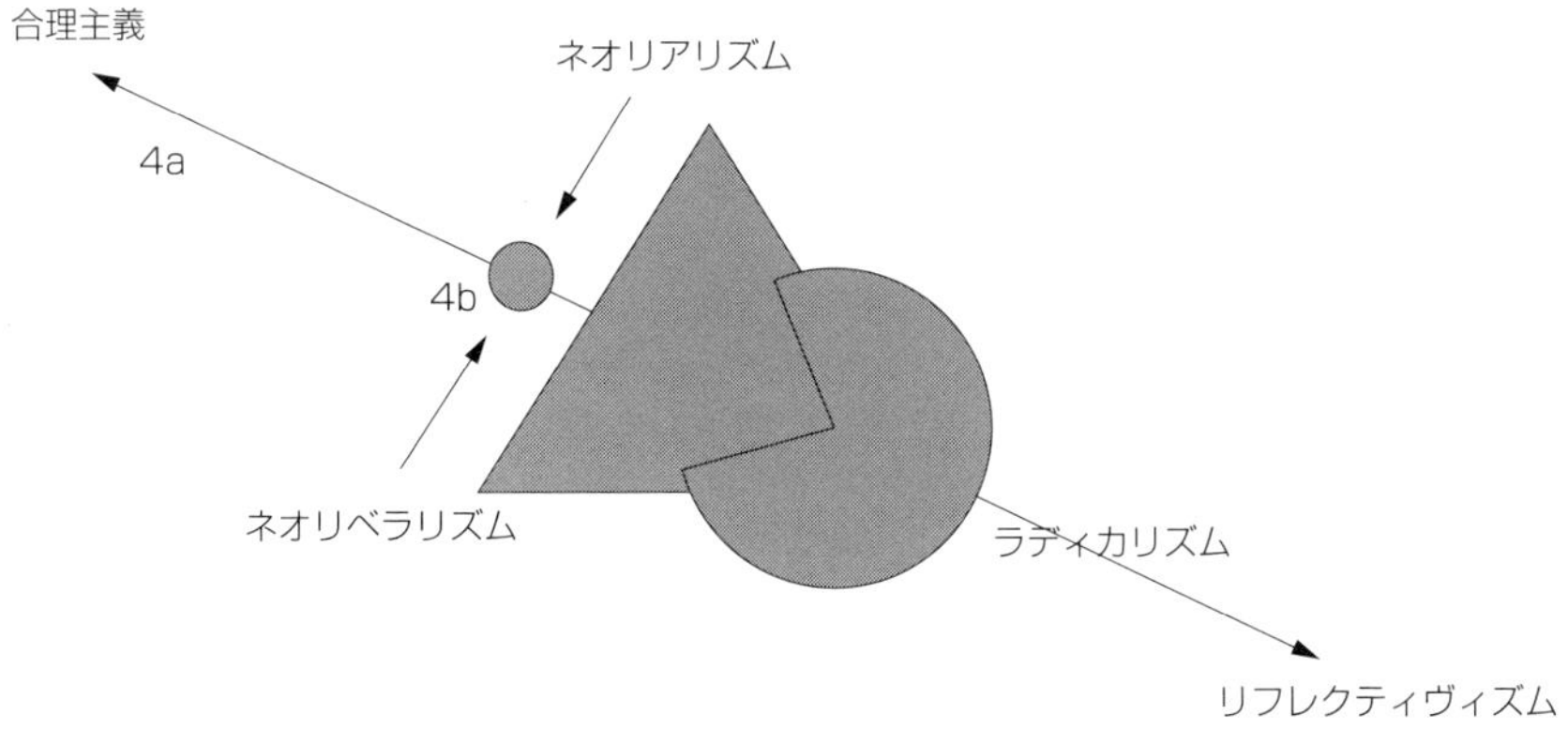

	第3の論争（パラダイム間のディベート）	第4の論争（4a）（リフレクティヴィズム対合理主義）	第4の論争（4b）（絶対的利得対相対的利得）
ディベート間の関係の形態	比較不可能	戦争	リサーチ・プログラム内の相違
不一致のテーマ（あるいは内容）	世界観	哲学	解決されるべき実証可能な問題
対立構図	3つのパラダイムの鼎立状況	ネオ・ネオ統合対ポストモダン	ネオリアリズム対ネオリベラル制度論

図６　ネオ・ネオ論争（と統合）とコンストラクティヴィズムとの論争

出典：Weaver（1996: 165, 167）.

「文明の衝突？」の議論、ナイの「ソフト・パワー」の概念も想起されてよいかもしれない（Fukuyama, 1992; Huntington, 1996; Nye, 1990: chap. 6; 2004）。特にフクヤマとハンティントンの論文と本は、きちんと読まれることがなく、ごく単純な言説がまかり通っている、と感じる。一般に理解されるよりも、複雑で慎重な議論を展開しているからである（軍事と経済、トランスナショナルの三つの次元から国際システムを捉える必要性を説くナイの議論も、決して単純ではない〔Nye, 2002〕）。

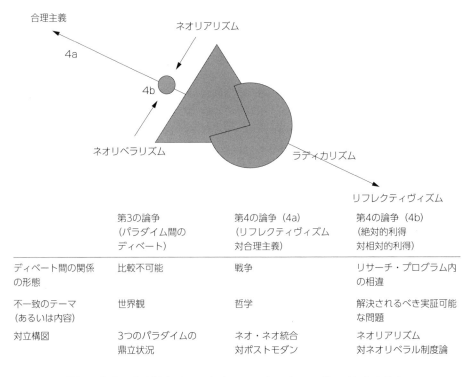

コンストラクティヴィズムの視角から、アメリカ外交を分析した稀有な先行研究として、ナウの『アメリカの対外関与』（二〇〇二年）が存在する。ナウによれば、冷戦後のアメリカ外交は、自由民主主義（政治的な民主化）と資本主義（経済的な市場化・自由貿易の拡大・相互依存の深化）、法の支配といったリベラルな価値観とアイデンティティを共有する国家との同盟や提携を重視すべきであるという（Nau, 2002）。

レボウとリッセ＝カーペンらの論文集は、ネオリアリズムとネオリベラリズムの合理主義が冷戦の終結を予測できず、かつうまく説明できない点を厳しく批判し、コンストラクティヴィズムの視角から、冷戦の終結の変化とダイナミズムを説明しようとした。たとえば、ソ連のゴルバチョフ政権の対外政策に、西ヨーロッパ諸国のリベラリズムや軍備管理の規範が影響を与えた可能性について、ポジティブな議論を展開する（Lebow and Risse-Kappen, eds., 1995; Risse-Kappen, 1995）。

また第二次世界大戦直後、東ヨーロッパ諸国が、ソ連の赤軍の軍事的な圧力の下で、共産主義の政治体制をとることを強要され、共産主義のイデオロギーが、二度の世界大戦によって経済的に疲弊していた西ヨーロッパ地域にまで波及してくるのではないかという脅威が冷戦をもたらしたと一般に理解されている。こうした見方に対して、コンストラクティヴィズムの立場から、冷戦の開始を論じたリッセ＝カーペンは、ソ連が東ヨーロッパ地域を抑圧されたリジッドな勢力圏とせずに、緩やかな勢力圏として「フィンランド化」していれば、冷戦は起こらなかったのではないか、と問題提起する（Risse-Kappen, 1996: 373）。

こうして、ナウやリッセ＝カーペンらの研究は、コンストラクティヴィズムは事例研究が苦手だと捉えられてきたため、きわめて貴重な研究だ、と評価することができよう。

また進藤榮一は、コンストラクティヴィズムのモデルを、ウェントらの議論を手がかりに、**図7**の通り、図式化している（Wendt, 1992; Wight, 2006）。

さらに進藤は、ラギーの議論を手がかりに、文化と規範と国際社会を**図8**の通り、まとめている（Ruggie, 1998）。

国際関係論の主要な論争は、コンストラクティヴィズムの台頭まで、大きく四つ存在した。それぞれの論争のテーマは、**表15**の通りである。第一の論争は、実体論をめぐって論争となったのに対して、第二の論争は主に、方法論をめぐって論争となった。これらの結果、国際関係論の主要なパラダイムはリアリズムとなり、方法論として伝統主義ではなく科学主義が採用されるようになっていく。その後の第三の論争では、リアリズムとリベラリズム、グローバリズム（特に世界システム論）の三つのパラダイムが鼎立する理論状況が生まれた。ただし、主要な論争は、リアリズムとリベラリズムの間でなされ、グローバリズムのパラダイムは、リアリズムとリベラリズムの論争からは一定の距離を保ちつつ、独自の議論を展開した。論争外という意味では、ブルが『国際社会論』を刊行し、体系的な議論を展開して、英国学派の流れを本格的に形成している。

第四の論争は、二つの論争が同時進行した。まずネオリアリズムとネオリベラリズムの合理主義の理論の間で、国際協力の可能性をめぐって論争が戦われた。次いで、合理主義の理論とコンストラクティヴィズムの間で、国際関係論の〝哲学〟をめぐって論争が戦われた。

特に一九九〇年代の論争の様相を図式化したものが、**図6**と**図9**である。合理的選択のアプローチを突き詰めると、経済学や数学のようなモデルとなり、退屈さの境界を越えてしまう。他方で、コンストラクティヴィズムも行き過ぎてしまうと、否定・拒絶の境界を越えてしまう。こうした結果、両

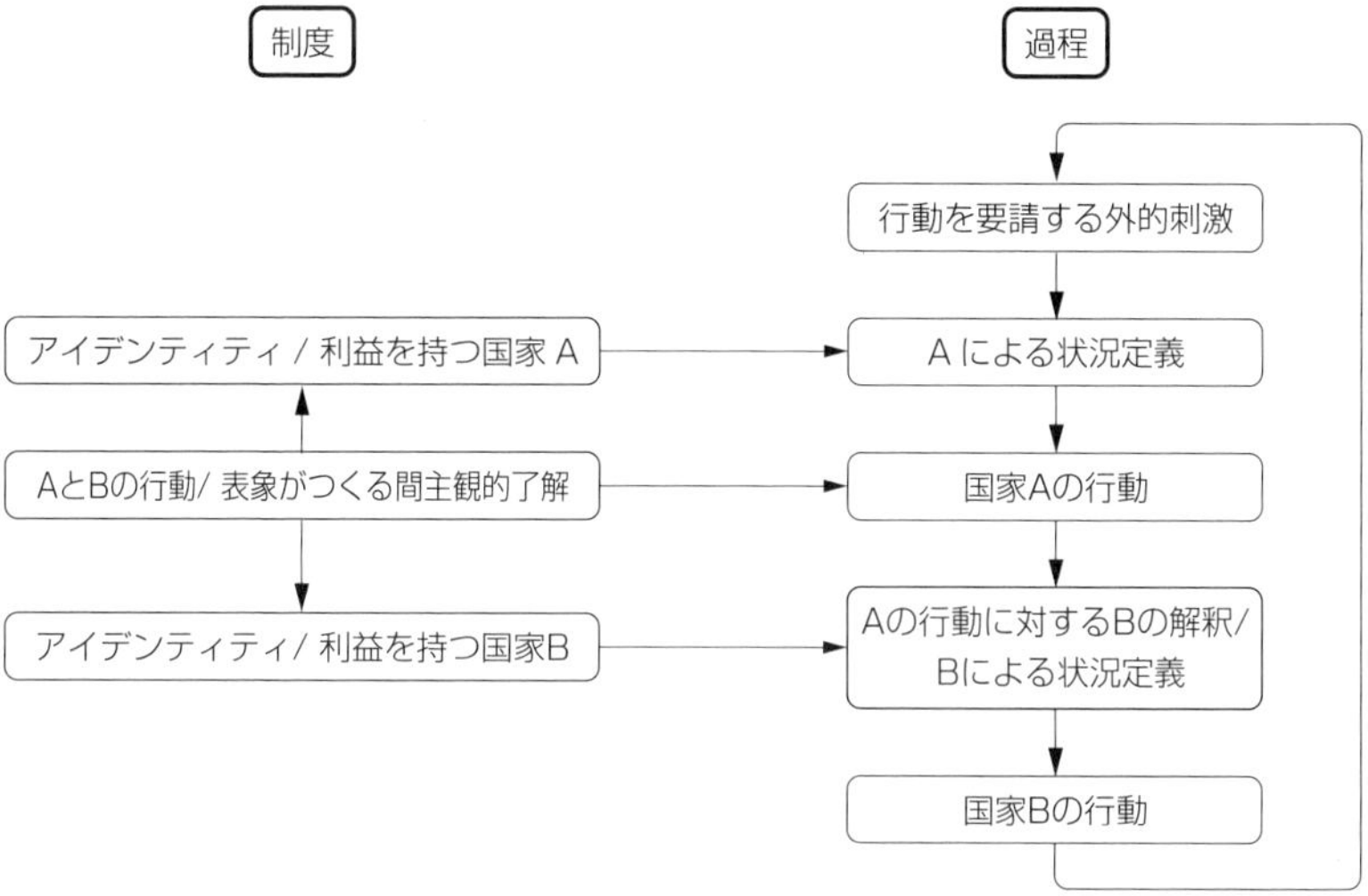

図7　コンストラクティヴィズムのモデル

出典：Wendt（1992）; Wight（2006）; 進藤（2001: 206）.

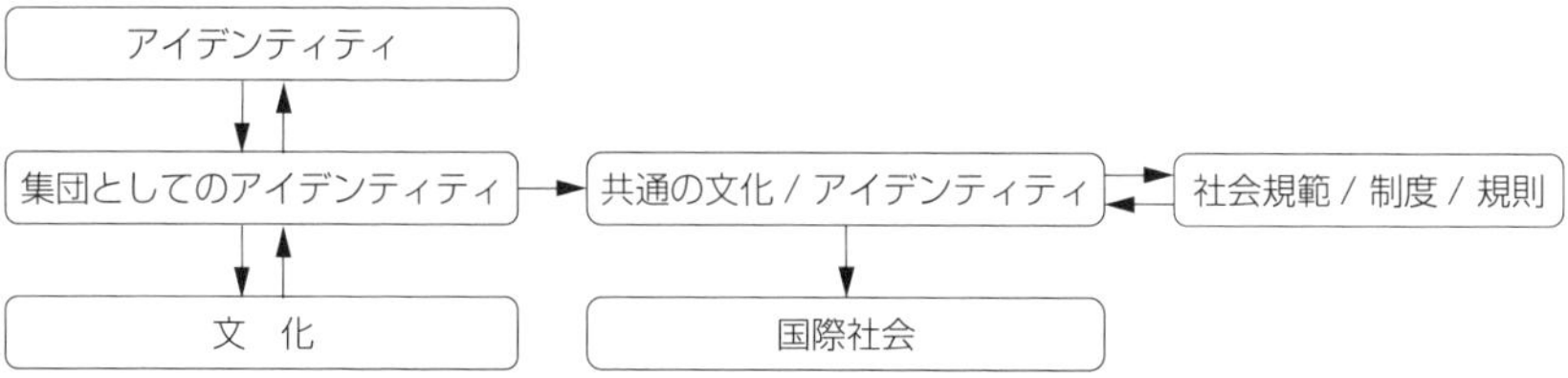

図8　文化と規範，国際社会の相互作用

出典：Ruggie（1998）; 進藤（2001: 207）.

表15　国際関係論（IR）の4つの論争のテーマ

	政治学	哲学	認識論	本体論（IRの性格）	方法論
第1の論争	XXX	XX		X	
第2の論争			XX		XXX
第3の論争	XX			XXX	X
第4の論争		XXX	XX	X	

出典：Weaver（1996: 157）; 進藤（2001: 162）.

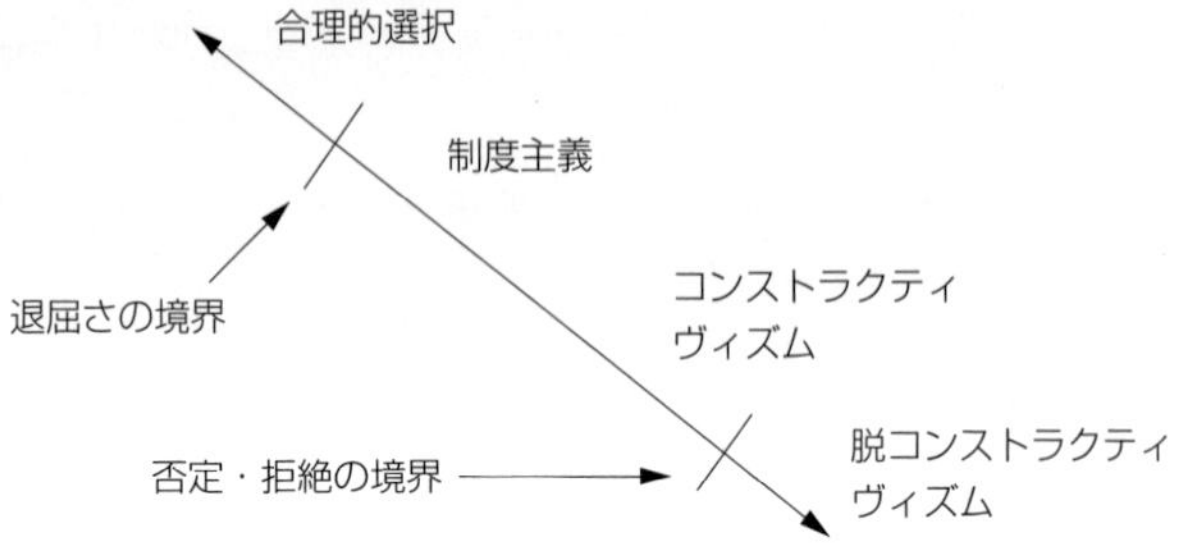

図 9　1990 年代の論争の様相

出典：Weaver（1996: 169）.

者の間で、建設的な論争の余地がなくなってしまうのである。

七　変化と英国学派

英国学派は、国際社会は主権国家から構成される無政府状態であるが、国際社会なりの社会性や秩序が存在する、と議論する。この点、すでに見たブルの本のタイトルが、*The Anarchical Society* となっていることが象徴的である（邦題は、『国際社会論』）。ブルをはじめとした英国学派は、外交や国際法、大国間政治、勢力均衡、戦争を国際社会の社会性や秩序を維持するための国際制度として捉える。また、主要な大国間で一定のルールや規範が共有されている場合を「国際社会」と位置づけ、近代の西ヨーロッパの大国とオスマン・トルコ帝国との関係のような一定のルールや規範を共有しないが、相互作用がある場合は、「国際システム」とただ位置づけ、区別した。思想的なルーツは、「国際法の父」グロティウスである（Carr, 1939; Butterfield and Wight, eds., 1966; Bull, 1977; Wight, 1991; 1995; Bull and Watson, eds., 1984; Watson, 1992; Mayall, 2000; Buzan, 2014; Clark, 2005; Linklater and Suganami, 2006; Hurrell, 2007; Brown, 2015; Stern, 1995; ホフマン、二〇一一：第七章と第八章；細谷、一九九八；スガナミ、二〇〇一；山中、二〇一七a；二〇一七b）。

変化と英国学派だが、フランス革命や産業革命、ロシア革命など革命の歴史的な意義を重視する英国学派の議論は、基本的に静的な議論のリアリズム（特にネオリアリズム）とは区別されるべきであろう（ホフマン、二〇一一：第七章）。また一九世紀後半からの「帝国主義の時代」から二〇世紀の第二次世界大戦後までに、ヨーロッパやアメリカ、日本の植民地が「脱植民地化（decolonization）」を遂げた結果、国際社会が〝拡大〟したという議論も展開するので、ヨーロッパ中心の視角だが、変化を説明しようとする試みは見られる（Bull and Watson, eds., 1984）。

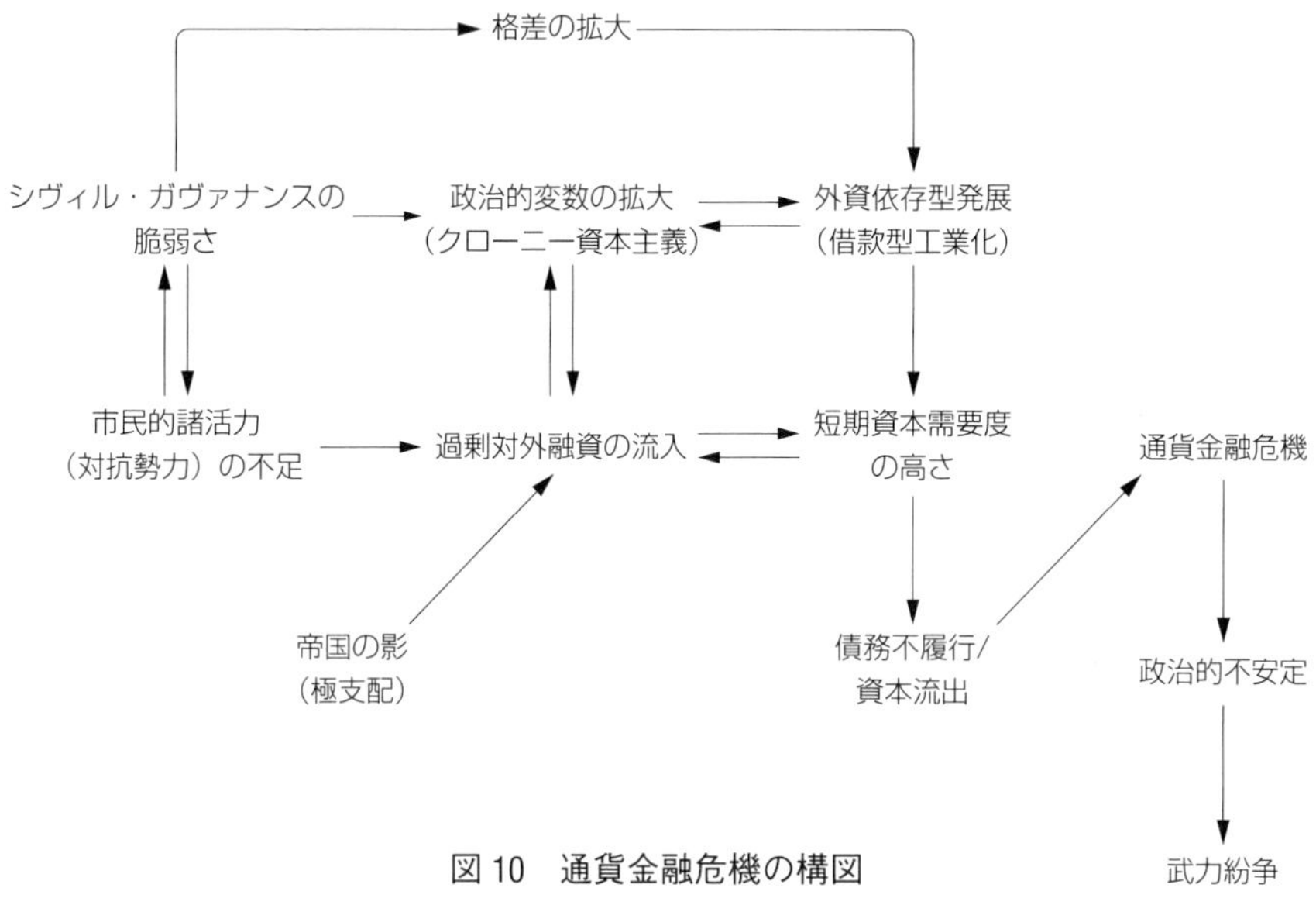

図10　通貨金融危機の構図

出典：進藤（2001: 300）.

他方で、英国学派の国際社会論は、国家中心のアプローチだが、「政府なき統治（governance without government）」を論じるグローバル・ガヴァナンス論との親和性が高い、と思われる（Buzan, 1993）。両者のアプローチが、すでに見た通り、国際システムの秩序のあり方や「統治」の側面に注目するからである。両者の相違は、後者が国家だけではなく、国際連合など国際機関、国際経済などの国際制度や国際レジーム、市民社会や非政府組織（NGO）、多国籍企業などトランスナショナルな主体、マスメディアなどの存在や役割を相対的により重視するところである。

ストレンジは、『カジノ資本主義』などの著作で、国際政治経済学（IPE）という新しいアプローチの形成に貢献した。IPEは特に、政治と経済の問題領域が重なり合う側面に光を当て、国際政治経済の変化を説明しようとした（Strange, 2015; 1998; 1988）。アメリカの覇権安定理論のギルピンも、政治だけでなく経済への関心も高かったため、『国際関係の政治経済学』などを残していることも興味深い（Gilpin, 2001; 1987）。たとえば、進藤は、彼らの業績を手がかりにして、通貨金融危機の構造を図10の通り、まとめている。

八　国際システムの変化を見る眼
——分析レベルに注目して

これまで、タイトルにある通り、「国際政治の〈変化〉を見る眼」として、国際システムの〝変化〟に注目して、国際

表16　国際システムの変化についての3つのレベル

システムそのものの変化（systems change）	……アクターの変化（帝国、国民国家など）
システム上の変化（systemic change）	……システムの統治（governance）
相互作用の変化（interaction change）	……国家間（interstate）のプロセス

出典：Gilpin（1981: 40）.

関係論の理論動向をまとめてきた。

　ただし、ここで注意しなければならないのは、ギルピンが論じるように、国際システムそのものの変化なのか、国際システム上の構造の変化なのか、あるいは、より日常的なユニット間の相互作用のみの変化なのか、ということである。国際システムそのものの変化ならば、西ヨーロッパ地域で見た場合、古代の帝国秩序から中世の「キリスト教共同体」へ、もしくは中世から近代の主権国家システムへというパラダイム・シフトを意味する。歴史的に、滅多に起こる変化ではない。歴史上、まだ二度しか起こっていない。問題は、一部の経済学者が議論する通り、二一世紀に近代の時代が終わり、「新しい中世」など、ポスト近代の新しい国際システムへと大きく変化するのか、ということである（Gilpin, 1981; 田中、一九九六; 水野、二〇〇七）。

　こうした国際システムそのものの変化は滅多に起こらないため、国際関係論が重要視し想定する変化は、近代以降の、主に国際システム上の変化である。たとえば、第二次世界大戦の終結時とその直後や冷戦の終結を事例として取り上げるということは、国際システム上の変化を明らかにするということなる。古典的リアリズムやウォルツ流のネオリアリズムならば、たとえば、近代はじめの「西欧国家体系（western state system）」から「冷戦」へ、多極構造から双極構造へ、という変化である（Carr, 1939; Morgenthau, 1978; Schuman, 1933; Kissinger, 1957; Kennan, 1984; 高坂、一九六六; Waltz, 1979）。ギルピンの覇権安定理論やウォーラーステインの世界システム論では、まず覇権国の交代ということになる（Gilpin, 1981; ウォーラーステイン、二〇〇六; 二〇一三）。

　より日常的なユニット間の相互作用のみの変化ならば、外交上の駆け引きや妥協、主権国家間の同盟の組み換え、対立と協調などを意味する。国際関係論の外交史のアプローチは、こうした変化のうち、特に重要性が高いと思われる事例を取り上げ（第二次世界大戦の終結や冷戦の終結など国際システム上の変化を取り上げることもある）、その政策決定過程や有意義な国家間の相互作用を実証的に分析する。ここで「実証的に」と言った場合は、一次資料の裏づけで、問題仮説を証明していくことを意味する。

　最も広く知られている分析レベルはまず、ウォルツによる三つの分析レベルがある。すなわち、第一イメージが個人のレベル、第二イメージがユニット・レベル、第三イメージが国際システム・レベルである。これら三つの分析レベルから、戦争の原因を分析したのが、ウォルツの古典、『人間、国家、戦争』であった（Waltz, 1954; 納家、二〇〇二）。核抑止（nuclear deterrence）を重視するウォルツは、核兵器の存在の取り扱いはかなり悩んだようで、一九七九年の『国際政治の理論』以降の論文で、核兵器はユニット・レベルの問題だが、「システム上のエフェクトを持つ」と説明し直された（Waltz, 1986: 327-328, 343; セーガン・ウォルツ、二〇一七；Craig, 2013）。

　国際システム・レベルの構造に焦点を絞った議論を展開したウォルツだが、図11の通り、構造とユニット、〝全体〟と〝個〟との間の相互作用を見過ごしていたわけではないし（Waltz, 1979: 40）、『対外政策と民主主義の政治』を残している（Waltz, 1967）。ほぼ同じ時期には、ローズノー編の『国際政治と対外政策』の改訂版が出版され、国内政治と対外政策の〝連関・連結（linkage）〟がいつ起こり、どのように起こるのかを明らかにしようと試みていることは無視できない（Rosenau, ed., 1969; 織、一九八一）。さらにローズノーはその後、ツェンピエルとともに、『政府なき統治』を編集し、グローバル・ガヴァナンス論を展開するようになったことも注目される（Rosenau and Czempiel, eds., 1993）。

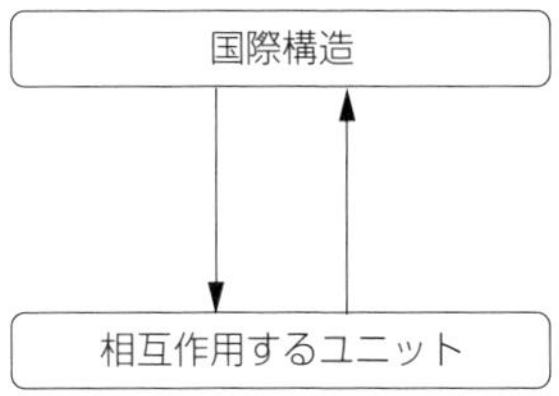

図 11　ウォルツの国際システム論の前提

出典：Waltz（1979: 40）.

　こうしたウォルツの三つの分析レベルを部分修正したのが、ナイとウェルチの『国際紛争〔第一〇版〕』である。ナイとウェルチは、国際システム・レベルに手を加えて、システム・レベルの「プロセス」を想定している。たとえば、同じ多極構造であっても、ナポレオン戦争後のウィーン体制のように柔軟性に富んだ緩やかな多極なのか、第一次世界大戦直前のように膠着した多極なのか、で戦争が起こる蓋然性は大きく違ってくるというのである（Nye and Welch, 2016: chap. 3）。カプランが国際システム論の古典で、プロセスと国際システムを論じつつ、緩やかな双極とリジッドな双極を区別していたことを想起させる（Kaplan, 2005; 1968）。ナイの分析枠組みの捉え方は、議論を複雑にしたが、現実をより正確に説明できる（Nye and Welch, 2016: 50）。

　たとえば、ナイとウェルチは、第一次世界大戦の勃発のプロセスを描く上で、第一イメージとして、指導者の個性、第二イメージとして、ナショナリズムの高揚、大衆の政治参加の拡大、国内の階級対立、拡張主義的なドイツの政策、オーストリア＝ハンガリー帝国の崩壊、第三イメージとして、ドイツの国力増大、同盟の二極化を指摘し、これらの要因が複雑に連関し、システムのプロセスの柔軟性欠如、危機のエスカレーションを経て、一九一四年の戦争へと至ったと図式化され、説明される。それぞれの分析レベルの要因が複雑に相互作用し、第一次世界大戦へとつながったとされる。一つの分析レベルからの分析ではないのである。また、一九一四年に向けて、政策の選択肢の幅が狭まったことも図式化され、説明される。一九一四年の段階では、バルカン半島の小競り合いをきっかけに、第一次世界大戦へとつながる国際環境が整っていた、ということになる（Nye and Welch, 2016: 105）。

第二次世界大戦の勃発に関しては、第一イメージとして、ヒトラーの台頭、ヒトラーの企図、第二イメージとして、階級対立、イデオロギー政治、世界大恐慌、不十分な経済調整、宥和（appeasement）、第三イメージとして、未完の第一次世界大戦、ヴェルサイユ講和条約、米ソの孤立、不安定なバランスの要因が指摘され、一九三九年の戦争につながった、と図式化され、説明される。ここでも、それぞれの分析レベルの要因が複雑に相互作用し、第二次世界大戦へとつながったとされる。また、一九三九年に向けて、政策の自由度が狭まっていった、と図式化され、説明される。一九三九年の段階では、ヒトラーの企図と不安定なバランスのため、第二次世界大戦の勃発がほぼ不可避となっていた、と指摘される（Nye and Welch, 2016: 135）。

冷戦の開始を同じように、それぞれの分析レベルと国際システムのプロセスで説明すると、第一イメージとして、スターリンのパラノイア、アメリカの孤立主義に対するトルーマンの危惧、誇張されたレトリック、第二イメージとして、戦争で疲弊したソ連、強まるイデオロギー統制、第三イメージとして、第二次世界大戦、二極化、コミュニケーションの減少、イデオロギー化のプロセスの要因が指摘され、それぞれの分析レベルの要因が複雑に連関し、冷戦につながった、と指摘される。ただし、厳しい統制下の小国、同盟の組み換え困難で不確実性低下へと至るも、一九一四年や一九三九年とは違って、世界大戦には至らなかった、という。たとえば、以上の内容を図式化したのが、図12である。

帝国から脱植民地化へのプロセスを国際システム・レベルの趨勢やトレンドとして捉えることができる。「公式の帝国（formal empire）」としてのソ連の崩壊は、冷戦の終結とほぼ重なる。冷戦の終結とともに、「脱植民地化」がほぼ完了しているのである。またもう一つの趨勢ないしトレンドとして、特に一九七〇年代以降に、国境を越えて、相互依存がハイスピードで深化してきたことも忘れてはならない。冷戦の終結後、相互依存がさらなる深化を遂げる。グローバリゼーションである。グローバリゼーションの始まりは、冷戦の終結とほぼ重なるのである。田中明彦は、この趨勢的な変化によって、二一世紀の国際システム、特に先進工業諸国の間の国際関係は、「新しい中世圏」へと向かう、と予測した。ただし、「近代圏」や「混沌圏」は残る。二一世紀の国際システムは、三つの圏域（Sphere: スフィア）から成る三層構造である、と想定されるのである（田中、一九九六：特に第七章）。こうし

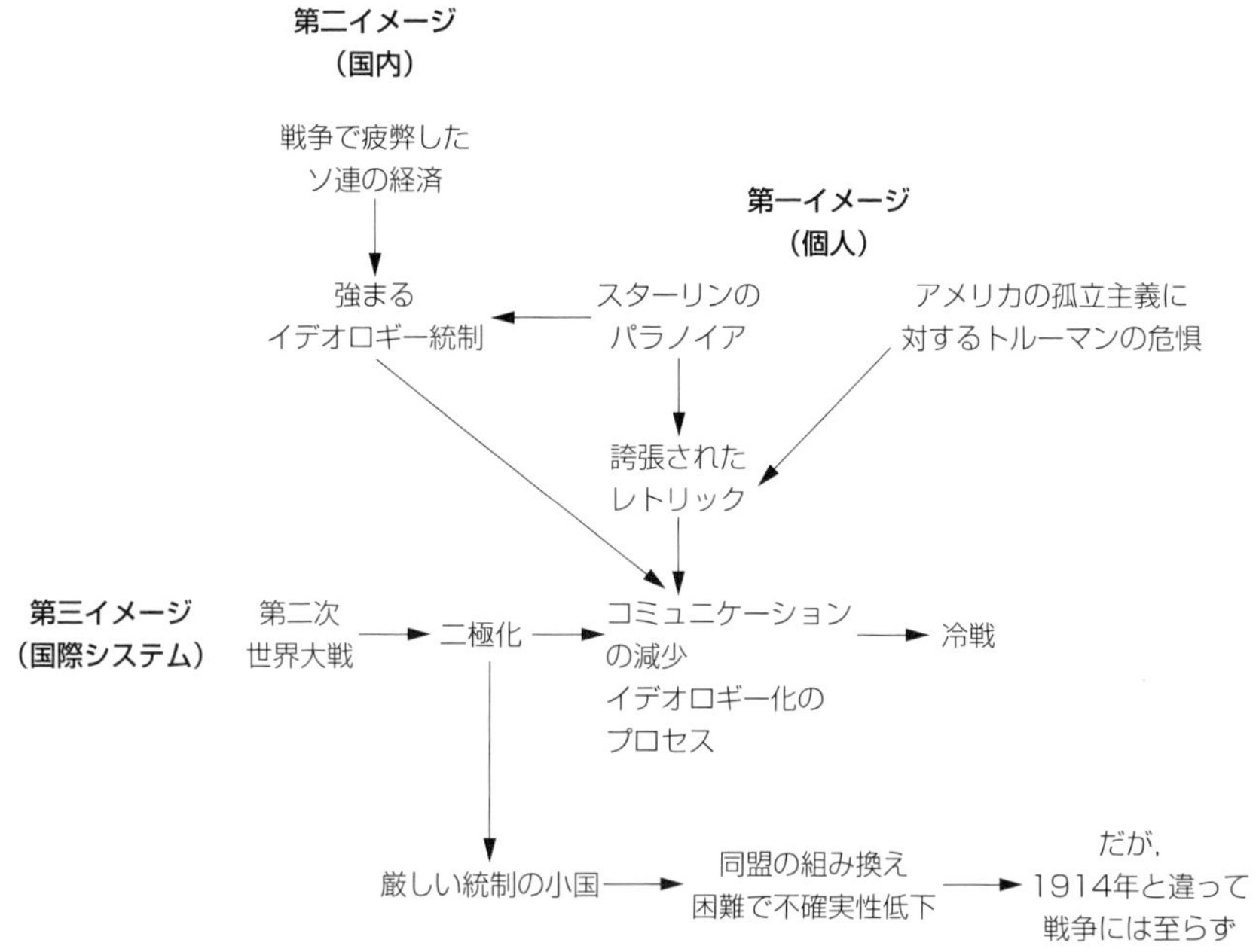

図 12　冷戦の開始の原因

出典：Nye and Welch（2016: 160）.

た国際システムの趨勢的な変化は、ウォルツの国際システム論では取り上げられることはなかった。

古典的なリアリズムとネオリアリズムは、近代以降のヨーロッパ地域を中心とした国際システムを、「西欧国家体系」の多極から「冷戦」の双極へ、そして「冷戦後」の単極から二一世紀の多極化へ、という流れで基本的に捉える。ただし、国際システム上の変化のプロセスを説明するのは、リアリズムは苦手である。しかし、ネオリアリズムの一人、ギルピンは経済的な要因を相対的により重視し、覇権安定理論を展開したので、近代以降の国際システムは単極の覇権秩序がほぼ一〇〇年のサイクルで交代してきた（循環的な変化）、と議論した（Gilpin, 1981）。

ネオリアリズムは双極安定論であれ単極安定論であれ、いずれの議論も、ヨーロッパ地域を中心とした国際システムの構造、特に「力の分布」に注目しているのである。ところが、近代以降のヨーロッパの大国は、同時に帝国でもあった。すなわち、国際システムは、ヨーロッパ地域の秩序と非ヨーロッパ地域との関係の二重構造なのであった。ヨーロッパの大国や日本の宗主国と非ヨーロッパ地域の植民地との間の国際秩序を「帝国主義世界体制」と呼ぶ（山影編著、二〇一二；木畑、二〇一四；田中、一九九四；一九九五；二〇〇八；

田中、一九九八：藤原、一九九八：一九九二：山本、二〇〇八：島村、二〇一八：一二)。

北大西洋条約機構(ＮＡＴＯ)や日米同盟などアメリカの冷戦型同盟は、冷戦の終結という国際システム上の変化を経ても、冷戦後、生き延びた。冷戦の終結の直後には、同盟不要論まで飛び出したが、アメリカの同盟は、ネオリベラリズムが主張するように、国際制度として残存したのである(Keohane and Martin, 1995; McCalla, 1996; Duffield, 1994/1995; Thies, 1989)。また、コンストラクティヴィズムが示唆する通り、同盟国の国内規範に変化がないため、同盟は残存することになる(たとえば、Katzenstein, 1996)。さらに、アメリカの同盟は、「理念の同盟」ないし「価値の同盟」である(中山、二〇一三)。分析レベル上、同盟内政治は、サブシステム・レベルの要因として、捉えることが可能である。ネオリベラリズムが国際レジームや国際制度を、独立変数としての力の分布の変化と従属変数としてのアメリカの覇権の衰退との間に、媒介変数として設定することと似ている。英国学派が、勢力均衡や大国間政治などを国際社会の制度として捉えることとも関連しよう(Bull, 1977: part 2)。

ネオリアリストのウォルツが国際政治の理論から切り離した政策決定理論では、アリソンの三つのモデルが存在する。すなわち、第一に合理的選択モデル、第二に組織過程モデル、第三に官僚政治モデルである。第一の合理的選択モデルは、古典的なリアリストの議論を単純化したものにほぼ等しい。主権国家は、合理的かつ統一的なアクターであり、国益を合理的に計算して、対外政策の決定を行うとされた。第二の組織過程モデルは、たとえば、アメリカの場合、ホワイトハウスと国務省、国防総省など官僚組織の縄張り争いのなかで、それぞれの組織の標準手続き(ＳＯＰ)に純粋に基づいた機械的な意思決定がなされると想定される。日本政治外交のように官僚組織の力が相対的により強い国家の場合は、比較的に有効なモデルかもしれない。アリソンが最も重視したのが、官僚政治モデルであった。それは、またアメリカの場合であれば、大統領をはじめとして、大統領補佐官など側近、国務長官や国防長官、そしてその下の副長官や次官、次官補のレベルでの政治的な駆け引きから、妥協の産物として政策が生まれてくると想定された。重要な点は、それぞれのモデルは相互補完的に使用されるべきである、とされたことである(Allison and Zelikow, 1999; Halperin and Clapp, 2006; 佐藤、一九八九：四八)。政策決定理論の日本での先駆者である佐藤英夫は、心理学的なアプローチを第四のモデルと位置づけ、**表17**の通り整理した。

アリソンの三つのモデルの問題点は、第三モデルの官僚政治モデルの重要性が特に強調されたが、アメリカ外交の最終決定権を握る大統領の役割が他のプレイヤーとの違いであいまいな点が残っていたこと、またアメリカ議会の役割と影響力が想定されていないことであった(進藤、二〇〇一：九二―九四)。

またその後の政策決定理論では、パットナムの「二レベル・ゲームズ」のモデルが、一九八〇年代後半に登場した。

表 17　政策決定論の 4 つのモデルの相互関連性

	第1モデル	第2モデル	第3モデル	第4モデル
（決定の主体）	国家または政府	政府内組織	個人的アクター	人間の認識（知覚）機能
（決定のタイプ）	純粋に合理性に基づいた決定	純粋にSOPに基づいた決定	純粋に政治の産物としての決定	純粋に人間の認識（心理）に基づいた決定
（決定過程）	知的プロセス	機械的プロセス	社会的プロセス	認識プロセス

出典：佐藤（1989: 49）.

表 18　国際システムのトレンドの変化を含む分析レベル

国際システムのレベル……国際システムの構造，特に「力の分布」（多極か双極かなど）
国際システムのトレンド……帝国の論理（帝国から脱植民地化へ），
相互依存の深化（グローバリゼーションの進展）
国際システムのサブシステム・レベル……同盟内政治の論理
国際システムのユニット・レベル……国内政治の論理（特に議会）
人間のレベル……主要な個人の要因
認知のレベル……主要な個人の認知（心理）の要因

出典：島村（2018: 13）.

パットナムは、国際交渉と国内交渉の二つの交渉テーブルを想定したのである。国内交渉で合意できる範囲で（つまり、特に議会が承認し得る範囲で）、国家の指導者たちは国際交渉に関与しなくてはならない。国内交渉で合意できない範囲では（つまり、特に議会が承認できない範囲では）、国際交渉の実現は最終的に不可能である、と想定された。こうして、パットナムのモデルでは、議会の影響力の要因が組み込まれているのである。パットナムは、国内交渉の合意の範囲を「勝利連合（win-set）」と呼んでいる。パットナムのモデルの注目すべき点は、この勝利連合の範囲が大きくなったり、小さくなったりすること、また国家は他国の国内政治でロビー活動（lobbying）を展開し、議会や世論に働きかけをできることを想定したことである。少ない変数で（「パーシモニアス」と言う）、ダイナミックな政策決定理論のモデルを提示したのである（Putnam, 1993; 石田、一九九七：四五）。

以上のような問題意識から、国際システムのトレンド（や認知レベル）の要因も踏まえた分析レベルは、**表18**の通り図式化できる。

国際政治の〈変化〉を見る眼としては、第一に、特に国際システムそのものの変化か国際システム上の変化か、という問題がある。繰り返しになるが、国際システムそのもの変化は歴史上、滅多に起こらない。ネオリアリズムなどが取り上げるのは、国際システム上の変化である。第二に、それぞれの分析レベル上の要因が複雑に関連し、国際政治の変化をもたらすという点である。たとえば、二度の世界大戦や冷戦は、それぞれの分析レベルの要因が複雑に相互作用して、勃発や開始に至ったということである。第三に、国際システムそのものを変化させうるような趨勢（トレンド）としての変化がある。循環（サイクル）としての変化と区別される。帝国から脱植民地化へのダイナミズムや、相互依存の深化やグローバリゼーションの進展は、国際システムの趨勢的な変化である。

国際システムは、しばしば大きく変化する。問題は、その変化がどのレベルの変化なのか、ということである。

第一章　変化するリアリズム――ネオクラシカル・リアリズムの〝発見〟

ネオクラシカル・リアリズムは、国家の対外政策の範囲と野心は第一義的に国家の相対的な物理的パワーによって規定される、と主張する。しかし同時に、対外政策に対するパワーや能力のインパクトは、間接的で複雑である、と主張する。なぜならば、システム上の制約は、政策決定者の認識や国家構造といったユニット・レベルの媒介変数を通じて〝翻訳〟されるからである（Rose, 1998: 146）。

ギデオン・ローズ「ネオクラシカル・リアリズムと対外政策の理論」（一九九八年）

第三イメージは、世界政治の枠組みを説明するが、第一イメージと第二イメージなしには、政策を決定する諸力についての知識を獲得することはできない。第一イメージと第二イメージは、世界政治の諸力を説明するが、第三イメージなしには、それらの重要性を評価したり、それらの結果を予測したりすることは不可能である（Waltz, 1959: 238）。

ケネス・ウォルツ『人間、国家、戦争』（一九五九年）

一　ネオクラシカル・リアリズムの〝発見〟

（1）ネオクラシカル・リアリズムとは何か

ネオクラシカル・リアリズム（neoclassical realism; 新古典的現実主義）とは何か――。ネオクラシカル・リアリズムは、序章でも簡単に見たが、ネオリアリズムと同じく、「国際システム・レベルの構造的要因（特に「力の分布」）が国家の対外政策を規定する」とまず想定する。しかし同時に、国内レベルの要因や個人レベルの要因（政策決定者たちの認識・誤認なども含む）を媒介変数として位置づける。ネオクラシカル・リアリズムを〝発見〟したのは、ローズである。ローズが、『世界政治』誌の書評論文で使用して、この用語が広まった。ネオリアリズムと古典的リアリズム（classical realism）の両者の特性を有することから、「ネオクラシカル・リアリズム」と名づけられたのである。ローズ論文は、一九九〇年代のネオリアリズムの変容を、ネオクラシカル・リアリズムの誕生を軸にして整理した内容であった（Rose, 1998: 146; 2010; Freyberg-Inan, Harrison, and James, eds., 2009）。

ウォルツをはじめとしたネオリアリズムの理論では、特定の国家の対外政策について説明し切れないことが比較的に早い段階から明らかになっていた。こうした欠点を補う形で、一九九〇年代以降、国内レベルと個人レベルの要因も重視するネオクラシカル・リアリズムのアプローチが現れたのである。ネオクラシカル・リアリズムは、ネオリアリズムやその発展形態である攻撃的リアリズム（offensive realism）と防御的リアリズム（defensive realism）に批判的な論調をとるリアリストたちの議論のなかから形成されてきた。

ネオクラシカル・リアリズムを〝発見〟したローズがネオクラシカル・リアリストとして特に取り上げている人物は、たとえば、ザカリアやウォルフォース、シュウェラー、クリステンセンである（Rose, 1998）。レインやデュエックも、ネオクラシカル・リアリストであることを自任している（Layne, 2007; Dueck, 2006）。ローズ自身、『終戦論』を残している（Rose, 2010）。ロベルとリップスマン、タリアフェッロ編集の論文集、トジェとカンズ編集の論文集もある（Lobell, Ripsman, and Taliaferro, eds., 2009; Toje and Kunz, eds., 2012）。二〇一〇年代にも、ローズとトジェとカンズ編集の論文集以外にも、リップスマンとタリアフェッロ、ロベルの共著をはじめとして、研究業績が蓄積されてきた（Ripsman, Taliaferro, and Lobell, 2016; Rosa, 2018; Ichihara, 2017; Hadfield-Amkhan, 2010; Brawley, 2010; Dyson, 2010）。ネオクラシカル・リアリズムについての比較的に最近の批評として、国内政治要因に着目したナリズニィ論文がある（Narizny, 2017）。

ネオクラシカル・リアリズムは、繰り返しになるが、ネオリアリズムが主張する通り、「国際システム・レベルの構造的要因が国家の対外政策を規定する」という立場にまず同意する。しかし同時に、ネオクラシカル・リアリズムは、国内要因や個人レベルの要因に着目していた古典的リアリズムの洞察も取り入れるのである。ネオリアリズムは、たとえば、国家の政治制度（民主主義国家か権威主義国家かなど）や政策決定者たちの認識・誤認などは国家の対外行動に影響しない、と捉えている（Waltz, 1979; Gilpin, 1981; Jervis, 1976; Snyder, 1997; 1984; Grieco, 1990; Miller, 1995; Gllaser, 1994/1995）。これに対して、古典的リアリズムは、国家の政治制度や国家指導者の認識・誤認が国家の対外行動に影響する、と考えてきた。古典的リアリストには、たとえば、カーやモーゲンソー、アロン、キッシンジャー、ウォルファース、ハーツなどがいる（Carr, 1964; Morgenthau, 1978; Aron, 2003; Kissinger, 1957; Wolfers, 1956; 1962; 1966; 1976; Herz, 1959）。ドイルは、古典的リアリズムの源流として、マキャベリの「原理主義」、ホッブスの「構造主義」、ルソーの「立憲主義」を挙げた上で、トゥーキュディデースを「複合的」リアリズムと位置づけた（Doyle, 1997）。

（2）媒介変数としての国内・個人要因

ネオクラシカル・リアリズムは、構造的要因が、たとえば、国内の政治制度や政策決定者たちの認識・誤認などを〝経由〟することになるため、構造的要因の影響は〝間接的〟である、と想定する。たとえば、クリステンセンによれば、一八六〇年代のヨーロッパ地域ではビスマルクの下、プロイセンがパワーを急速に強大化していた。プロイセンは一八六六年六月、オーストリア帝国との戦争（普墺戦争）を開始する。当時のフランス皇帝ナポレオン三世は、プロイセンのパワーを十分に認識できず、普墺戦争でオーストリアが敗北するとは想定していなかった。ネオリアリズムの理論にしたがえば、フランスは、自国とプロイセン、オーストリアの力の分布を理解できて、オーストリアと連携することでプロイセンへのバランシング行動を試みたはずである。しかしながら、現実にはナポレオン三世は、プロイセンのパワーを過小評価していたため、オーストリアとの連携強化や同盟形成という選択肢を見過ごしてしまったのである（Christensen, 1996: 22; 1997）。その後、より強大化したプロイセンは、一八七〇年七月一九日からフランスと戦い（普仏戦争）、フランスを短期戦で打ち負かし、翌年の一月一八日にドイツの統一を成し遂げることとなる（普仏戦争は、五月一〇日のフランクフルト条約で正式に終戦した）。このことは、ヨーロッパ地域の勢力均衡（BOP）を根底から揺さぶり、第一次世界大戦の勃発の遠因となっていく（Joll and Martel, 2007: 1）。

冷戦の開始と冷戦の終結の時期は、アメリカがそれぞれ第二次世界大戦と冷戦に勝利し、新たな馴染みのない脅威に直面した歴史的な瞬間であった（Wohlforth, 1999; 2002）。第二次世界大戦後の双極の国際システムの構造は、リアリズムとリベラルな国際主義の目的と手段が入り混じった「封じ込め（containment）」政策の立案と遂行をうまく説明できない。論理上、ヨーロッパ地域の勢力圏を相互に認め合った上での競争的協調という代替案も想定できるからである（Friedberg, 2000: esp. chap. 2; Jervis, 1996: 118-122; Layne, 2007; Dueck, 2006）。また、ネオリアリズムも「民主主義による平和（democratic peace）」論も、冷戦の終結後の一九九〇年代に、共和党のブッシュ・シニア政権と民主党のクリントン政権が、（少なくとも短期的には）大国の競争相手もなかっただけではなく、「平和の配当」の国内政治上の制約にもかかわらず、ヨーロッパ地域と東アジア地域で影響力を維持し、むしろ強化・拡大させようと試みたことをうまく説明できない（Mearsheimer, 2014; 1990; 1994/1995）。

二〇〇一年「九・一一」同時多発テロ攻撃後のW・ブッシュ政権のグランド・ストラテジー（大戦略）も、相対的なパワーや対外的な脅威レベルでの転換だけではうまく説明できない。たしかに、共和党政権であろうが民主党政権であろうが、テロリスト集団であるアルカイーダをかくまっていたアフガニスタンのタリバン政権に対する攻撃はなされたはずである。しかし、「先制（pre-emption）」を打ち出したブッシュ・ドクトリンやイラク戦争、民主主義の促進（promotion of democracy）を通じて中東地域でイスラーム教原理主義のテロリズムを一掃しようと試みたことは、国際システム・レベルとユニット・レベルの要因が混じり合った結果であった。対外的な脅威とアメリカの圧倒的なパワーがアメリカの軍事的な反応の要因を大きく規定しつつも、国家安全保障に

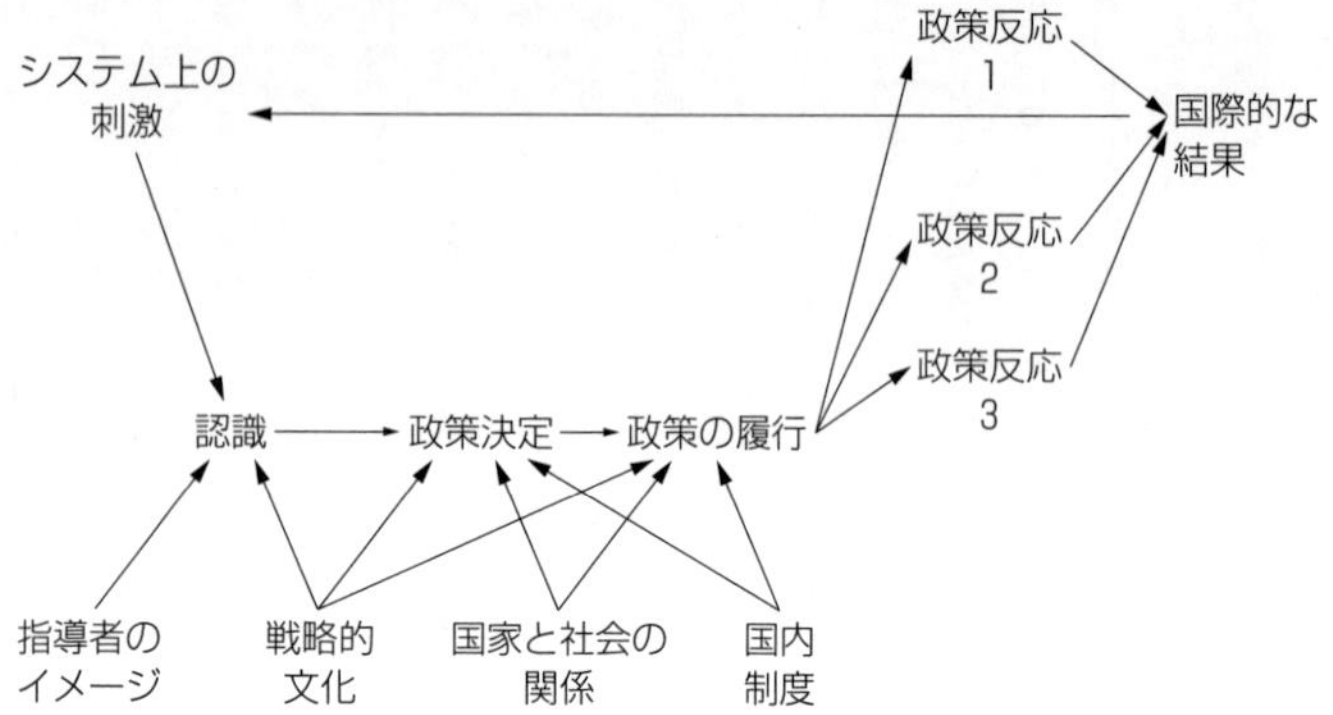

図 1-1　対外政策のネオクラシカル・リアリストの理論

出典：Ripsman, Taliaferro, and Lobell（2016: 59）.

高い優先順位を置いていたホワイトハウスや政権内の新保守主義（neoconservatism; ネオコン）のブレーンたちと彼らの単純明快な政策の選択肢、ウィルソニアンの（あるいはリベラルな）対外政策の言説といったユニット・レベルと個人レベルの要因が、アメリカの軍事的な反応の性格と立場を決定づけた（Jervis, 2005: chap. 4; Kaufmann, 2004; Monten, 2005）。

こうして、ネオクラシカル・リアリズムによって、国際システム・レベルの構造的要因は重要ではあるが、国内レベルの構造を経由するため、あるいは政策決定者たちがうまく認識できないことにより、必ずしも〝直接的に〟影響を及ぼせるわけではない、と指摘される。ネオリアリズムのウォルツ自身も、彼の理論は、「対外政策の理論」ではなく、「国際政治の理論」であり、国際システム上の結果の幅広いパターンをただ説明しようとする試みである、と繰り返し主張していた（Waltz, 1979: 39, 48-49, 58-59, 64, 71-72, 78, 87, 121-123; 1986: 328, 339-340; 1996: 54-57）。同時に、ウォルツは、「対外政策の理論」は、ユニット・レベルと国際システム・レベルの変数を含みうるし、含むべきである、と論じている（Waltz, 1959: 165-166; Waltz, 1967）。

一九九〇年代における国際関係論（ＩＲ）の変動は、ネオリアリズムやネオリベラリズムの合理的な理論に対抗した形でのコンストラクティヴィズム（構成主義、構築主義）の台頭がまず挙げられる。規範やアイディア、アイデンティティ、文化など〝目に見えない〟側面に注目するアプローチである。キーワードは、〝間主観的な（inter-subjective）〟ダイナミズムである。また同時に、国内政治や比較政治、国際法との〝連関・連結（linkage）〟への学際的な関心のさらなる増大によって特徴づけることができる。さらに、こうした動きと同時並行的に、またお互いに影響し合いながら、ネオリアリズムもまた大きく変容しつつあったのである。つまり、ネオクラシカル・リアリズムの〝発見〟ないし誕生である。

二 ネオクラシカル・リアリズムと分析レベル

（1）ローズ論文とネオクラシカル・リアリズムの〝発見〟

ローズ論文は、冒頭で、これまでネオリアリズムが理論的な〝簡潔さ（parsimony）〟と〝洗練さ（refinement）〟と引き替えに捨象してきた、特定の国家の対外政策に関するより立ち入った分析を行う試みとして、以下の四つのアプローチを取り上げる。第一に国内政治理論（innerpolitik theories）、第二に攻撃的リアリズム、第三に防御的リアリズム、第四にネオクラシカル・リアリズムである（Rose, 1998: 146; Grieco, 1997: 166-167; Walt, 1998: 37）。

まず国内政治理論であるが、これは国内の特に政治体制が対外政策を決定すると想定するアプローチである。この典型的な理論は、「民主主義による平和」論である。ドイルやラセットの議論が典型的である（Doyle, 1983a; 1983b; 1997; Russet, 1993; 2001; Moravcsik, 1997）。ローズは、国内政治理論の欠点として、国内で類似した政治体制を持つ国家が異なる行動をとること、異なる政治体制を持つ国家が類似した行動をとることを十分に説明できないことを指摘する（Rose, 1998: 148）。

次に、攻撃的リアリズムは、ホッブス的な無政府状態（anarchy）を前提とし、国内要因を軽視して、国際システム上の制約が安全保障を高めようとする国家を刺激して攻撃的にする、と想定する議論である。あらゆる国家が、機会があれば、相対的なパワーの増大を図り、潜在的な敵対国の影響力を削ぎ、地域覇権（regional hegemony）ないしグローバルな覇権を目指すという。『大国政治の悲劇』をまとめたミアシャイマーが典型的である。ミアシャイマーによれば、二一世紀、米中の対立は不可避である、と予測される（Mearsheimer, 2014: esp. chap. 10; 1994/1995: 337〔fn. 24〕; James, 2009; Colins, 2009）。ローズによると、攻撃的リアリズムの欠点は、第一の国内政治理論と同じく、類似した制約を受けている国家が異なる行動をとること、異なる制約の下にある国家が類似した行動をとることを十分に説明できないことにあるという（Rose, 1998: 148-149）。

第三の防御的リアリズムは、国内政治理論と攻撃的リアリズムのいわば折衷的な形態である。無政府状態を比較的に〝緩く〟想定し、国家は「安全保障のディレンマ」が過度に高まる時に限って、攻撃的リアリズムのような行動をとるのであって、通常はバランスを保とうとする、と想定するアプローチである。防御的リアリズムは、国家の対外政策を、システム上の制約に対応した結果としての行動（natural conduct）として説明できる場合と、国内レベルや個人レベ

表 1-1　対外政策の 4 つの理論

理論	国際システム観	ユニット観	因果関係の論理
国内政治理論	重要ではない	高度に区別される	国内要因→対外政策
防御的リアリズム	時に重要；無政府状態のインプリケーションは変化する	高度に区別される	システム上のインセンティヴ or 国内要因→対外政策
ネオクラシカル・リアリズム	重要；無政府状態はあいまい	区別される	システム上のインセンティヴ（独立変数）→国内要因（媒介変数）→対外政策
攻撃的リアリズム	とても重要；無政府状態はホッブス的	区別されない	システム上のインセンティヴ→対外政策

出典：Rose（1998: 154）.

ルの要因にも基づく行動（unnatural conduct）として説明できる場合とに分ける。防御的リアリズムとしては、エヴァラやウォルト、ジャック・スナイダー、ポーゼン、グラセールがいる（Zakaria, 1995: 476 fn. 34; Colins, 2009）。ローズ論文は、こうした防御的リアリズムのアプローチに一定の評価を下しつつも、対外政策の決定要因間の関係を都合よく使い分けようとする点を、理論的な一貫性を欠くものとみなして批判する。〝後づけの（ad hoc）〟理論ではないかというのである（Rose, 1998: 148-151）。

第四のネオクラシカル・リアリズムは、対外政策の決定要因を、第一義的には国際システム上の制約に求める。しかし同時に、国際システム上の制約を国家がいかに〝翻訳（translate）〟するかという点において、さらに実際にどの程度パワー・リソースを〝動員（mobilize）〟しうるかという点において国内要因を重視するアプローチである。ネオクラシカル・リアリズムは、国際システムの無政府状態を不確実で、〝あいまい（murky, ambiguous）〟であると前提し、対外政策の目的を狭い意味での安全保障の確立と捉えない（Rose, 1998: 151-152, 166-168; Ripsman, Taliaferro, and Lobell, 2016; Brown, Lynn-Jones, and Miller, eds., 1995; Buzan, Jones, and Little, 1993）。

こうして、ネオクラシカル・リアリズムは、対外政策を異なる政策決定者がシステム上の制約を〝主観的に〟解釈し、異なる国内政治の構造に起因する動員能力に規定される形で遂行されるものと捉えるのである。ローズ論文は、ネオクラシカル・リアリズムを構造主義をとる純粋なネオリアリストとコンストラクティヴィストの中間に位置する、と位置づける（Rose, 1998: 152）。コンストラクティヴィズムがリアリズムの変容に影響を及ぼしてきたのである（Sterling-Folker, 2002; 2004）。タリアフェッロとロベル、リップスマンの論文によれば、ネオクラシカル・リアリズムは、パットナムの二レベル・ゲームズの論理とも無関係ではない（Taliaferro, Lobell, and Ripsman, 2009: 7; Ripsman, Taliaferro, and Lobell, 2016; 島村、二〇一八：一五、一二四）。

こうしたネオクラシカル・リアリズムの一九九〇年代の理論家として、すでに見た通り、ローズ論文で、ザカリアやウォルフォース、シュウェラー、クリステンセンなどが取り上げられる。また彼らは、ネオクラシカル・リアリズム的な分析の「第三の波」と位置づけられている。

「第一の波」は、ギルピンやポール・ケネディ、マンデルバウムら先駆者たちである。彼らの研究は、いわゆる「大国の興亡」の議論であり、長期的な国際政治の変化を大国の経済力の高低で説明するものである。大国の相対的なパワーは変化するものであり、その相対的なパワーの基礎となる経済力と軍事力の間には、長期的な観点では相関関係があるという分析であった。ネオリアリズムでは相対的なパワーの変化によるダイナミズムの分析がなされることが少ないが、ネオクラシカル・リアリズムの「第一の波」の研究では相対的なパワーの変化と国際システムについて分析している。ギルピンの議論については、序章でも取り上げた（Rose, 1998: 155, 165; Gilpin, 1981; Kennedy, 1989; Mandelbaum, 1981）。

これに続く「第二の波」は、フリードバーグやレフラーである。彼らの研究は、相対的パワーの変化が国家の対外政策の変化を引き起こす過程について歴史的な記述を試みた。たとえば、フリードバーグの主張は、適切な説明を行うためには単に相対的なパワーの変化を考慮するのではなく、組織的ないし国内政治的な要因も考慮すべきであるというものである。また、レフラーの主張の最も重要な点は、パワーの変化が対外的な脅威や国益、そして機会に対する政策決定者たちの認識・誤認を引き起こすことを明らかにしたことである（Rose, 1998: 155-156, 158, 164; Friedberg, 1988; 2000; Leffler, 1992）。

ウォルトが『同盟の起源』で問題提起した「脅威の均衡（balance of threat）」も、〝目に見える〟パワーではなく、〝目に見えない〟脅威に注目した点で、ネオクラシカル・リアリズムやコンストラクティヴィズムのアプローチと無関係ではない、と思われる（Walt, 1987; 2005）。たとえば、「歴史の教訓」の重要性を描いた歴史家のメイの研究業績も、ネオクラシカル・リアリズムに影響を及ぼしたかもしれない（May, 1975）。ジャーヴィスの先行研究も無視できない。ジャーヴィスによれば、国家は国際システムのインセンティヴに一致した行動を常にとるわけではない。国家は、ネオリアリストたちが〝適切な〟形式とみなす方法で国際システムの刺激に常に反応するわけではないのである。またジャーヴィスは、たとえ国家が国際システムのインセンティヴを適切に理解したとしても、政策決定者たちは常に国際システムのインセンティヴに合理的に反応するわけではない、とも指摘する（Jervis, 1976; 1996; 2017）。ネオリアリストのウォルツが、意外にも、国家の合理性の前提に深いこだわりを持っていなかったことも指摘しておく必要があろう（Waltz, 1979: 118; 1986: 330-331; Kahler, 1998: 924-925）。

ローズ論文は次いで、国内政治構造の問題や政策決定者の認識・誤認の問題をネオクラシカル・リアリズムがどのように分析するかを紹介した上で、ネオクラシカル・リアリズムの分析の特徴と、ネオクラシカル・リアリズム的な分析を進めていく際の注意点を整理する（Rose, 1998: 165-168）。結論部分では、システム・レベルの要因とユニット・レベルの要因との関連、また相対的なパワーの変化とアイディアとの関連など、今後さらに深められていくべき点をまとめている（Rose, 1998: 168-172）。

（2）ローズ論文の評価

こうしたローズ論文を書評した芝崎厚士によれば、ネオクラシカル・リアリズムの意義は、以下の通りであるという。「これまでに登場した理論的立場を整理し、その対比において登場したネオクラシカル・リアリズムは、たしかにそれら先行理論の欠点をかなりの程度克服したものだと言える。国内政治理論やコンストラクティヴィズムへの大胆な接近も、従来のネオリアリズムとは一線を画した姿勢である。ローズも述べるように、理論的な簡潔さと複雑な要因を説明する能力とを可能な限り同時に追求することは、社会科学一般に共通する課題である。当事者のアイデンティティと研究者の分析概念を峻別しつつトータルに分析しようと試み、外交史研究者顔負けのマルチ・アーカイヴァルな史料渉猟に取り組むネオクラシカル・リアリズムの人々の努力は、モナディックな世界観の持ち主とされてきたリアリストが多文化主義・多言語主義的な観点を視野に入れ始めたという意味でも、高く評価しなければならない」（芝崎、二〇〇〇：八一―八二）。

次いで、ネオクラシカル・リアリズムの課題について、以下のようにも指摘される。「ローズは、ネオクラシカル・リアリズムはリアリスト・パラダイムの核となる概念や前提を棄てることなく、現実の世界へより一層近づくことを可能にすると述べているが、これは本当であろうか。たしかにネオクラシカル・リアリズムは、システム要因やアナーキーといった概念や前提を『棄てて』はいないが、大幅に変更している。その変更の度合いはリアリスト・パラダイム自体を結果として破綻させるような性格を帯びているようにさえ見えるし、さらに言えばリアリスト・リベラリスト・コンストラクティヴィストというような区別さえ無化してしまう含意をも持つ。リアリズムにおけるこうした変容は、現実を説明する能力を高めることによってパラダイム間の差違が実質的に無意味となり、新たな国際関係研究の視座が再構築される可能性の一端をも示していると言えるだろう」（芝崎、二〇〇〇：八二；Rosow, 2019）。

ネオクラシカル・リアリズムのアプローチは、コンストラクティヴィズムや国際関係史、外交史の研究のアプローチにますます近づいているのか——。

ローズによれば、ネオクラシカル・リアリズムとは、古典的リアリストたちの思想から得られる洞察を修正し体系化して、国際システム・レベル（ウォルツが言うところの第三イメージ）と国内レベル（第二イメージ）の変数の両方を取り入れることを試みたものである。さらにネオクラシカル・リアリズムは、個人レベル（第一イメージ）の変数、たとえば、政策決定者たちの認識・誤認まで議論に組み込もうとする。古典的リアリズムは国内レベルと個人レベルの変数で対外政策を、ネオリアリズムは国際システム・レベルの変数で国際システムを説明することを試みるアプローチであるのに対して、ネオクラシカル・リアリズムは国際システム・レベルとユニット・レベル・個人レベルの変数の両方を含む理論となっている。この点に関しては、防御的リアリズムも両方のレベルの変数を分析しているが、ネオクラシカル・リアリズムと防御的リアリズムでは、国際システム・レベルとユニット・レベル・個人レベルの変数の相互関係に対する捉え方が異なる（Rose, 1998: 153-154; George and Bennet, 2005）。

再びローズによれば、繰り返しになるが、ネオクラシカル・リアリストたちは、国家の対外政策を決定づけるものは国際システム、とりわけ相対的なパワーという変数が理論の出発点であると捉える。ネオクラシカル・リアリズムの理論では、ユニット・レベルの国内要因や個人レベルの要因ではなく、あくまでも国際システム・レベルの構造的要因が独立変数として位置づけられるのである。他方で、古典的リアリズムでは、独立変数は国際システム・レベルの構造的要因ではなく、ユニット・レベルの国内要因や個人レベルの要因が独立変数として設定されている。こうして、ネオクラシカル・リアリズムと古典的リアリズムは論理の出発点が異なると言える（Rose, 1998: 153-154）。

しかしながら、ネオクラシカル・リアリストたちは、国家の対外政策に対する国際システム・レベルの構造的要因の影響力は〝間接的〟であり〝複雑〟である、と想定する。なぜならば、国際システムの変数は必ず、すでに見た通り、ユニット・レベルと個人レベルの要因の媒介変数を通じて〝翻訳〟されるからである。ネオクラシカル・リアリストたちの理論では、独立変数は国際システム・レベルの構造的要因であって、ユニット・レベルの国内要因もしくは個人レベルの要因は媒介変数ということになる（Rose, 1998: 146, 153-154; Taliaferro, Lobell, and Ripsman, 2009: 19-22; Toje and Kunz, 2012: 4; Ripsman, Taliaferro, and Lobell, 2016; Reichwein, 2012; Kunz and Saizmn, 2012）。ネオクラシカル・リアリズムは、相対的な物質的なパワーが独立変数として国家の対外政策の基本的な決定要因を構成すると主張するが、物質的なパワーが対外政策へ〝直接的〟もしくは〝完全に〟転換されない、と想定する。なぜならば、対外政策の決定は実際の政策決定者やエリートたちによってなされるため、単純に相対的なパワーの物理的な量が重要なのではなく、彼らの相対的なパワーに対する認識・誤認が重要だからである（Rose, 1998: 157-158）。こうして、ネオクラシカル・リアリズムは、すでに見た通り、国際システム・レベルの構造的要因を重視するネオリアリズムと、個人の認識・誤認や規範、アイディア、アイデンティティ、文化などを重視するコンストラクティヴィズムの中間の位置を占めていると考えられる。

他方で、ネオリアリズムと攻撃的リアリズムは、国際システム・レベルの変数を中心に議論し、防御的リアリズムは国際システムのレベルと国内レベルの変数をそれぞれ独立変数として扱う。ネオクラシカル・リアリズムは、国際システムの構造的要因を独立変数に位置づけると同時に、国内レベルと個人レベルの要因を媒介変数として位置づける。こうして、ネオクラシカル・リアリズムとネオリアリズム、攻撃的リアリズム、防御的リアリズムとでは、因果関係の論理構造が異なるのである（Rose, 1998: 153-154）。

三　ネオクラシカル・リアリズムと独立変数としての国際システム

ローズが「第三の波」のネオクラシカル・リアリストとして取り上げたザカリアやウォルフォース、シュウェラー、クリステンセンらの研究は、いかなるものか――。自らをネオクラシカル・リアリストであるとみなしているレインやデゥエックの研究も、無視できない。彼らのネオクラシカル・リアリズムのアプローチは、これまで見てきた通り、ウォルツのネオリアリズムに代表されるような国際システム・レベルの構造的要因を説明する理論ではない。ネオクラシカル・リアリズムは、厳密な意味において「国際政治の理論」ではないということである。たとえば、ザカリアも、自身の理論は国際政治の理論ではなく、「対外政策の理論」であると捉えている（Zakaria, 1995; Rose, 1998: 145, 168）。ネオクラシカル・リアリズムは、具体的に独立変数としての国際システムをいかに分析しているのか――。また次節で、媒介変数としての国内政治や個人の要因をいかに分析に落とし込んでいるのかという問題も明らかにしたい。

国際システム・レベルの変数として代表的なものは、ウォルツのネオリアリズムと同じく、国際システムにおける構造的要因のうち国家間の力の分布である。ネオクラシカル・リアリズムの場合、具体的に誰の議論が該当するかというと、特にウォルフォースやシュウェラー、レインなどの分析である。彼らは、ネオリアリズムと同じく、力の分布を独立変数としてまず理論を構築している。他方で、クリステンセンの理論の独立変数は、安全保障を獲得するために国家のパワー・リソースの動員を必要とする国際的課題である。国際的課題とは、国際システムにおいて国家が他国から受ける脅威を意味する。このように、ネオクラシカル・リアリストたちの間で変数の設定は厳密には異なる。そのため、ネオクラシカル・リアリズムの理論を扱う際には、注意が必要である。以下では、ネオクラシカル・リアリズムの理論における独立変数の取り扱いをより具体的に見てみたい。

たとえば、ウォルフォースは、一九九三年の『捉え難いバランス』で、パワーは完全に捉え難い概念であることをまず指摘する。ウォルフォースは、物質的な勢力均衡や力の分布と、政策決定者が認識するそれらは完全に一致しないことを主張している。さらに、力の分布を基礎においた理論では、システムにおける極の数はパワーをいかにして〝計算〟するかによって変化する。こうして、ネオリアリズムのように厳密な理論で使用されるパワー自体が、捉え難い概念なのである、と主張されるのである。ウォルフォースの論理では、独立変数が勢力均衡を導く力の分布であり、それを歪めてしまう媒介変数が政策決定者の認識・誤認であるということである（Wohlforth, 1993; Rose, 1998: 157-160）。

シュウェラーも、一九九八年の『致命的なインバランス』で、第二次世界大戦のドイツの開戦に関して、まず国際システムのレベルから分析を行い、それに加えてヒトラー個人に焦点を当てた分析を試みている。システム分析（大国の相対的な能力の計算）にあたって、シュウェラーは「戦争の相関因子（Correlation of War; COW）プロジェクト」のデータを使用している。COWの能力の計算は、軍事力、工業力、そして人口の三つの要素から求められる。シュウェラーは、求められた大国の能力を〇・〇〇から五・〇〇までの数値に変換し、比較することで、国家間の相対的な力の分布を計算している。シュウェラーは、第二次世界大戦のヨーロッパはドイツ、ソ連、イギリス・フランスの三極の構造であったため、不安定であった、と主張している（Scwheller, 1998: esp. 24, 168; 2006; Rose, 1998: 157, 161, 164-165）。またシュウェラーは、対外政策の十分な理論は、国家の目的や利益という要因を含むべきである、と論じている。国家が現状維持国家か現状変革国家か、つまり国際的な戦利品だけでなく「威信や資源、システムの原理」の既存の分布に満足しているのか、不満なのかを判断する基準として操作化するのである（Scwheller, 1998: 19-26; Rose, 1998: 164-165）。

さらにレインも、二〇〇六年の『幻想の平和』で、一九四〇年代以降のアメリカのグランド・ストラテジーは、防御的リアリズムや攻撃的リアリズムでは説明できない、と主張している。レインは、この問題を解決するにあたって、ネオクラシカル・リアリズムのアプローチをとる。レインによると、アメリカの域外覇権（extra-regional hegemony）の追求は、国際システムにおける力の分布と国内要因の媒介変数との間での〝連関・連結（linkage）〟によって引き起こされるという。要するに、アメリカの域外覇権の追求は、国際システム・レベルの力の分布だけでなく、アメリカの経済的な膨張と「門戸開放（open door）」のイデオロギーを加えた三つの変数で説明できて、かつこれらの変数は相関関係にあると想定されるのである。こうしてレインは、アメリカのグランド・ストラテジーを説明する理論の独立変数として、国際システム・レベルの構造的要因である力の分布をまず位置づけている（Layne, 2007）。

レインは、アメリカの域外覇権の追求は基本的に国内レベルの要因によって決定されているが、アメリカがこの戦略で成功を収めるための条件として国際システムに関する三つの要因があることを指摘している。第一に、国際システムにお

表 1-2　極と戦略的環境の性質の事例

		戦略的環境の性質（自由放任か制限的か）	
		自由放任の戦略的環境	制限的な戦略的環境
極（大国の数）	多極	ナポレオン戦争後のイギリス，ロシア，オーストリア，プロシア（1815-1854年）	ドイツ統一戦争後のイギリス，ロシア，フランス，オーストリア＝ハンガリー（1871-1892年）
	双極	アメリカと冷戦の後期（1945-1963年）	アメリカの冷戦の後期（1963-1989年）

出典：Ripsman, Taliaferro, and Lobell（2016: 54）.

表 1-3　国際システム上の明快さと戦略的環境の性質の事例

		戦略的環境の性質	
		制限的な戦略的環境	自由放任の戦略的環境
国際システム上の明快さ（高いか低いか）	高い明快さ	アメリカ（1945-1947年）	大英帝国（1936-1939年）
	低い明快さ	アメリカ（1990-2001年）	大英帝国（1933-1934年）

出典：Ripsman, Taliaferro, and Lobell（2016: 55）.

けるその他の主要国に対して、圧倒的な相対的なパワーの優位が必要だということである。第二に、増大するパワーは多くの場合、強力な敵対者に直面しない地域で拡大するため、アメリカとヨーロッパとの間の力の分布は決定的にアメリカ優位の方向へ傾いているということである。そして第三の前提条件は、西半球におけるアメリカの地域覇権である。こうして、レインの理論では、あくまでも国際システム・レベルの力の分布が理論の出発点となっている（Layne, 2007）。

しかしながら、レインはネオリアリストや攻撃的リアリスト、防御的リアリストと異なり、政策決定者がいかにしてアメリカの国益を理解し、そしてそれらの国益に対してどのような脅威を認識していたか、という媒介変数を導入している。その上で、相対的なパワーの分布上ではアメリカは脅威に晒されていないにもかかわらず、アメリカの価値観が脅威を受けていると認識した結果、アメリカは域外覇権を求める、と主張するのである（Layne, 2007）。

他方で、クリステンセンは、一九九六年の『有用な敵』で、理論のモデルを構築するにあたって、国際システムの力の分布を直に独立変数に設定していない。クリステンセンの国内動員モデルは、国家が直面する国際的課題が独立変数、それに対応するための戦略が従属変数で、これらを結びつける重要な媒介変数から構成され、国家が社会に対して動員を働きかける能力を扱うモデルである。このモデルでは、エリートが選択する政策は媒介変数の値によって決定される。動員に対する政治的な障害が比較的より低い場合には、国家をブラック・ボックスとして扱うリアリストと同一の政策が採用される。こうして、クリステンセンのモデルの場合は、国際政治の環境が独立変数であると言える（Christensen, 1996）。

リップスマンとタリアフェッロ、ロベルは、国際システムの極と戦略的環境の性質の相違を軸に、**表1－2**の通り、四つの事例を挙げる。

またリップスマンとタリアフェッロ、ロベルは、国際システム上の明快さと戦略的環境の性質を軸に、**表1－3**の通り、四つの事例を挙げる。

四　ネオクラシカル・リアリズムと媒介変数としての国内・個人要因

(1)　媒介変数としての国内要因

次いで、ネオクラシカル・リアリズムがいかに国内レベルの要因を理論に落とし込んでいるのか、という問題である。

シュウェラーは、『致命的なインバランス』で、国内政治で政権が脆弱である場合、脅威に対して効果的な対抗措置としてバランシング行動をとることができない、と主張している。政策決定者の観点からすれば、パワーが優越している相手に対してバランシングすることは、潜在的な政治的コストと不確実な政策のリスクを抱えてしまうことになる。特に大衆政治の時代では、軍事的手段や同盟によるバランシング行動を実行するためには非常に多くの政治的アクターを動員する必要がある。このため、政治的エリートたちはバランシング行動の国内的なコストをその他の政策と比較するようになる（Scwheller, 1998; 2006; Rose, 1998: 161）。

これらの政策のうち、シュウェラーは、特に不完全なバランシング（underbalancing）のような不完全な対応（underreaction）に着目している。シュウェラーによると、国家が相対的なパワーの危険な変化に対して不完全な行動をとってしまう理由は二つあるという。第一に、アクターの選好がバランシング行動を打ち出すことに否定的な場合である。この選好は主に国内政治によって影響される。第二に、バランシング行動をとることの潜在的な国内政治上のリスクとコストが非常に高い場合である（Scwheller, 1998; 2006）。

シュウェラーの理論では、独立変数は地政学的リスクと機会となる。これらの変数は、物質的な国際システムの分析によって求められる。こうして、シュウェラーの理論の独立変数は国際システムのレベルにある。同時に、シュウェラーは、媒介変数として国内レベルの要因を考慮に入れている。シュウェラーによると、媒介変数は四つの要素からなるという。つまり、第一に、エリートの合意（コンセンサス）、第二に、政治体制の脆弱性、第三に、社会の結束の度合い（分裂していないかどうか）、第四に、エリートの結束の度合い（分裂していないかどうか）である。エリートのコンセンサスと結束の媒介変数は、バランシング行動をとる意志に対して重要な役割を果たす。また、政治体制の脆弱性と社会の結束の媒介変数は、バランシング行動をとるための資源を抽出し動員する政府の能力に影響を与える。国際環境から対外政策へ至る論理のプロセスに関しては、まず相対的パワーの変化が議論の出発点となっていることが特徴である。相対的なパワーの変化は、脅威に対するエリートのコンセンサスと結束に影響を与え、政府の脆弱性と社会の結束の関数としての動員の程度によって政策が左右され、対外政策の継続あるいは変化に影響を及ぼすという流れになっている（Scwheller, 1998; 2006）。

クリステンセンの『有用な敵』での国内動員モデルは、動員に対する政治的な障害の高低を決定する媒介変数が存在する。政治的な障害の高低は、三つの要素によって決定されるという。第一に、政府が税金のレベルを上昇させ維持する能力である。第二に、歴史的な観点における安全保障政策のコストである。国際的な課題の性質と即時性、そして過去に同様の挑戦を受けた時の対応を比較した結果、指導者が選択した政策のコストを意味する。第三に、選択したグランド・ストラテジーの政策に関する目新しさと顕著な歴史があることである。政策の目新しさと歴史の教訓を意味する（Christensen, 1996）。

この政治的な障害を上下させる媒介変数を、クリステンセンは「国家政治パワー（national political power）」と呼んでいる。国家政治パワーとは、政府の指導者が安全保障政策の主導権を裏づける国家の人的、物質的資源を動員する能力のことである。クリステンセンによると、国家（state）とは政府（government）に所属するエリートたる対外政策の指導者たちから構成されている。こうして、国家を単一のアクターとして見るのではなく、いくつかのアクターからなる存在とみなしていることが特徴である（Christensen, 1996: esp. 11, 13; 1997; Rose, 1998: 161, 163-164）。クリステンセンによれば、ネオクラシカル・リアリズムは、「国内政治が重要であることをただ主張するだけではなく、国内政治が重要となる条件を明細かつ具体的に指摘する」のである（Christensen, 1996: 252）。

ウォルフォースによれば、「国際政治の変化についてのいかなる現実主義の議論も、国内レベルと国際レベルの分析を結びつけなければならない。（純粋に構造主義の）リアリズムの説明では、まさになぜ特定の国家の国内政治、社会、経済の制度が、競争する国家の制度と比較して衰退するのかについて包括的な説明を提供することができない」（Wohlforth, 1995: 19）。ロバート・パウエルも、体系的な理論は必然的にまず国家の選好と行動についての重要な前提を含まなければならないため、「国際政治の理論」のみについて議論することがはたして有益なのか、また可能なのか、疑問を呈していた（Powell, 1994）。エヴァンジェリスタによれば、「国際関係論でおそらく最も見込みのある進展は、対外政策のために国内的な要因で説明しようとする研究者たちの間で、国内要因の説明がまだ不十分である、という認識の広がりである。多くの研究者たちが、国際システム・レベルの要因と国内要因を自らの説明に組み入れなければならないこと、さらに『すべてが重要である』とただ主張するのではなく、より体系的な方法でそうする必要があることを理解している」という（Evangelista, 1997）。

ザカリアは、一九九八年の『富から力へ』で、一九世紀後半のアメリカの拡大政策は防御的リアリズムで説明できない、と主張する。ザカリアによれば、防御的リアリズムの理論では、アメリカが外国からの脅威に晒され、安全保障上の懸念が高まる場合に、アメリカは対外的に攻撃的になるであろう、と予測される。しかしながら、当時のアメリカは対外的な脅威が必ずしも高かったわけではないにもかかわらず、領土や権益を拡大していた。このため、ザカリアは国際システム・レベルの要因だけではなく、ユニット・レベルの要因にも着目している。こうして、ザカリアの理論は、結果的に国内政治のダイナミズムで国家の対外政策について説明を試みるものである（Zakaria, 1998: esp. 5, 9-12; Rose, 1998: 162-163）。

ザカリアは、この時代のアメリカの拡大を説明できる理論として、国家中心リアリズム（state-centered realism）を提唱している。この理論によると、政治家たちが政府のパワーではなく、国家のパワーの相対的な上昇を認識した場合、彼らは対外的な国益を拡大する政策を採用するであろう、と予測される。ザカリアによると、政府とは中央政府を、国家とは政府のコントロールによって変化できる経済と社会、国民を内包するより広い存在を意味している。国家のパワーとは、政府のパワーと国家の強さの関数であり、国家が強ければ強いほど政府のパワーから能力を引き出せるのである、ということである。ザカリアによると、国家のパワーは四つの指標から測定される。つまり、第一に国家の責任の範囲、第二に国家の自律性、第三に政府の富から徴収する能力、第四に意思決定機関の凝集力である。これらの指標がいずれも高い場合、国家のパワーは強く、対外的な拡大政策をとる傾向が高い、という理論が国家中心リアリズムである（Zakaria, 1998: esp. 9-11, 13; Rose, 1998: 162）。

ネオクラシカル・リアリズムは、ネオリアリズムに比べると理論の簡潔さと洗練さを犠牲にしている。これに対して、ネオリアリズムのような国際システム・レベルの要因のみで説明する理論は、考慮すべき要因を極力少なくするように設計されている。このため、理論を使って予測をすることが複雑な理論に比べてより容易である。しかしながら、ネオクラシカル・リアリズムは、理論の簡潔さと洗練さを犠牲にして理論の運用が難しくなる欠点を引き受ける代わりに、簡潔で厳密なリアリストの対外政策理論を作り出す国際システムの制約だけでなく、ユニット・レベルの変数を理論に導入している。なぜならば、政治家は国際システムの制約に影響されるだけでなく、国家の構造の結果による制約にも直面するからである。ここで注意すべき点は、ネオクラシカル・リアリズムとユニット・レベルの要因のみで説明を試みる第二イメージ論のアプローチとは論理構造が異なるということである。こうした結果、還元主義批判を避けることが可能になり、理論の正統性を守ることができるのである（Taliaferro,

Lobell, and Ripsman, 2009: 19-22)。

（2）媒介変数としての個人要因

次いで、ネオクラシカル・リアリズムがいかに個人レベルの要因を理論に落とし込んでいるのか、という問題である。

ネオクラシカル・リアリストたちのなかには、国内政治の要因ではなく、政策決定者に分析の焦点を特に当てるリアリストもいる。言い換えると、ウォルツの提唱した分析レベルのうち、第一イメージ（個人レベル）を中心に対外政策を分析するリアリストということである。たとえば、ウォルフォースの研究は、対外政策を説明するための要素として、個人の認識レベルの要因を取り入れている。ウォルフォースのようなネオクラシカル・リアリストが導入した媒介変数は、特に政策決定者の認識・誤認である。国際システムの構造的な制約要因（第三イメージ）は、対外政策を生み出す過程において必ず、この媒介変数によって〝間接的に〟変換されるという。端的に言えば、政策決定者が認識する力の分布と、物質的な力の分布が必ずしも一致しないということである（Wohlforth, 1993）。たとえば、ウォルフォースによれば、一九七〇年代後半から一九八〇年代はじめに、ソ連の指導者たちは相対的な衰退の程度をいかに評価し、かつレーガン政権の軍拡がレーガン政権に独特のものなのか、それとも「ブレジネフ・ドクトリン（制限主権論）」とソ連軍のアフガニスタン侵攻、第三世界でのクレムリンの革命勢力への支援に対するフィードバックであったのかの差異をいかに識別するのかのディレンマに直面していた（Wohlforth, 1993: 182, 223-251, 294, 301-302, 306-307; 1995: 8; Rose, 1998: 159-160）。

レインの『幻想の平和』によると、一九四〇年代以降におけるアメリカの域外覇権の追求は、すでに見た通り、国際システム・レベルの力の分布とアメリカの経済的な膨張、そして「門戸開放」のイデオロギーの三つの変数で説明できるという。アメリカ外交史における「門戸開放」説を採用することで、政策決定者がいかにアメリカの国益を理解し、それらの国益に対していかなる脅威を認識していたかについて説明できると主張している。つまり、レインも第一イメージの要因をネオクラシカル・リアリズムにおける媒介変数として使用しているのである。レインによると、アメリカのグランド・ストラテジーの目的は、門戸が開放された世界を創造することである。換言すれば、国際システムや世界秩序を開放し、アメリカのリベラルな価値観と制度を受け容れる状態にすることである。さらに言うならば、アメリカが経済的に参入できるように門戸を開放することにあるという。このため、門戸が開放された世界を支えるためには二つの要因が必要になってくる。第一に、経済的な門戸開放であり、国際経済システムを開かれた状態に維持することである。第二に、政治的な門戸開放であり、自由民主主義を海外に〝拡大する（enlarge）〟ことである（Layne, 2006）。

これら二つの要因は、政策決定者が「アメリカ流の生活様式」と呼ぶアメリカの中心的な価値観が海外で脅威に晒される、という認識と〝連関・連結〟している。このため、アメリカのグランド・ストラテジーは門戸開放による前提条件を基礎につくられているということである。具体的に言えば、その前提条件とは政治的かつ経済的な自由主義が海外において安全でなければ、政治的かつ経済的な自由は自国において繁栄しない、ということである。そして、結果的にアメリカの域外覇権の追求は、基本的に国内要因である門戸開放が原因となるのである、というのがレインの主張である（Layne, 2007）。

ネオクラシカル・リアリズムを〝発見〟したローズ自身も、国内政治状況を組み込んだネオクラシカル・リアリズムのアプローチから、二〇一〇年に『終戦論』を残し、二〇世紀以降アメリカが関与した大規模な戦争を網羅している。二つの世界大戦と二つのアジアでの戦争（朝鮮戦争とヴェトナム戦争）、二つの中東での戦争（湾岸戦争とイラク戦争）、そして現在も進行中のアフガニスタン戦争である（Rose, 2010）。第一次世界大戦に際して、ウィルソン大統領はドイツの民主化を提唱したが、その意味を十分に吟味していなかった。そのためもあって、不安定なワイマール共和国からヒトラーが台頭し、第二次世界大戦の勃発へとつながった。朝鮮戦争は捕虜の返還問題で停戦が難航するが、核兵器の使用の示唆も含めて、アメリカは圧倒的な力による威嚇で敵に譲歩を迫った。この成功体験が、ヴェトナム戦争では仇となる。ブッシュ・シニア政権は湾岸戦争にほぼ完勝したが、首都のバグダッドまでは進軍せず、フセイン体制の瓦解を楽観視した。W・ブッシュ政権はそのつけを払おうとしたが、ずさんな戦後復興計画で事態を一層混乱させた。こうして歴史の教訓の誤用を丹念に読み解いていく姿勢は、歴史家のメイの『歴史の教訓』を想起させる（May, 1975）。

『終戦論』を書評した村田晃嗣によれば、「戦争は愚者でも開始できるし、実際、しばしば愚者が開始する。だが、それを終わらせるのは賢者の務めである。これほど重要で困難なテーマであるにもかかわらず、個別の戦争の終結についてのものを除けば、終戦に関する本格的な著作はきわめて乏しい。体系的なものといえば、フレッド・イクレ（元米国防次官）の『紛争終結の理論』（一九七一年）まで遡らなければならない。……アメリカ一国主義の限界はあるものの、貴重な『賢者の贈り物』である」という（村田、二〇一二）。

五　ネオクラシカル・リアリズムの可能性と限界

（1）ネオクラシカル・リアリズムの可能性

ネオクラシカル・リアリズムのアプローチをとることで、これまでの古典的リアリズムやネオリアリズムの欠点を補うことが可能になる。古典的リアリズムは、人間の本性を理論の前提に置き、国内要因あるいは個人レベルの要因から国家の対外政策を説明しようとするが、分析レベルの還元主義や循環する論理など、理論の組み立て方に問題があった。また、ネオリアリズムは国際システム・レベルの要因から国際政治の説明を簡潔にすることを可能にするが、特定の国家の対外政策を詳細に説明することができないという欠点がある。

攻撃的リアリズムは、ウォルツのネオリアリズムと同じく、国際システムを中心に国家の行動を説明するが、ミアシャイマー自身が指摘しているように、国際システム以外の誘因が国家の行動を規定してしまうことがある点は見過ごしていない。防御的リアリズムは、国際システム・レベルの要因とユニット・レベルの要因をそれぞれ独立変数に設定しており、古典的リアリズムとネオリアリズムの欠点を補ってはいるが、特定の国家の対外行動についての説明に国際システムの分析とは別の形で国内要因を加えるため、〝後づけの〟理論であるという批判は免れない。

ネオクラシカル・リアリズムは、これらの欠点を補う理論である。ネオクラシカル・リアリズムは、国際システムの構造的要因を独立変数にまず置くことで、古典的リアリズムの欠陥である還元主義や循環する論理を回避している。さらに、ネオクラシカル・リアリズムは、ネオリアリズムあるいは攻撃的リアリズムとは異なり、ユニット・レベルや個人レベルの要因を媒介変数として理論に導入することで、特定の国家の対外政策に対してネオリアリズムよりも詳細な分析が可能になる。また、防衛的リアリズムの欠点である国際システムと国内レベル・個人レベルの変数の位置づけに関しても、ネオクラシカル・リアリズムは国際システムを独立変数として、国内レベル・個人レベルの要因を媒介変数として設定することで、変数の相互関係を明らかにしている。因果関係の論理構造が違うのである。

ネオクラシカル・リアリズムが注目された理由は、特定の国家の対外政策やグランド・ストラテジー、戦争について詳細に説明することが可能だからである。国際システム・レベルの構造的要因から国際政治の説明を試みるウォルツのネオリアリズムは、すでに見た通り、特定の国家の対外政策や歴史的な出来事を説明する理論ではない。このため、ネオリアリズムでは特定の国家の対外政策やグランド・ストラテジーについて説明することが困難であった。この点は、ウォルツも認識していた。これに対して、ネオクラシカル・リアリズムは、国際システムを説明するような「国際政治の理論」ではない。特定の国家の対外政策や個別の歴史的な出来事を説明するために構築された理論である。「対外政策の理論」なのである。このため、ネオクラシカル・リアリズムは、国家の行動に対して説明できる範囲が広いというメリットがある。

こうして、ネオクラシカル・リアリズムでは、基本的に国際システム・レベルの力の分布が独立変数であり、この独立変数を理論の従属変数である国家の対外政策へ〝翻訳〟する媒介変数こそが、国内政治や個人の認識・誤認の要因である、という論理になる。こうした因果関係の論理構造はネオクラシカル・リアリストたちに基本的に共通する点である。

しかしながら、これまで見てきた通り、媒介変数をいかに設定するのかは議論の分かれるところである。たとえば、ザカリアは国家の力を、シュウェラーは国内の凝集力を媒介変数として設定している。こうして、ネオクラシカル・リアリストたちの変数の設定にはばらつきが見られる。

ただし、彼らの媒介変数の違いは互いに排斥し合うもので

表 1-4　システム上の明快さの程度と戦略的環境の性質による媒介変数のクラスター

		システム上の明快さ（高いか低いか）	
		高い明快さ	低い明快さ
戦略的環境の性質 （制限的か自由放任か）	制限的な環境	指導者のイメージと戦略的文化	指導者のイメージと戦略的文化
	自由放任の環境	戦略的文化, 国内制度, 国家と社会の関係	不確定— 四つすべてのクラスターが密接に関連する.

出典：Ripsman, Taliaferro, and Lobell（2016: 95）.

はない。なぜならば、国内政治や個人の認識・誤認の要因は数多くの要素によって構築されるからである。ネオクラシカル・リアリストたちが挙げた媒介変数は、数あるユニット・レベルあるいは個人レベルの要因のなかから、いくつかを拾い上げたと考えられるからである。ということは、ネオクラシカル・リアリズムは媒介変数の選択次第で、説明できる範囲や対象を変えることが可能になるという利点が存在するのではないか、と肯定的に評価することができる。ネオクラシカル・リアリズムは、実証可能な単一の理論やモデルではない。さまざまなバリエーションがあり、説明能力が高い理論群である。

(2) ネオクラシカル・リアリズムの限界

他方で、ネオクラシカル・リアリズムは、ネオリアリズムの利点として指摘される理論の簡潔さを犠牲にしていることは否めない。つまり、ネオクラシカル・リアリズムは理論の変数を増やすことで説明の幅を広げる試みであるが、その代償として少ない変数で核心部分を説明できる能力を捨て去ってしまっている。このため、理論をもとに未来を予測し、処方箋を提示することが難しくなる可能性は否定できない。なぜなら、国内政治や個人の認識・誤認の要因は力の分布に比べ正確な分析がさらに難しいからである（Rose, 1998: 166; Legro and Moravcsik, 1999）。ネオリアリズムは力の分布のみで説明するため、理論的分析から得られる処方箋も比較的に容易であった（しかし、短期的な予測はほとんど当たらない〔Waltz, 1993; Mearsheimer, 1990〕）。

これに対して、ネオクラシカル・リアリズムは、国内政治や認識・誤認の変数を把握しなければ、理論上、予測や処方箋を提示することはできない。そのため、ネオクラシカル・リアリズムは、特定の国家の対外政策やグランド・ストラテジー、戦争など個別の歴史的な出来事を分析し説明することに秀でているが、ネオクラシカル・リアリズムによる予測や処方箋に関する能力はネオリアリズムに劣っていると考えられる。つまり、ネオクラシカル・リアリズムは詳細な説明能力を獲得する代わりに、理論をもとにした予測や処方箋を提

表 1-5　ネオクラシカル・リアリズムと 4 つの世界

	脅威についての明らかな情報	脅威についての不明確な情報
政策の反応についての明らかな情報	世界1 リアリズムに一致. 国内のアクターは通常,政策のスタイルとタイミングに影響を及ぼす. ネオクラシカル・リアリズムは,機能不全の行為を説明する上でのみ有用である.	世界4 リアリズムと不一致. 国内のアクターは国益を決定しうるが,政策の反応は国際制度によって大いに決定づけられる. ネオクラシカル・リアリズムは,国家の行為を説明する上で有用ではない.
政策の反応についての不明確な情報	世界2 リアリズムに一致. 国内のアクターは,政策のスタイルとタイミングだけでなく,国際的な課題に対する政策の反応と性質にも影響を及ぼすことができる. ネオクラシカル・リアリズムは,国家の対外政策の選択肢を説明する上で有用である.	世界3 リアリズムと不一致. 国内のアクターは国益とそれに対する政策の反応を決定づける上で役立つ. 国内政治理論は,国家の行動を説明する上で,ネオクラシカル・リアリズムよりも有用である.

出典：Ripsman, Taliaferro, and Lobell（2009: 283）.

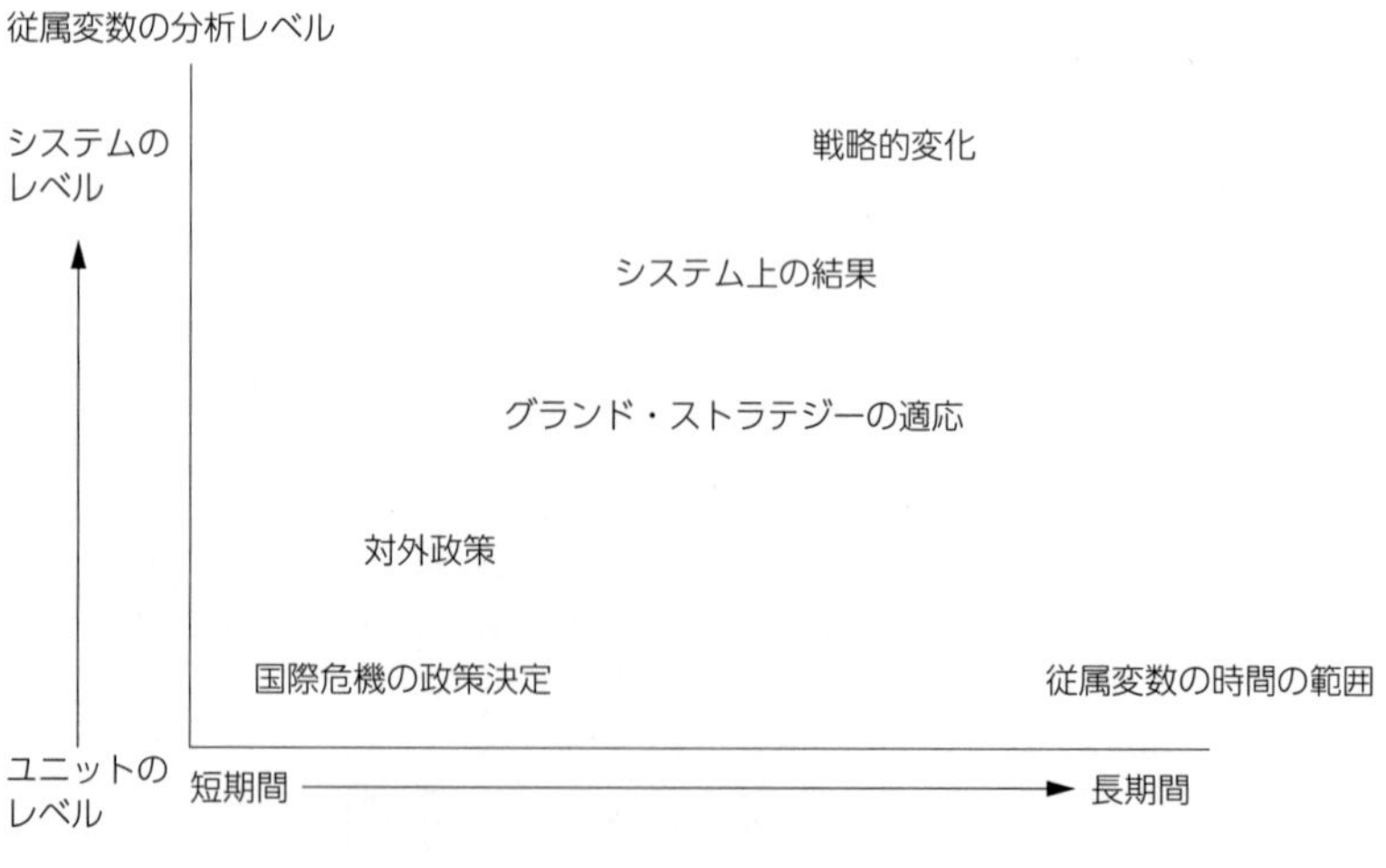

図 1-2　従属変数の範囲

出典：Ripsman, Taliaferro, and Lobell（2016: 110）.

示する能力を捨て去ってしまったのである。この点が、ネオクラシカル・リアリズムの大きな欠点であると考えられる。ただし、未来を予測することはそもそも、社会科学の国際関係論の仕事ではない、と言うこともできる（Gaddis, 1992: chap. 8）。

リップスマンとタリアフェッロ、ロベルはネオクラシカル・リアリズムについての論文集で、ネオクラシカル・リアリズムは、これまで想定されてきた以上に、より一貫したリサーチ・プログラムであり、その説明範囲は予想されるよりも広い、と結論づけている。ただし、あらゆる状況下でも、特定の国家の特定の対外政策を説明できるわけではない。脅威と政策の反応についての情報がそれぞれ明確か不明確かで、**表1－5**の通り、分析対象として四つの世界を想定できるという（Scwheller, 2003; 2006; Sterling-Folker, 1997も参照）。

リップスマンとタリアフェッロ、ロベルは、従属変数の分析レベルと時間の範囲を軸に、従属変数の範囲を、**図1－2**の通り、図式化している。

六　ネオクラシカル・リアリズムの〝発見〟後のさまざまな研究動向

ネオクラシカル・リアリズムの〝発見〟後に、さまざまな研究業績が蓄積されてきた。主要な研究業績を紹介しておく。たとえば、二度の世界大戦以前の英仏両国による脅威認識の政治と同盟形成について、シュウェラーが『答えられない脅威』、ロベルが『覇権の挑戦』をまとめている（Scwheller, 2006; Lobell, 2003）。ディヴィッドソンは、『現状変革国家と現状維持国家の起源』で、一九二〇年代から一九三〇年代のイタリアの現状変革のグランド・ストラテジーの起源を論じている（Davidson, 2006）。タリアフェッロは、周辺地域でのワイマール共和国のドイツと大日本帝国、アメリカの介入について『バランスするリスク』をまとめている（Taliaferro, 2004）。特に台頭する大国の意図と能力を評価する上でのディレンマについては、いくつかの研究がある。たとえば、シュウェラーの「利益のためのバンドワゴニング」と「危機の二〇年、一九一九―一九三九年」である（Scwheller, 1994; 2001）。個人の指導者とイデオロギーのグランド・ストラテジーに対するインパクトについて、バイマンとポラックの論文「偉大な人物たちを賞賛しよう」がある（Byman and Pollack, 2001）。

大国間戦争後に持続する国際秩序を形成する大国の能力に対する国内政治の制約については、リップスマンが『民主主義による平和維持』をまとめている（Ripsman, 2002）。「封じ込め」政策の起源と一九四〇年代から一九六〇年代にかけてのアメリカの西ヨーロッパへのコミットメントの展開については、マクアリスターやデゥエック、レインらの研究がある（McAlliser, 2002; Dueck, 2006: ch. 4; Layne, 2007: chs. 3-5）。相対的なパワーのシフトとグローバルな製造の変化する性格、一九八〇年代の深刻な相対的な衰退についてのソ連の指導層の反応への国内の制約との間の相互作用について、ブルックスとウォルフォースの論文「パワーとグローバリゼーション、冷戦の終結」がある（Brooks and Wohlforth, 2000/2001）。

北朝鮮の核兵器をめぐる国際的危機に対するアメリカと日本、韓国の戦略については、チャーが論文をまとめている（Cha, 2002）。一九七三年のブレトンウッズ体制の崩壊後のアメリカの通貨政策の展開については、ステーリング＝フォルカーの研究がある。『国際協調の理論と無政府状態の優位』である（Sterling-Folker, 2002A）。ブッシュ・ドクトリンと二〇〇三年のイラク戦争の起源については、レインとデゥエックが比較的に詳しく議論している（Layne, 2007; Dueck, 2006）。シュウェラーは、ネオクラシカル・リアリズムの有用性を議論しつつ、特に同盟研究への示唆を論じている。論文「ネオクラシカル・リアリズムの進歩的なパワー」と「同盟についての新しいリアリストのリサーチ」である（Scwheller, 2003; 1997）。シュウェラーは、希少な資源をめぐる大国間対立についても論文をまとめている（Scwheller, 1999）。ネオクラシカル・リアリズムとコンストラクティヴィズムの間の存在論的な収斂の可能性については、特にステーリング＝フォルカーが論文「リアリズムとコンストラクティヴィストの挑戦」と「リアリスト・コンストラクティヴィズムと道徳性」で議論を展開している（Sterling-Folker, 2002a; 2004）。

ロベルとリップスマン、タリアフェッロ編集の二〇〇九年の論文集『ネオクラシカル・リアリズムと国家、対外政策』は、タイトルの通り、国際システム・レベルの独立変数と特定の対外政策の従属変数の間に、媒介変数として、特に「国家」を位置づける。リアリズム、特にネオリアリズムにとって、国家の概念は、定義があいまいなままであった（Buzan, Jones, and Little, 1993; Cox, 1986; Ruggie, 1986; Spruyt, 1994; Wendt, 1992）。ネオクラシカル・リアリズムは、国家の概念の定義をより明確なものにしようと試みる（Taliaferro, Lobell, and Ripsman, 2009: 13; Desch, 2006）。ナショナリズムの高揚や世論のインパクト増大による国家の社会に対する自律性の低下は、古典的リアリズムがすでに問題視していた（Morgenthau, 1948: 220-223, 248-259; Kissinger, 1957: 324-330）。

また、たとえば、一九世紀末から二〇世紀初頭の大英帝国の相対的な衰退という長期的な趨勢（トレンド）は適切に評価するには困難をともなう。適切なパワーの評価をめぐる政策決定者の間の議論は、戦略的な適応をますます困難なものとしうる。ウォルフォースが『捉え難いバランス』で強調する通り、国家のパワーは捉え難いものであるからである。

> パワーは、テストすることができない。パワーの異なる要素は、異なる時に異なる有用さを持つ。認識されたパワーと物質的な資源との関係は、不規則で信頼できないものである。パワーの力学は、不確かさに満ち満ちている。それぞれの国家は、異なる転換率と比較優位を持つ。認識された威信のヒエラルキーと軍事力の分布は、長い期間において、一致しないかもしれない。それぞれの国家は、自らの立場を最大化し、ライバル国のパワーを最小化するために非対称の戦略を採用す

る。シグナルは、同盟とライバル国、国内政治のアクターの間で混乱しがちである（Wohlforth, 1993: 306-307）。

長期的な趨勢に加えて、パワーの認識へのフィードバックは、前方の同盟の敗北や予期せぬ危機のエスカレーションといった外生的な衝撃という形で生まれることがある。たとえば、クリステンセンが指摘する通り、一九四七年春のイギリスの疲弊は、トルーマン政権に衝撃を与え、力の分布が双極になった現実を認識させ、封じ込め政策を立案させることになった（Christensen, 1996: 22）。一八九八年四月二五日に勃発した米西戦争でのアメリカの勝利は、アメリカの国力の増大を認識させる機会となった。逆に、日本軍による真珠湾奇襲攻撃や「九・一一」同時多発テロ攻撃は、本土の脆弱さを認識させる機会となる一方で、ヴェトナム戦争での敗北は、アメリカに軍事力の限界を認識させる機会となった（Jervis, 1998: 125-176）。

シュウェラーは、たとえば、社会の役割を気紛れで稀なものとみなし、システム上の意外な逸脱を説明するだけである、と指摘する。これに対して、デゥエックによれば、社会の諸力は対外政策に一貫して影響を及ぼすが、その影響は政策の内容というよりもむしろ政策の選択肢のスタイルや形態に限定されるという。ロベルやブラウレイ、フォードハムは、国内の利益の役割を対外政策の選択肢を形成する上で浸透性があり、強力なものである、と想定する。リップスマンとタリアフェッロ、ステーリング＝フォルカーは、社会の諸力が対外政策の選択肢と履行に影響を及ぼす条件を仮定する理論を構築しようと試みる（Taliaferro, Lobell, and Ripsman, 2009: 32）。

戦略的な適応の過程は、力の分布の差し迫ったシフトや、他国と非政府アクターの意図の変化、あるいは既存の戦略が次善のものか逆効果なものとなりうるフィードバックに対する政策決定者たちの認識から始まる。しかし、ネオクラシカル・リアリズムは、国際的な制約に対する政策決定者たちの認識と計算や、政策決定者たちの間でのコンセンサスの欠如が、しばしば最終的な評価を歪めてしまうことがある、と想定する。さらに、たとえ政策決定者たちが国際的な脅威の性質と重要性を正しく認識したとしても、国内政治のダイナミクスが彼らにほぼ間違いなく逆効果な対外政策や安全保障政策を遂行させることがありうるという（Taliaferro, Lobell, and Ripsman, 2009: 32）。

ロベルは、ネオクラシカル・リアリズムの視角から「複合的脅威同一化モデル（complex threat identification model）」を設定し、二度の世界大戦の前のイギリスのドイツに対する脅威認識を事例に議論を展開している。ロベルは、ネオリアリズムの勢力均衡論とは違って、国家は国際的な力の分布での相対的なシフトだけではなく、他国のパワーの差異や物質的な能力の特定の構成要素での変化にも対応する、と指摘する。ロベルによれば、グランド・ストラテジーの形成に携わる政策決定者たちや社会の主要なエリートの間での認識の不一致は、脅威認識と最終的には戦略的な適応に影響を及ぼす。結果として、ネオリアリストの勢力均衡や脅威の均衡の視角からは逸脱したように見えるグランド・ストラテジーを追求することになるという。

ロベルの複合的脅威同一化モデルは、主要な政策決定者たちが国際政治と国内政治が交差する立場に立っているという仮定から議論を始める。こうした政策決定者たちは、グローバルもしくはリージョナルなレベルでの勢力均衡の変化の評価を含めて、グランド・ストラテジーの立案に主要な責務を持つ。しかし、政策決定者たちは、国内のさまざまな経済セクターや国家アクター、利益集団といった社会のエリートたちとの連合を形成し維持しなければならない、と想定される。こうした国内の集団は、異なるタイプの対外政策の追求に物質的な利益を持ち、しばしば台頭する国家や脅威となる国家の物質的な能力の異なる構成要素に焦点を絞るという。

他国のパワーの構成要素のシフトが連合を可能とする状況下、つまり政策決定者たちと社会の主要な支持者たちとの間にコンセンサスが存在する時には、政策決定者たちは国際的な脅威を認識する上で制約されない、とロベルは指摘する。脅威認識についてのコンセンサスによって、台頭する敵国や脅威となる敵国に対してより時期に適った効果的なバランシング行動が可能となるという。逆に、他国のパワーの構成要素のシフトが国家安全保障政策の連合を可能としない状況下、つまり政策決定者たちと社会の主要な支持者たちの間にコンセンサスが存在しない時には、政策決定者たちは、少なからず制約を受ける、とロベルは指摘する。結果として、政策決定者たちが強力で脅威となる国家に対するバランシング行動を追求する能力は、制約を受けるか、先延ばしにされるという（Lobell, 2009）。

ブラウレイは、長期のパワーのトレンドや将来の意図、同盟や対立の潜在的なパターンについて戦勝国と敗戦国の間でかなりのあいまいさが残る大国間戦争直後といった任意の国際環境の下での脅威認識と戦略的な適応のディレンマについて考察している。事例は、ドイツの一九二〇年代の潜在的な脅威（と一九三〇年代のより差し迫った脅威）に対応したイギリスとフランス、ソ連が直面したディレンマを取り上げる。大国間戦争直後の国際環境では、戦勝国に対する国際システムの制約は相対的により弱く、不確定であるため、いかに戦勝国が安全保障の主要な利益を定義し、短期の安全保障と長期の経済的繁栄の間でつり合いをとり、将来を予期するのかについて、かなりの選択肢があることになる。しかし、国際システムの制約が相対的により強く、国際的な脅威がより差し迫った時には、大国がとる戦略的な調整のタイプは、後の戦略的な適応に影響を及ぼしうるという。

第一次世界大戦直後には、ドイツのワイマール共和国が近い将来にさらなる紛争に乗り出す立場にはないという事実に加えて、第一次世界大戦のトラウマとコストが、イギリスとフランス、ソ連の戦略的思考を形成した、とブラウレイは指摘する。イギリスとフランス、ソ連の政策決定者たちは、さまざまな長期の勢力均衡と抑止の戦略を考慮した。さらに、すべての政策決定者たちが、次の大国間戦争が勃発した場合には、自らの経済を戦時体制へと転換するにはかなりの時間と努力を必要とする、と認識していたという。ドイツのパワーにバランシング行動をとるための時間枠への期待と経済力を軍事力に転換する上での困難さについての前提は、一九二〇年代のイギリスとフランス、ソ連の政策決定に影響を及ぼしたのである。ドイツの脅威が差し迫ったものではなかったため、イギリスとフランス、ソ連の政策決定者たちは、同じ目的を達成するために異なる戦略をとることとなった。大国間戦争直後という任意の国際環境の下では、これら戦勝国の選好は、ネオリアリストに無視されるが、ネオクラシカル・リアリズムが重視する要因を反映していたという。

一九三〇年代にドイツがパワーを回復すると、イギリスとフランス、ソ連の政策決定者たちは、ドイツの脅威にバランシング行動をとる必要がある時間の展望を再評価し、それまでと異なる戦略を志向するようになった。しかし、一九二〇年代のこれら大国の決定は、一九三〇年代にとるべき政策と矛盾する立場にこれら大国を追い込んでいく。こうして、ドイツのパワーにバランシング行動をとるイギリスとフランス、ソ連の失敗は、ドイツの脅威の性質や地政学的な位置についての不一致や誤認というよりも、変化する長期の戦略を描く困難さに起因するのである、とブラウレイは結論づける(Brawley, 2009)。

ステーリング＝フォルカーは、相互依存論やネオリベラル制度論、平和の配当論といったリベラリズムが、ナショナリズムや単独主義（unilateralism）の役割をまったく無視するか、これらをより制度化された協調を通じて克服されるべき非合理な「歴史の遺物」とみなしている、と批判する。結果として、リベラリズムは、いかに国家や指導者たちが価値ある貿易パートナーであり、同時に安全保障上の脅威でもあるとお互いを認識するのかを説明できないという。ステーリング＝フォルカーによれば、ネオクラシカル・リアリズムは、集団意識の普遍性と対立する集団の中心性についてのリアリストのコアな前提に基づいているため、こうした見せかけのパラドクスを解明できるものである。集団や国家のアイデンティティの相違は、国民国家の国内政治と対外政策で永続する影響を及ぼす、と想定される。国家が国際レベルで希少な資源の配分をめぐってお互いに張り合うように、それぞれの国内では、異なる集団が希少な資源の配分をめぐって、また誰が国家のためにこうした決定を行うのかをめぐってお互いに競争するという。国家間の競争は国内の競争に影響を及ぼし、その逆も真であるため、両者を切り離して考えることはできない、というのである。ステーリング＝フォルカーは、こうした枠組みの有用性を明らかにするために、アメリカと中国、台湾の間の戦略的な関係を事例研究している(Sterling-Folker, 2009a)。

歴代の大統領は、海外で主要な軍事介入に従事してきたが、既存の理論によるこうした介入の説明はしばしば、第三イメージ（国際システム・レベル）か第二イメージ（ユニット・レベル）の要因を強調する。デュエックは、いかにして、なぜ、どの程度まで、国内政治が対外介入の政策を形成する上で重要であるか明らかにするために、ネオクラシカル・リアリズムの理論を提唱する。デゥエックは、民主党のトルーマン政権による一九五〇年六月の朝鮮戦争への介入の決定と、民主党のジョンソン政権による一九六四年と一九六五年のヴェトナム戦争での介入の拡大の決定を事例研究としている。デゥエックの理論によれば、主要な軍事介入の可能性に直面した時に、大統領は通常、自国の国益は何かを定義することから政策決定を始める。しかし、後で大統領は、国内政治のインセンティヴと制約の観点から、国益の概念をいかにして最善の形で追求できるのかを検討する。こうした国内の制約のために、大統領はしばしば、ネオリアリズムの視角からは次善の策か、機能不全の政策とみなされるやり方で、対外介入のまさに行為や構想、タイミングを決定する。この意味で、国内政治は、対外介入の主要な原因ではなく、むしろ対外政策の形態に強い影響力を及ぼすものとして、「重要である」と指摘される（Dueck, 2009）。

いつ、システム上の諸力は、国家が対外行動をとる上で、国内政治よりも重要となる可能性がより増えるのであろうか？　逆に、いつ、国内政治の制度や社会的なアクターの選好は、指導者たちが対外的な環境に反応する上で制約する要因となるのか？　リップスマンは、ネオクラシカル・リアリズムが説明できる範囲を設定し、国内レベルと国際システム・レベルの要因が独立変数としてどちらかが相対的により重要かを明らかにしようと試みる。リップスマンは、二〇世紀のイギリスとフランス、アメリカ、ソ連、トルコ、イスラエル、エジプトの対外政策を事例として取り上げている。リップスマンは、概して、より影響力が強い国内のアクターは、（投票や立法府による不信任投票、クーデターなどを通じて）国家の指導者たちを政権から排除する十分な力を持つアクターや、政府の政策の目的を妨害する「拒否権を持つプレーヤー」として行動できるアクター、あるいは国益の定義を形成できるアクターである、と仮定する。こうした国内のアクターは、国際的な脅威のレベルが低く、指導者たちが弱い権力を持ち、国家安全保障の政策決定者たちが構造的な自律性が欠如する時に、対外政策や国家政策の形成で重要な影響力をますます行使しうる。しかし、ネオクラシカル・リアリズムは、概して、国内のアクターは、国益の基本的な定義そのものというよりも、国家安全保障政策のタイミングやスタイルに影響力をより行使しうる、と指摘される（Lipsman, 2009）。

脅威の評価や戦略的な適応は、国際的な脅威や機会が不明瞭ではなく、エリートのコンセンサスが取り組むべき適切な対外戦略や軍事戦略について存在する場合でさえ、本来的に困難なプロセスである。しかし、国家は依然として、自らの社会の物的・人的資源を抽出し、それらを国家安全保障の目的を追求する上でかなり重要な経済力や軍事力に転換するために、かなり重要な課題に直面する。ネオクラシカル・リアリズムは、国家の資源を抽出し動員する能力を国際システム上の制約と国家が追求する実際の対外政策や防衛政策との間の重要な媒介変数として想定する。しかし、資源を抽出し動員する能力は、ただ国家の官僚による機能や、政治体制の力の基盤の構成についての機能だけではない。これら国内制度の要因に加えて、イデオロギーやナショナリズムといった観念上の要因も、指導者たちが社会の資源を抽出し動員して、それらを力に転換する上で、また権力基盤の間で支持をとりつける上で、重要な役割を果たしうる。タリアフェッロやシュウェラーは、国内制度やナショナリズム、政治的なイデオロギーが国家安全保障のために国家の資源を抽出し動員する能力や結果として国家が追求する国家安全保障政策のタイプを制約し、あるいは促進する上で、相互作用するプロセスを解明している（Taliaferro, 2009; Scwheller, 2009）。

いかなる環境の下で、国家は、より強力な国家の成功している軍事制度や統治の仕方、技術を模倣するのであろうか？同じような国際環境の脅威に直面した場合に、なぜ模倣する国家もあれば、模倣することに失敗する国家もあるのか？いかなる環境の下で、国家は、ライバル国家の認識された優位（primacy）を相殺しようと努力する上で、まったく新しい軍事制度や実践、技術を生み出すのであろうか？　ネオリアリズムの勢力均衡の理論は、国際システムの構造の制約によって、国家は同質の適応の戦略、すなわちバランシング行動と模倣の政策をとる（さもなければ、独立した存在として除去されるリスクを負うことになる）、と主張する。しかし、実際には、国家は常に、国際システム上の指導国の成功した実践をタイミングよく統一されたやり方で模倣するわけではない。さらに、国家は、既存の安全保障戦略に固執したり、まったく新しい軍事的な実践やドクトリン、技術、制度を生み出したりして、対外的な脅威に対応することもある。

こうした問いに対して、タリアフェッロは、ネオクラシカル・リアリズムの理論から、「資源抽出・動員」のモデルを提唱する。対外的な脆弱性は、国家にとって他国の実践を模倣させたり、イノベーションのような実践で対抗したりするインセンティヴとなりうる。しかし、ネオクラシカル・リアリズムは、国家が国内社会から資源を抽出し動員する相対的な能力として定義される国家のパワーは国家が追求するであろう国内バランシングの戦略を形成する、と想定する。また国家のパワーは、ナショナリズムやイデオロギーだけでなく、国家の政治・軍事の制度の機能でもある。

タリアフェッロは、国家がより高度な資源の抽出・動員能力を持つが、対外的な脆弱性が高い場合には、少なくとも短期的には、国際システムで最も強力な国家の軍事的な実践や統治の実践、技術的な実践を模倣する可能性はより高い、と指摘する。他方で、国家が低い資源の抽出・動員能力しか持たないが、対外的な脆弱性が高い場合には、少なくとも短期的には、模倣の政策を追求する上で、より大きな困難に直面するであろうという。国家がより高度な資源の抽出・動員能力を持つが、対外的な脆弱性が低い場合には、長期的な安全保障や国家のパワーを強化するためにイノベーションを追求する自由を持つ、と想定される。逆に、国家が低い資源の抽出・動員能力しか持たないが、対外的な脆弱性が低い場合には、模倣やイノベーションの政策を追求する可能性は低くなるという。長期的に、国家は、ナショナリズムや国家のイデオロギーに依拠することによって、自らの資源を抽出し動員する能力を向上させ、結果として、模倣やイノベーションの政策を追求する能力を高めるようと試みるからである。しかし、ナショナリズムの感情の欠如や反国家のイデオロギーは、国家が模倣したり、イノベーションを起こしたりする能力を制約することになる。こうした環境の下では、脆弱な国家は、既存の戦略に固執する可能性が高いという（Taliaferro, 2009）。

シュウェラーは、若干異なった視点から、資源の抽出・動員の問題に取り組んでいる。なぜ、近代の大国による領土の支配や地域覇権を追求する企ては、相対的に希少なのか？シュウェラーはこう問うが、攻撃的リアリズムは、国際システム・レベルの構造の制約によって、あらゆる大国は国家安全保障ため、相対的なパワーの極大化を図る、と想定する。ミアシャイマーによれば、歴史を通じて、大国は地域覇権を追求してきたし、これからも領土の支配を拡大し、潜在的なライバル国家をより弱体化させようと試みるであろうという。しかし、シュウェラーによれば、二〇世紀に入り、ドイツやイタリア、日本だけが、領土の拡大のために計画的な企てを開始した、と指摘される。

シュウェラーは、より優位な勢力均衡や国際システム上の機会にもかかわらず、大国が地域覇権の機会を差し控える環境の下での不完全な攻撃（under-aggression）や不完全な拡大（under-expansion）の減少を説明するために、ネオクラシカル・リアリズムの理論を提唱する。攻撃的なリアリズムや勢力均衡もしくは脅威の均衡の理論の論理とは異なり、シュウェラーは、地域覇権を追求する上での障害は敵対する大国による抑止ではなく、むしろ現状変革国家（もしくはその指導者たち）が地域覇権国になるために必要な国内資源を抽出し動員する上での困難な状況にある、と指摘する。さらに、国家の指導者たちは、拡張的でリスクをともなう対外政策の企てのために国民の支持を集め、維持する手段として、勢力均衡の論理への訴えを利用することは決してできないという。代わりに、シュウェラーによれば、地域覇権の企てのために必要な資源の抽出・動員にとって鍵となるのは、大衆政治の時代には、国家の指導者たちが拡張的な対外政策の企てのための支持を動員する能力にある、と主張される。いかなるイデオロギーよりも、ファシズムは、可能であれば国家は拡大すべきであるという信念を実行に移すために必要なイデオロギーを提供した。さまざまなマニフェストで表現されたナチズムやファシズムのイデオロギーは、一九三〇年代のドイツやイタリア、日本に、全体戦争のために必要な政治的な支持と資源を動員するための伝達手段を提供したという。シュウェラーは、ナチズムやファシズムを擁護しているわけではない。しかし、ドイツやイタリア、日本のナチズムやファシズムの社会ダーウィニズムや人種差別の意識は、（特にドイツの）大虐殺や戦争犯罪、無謀なグランド・ストラテジーの追求のためにイデオロギー上の正当化の論理を提供したことは間違いない、と指摘される（Scwheller, 2009）。

フレイバーグ＝イナンとハリソン、パトリック・ジェームズ編集の論文集も（Freyberg-Inan, Harrison, and James, eds.,

2009)、ネオクラシカル・リアリズムの論文をいくつか所収している。デヴレンとオズダマールはネオクラシカル・リアリズムの視角から対外政策の危機を議論し(Devlen and Ozdamar, 2009)、レインは、二〇〇九年の論文でも、ネオクラシカル・リアリズムの視角からグランド・ストラテジーを論じ(Layne, 2009)、ステーリング＝フォルカーはリアリズムの伝統の視角からネオクラシカル・リアリズムを評価した(Sterling-Folker, 2009b)。構造的リアリズムを超えたリアリズムの理論的発展を知る上でも有益である(Little, 2009; James, 2009; Elman, 2009; Harrison, 2009; Rosow, 2009)。

トジェとカンズ編集の論文集『ヨーロッパ政治におけるネオクラシカル・リアリズム』も、興味深い論文がいくつも所収されている。たとえば、レイチウェインはヨーロッパ政治にネオクラシカル・リアリズムの伝統を見い出し(Reichwein, 2012)、バティステッラはフランスの国際政治学者のアロンにネオクラシカル・リアリズムの原型を見る(Battistella, 2012)。ロマノヴァとパヴロヴァは、論文「招かれた覇権」で、米欧関係をネオクラシカル・リアリズムとソフト・パワーの観点から捉え直す(Romanova and Pavlova, 2012)。トジェとカンズによれば、二一世紀の国際秩序が単極から多極へと移行しつつある状況下で、リアリズムが〝復権〟しつつあるという(Toje and Kunz, 2012: 1-2)。冷戦後の単極の国際システムは、新しい国際秩序への移行期と捉えられる。また、ネオクラシカル・リアリズムのアプローチは、アメリカに特有のものではなく、ヨーロッパのリアリズムの伝統とも無関係ではない、と指摘される(Toje and Kunz, 2012: 5-10)。また注目すべきことに、ヨーロッパの視点から見れば、ネオクラシカル・リアリズムのアプローチは、古典的リアリズムの復権というよりは、「ネオ・ネオリアリズム(neo-neorealism)」のアプローチの再構築であるという(Toje and Kunz, 2012: 8)。トジェとカンズによれば、ネオクラシカル・リアリズムのアプローチには、科学的なパラダイムを志向する立場と、哲学的な伝統を重視する立場があるという。トジェとカンズは、ロベルとリップスマン、タリアフェッロ編集の論文集のように、前者をより重視するアメリカのネオクラシカル・リアリズムのアプローチには批判的で、カーやモーゲンソー、アロンなどの古典的なリアリズムを読み直す必要性を説く。トジェとカンズは、ローズ論文から以下の下りを引用する。

> ネオクラシカル・リアリズムは、国家が安全保障を追求すると仮定するのではなく、対外的な環境を管理し、形成することによって、国際的な無政府状態の不確実性に対応すると想定する。この学派は、国家が自らの利益を定義する多数の方法があるにもかかわらず、国家はより低い対外的な影響力というよりもむしろより強い対外的な影響力を望み、できる限りの影響力を追求すると論じる(Rose, 1998: 152)。

ネオクラシカル・リアリズムの研究動向は、こうした論文集だけに留まらない。

たとえば、ブラウレイは、グランド・ストラテジーの政治経済の歴史をネオクラシカル・リアリズムの観点から読み解く（Brawley, 2010）。ハッドフィールド＝アムカンは、イギリスの対外政策を国家アイデンティティとパワーの観点から描く（Hadfield-Amkhan, 2010）。ダイソンは、冷戦後のヨーロッパにおける防衛改革をネオクラシカル・リアリズムの視角から分析する（Dyson, 2010）。市原麻衣子は、日本のソフト・パワーとしての民主化支援をネオクラシカル・リアリズムのアプローチで議論する（Ichihara, 2017）。ロサは、中国の核ドクトリンの低開発をネオクラシカル・リアリズムの観点から明らかにしようと試みる（Rosa, 2018）。リップスマンとタリアフェッロ、ロベルによる『国際政治のネオクラシカル・リアリストの理論』は、今のところ、最も信頼できる研究書の一つである（Ripsman, Taliaferro, and Lobell, 2016）。

七　なぜネオクラシカル・リアリズムは注目されるのか

なぜネオクラシカル・リアリズムが、注目されるようになったのか――。リアリズムの変遷とともに、改めて簡潔に振り返ってみよう。

ウォルツが指摘するように、古典的リアリズムは還元主義であり、論理が循環してしまう。このため、古典的リアリズムは説明要素が豊富である一方で、方法論上の問題点を抱えていた。また、古典的リアリズムは、国内要因や個人レベルの要因から国際政治を説明することを試みたものであるため、同じ国際環境に置かれた二つの国家の対外政策が異なる理由は説明できたとしても、同じような国内政治状況に置かれた場合で国家の対外政策が異なることを説明できない。

ネオリアリズムは、国際システム・レベルの構造的要因から国際政治の説明を試みるアプローチであり、ウォルツの一九七九年の『国際政治の理論』によってリアリズムが再考された。背景には、米ソ・デタントの後退にともなう国際環境の緊張があった。特にウォルツのネオリアリズムの理論は、国際システムの構造に注目し、変数が少なく（パーシモニアスと言う）、その後のネオリアリズム（とネオリベラリズム）の理論の発展に寄与したと言ってよい。しかし、ネオリアリズムは、国際システムの観点から、特定の国家の対外政策が説明できないし、そもそも特定の国家の対外政策を分析することを念頭に置いていない。この点は、ウォルツ自身も認めている。ミアシャイマーも、国際システム以外の要因が国家の対外政策を決定づけることがあると指摘している。このため、ネオリアリズムばかりでなく、攻撃的リアリズムにも修正が必要になるのである。

防御的リアリズムは、ネオリアリズムの修正として、独立変数にユニット・レベルの要因を加え、説明の範囲を広げる試みであったと言えよう。しかしながら、国際システム・レベルとユニット・レベルの変数の間ではどちらの優先度が高いのか、またそれに加えてそれらの変数間の相互関係があいまいであるため、防御的リアリズムは〝後づけの〟理論になってしまう、という批判がある。

ネオクラシカル・リアリズムは、国際システム・レベルの要因と国内要因・個人レベルの要因との相関関係についても明らかとなっており、防御的リアリズムの問題点として批判された〝後づけの〟理論とは異なる。ネオクラシカル・リアリズムは、国際システムのレベル、あるいは国内要因・個人レベルの要因のみで国家の対外政策を決定づける理論ではない。ネオクラシカル・リアリズムは、独立変数として国際システム・レベルの要因を、従属変数として特定の国家の対外政策を、そして媒介変数として国内要因・個人レベルの要因を位置づけるのである。このように、ネオクラシカル・リアリズムは、これまでのリアリズムに比べると、特定の国家の対外政策に対しての説明の幅を広げる形で理論が組まれている。

こうして、ネオクラシカル・リアリズムが〝発見〟された理由はいくつかあるが、最も重要な理由は、ネオリアリズムの欠陥を補うことであったと言えよう。国際システム・レベルの構造的要因から国際政治の説明を試みるウォルツのネオリアリズムは、厳密な意味で「国際政治の理論」、つまり国際システムを説明する理論であって、特定の国家の対外政策や特定の歴史的な出来事を説明する理論ではない、ということである。一方、ネオクラシカル・リアリズムは、国際システムを説明するような「国際政治の理論」ではなく、「対外政策の理論」であり、特定の国家の対外政策やグランド・ストラテジー、戦争など個別の歴史的な出来事を説明するために構築された理論である。このため、ネオクラシカル・リアリズムは、特定の国家の対外政策やグランド・ストラテジー、戦争についての詳細な説明を試みるアプローチとして注目されてきた（いる）と言ってよい。

第二章　国際システムそのものを俯瞰する

あらゆる健全な政治的思考はユートピアとリアリティ双方の諸要素に基礎づけられなければならない……人間の意志は、国際秩序のヴィジョンに関してリアリズムが引き出す論理的帰結から何とか逃れようとするだろう。なぜならこのヴィジョンは、それが具体的な政治形態として明確な形をとるや否や自利と偽善に汚染され、かくしてまたもやリアリズムの武器によって攻撃されるからである。こうしてあらゆる政治生活には、錯綜、魅力、そして悲劇がつきまとう。およそ政治というものは、決して一致することのない二つの面にそれぞれ属している二つの要素、すなわちユートピアとリアリティから成っている。ユートピアとしての理想と、リアリティとしての制度とを識別できないことほど、明快な政治的思考の妨げとなるものはない（Carr, 1964 [1939]: 93）。

E・H・カー『危機の二〇年』（一九三九年）

歴史とは過去と現在との対話である。現在にいる私たちは、過去を主体的に捉えることなしに未来への展望を立てることはできない。複雑な諸要素が絡み合って動いていく現代では、過去を見る新しい眼が切実に求められている（カー、一九六二：はしがき）。

E・H・カー『歴史とは何か』（一九六一年）

一　「国際システム」とは何か

近代以降の主権国家の間の関係が「国際関係」である。安全保障の分野に注目し、主権国家間の〝対立〟の側面を強調すれば、「国際政治」と呼ばれる。他方で、原理的に主権国家から構成されるとしても、国際レベルでも一定の社会性があると想定すれば、「国際社会」と呼ばれる。理論的にできるだけ価値中立であろうとすれば、「国際システム」となる。その国際システムを構成する原理的なユニットは主権国家のみである、とみなされる。システム原理は、「主権国家よりもより上位の権威、すなわち世界政府がない」という意味で無政府状態（anarchy）とされる（Mayall, 2000: 11-17; Bull, 1977; ティシケ、二〇〇八；田中、一九九六；鈴木、二〇〇〇；細谷、二〇一二；滝田、二〇一五；高澤、一九九七）。ネオリアリズムのウォルツは、多極の国際システムよりも双極の国際システムの方が相対的により安定的である、と論じた（Waltz, 1979: 161-163, 170-176）。概して、一六四八年一〇月までのウェストファリア講和会議以降の近代はじめの多極の国際システムは、「西欧国家体系（western state system）」と呼ばれる。二〇世紀後半の第二次世界大戦後は、冷戦（Cold War）の時代であり、国際システムは双極であった。

これに対して、覇権（hegemony）安定理論を説いたギルピンは、軍事力など安全保障の分野に限定せず、経済力の側面を相対的により強調した議論を展開した。経済力や軍事力、外交力や資源をコントロールする力など、あらゆる次元で圧倒的なパワーを有する覇権国（hegemon）が存在すれば、世界経済を安定させるための国際公共財が提供され、国際システムの安定が実現する。公共選択のディレンマが解消される、と想定された。

しかし、覇権国のパワーは時間の経過とともに、相対的により低下し、他の大国の挑戦を受け、覇権戦争へと至る。またそのサイクルは、ほぼ一〇〇年ぐらいである、と想定された（Gilpin, 1981: 10-15; Wohlforth, 2011）。一六世紀は、ポルトガルないしスペイン（あるいは両者）の覇権の時代とされ、一七世紀はオランダ、一八世紀と一九世紀はイギリス、二〇世紀はアメリカによる覇権秩序という見方である。近代以降、単極の国際システムが繰り返されてきたという視角である。二〇世紀の後半には、世界経済におけるアメリカ経済の相対的な低下を受けて、「覇権後」の国際秩序が活発に議論されたが（たとえば、Keohane, 1984）、冷戦後にクリントン政権の下でアメリカ経済は再生された。

二一世紀の国際システムは、いかなる国際秩序となるのであろうか――。

冷戦の終結後、二一世紀に向けた国際秩序観として、「グローバル・ガヴァナンス」という概念が生まれた。「国際（＝国家間）」という修飾語を使わず、あえて「グローバル」という言葉を使うところから、主権国家に秩序の担い手を限定しない意味合いを汲みとることができる。たとえば、国際連合（国連）の役割を相対的により重視し、市民社会のレベルの役割も相対的により強調する。現実の国際システムを分析する概念というよりも、規範的な意味合いが込められた秩序概念であると言えよう。「世界政治」という概念に近いかもしれない。「ガヴァナンス（governance）」という概念は、明らかに経営学の「コーポレート・ガヴァナンス」の議論からヒントを得ている（国内政治のレベルや対外援助の政策領域では、「良い統治（good governance）」という概念が使用される）。国際関係の文脈では、「ガヴァナンス（統治）」は、「ガヴァメント（政府）」と言うほど組織化されていないが、一定の秩序が成り立っているというニュアンスが入り込んでくることになる（Rosenau and Czempiel, eds., 1993; Young, 1994; Bevir, 2012; 渡辺・土山編、二〇〇一；納家・ウェッセルズ編、一九九七；山本、二〇〇八；鈴木、二〇一七；大芝編、二〇一八；猪口、二〇一二）。グローバル・ガヴァナンスの議論は、ブルをはじめとした英国学派の「国際社会論」と親和性が高いと言ってよい（Carr, 1939; Butterfield and Wight, eds., 1966; Bull, 1977; Wight, 1991; 1995; Bull and Watson, eds., 1984; Watson, 1992; Mayall, 2000; Buzan, 2014; Clark, 2005; Linklater and Suganami, 2006; Hurrell, 2007; Brown, 2015; Stern, 1995; ホフマン、二〇一一；第七章と第八章：細谷、一九九八：スガナミ、二〇〇一；山中、二〇一七a；二〇一七b）。

二　国際レベルの「変化」をいかに捉えるか
——ギルピンによる「変化」の三類型

国際レベルの変化には、覇権安定理論のギルピンによれば、序章で見た通り、三つのレベルがあるという。

第一に、国際システムそのものの変化（systems change）である。国際システムを構成するユニットそのものが変化するような原理的な変化である。こうした変化は、ヨーロッパ地域の国際システムで考えれば、古代のローマ帝国による帝国秩序から、中世の時代の西ヨーロッパ地域の「キリスト教共同体」（と東ヨーロッパ地域のビザンティン帝国による帝国秩序との混合）を経て、近代以降の主権国家システムへという変化として捉えることができる。こうして、「古代から中世へ」と「中世から近代へ」という形で、国際システムそのものの変化は、歴史的にまだわずか二度しか起こっていない。「国際システム」を言葉通り、「主権国家間のシステム」と厳密に捉えれば、国際システムとは、近代以降の主権国家システムだけを指すことになる。国際関係理論が、主に近代以降の国際システムを分析してきたのはそのためである。近代以前の中世の「キリスト教共同体」や、古代のローマ帝国による帝国秩序などは、分析の対象外とされる。他方で、たとえば、古代ギリシャの都市国家間の権力闘争を描いたトゥーキュディデースの『戦史』は、近代や現代にも通じる国家間の原理的な対立を描いた古典とされる（トゥーキュディデース、二〇一四；Gaddis, 2018: chap. 2; Freedman, 2015: chap. 3; Nye and Welch, 2016: chap. 1）。

ギルピンが最も注目した第二の国際レベルの変化は、国際システム上の変化（systemic change）である。ギルピンによれば、ほぼ一〇〇年ごとの覇権国の交替のサイクルにあたる。近代以降の国際システムは、単極の国際システムが繰り返されてきた、という見方である。これに対して、同じくネオリアリズムのウォルツによれば、近代以降の国際システムは、二七〇年間あまりの多極の時代から、第二次世界大戦後の双極の国際システムへと大きく移行した、と論じられた。ウォルツの議論は、なぜ、またいかにして多極から双極の国際システムへと変化したのかを説明することは、理論的に苦手である。あくまでも、双極の国際システムの方が多極の国際システムよりも相対的により安定的であることを論じた。

モーゲンソーやキッシンジャーのような古典的なリアリズムは、多極の国際システムの方が柔軟な同盟関係の組み替えが可能なことからより安定的であると論じていたが（Morgenthau, 1978; Kissinger, 1957）、ネオリアリズムのウォルツは、誤認が生じにくいなどの理由から（戦争の多くは誤認から生じた）、双極の国際システムの方が相対的により安定的である、と結論づけた。双極安定論である（Waltz, 1979: 161-163, 170-176）。第二次世界大戦後は、核兵器の存在も「システム上のエフェクト」を持つとされ、国際システムの安定に貢献した、と論じられた（Waltz, 1986: 327-328, 343; セーガン・ウォルツ、二〇一七；Jervis, 1993）。歴史家のギャディスも、「長い平和（long peace）」の要因の一つとして、核兵器の存在を指摘している（Gaddis, 1993）。冷戦後の国際システムは、近代はじめの多極の国際システムへと「未来への逆走（back to the future）」を経験し、「相対的により不安定になる」と論じたネオリアリズムのミアシャイマーの議論も、ウォルツの議論とほぼ同じ論理展開であったし、より明快であった（Mearsheimer, 1990）。

　ギルピンが注目した第三の国際レベルの変化は、国際システムを構成するユニット間の相互作用（interactions of units）である。たとえば、具体的には、国家間の同盟関係の組み替えや、日常的な相互作用のすべてを指す。国際システム上の「力の分布」に変化がないレベルでの変化である。ギルピンはこうした比較的により日常的な変化よりも、国際システム上の変化、すなわち覇権国のサイクル的な変化により注目したのである。もちろん、国際システムそのものの変化の方がよりダイナミックで、より重要である。しかし、繰り返しになるが、国際システムそのものの変化は、歴史的にまだ二度しか起こっていない。ギルピンとしては、近代以降の覇権国の交代に注目したのである。国際システム上の力の分布の変化を論じる上で、ギルピンは、ウォルツよりもよりダイナミックな議論を展開した。他方で、ウォルツは、ギルピンよりもモデルはより静的であったが、より少ない変数で（「パーシモニアス」と言う）、国際システムの安定性をできるだけシンプルに議論したのである（Wohlforth, 2011; 角南、一九九四；信夫、二〇一四）。

　二一世紀のこれから、国際システム上の変化がいかに生じていくのか（たとえば、多極化に向かうのか）、あるいは、国際システムそのものが変化して、「ポスト・モダン」の世界へ移行し、「近代」の時代が終わるのか、をめぐってはさまざまな議論がある。以下、本章では、国際システムそのものの変化を含めて、歴史的に大きく議論を展開してみたい。「国際システムそのものを俯瞰する」という作業である。

三　古代ローマ帝国から中世のキリスト教共同体へ

　古代のローマ帝国は、紀元前五〇九年から共和政をとり、紀元前二七年から帝政の時代を迎えた。紀元前二世紀には、地中海世界をほぼ支配化に治め、紀元後の二世紀には領土が最大となった。ローマ帝国の勢力は、北はイギリス、東は中東地域、南は北アフリカ、西はイベリア半島（現在のスペインとポルトガル）まで及んだ。当時のヨーロッパ地域にとっては、ローマ帝国の勢力範囲がまさに〝世界〟であった。それを超えた地域との交流は、ほとんどなかった。三七五年頃からのゲルマン民族の大移動を受けて、ローマ帝国はやがて東西に分裂し、四七六年には、西ローマ帝国が崩壊してしまう。これは、西ヨーロッパ地域での〝古代〟の時代の終わりを象徴していた（高坂、一九八一：第一部：パーキンズ、一九九一：モンタネッリ、二〇一三：南川、二〇一三）。ただし、東ヨーロッパ地域には、東ローマ帝国、いわゆるビザンティン帝国が生き残るのである。

中世の時代、東ヨーロッパ地域にビザンティン帝国が残存していたおかげで、中東地域から膨張するイスラーム勢力は、バルカン半島の辺りでヨーロッパ地域への膨張を食い止められることになる。こうして、ビザンティン帝国は、〝防波堤〟の役割を担ったのである（Sarris, 2015: ハリス、二〇一八：特に第七章：二〇一三：井上、二〇〇八：第六章）。しかし、イスラーム勢力は、北アフリカをイスラーム化し、ヨーロッパ地域には、イベリア半島を経て、フランスに迫る勢いであった。フランスとスペインの間のピレネー山脈で、かろうじてイスラーム勢力の膨張は食い止められることになる（その後、イベリア半島では、「国土回復運動（レコンキスタ）」が次第に勢いを増す）。

中世の時代、西ヨーロッパ地域は、カトリックの教えを共有した「キリスト教共同体」と呼びうる複雑な国際システムが継続することになる。四七六年の西ローマ帝国の崩壊から、八〇〇年のフランク王国のカール大帝の帝冠までを、古代から中世への移行期と大雑把に捉えておこう。八〇〇年から一七世紀半ばまでは、九〇〇年近くにわたり、中世の時代を迎えることになる。西ヨーロッパ地域の中世の国際システムは、きわめて複雑である。近代以降のイギリスやフランス、ドイツに連なる中世なりの国家は存在していたが、それぞれの国家は内部で領邦国家や都市国家に分裂していた。「ハンザ同盟」のように、都市国家がある程度自立し、経済的に同盟関係を結んでいた地域もある。

また、現在のオーストリアの地域には、九六二年のドイツ王オットー一世がローマ皇帝から皇帝の冠を授けられて以降、「神聖ローマ帝国」が残存していた（一三世紀からハプスブルグ家が統治した：Rady, 2017）。しかし、神聖ローマ帝国の皇帝は、西ヨーロッパ地域全体に勢力を保持していたわけではない。「部分帝国」である（Whaley, 2018: 岩崎、二〇一七）。しかも、神聖ローマ帝国の皇帝よりも、イタリア半島のローマ教会のローマ教皇の方が、宗教的かつ政治的な権威が相対的により強かった。ローマ教会のローマ教皇に破門されるということは、中世の時代の西ヨーロッパ時代では、決定的な意味を持っていた。国王であろうと、皇帝であろうと、自分が支配する地域を統治する権利を剥奪されることを意味したからである。「教皇は太陽、皇帝は月」という言葉も残っている。一〇七七年一月二五日から三日間の「カノッサの屈辱」では、神聖ローマ皇帝ハインリヒ四世が、ローマ教皇グレゴリウス七世に、雪山の中、数日間、裸足で赦しを請うたという。中世の時代の西ヨーロッパ人のほとんどがキリスト教のカトリックの教えを敬虔に信仰していたため、こうした秩序となっていた（福田、一九七〇：塩野、二〇〇一：堀越、二〇〇六）。

四　中世キリスト教共同体から　近代の主権国家システムへ

数世紀の間、中世の時代が西ヨーロッパ地域で継続するが、一五世紀後半の東ヨーロッパ地域でのビザンティン帝国の崩壊以降、歴史的に大きな変化を経験していく。イタリア半島を中心に「ルネサンス」の文化運動が盛んとなり、イベリア半島ではスペインとポルトガルがイスラーム教勢力の支配から脱し、「大航海時代」へと乗り出していく。ドイツのルターの宗教活動を契機として、ヨーロッパ地域全体に「宗教改革」が広がっていく。カトリックかプロテスタントか、という宗教上の選択は、宗教戦争や市民革命を通じて、国家ごとに委ねられていくようになると、ローマ教会のローマ教皇の絶対的な権威は、相対的により低下していくこととなった。神聖ローマ帝国の権威も相対化されていく。次第に、主権国家から構成される〝近代〟の時代が到来することになる。政治的には主権国家システムであり、経済的には資本主義システムである。この意味で、近代の国際システムは、主権国家システムと資本主義システムとの〝結婚〟である（水野、二〇〇七：二〇一一：玉木、二〇一二：第四章）。

中世の時代に、「キリスト教共同体」として、自給自足的で、内に閉じこもっていた西ヨーロッパ地域の国際システムは、近代以降、ヨーロッパ以外の地域へと植民地を求めて、次第に膨張していくこととなる。ここで注意しなければならない点は、近代以降の西ヨーロッパ地域の大国が植民地をリジッドに統治するようになるのは、第二次産業革命を経験する一九世紀後半以降ということである。それ以前の植民地支配は、港と港をつなぐネットワークの統治であり、〝面〟としての統治ではない。一九世紀後半の第二次産業革命で、重化学工業を中心に工業化が急速に進展することにより、植民地と原材料を求めて、赤裸々な植民地獲得競争が熾烈化していくこととなる。「帝国主義の時代」である（木畑、二〇一四：第一章：島村、二〇一八：第四章）。かつ、アメリカや日本など、ヨーロッパ以外のアクターが、「準大国」として、国際社会に登場していくこととなる（Bull and Watson, eds., 1984）。

五　西欧国家体系から冷戦へ

イギリスでは歴史家のカーが『危機の二〇年』で、アメリカでは亡命ユダヤ知識人のモーゲンソーとキッシンジャーがそれぞれ『国際政治』と『回復された世界平和』で、日本では古典的なリアリストの高坂正堯が『国際政治』で、国際政治学を体系化した（Carr, 1964; Morgenthau, 1948; Kissinger, 1957; 高坂、一九六六）。高坂によれば、一六四八年一〇月までのウェストフォアリア講和会議から二〇世紀の第一次世界大戦までの約二七〇年間、多極の「西欧国家体系」の国際システムが継続し、ナポレオン戦争を例外として、大国間戦争が起こらず、国際秩序は比較的に安定していた。特にナポレオン戦争後のウィーン体制では、一九世紀の間、「ヨーロッパの協調（concert of Europe）」が基本的に維持され、ヨーロッパ地域では「長い平和」が実現される（Kissinger, 1957; 高坂、一九七八）。ナショナリズムが高揚し、国民国家（nation state）の体系になるのも、フランス革命後の一九世紀である（君塚、二〇一〇：第三章：二〇一五ａ：谷川、一九九九）。

ただし、その間、一八七一年一月一八日にドイツが統一され、ヨーロッパ地域の勢力均衡（ＢＯＰ）は、根底からアンバランスなものになってしまっていた。『第一次世界大戦の起源』を執筆したジョルらによれば、一九世紀後半のドイツの統一は、第一次世界大戦の根本的な遠因である（Joll and Martel, 2007: 1）。近代以降のヨーロッパ地域での勢力均衡は、ドイツが統一されておらず、バラバラであったから、成り立っていたのである。オーストリア、フランス、イギリス、プロイセン（ドイツ）、ロシアの間の勢力均衡である。第二に、島国のイギリスが、ヨーロッパ地域に領土的な野心を持たず、弱い国家や同盟にあえて味方する「バランサー」の役割を担った。第三に、戦争の目的とダメージは、近代のヨーロッパでは、長い間、限定的であった。中世から近代への転換期で、赤裸々な宗教戦争を経験していた教訓が活きていた。第四に、キリスト教や「多様性の愛」を重んじる啓蒙思想など、共通の価値観を共有していた近代ヨーロッパの大国は、コミュニケーションをとることが容易であった。王族や貴族間の血縁関係も緊密であった。嫁いだ人間は、人質にもスパイにもなりうる。第五に、ヨーロッパ地域以外の地域に地理的な余剰が残されていたことが重要であった。ヨーロッパ地域で、無駄に戦争する必要はなかったのである（高坂、二〇〇四）。

こうした近代以降の国際システムを比較的に安定させた要因は、一つずつ、崩れていった。第一に、ドイツの統一で、ヨーロッパ地域の勢力均衡は根底から崩れてしまう。第二に、イギリスが相対的なパワーの低下でバランサーの役割を担えなくなる。第三に、第二次産業革命の結果、軍事テクノロジーが発達し、戦争のダメージが限定的ではなくなった。一九世紀を通じて、ナショナリズムが高まり、世論が外交により影響を与えるようになったことも、戦争の目的を限定的なものではなくしていくことになる。第四に、ヨーロッパ地域での「ハイパー・ナショナリズム」の高揚や大衆社会の出現に加えて、アメリカや日本など、ヨーロッパ以外の地域のアクターが国際社会に参画するにともない、大国間のコミュニケーションも容易にとりづらくなっていった。第五に、「帝国主義の時代」に入り、赤裸々な植民地獲得競争が熾烈化し、地理的にヨーロッパの大国が拡大するフロンティアはなくなっていった。こうした歴史的な条件が積み重なった上で、二〇世紀はじめ、一九一四年六月二八日のサライェヴォ事件を契機に、第一次世界大戦が勃発したのである。

二〇世紀の二度の世界大戦を契機として、多極の西欧国家体系から双極の冷戦の時代へと国際システムは大きく変遷した。アメリカとソ連の二つの超大国（super power）を中心に、国際システムの中心のヨーロッパ地域は、東西に〝分断〟された。また、資本主義と共産主義のイデオロギー対立は、一九五〇年六月二五日の朝鮮戦争の勃発を契機として、〝軍事化〟し、ヨーロッパ以外の地域へと〝世界化〟していく（神谷、一九九〇：一九七―二一二）。一九五〇年代半ばには、米ソ冷戦の対立は〝常態化〟の様相を呈する。その後、ヨーロッパ地域の米ソ冷戦の対立はヨーロッパ以外の地域へと本格的に〝拡散〟していく。一九六二年一〇月一六日から「一三日間」のキューバ・ミサイル危機で、米ソ二つの超大国は核戦争の瀬戸際まで危機をエスカレートさせるが、その後は、緊張緩和（détente）を深めていく。米ソ間で、核不戦が「暗黙の了解」となっていく。一九六三年八月五日の部分的核実験禁止条約（ＰＴＢＴ）は、米ソ間ではじめての軍備管理条約であった（石井、二〇〇〇：第五章；島村、二〇一八：四二―四三；McMahon, 2003）。

一九七二年五月二六日の米ソ首脳会談では、戦略攻撃兵器制限に関する米ソ間暫定協定（ＳＡＬＴ１）と弾道弾迎撃ミサイル（ＡＢＭ）制限条約、関係の基本原則に関する米ソ宣言（基本原則宣言）で、米ソ間で「ハイ・デタント」が成立した。米ソ間で、核ミサイルの軍備管理条約によって、核不戦の暗黙の了解が〝制度化〟されたのである。こうして、「戦略的安定」が実現された（Stevenson, 2014: chap. 6; Hanhimaki, 2013: chaps. 3, 4; 石井、二〇〇〇：二五二―二五三；島村、二〇一八：四三）。同時に、西ドイツのブラント政権の東方政策（Ostpolitik）で、ヨーロッパ・デタントも深まった。「モスクワ・デタント」の成立である（島村、二〇一八：第一一章）。ただし、第三世界では、資本主義と共産主義のイデオロギー対立は終わらず、冷戦も終結しなかった（Ulam, 1974: 629-694; Kissinger, 1994: chap. 28; 毛利、一九八九：第三章）。

冷戦が終結するのは、米ソが新冷戦を経験し、ソ連で改革派のゴルバチョフが一九八五年三月一一日に書記長となり、国内で同年一〇月以降、「ペレストロイカ（刷新）」と「グラスノスチ（情報公開）」を断行しつつ、対外的に「新思考外交」を展開したことが契機となっている。一九八七年一二月八日には、米ソ間ではじめての核軍縮条約として中距離核戦力（ＩＮＦ）全廃条約が締結された。一九八八年には、ゴルバチョフ書記長は、制限主権論を軸とした「ブレジネフ・ドクトリン」を東ヨーロッパ地域にもはや適応しないことを繰り返し宣言する。「ともにペレストロイカを推し進めていこう」というメッセージであった。こうした結果、一九八九年八月には、「東欧革命」が起こり、一一月九日にはベルリンの壁が崩壊し、一二月二日から三日にかけてのマルタでの米ソ首脳会談で、「冷戦の終結」が宣言された。一九九〇年一〇月三日には早くも、東西ドイツが再統一される。こうして、冷戦は終結した（Bush and Scowcroft, 1988; Baker, 1995: chap. 5; ゴルバチョフ、一九九六；Garthoff, 1994B; Brown, 1997; 2010; Kalinovsky and Daigle, 2014; Lebow and Risse-Kappen eds., 1995; ホフマン、二〇一六；島村、二〇一八：四三；塩川、一九九六）。

冷戦後、一九九一年一月一七日に勃発した湾岸戦争を契機として、国際システムは、それまでの双極から、アメリカ中心の（軍事的な）単極システムへと大きく移行することとなる。やがてクリントン政権の下で、アメリカ経済は再生され、経済的にもアメリカ中心の単極の構造となった。アメリカの「一人勝ち」の状態である。他方で、第二次世界大戦後に形成されたアメリカ中心のリベラルな国際秩序の特徴の一つは、重層的に〝制度化〟が進展していることである（田所、二〇〇三）。二一世紀の国際システムは、はたして、いかなる姿を示すのか――。

六　二一世紀の国際秩序のシナリオを描く

二一世紀の国際システムの姿については、国際システムそのものの変化も含めて、四つのシナリオが考えられる。

第一に、アメリカ中心のリベラルな国際秩序が意外と長続きする、というシナリオである。軍事的にはグローバルな同盟網があり、アメリカが前方展開する力は他国を圧倒しており、経済的にもアメリカの地位はすぐには大きく揺らぐことはない、という見方である。このシナリオでは、国際システムは、単極の構造がしばらく、ほぼ恒常化することになるという（Nye and Welch, 2016; Nye, 2015; 2013; 2011; 2008; 2004; 2002; 1990; Ikenberry, ed., 2002; 2014; Ikenberry, 2011; 2006; 2001; Kapstein and Mastanduno, eds., 1999）。逆にアメリカの覇権が意外と早く衰退し、中国の覇権へとシフトするというシナリオもありうる（たとえば、ジェイクス、二〇一四）。この場合も、国際システムは単極である。

第二に、中国など新興国が急速に台頭し、国際システムは、特に米中を軸に、双極化するという見方もある。たとえば、二〇〇九年はじめ、アメリカのオバマ政権の発足当初、ブレジンスキー元国家安全保障問題担当大統領補佐官らが「Ｇ２」論を展開した。その後、オバマ政権は中国との対立をむしろ深めていくが、習近平国家主席をトップとした中国政府は、「新型の大国関係」を構築することをアメリカに呼びかけてきた。ただし、オバマ政権の対応は、きわめて慎重であった（島村、二〇一八：第一五章）。トランプ政権の下では、米中関係は、貿易戦争の様相を呈しており、「新しい冷戦」まで指摘される（田中、二〇一八）。

第三に、国際システムは、予想以上に早く、多極化するというシナリオである。特にネオリアリストのウォルツやミアシャイマーが、冷戦の終結直後に、こうした議論を展開した（Waltz, 1993; Mearsheimer, 1990）。フクヤマが論じた「歴史の終わり？」が幻想となり、大国間のライバル関係、つまり地政学が復活するという見方にも通じる（Kagan, 2009; Rachman, 2010; Vedrine, 2008）。たとえば、ミアシャイマーが二〇一四年の『大国政治の悲劇［増補版］』で、特に米中の衝突は回避し難い、と論じている（Mearsheimer, 2014: esp. chap. 10）。

第四に、国際システムそのものが変化し、〝近代〟の時代が終わる、という見方もある。国際政治学者の田中明彦やイギリスの外交官のクーパーは、ポスト・モダンの「新しい中世」へと国際システムが変遷する可能性を問題提起している。ここで注意すべき点は、国際システム全体が「新しい中世圏」に直ちにシフトすると論じているわけではなく、アメリカとヨーロッパ、日本の先進工業地域が、相互依存のさらなる深化やグローバリゼーションの進展から、新しい中世圏へと移行しつつある、と議論されていることである。特に中国の台頭は、東アジア地域で「近代圏」の論理が残ることを意味しよう。さらに、アフリカ大陸の内戦に苦しむ破綻国家(failed state)の存在などは、「混沌圏」が残ることを意味している。二一世紀の国際システムは、〝近代〟の時代が終わり始めるとは言え、三層構造である、という見方である。少なくとも、三つの圏域(スフィア)に分けて、二一世紀の国際システムを論じる必要性があることを強調する見方である(田中、一九九六;Cooper, 2003)。

七 国際システムそのものが変化しうるのか?

こうして、「国際システムそのものを俯瞰する」と、浮かび上がってくる論点は、二一世紀に、近代以降の国際システムがいかに変遷するのか、つまり「単極か、双極か、多極か」という議論なのか、それとも、国際システムそのものが変化し、〝近代〟の時代が終わるというシナリオなのか、ということである。国際システム上の変化にとどまるのか、それとも、国際システムそのものが原理的に変化するのか、という対立軸である。エコノミストの水野和夫は、『人々はなぜグローバル経済の本質を見誤るのか』や『終わりなき危機──君はグローバリゼーションの真実を見たか』などの著作で、近代の時代が終わる蓋然性について、ポジティブな議論を展開している(水野、二〇〇七;二〇一一)。他方で、ネオリベラリズムやアメリカの軍部など現場の立場からは、アメリカ中心のリベラルな国際秩序の強靭さが指摘される(Nye and Welch, 2016; Nye, 2015; 2013; 2011; 2008; 2004; 2002; 1990; Ikenberry, ed., 2002; 2014; Ikenberry, 2011; 2006; 2001; Kapstein and Mastanduno, eds., 1999)。たとえ、中国経済がアメリカ経済に追いついたとしても、その影響力は限定的である、という見方がある。一人当たりの国内総生産(GNP)は、中国のそれがアメリカやヨーロッパ、日本のそれを追い越すのは、まだまだ先の話だからである。アメリカの軍事的な優位は、さらに頑強で、長続きするであろう。ただし、中国に追いつかれる形となるアメリカの対中脅威認識は、意外と早く深刻化する(している)かもしれない。

ここで問題となるのは、アメリカの覇権優位論も、中国への覇権交代論も、「予見しうる将来」、すなわち、せいぜい一五―二〇年先しか、想定していないということである。アメリカのトランプ政権の『国家安全保障戦略(NSS)』や『国家防衛戦略(NDS)』(オバマ政権までは『四年ごとの国防計画の見直し(QDR)』)なども、同じである。五〇年後や、一〇〇年後という議論は、ほとんど皆無である。たしかにこれらは、〝占い〟の域を脱しない。しかし、たとえば、近代以降の資本主義システムの歴史的な変遷を議論してきた世界システム論のウォーラーステインは、序章でも見た通り、比較的に早い時期から、中国ではなく、インドが、二一世紀半ばぐらいにアメリカにとって代わる覇権国になりうる可能性について、論じてきた。たしかに、インドは、中国と違い、少子高齢化の問題に直面しておらず、中長期の経済成長を望むことができる（Wallerstein, 2003）。

ただし、ここで問題になるのは、アメリカ中心のリベラルな国際秩序の継続か、米中での「新しい冷戦」か、あるいはインドによる覇権秩序なのか、ではない。国際システム上の変化にとどまるのか、それとも、国際システムそのものの変化に発展しうるのか、という問題である。国際システムそのものの変化に至るのであれば、〝近代〟の時代が終焉を迎えることになる。政治的な主権国家システムと、経済的な資本主義システムとの〝結婚〟が終わるのである。はたして、国際システムのパワーが相対化ないし無極化し、経済がさらに金融化し、貧富の格差がさらに拡大し（二極化）、国家財政の悪化で〝緊縮（austerity）〟に悩まされ、政治が劣化し、かつ危機意識に目覚めた有権者がポピュリズムに流されるような時代に、これからの国際秩序をいかに描くことができるのか？　国際関係と国内政治の〝連関・連結（linkage）〟、国際安全保障と国際経済との連関・連結を強く意識して、「グローバル・ガヴァナンス」の名に相応しく、柔軟に想像力を発揮する必要性があると思われる。

第三章　大国間戦争後の国際秩序——ソフト・ピースかハード・ピースか

国際政治は、力の体系であり利益の体系であると同時に、価値の体系でもある（高坂、一九六六：一七）。

高坂正堯『国際政治』（一九六六年）

一　ソフト・ピースかハード・ピースか

一七世紀、ヨーロッパで最後の宗教戦争となった三〇年戦争を終結させる一六四八年一〇月までのウェストファリア講和会議で、第二章で見た通り、西ヨーロッパ地域の主要国がお互いに主権国家として認め合い、近代以降の国際システム、主権国家システムが西ヨーロッパに成立した。「ウェストファリア体制」と呼ばれる（Mayall, 2000: 11-17; Bull, 1977; ティシケ、二〇〇八；田中、一九九六；鈴木、二〇〇〇；細谷、二〇一二；滝田、二〇一五；高澤、一九九七）。近代はじめの国際システムは、「西欧国家体系」である。この西ヨーロッパを中心とした国際システムは、少なくとも二〇世紀はじめの第一次世界大戦の勃発まで、約二七〇年間、続いた（高坂、一九六六；武者小路、一九七七）。

またこの間、国際秩序は比較的に安定していたが、ほぼ一〇〇年ごとのサイクルで、大国間戦争を繰り返した（Gilpin, 1981: 10-15）。一七〇一―一七一三年のスペイン継承戦争、一七九六―一八一五年のナポレオン戦争、一九一四―一九一八年の第一次世界大戦である。それぞれの講和条約は、一七一三年四月から九月にかけてのユトレヒト講和条約と一八一五年六月のウィーン講和条約、そして一九一九年六月のヴェルサイユ講和条約であった。たとえば、スペイン継承戦争を終結させたユトレヒト講和条約では、戦後の国際秩序を安定させるために、イギリスが「バランサー」の役割を果たし、二大強国であったオーストリアのハプスブルク家とフランスのブルボン家との間の勢力均衡（ＢＯＰ）を意図的に図った（川田、一九八〇：五二）。

第二次世界大戦後は、幸い、大国間戦争は勃発していない。原因はいくつか考えられる。序章でも見た通りだが、まず軍事的には、核兵器の存在が大きい。核抑止（nuclear deterrence）である（Waltz, 1986: 327-328, 343; セーガン・ウォルツ、二〇一七；Jervis, 1990）。核兵器がなくとも、二度の世界大戦で、戦争の被害が大き過ぎ、もはや第三次世界大戦は起こせないという心理が働いた、という議論もある（Mueller, 1990）。ドイツにヒトラーという野心的かつ冒険的な政治家が出現しなければ、第二次世界大戦そのものが起こっていなかったはずである、という議論もある（反論として、Taylor, 1991）。政治的には、民主主義国家が増えたことが無視できない。「民主主義による平和（democratic peace）」の議論である（Russett, 1993; Doyle, 1983a; Doyle, 1983b）。経済的には、特にアメリカを中心とした西側諸国の間で、自由貿易が拡大し、相互依存が深まったことが指摘できる（Keohane and Nye, 2011; 田中、一九九六：第五章と第六章）。国際秩序の〝制度化〟によって、信頼醸成措置（CBM）が高まったという議論もある（田所、二〇〇三）。ラセットとオニールは、政治的な民主化と経済的な市場化・自由貿易の拡大・相互依存の深化に加えて、国際秩序の制度化が進展したことによって、「リベラル・ピース」が実現される、と問題提起する（Russett and Oneal, 2001）。

本章で、注目したいのは、大国間戦争の終わらせ方が戦後の国際秩序の安定を左右するという問題である。結論を先取りするならば、敗戦国に寛大な講和（ソフト・ピース）を提供すれば、戦後の国際秩序は比較的により安定しやすい。これに対して、敗戦国に過酷な講和（ハード・ピース）を課せば、戦後の国際秩序は比較的により不安定になりがちである。問題は、米ソ冷戦の勃発で、正式な全体の講和条約が締結されなかった第二次世界大戦後である。はたして、国際秩序は不安定であったのか、それとも安定的であったのか——。いかに解釈すべきなのであろうか（大国間戦争直後の歴史的な瞬間に注目する議論として、Ikenberry, 2001; Ruggie, 1996; Hinsley, 1967; ホフマン、二〇一一：第一一章）。

二　ナポレオン戦争とその後
——ウィーン体制とヨーロッパの協調

（1）ナポレオン戦争

フランス革命後期、ナポレオンが皇帝となり、ヨーロッパ地域で、「フランス帝国」の実現を試みた。ナポレオン戦争の勃発である。一七九六年四月から一八一五年六月まで、戦争は続いた。イギリスを中心としたその他のヨーロッパの大国は、三度、対仏大同盟を形成し、これに対抗した。勢力均衡が機能した典型的な事例である（田中、一九八九：六八；滝田、二〇一五：一八五—一八七）。

またヨーロッパ大陸に飽き足らず、ロシアにまで遠征したのは、ナポレオンの失策であった。ロシアは、攻め込まれると、すぐに後退するが、厳寒の冬になると攻勢に転じる。「冬将軍」と呼ばれる。厳寒の冬での戦闘に不慣れな外国勢力は、逆に後退を余儀なくされる（後述するヒトラーのドイツも、第二次世界大戦で、同じ過ちを犯した）。

結果として、ナポレオンのフランス軍は、敗退した。皇帝ナポレオンは、エルバ島に幽閉された。こうして、フランスによる古代ローマ帝国の再現は、失敗に帰した。ただし、フランス革命の「自由・平等・博愛」の革命の精神は、一時的な「ナポレオン帝国」の実現で、ヨーロッパ地域全体に広まった。一九世紀には、それぞれの国家内で、ナショナリズムが高まり、近代の主権国家は、国民国家（nation state）の形をとるようになっていく（ジョンソン、一九九五：君塚、二〇一〇：第三章：二〇一五b：谷川、一九九九）。

（2）ウィーン講和会議――「ソフト・ピース」の典型事例

ナポレオンのフランス軍が敗退すると、ヨーロッパ諸国は、ウィーンで講和会議をほぼ一年間にわたり開催し（「会議は踊る、されど進まず」）、フランス革命とナポレオン戦争後の国際秩序を作り直した。この間、ナポレオンは幽閉されていたエルバ島から抜け出し、戦争を再び始めるが、再度、ナポレオンは敗退し、より遠方のセントヘレナ島に島流しにされてしまう。一八一四年九月から一八一五年六月にかけてのウィーン講和会議では、一八世紀の旧秩序への復古を目指し、戦後の国際秩序が形成し直された。

フランス革命とナポレオン戦争の後の混乱を最小限にするため、神聖同盟と四国同盟が締結された。神聖同盟は、ロシアのアレクサンドル一世の発案である。さらに、〝アドホックな〟国際会議体制が構築され、革命の再来を防止する工夫がなされた。なぜなら、繰り返しになるが、フランス革命とナポレオン戦争の結果として、「自由・平等・博愛」の精神がヨーロッパ地域全体に普及し、どこかでいつ革命が起こっても、おかしくなかったからである（Kissinger, 1957: 191-213; 君塚、二〇一〇：第九章：二〇一五b）。

特に多民族国家のオーストリア帝国は、新たな革命に神経質になっていた。したがって、メッテルニヒ外相（後の宰相）が、ウィーン講和会議での交渉でイニシアティブを発揮した。また、イギリスのカースルリー外相が、彼を支援した。メッテルニヒ外相とカースルリー外相は、密接に連携した（同時にカースルリーはメッテルニヒへの不信感も抱いていた。Kissinger, 1957: esp. 85-106）。

ウィーン講和会議で、特に重要であったのは、戦争勃発に責任があり、かつ敗戦国であるフランスに寛大な講和（ソフト・ピース）がとられたことである。戦勝国は、敗戦国のフランスとも密接に協議し、戦後の国際秩序を形成したのである。フランスのタレーラン＝ペリゴール外相は、ウィーン会議で重要な役割を果たした。「正統主義」のアプローチを提案したのである。正統主義とは、フランス革命以前の主権と領土を正統とし、革命前の状態に戻るべきことを説くものであった（藤原、二〇〇七：九五―一〇三）。

一九五〇年代に、シンプルな国際システム論を展開したカプランは、国際秩序が安定するためには、「五つぐらいの大国の存在を前提とする」とした上で、敗戦国を戦後の国際秩序に向かえ容れる〝寛大さ〟と〝深慮さ〟が必要となる、と指摘した（Kaplan, 1968: 57-70; 高坂、二〇〇四：四：川田、一九八〇：一〇〇―一〇三）。ただし、こうした外交を展開することは、現実にはきわめて難しい。

しかし、近代の西ヨーロッパ地域では、人間の合理性と理性を信じる啓蒙思想が広く行き渡っていた。特に多様性は、時に混乱をもたらすが、健全な社会の実現には不可欠である、と考えられた。たとえば、一九世紀の古典外交を分析した高坂正堯は、「多様性の愛」について論じている（高坂、一九七八：九―一九）。こうして、国内政治では、権力の分立ないし三権分立が模索され、国際政治では、勢力均衡が意図的に追求された。勢力均衡は、世界帝国への反対概念であった。近代ヨーロッパの政治思想家たちは、古代ローマ帝国の崩壊の原因を権力の集中と権力の腐敗、社会の劣化（活性化の欠如）に求めたのである（ギボン、一九九二：モンテスキュー、一九八九：高坂、一九八一）。

（3）「長い平和」としてのナポレオン戦争後

こうして、寛大な講和が実現したナポレオン戦争後の国際秩序は、比較的により安定した。国際システムは、典型的な多極システムであった。ただし、多極システムか双極システムか、あるいは単極システムかを比較して、より安定的であるのかどうかは、ここでは結論を急がない。この点は、リアリズムの間で、いまだに論争がある。序章でも見た通り、古典的なリアリズムは、多極システムこそ相対的により安定的であると論じる（Morgenthau, 1978; Kissinger, 1957）。キッシンジャーは、国際秩序を「正統体系」と「革命体系」に区別しており、国際秩序の正統性の問題を提起していた（Kissinger, 1957: 62-84）。これに対して、ウォルツ流のネオリアリズムは、双極システムが相対的により安定的であると論じる（Waltz, 1979: 161-163, 170-176; Mearsheimer, 1990: esp. 147-157）。さらに、ギルピン流のネオリアリズムは、覇権国（hegemon）の存在が国際システムの安定をもたらす、と考える。覇権安定理論（単極安定論）である。（Gilpin, 1981: 10-15; Wohlforth, 2011）。ここでは、大国間戦争の終わらせ方に注目したい。

ヨーロッパ地域では、一九世紀の約一〇〇年間にわたり、「ヨーロッパの協調（concert of Europe）」が実現し、歴史的に「長い平和（long peace）」が維持された（木畑、一九九七：四―一二）。経済的には、産業革命に先駆けたイギリスが世界の工場となり、「パックス・ブリタニカ（イギリスによる平和）」が形成されたと言える（Ferguson, 2004A; 2009; Mead, 2007; Darwin, 2009; 木畑、二〇〇八：二〇一一b：井野瀬、二〇〇七：モリス、二〇〇六：二〇〇八：秋田、二〇一二：二〇〇八：二〇〇四a：二〇〇四b：オブライエン、二〇〇二：八九―一三四：ケイン・ホプキンズ、一九九七A：一九九七B）。

一八七〇年代以降から、「帝国主義の時代」に突入し、非ヨーロッパ地域では、植民地獲得競争が熾烈化した。背景には、第二章でも見た通り、第二次産業革命がある。ヨーロッパ地域と非ヨーロッパ地域の国際秩序は、「帝国主義世界体制」と呼ばれる（木畑、二〇一四：第一章：島村、二〇一八：七八―七九：木谷、一九九七：中山、一九七三：第二章）。ただし、ヨーロッパ地域の国際秩序はしばらく、比較的に安定していた。プロイセンのビスマルクが、一八七〇年七月一九日に勃発した普仏戦争に勝利し、一八七一年一月一八日で、領邦国家でバラバラであったドイツを統一した（五月一〇日のフランクフルト条約で、普仏戦争は正式に終結した)。第二章で見た通り、それまで、ヨーロッパ地域の中心でドイツがバラバラであったから、オーストリア、フランス、イギリス、プロイセン(ドイツ)、ロシアの五大国の間の勢力均衡は比較的に安定していたのである(高坂、二〇〇四：五)。しかし、ビスマルクは、複雑だが巧みな勢力均衡外交で、フランスの孤立化に成功し、ヨーロッパ地域の勢力均衡の維持に成功した。「ビスマルク体制」と呼ばれる(飯田、二〇一五：君塚、二〇一〇)。ところが、これもビスマルク個人の外交的手腕に依存した一時的な国際秩序の安定であった。ドイツの統一により、ヨーロッパ地域の勢力均衡は、根底から崩れていたからである。二〇世紀はじめの第一次世界大戦の遠因となった(Joll and Martel, 2007: 1; Joll, 1990; 木村、二〇一四)。

ビスマルクが、若きドイツ皇帝ヴィルヘルム二世に更迭されると、ドイツはイギリスとの海軍軍拡競争に突入した。また、両国の植民地獲得競争も、バルカン半島と中東地域、アフリカ大陸でぶつかった。ビスマルク宰相の「白色革命」についての著作でキッシンジャーは、ビスマルク外交の唯一の失敗は、複雑で巧みな勢力均衡外交、権力外交が国内政治で国民に十分に理解されず、次の世代へと継承されなかったことである、と論じている。個人の〝職人芸〟で終わってしまったのである(Isaacson, 1992: 107-108, 501, 761)。ただし、キッシンジャー自身も、一九六九年以降、共和党のニクソン政権の下で、ヨーロッパ流の緊張緩和(détente)政策が、アメリカの国内政治で不人気で、次の世代に継承されなかった(Isaacson, 1992: ch. 27; アロン、一九八六：第Ⅳ章)。一九七六年一一月の大統領選挙で、フォード大統領は、「デタント」という言葉を使用できなかった。アメリカ議会には反デタントの勢力が存在し、共和党保守派や新保守主義(neoconservatism; ネオコン)はデタントを批判した。一九七〇年代後半には、民主党のカーター政権の下で、ニクソン＝キッシンジャー流の権力外交に対抗して、理念外交として人権外交が推進されることになる(アロン、一九八六：第Ⅸ章；村田、一九九八：特に序章；佐々木、二〇一七：一四〇―一五四；石井、二〇〇〇：二六八―二八一：有賀編、一九九二)。

一九世紀の「ヨーロッパの協調」と「長い平和」については、キッシンジャーが『回復された世界平和』を、岡義武が『国際政治史』を、高坂正堯が『古典外交の成熟と崩壊』を残している(Kissinger, 1957; 岡、一九九三：高坂、一九七八)。キッシンジャーは、ハーバード大学大学院で、ビスマルク外交について博士論文を執筆し始めたが、序論のつもりであったウィーン体制についての考察で、論文が完成してしまったという。天才らしいエピソードである(Isaacson, 1992: ch. 4)。またキッシンジャーは、冷戦後に、一九世紀から二〇世紀までの二世紀にわたる外交の歴史を大著『外交』にまとめた。よりわかりやすい著作としては、たとえば、細谷雄一の『外交』と『国際秩序』や、君塚直隆の『近代ヨーロッパ国際政治史』と『ヨーロッパ近代史』、玉木俊明の『ヨーロッパ覇権史』と『逆転の世界史』、小川浩之と板橋拓己、青野利彦による『国際政治史』がある(細谷、二〇〇七；二〇一二；君塚、二〇〇〇：二〇一九：玉木、二〇一五：二〇一八：小川・板橋・青野、二〇一八）。やや難解だが、アイケンベリーの『勝利の後』とヒンズリーの『権力と平和の模索』も、大国間戦争後の国際秩序が安定か不安定かを体系的に論じている（Ikenberry, 2001; Hinsley, 1967）。

三　第一次世界大戦とその後――「危機の二〇年」

（1）第一次世界大戦

第一次世界大戦はなぜ勃発したのか――。バルカン半島の小競り合いをきっかけに、ヨーロッパ地域を覆い、植民地までエスカレートした第一次世界大戦の始まり方は、「バルカン・モデル」と言われる。いずれかの国家だけが、戦争の勃発に決定的な責任があるわけではない。敗戦国のドイツなどに、本来、戦争責任を一方的に押しつけることはできないのである。第一次世界大戦の原因については、帝国主義政策の衝突や同盟間関係の硬直化、「ハイパー・ナショナリズム」の跋扈などがあった。ジョルらの『第一次世界大戦の起源［第三版］』が詳しい（Joll and Martel, 2007; Joll, 1990）。

「国民国家の総力戦」と「帝国の総力戦」となった第一次世界大戦は、ドイツを中心とした三国同盟（独墺伊）と、イギリスを中心とした三国協商（英仏露）の間で、軍事バランスがほぼ拮抗し、戦況はすぐに硬直化した。戦争が長期化したのである。戦争を始めたヨーロッパの大国は、いつも通り、短期戦で終わると判断し、比較的に気軽に戦争に踏み切った。しかし、古典の小説と映画があるが、「西部戦線異状なし」という状態が長く続いた。お互いに、塹壕戦を戦い、実際の戦闘だけではなく、ヨーロッパ地域の冬の寒さと病気で死傷した兵士も多かったと言われている。

戦況の軍事バランスが大きく変化したのは、一九一七年のロシア革命（三月革命と一一月革命）と中立国であったアメリカの参戦（四月六日）であった。特にアメリカの参戦は、同国が味方したイギリス側の連合国（三国協商から改称）を有利にした（佐伯、二〇一五：四一―四五）。ロシア革命で、レーニンは、「平和に関する布告」で、「無併合・無賠償・民族自決」の和平を訴えた（佐伯、二〇一五：四五―四八）。アメリカのウィルソン大統領は、「勝利なき平和」演説（一九一七年一月二二日）や「一四カ条の平和原則」演説（一九一八年一月八日）で、戦後の国際秩序構想を明らかにして、ソ連の戦後の国際秩序構想に対抗した。一四カ条の内容は、たとえば、秘密外交の廃止、海洋の自由、関税障壁の撤廃（自由貿易の拡大）、軍備縮小、「民族自決」、国際平和機構の設立などであった（Gaddis, 2018: chap. 9; 島村、二〇一八：六六―七〇、九五―九七）。連合国の士気が低下することを懸念したのである（松田、一九九八：九一）。またアメリカは、イギリスの同盟が敗北し、ドイツがヨーロッパ大陸を支配する事態を重く見た。アメリカは、国益上、伝統的に、ヨーロッパ大陸に支配的な覇権国ないし帝国が出現することを危険視する。島国のイギリスとほぼ同じ発想である（Kennan, 1984: 4-5, 69-70）。

こうして、長期化した第一次世界大戦は、一九一四年七月二八日にオーストリアがサライェヴォに宣戦布告してから一九一八年一一月三日のドイツのキール軍港での水兵反乱（ロシア革命の影響による）まで、戦闘が継続した。機関銃や戦車、有刺鉄線、毒ガス、装甲艦、潜水艦、飛行機などが発明されており、こうした兵器の近代化・現代化にともない、戦争の被害も尋常ではなかった。「国民国家の総力戦」と「帝国の総力戦」が本格的に始まった歴史的瞬間でもあった（木畑、二〇一四：第二章；君塚、二〇一〇：特に終章）。このことは、「脱植民地化（decolonization）」の機運が高まることにつながる。第一次世界大戦では、双方で六三〇〇万人の兵力（連合側四二一八万人、同盟側二二八五万人）が動員され、八五四万人（連合側五一五万人、同盟側三三八万人）の戦病死者が出た（三宅、一九九五：二二九—二六八）。

（2）ヴェルサイユ講和条約——「ハード・ピース」の典型事例

敗戦国の講和条約は、それぞれの国家・帝国ごとに締結された。たとえば、オーストリア＝ハンガリー二重帝国とはサン・ジェルマン講和条約、オスマン・トルコ帝国とはセーヴル講和条約、ブルガリアとはヌイイ講和条約、ハンガリーとはトリアノン講和条約が、それぞれ締結された。特にドイツとのヴェルサイユ講和条約が重要で、第一次世界大戦後の国際秩序を「ヴェルサイユ体制」と呼ぶことが多い（牧野、二〇〇九；ローガン、二〇一七）。ヴェルサイユ体制は、安定したかというと、むしろ不安定であった。いくつかの構造的な欠陥を指摘できる。

第一に、敗戦国のドイツに過酷な講和（ハード・ピース）を課して、ドイツの国内に、現状の国際秩序に不満を抱く勢力の台頭を招くことになった。ヒトラーのナチズムの台頭は、戦勝国の戦争の終わらせ方にも歴史的な責任がある。戦勝国のイギリスとフランス、アメリカは、敗戦国のドイツに対して、天文学的な賠償金を課した。「バルカン・モデル」で始まり、いずれかの国家に戦争勃発の戦争責任を負わすことができないにもかかわらず、である（フランスの歴史家バンヴィルは、一九二〇年の時点で、第一次世界大戦によって招来された事態のうちに特別な性格を見い出せると主張し、この性格から論理的に導かれるものとして第二次世界大戦に至る全般的な事態の推移を、かなり正確に予言していた。Kennan, 1984: 78-79）。

また第二に、ロシア革命で共産化したソ連が、戦後の国際秩序、ヴェルサイユ体制から排除された。この点でも、ヴェルサイユ体制は、寛容なシステムではなかった。そのため、過酷な講和を課されたドイツと戦後秩序から排除されたソ連は、一九二二年四月一六日のラッパロ条約で提携し、残りのヨーロッパ諸国を不安に陥れた。「第二のラッパロ」の脅威は、第二次世界大戦後も、アメリカを中心とした西側諸国を悩ませた。たとえば、ニクソン大統領とキッシンジャー国家安全保障問題担当大統領補佐官は、西ドイツのブラントとバールの東方政策（Ostpolitik）の進展を見て、「差別的なデタント（differential détente）」の脅威を感じ取った（島村、二〇一八：第一一章）。

第三に、国際連盟の創設を提唱したアメリカが、アメリカ議会の上院でのヴェルサイユ条約の批准否決により、国際連盟に参加しなかった（篠原、二〇一〇：七四―七九；マゾワー、二〇一五B：第五章）。当時のアメリカは、イギリスとドイツ、フランスを抜いて、世界最大の経済大国となっていた（新川、一九九五）。しかし、第一次世界大戦後のアメリカは、部分的に孤立主義に回帰してしまった。当時のアメリカは、ワシントンで軍縮会議を開催するなど、東アジア地域の戦後秩序づくりでイニシアティブを発揮するが、日本と戦争を戦う意思はまだなかった。こうしたアメリカの外交姿勢は、「コミットメントなき国際主義」と呼ばれる（麻田、一九九八：一〇三）。ともかく、東アジア地域では、「ワシントン体制」が成立した（麻田、一九九三；久保、一九九五；中谷、二〇一六）。こうして戦間期の国際秩序は、ヨーロッパ地域の「ヴェルサイユ体制」と東アジア地域の「ワシントン体制」の二重構造なのであった。同時に、ヨーロッパ地域と非ヨーロッパ地域の間には、「帝国主義世界体制」が成立していた。一九三〇年代に突入すると、アメリカ議会と世論は、ますます孤立主義に傾斜した。一九三五年八月以降の中立法の制定と改正は、民主党のフランクリン・ローズヴェルト政権の外交を制約し〝抑制〟し続けることとなる（島村、二〇一八：一一二）。

さらに第四に、第一次世界大戦の結果、四つの帝国が解体された。ロシア帝国とドイツ帝国、オーストリア＝ハンガリー二重帝国、オスマン・トルコ帝国である。それぞれの帝国は、領土が縮小された。たとえば、オーストリア＝ハンガリー二重帝国は、領土は主要な民族ごとに分割され、面積も人口も四分の一となった。「民族自決」の原則の適用として、東ヨーロッパ地域でポーランドやチェコスロヴァキア、中東地域でイラクやヨルダンなど新しい国家が誕生したが、それらの国家の生存と安全保障はきわめて脆弱であった（木畑、二〇一四：一〇五―一〇六；池田編、二〇一四に所収の論文も参照）。戦勝国のイギリスとフランスの帝国は残ったが、第一次世界大戦で勝利しつつも、国力が疲弊し、植民地との間の関係にも変化が生じるようになっていた。植民地側に、「民族自決」の原則が掲げられたことによって、すでに見た通り、独立の気運が芽生え始めていたのである。こうした力学、つまり帝国の解体と「脱植民地化」の動きは、その後、第二次世界大戦を経験し、不可避な趨勢となっていく（島村、二〇一八：第四章；Westad, 2007）。

こうして、第一次世界大戦後の国際秩序はそもそも、構造的に四つの不安定要因があり、国際秩序は不安定であった。

（3）第一次世界大戦後――「危機の二〇年」としての戦間期

第一次世界大戦後の世界経済は、アメリカを中心に回っていく。ドイツは、イギリスやフランスに、天文学的な賠償金を支払わなければならない。ドイツからの賠償金を受け取り、イギリスとフランスは、戦時中の負債をアメリカに返却する必要があった。アメリカは、こうした資金の流れを潤滑にするために、ドイツの賠償金支払いにモラトリアムを実施するなどして、こうした国際経済の資金循環の三角関係を維持しようと模索した。一九二〇年代は、アメリカを中心に、バブル気味であったが、世界経済は未曽有の好景気が続いた。

しかし、一九二九年一〇月二四日、ニューヨークの株式市場が暴落し（「暗黒の木曜日」）、三年間をかけて世界へと波及して、世界大恐慌となった。二〇世紀型の一〇〇年に一度の世界金融危機である（二一世紀型の一〇〇年に一度の世界金融危機は、サブプライム危機とリーマン・ショック、ヨーロッパ財政危機である）。世界大恐慌後、イギリスやフランスは、植民地との経済的な結びつきを強化し、経済のブロック化で、国内政治の再生に注力する。アメリカも、植民地ではないが、勢力圏であるラテン・アメリカ諸国との間で、ドル外交と棍棒外交から外交姿勢を転換し、善隣外交を展開した。国内では、フランクリン・ローズヴェルト大統領が「ニュー・ディール」政策を展開し、国内経済の再生を最優先した。

こうして、植民地や勢力圏を持つ「持つ国（have）」は、世界大恐慌のダメージを最小化できた。問題は、ドイツやイタリア、日本の植民地を「持たざる国（have not）」が国内経済の再生になかなか成功しなかったことである。そこで、これらの国家では、一九三〇年代に入り、ナチズムやファシズム、軍国主義が台頭し、植民地と原材料を求めて、対外侵略を繰り返すようになったことである。一九三八年九月二九日から三〇日にかけて開催されたミュンヘン会談などで、イギリスとフランスは、ドイツのヒトラーに「宥和（appeasement）」政策をとり、第二次世界大戦の勃発を回避しようとした。しかし、皮肉にも、英仏両国の宥和は、ヒトラーの野心を助長しただけに終わった（May, 1975: chap. 2）。経済的に疲弊したイギリスに代わり、新しい覇権国（hegemon）として、リーダーシップを発揮すべきであったアメリカは、国際公共財を提供し、秩序の安定に貢献する意思がまだなかった（Kindleberger, 1973: chap. 14）。

歴史家で外交官であったカーは、一九三九年八月に『危機の二〇年』で、第一次世界大戦後のユートピアニズムを厳しく批判した。まず現実主義（リアリズム）の観点から、大国間の勢力均衡の現実を直視する必要性を説いた。ただし、カーの結論は、健全な政治外交の姿勢としては、リアリズムとユートピアニズムの〝融合〟と〝調和〟が必要である、ということであった。行き過ぎたリアリズムは、過度の悲観主義に陥りがちであり、逆に行き過ぎたユートピアニズムは、国際政治の現実から過度に乖離してしまう危険があるからである。またカーは、国家のパワーとして、軍事力をまず重く見たが、同時に経済力と意見（世論）を支配する力を重視した。「意見を支配する力」とは、外交力であろう。カーは、「持てる国」と「持たざる国」が植民地配分などで外交的に妥協し合い、国際システムの「平和的変革（peaceful change）」を実現しなければ、第二次世界大戦が勃発し、戦間期は、わずか二〇年で終わってしまう、と警告した。カーが『危機の二〇年』を出版したのは、第二次世界大戦の直前であった（Carr, 1939: ch. 13; 山中、二〇一七A；二〇一七B）。

こうして、カーは、『危機の二〇年』で第二次世界大戦の勃発を防ぐことはできなかったが、英国学派の源流を形成した（Buzan, 2014）。その後、グロティウスの思想を重んじる英国学派を体系化したのは、序章で見た通り、ブルの『国際社会論』である（Bull, 1977）。

四　第二次世界大戦とその後
——冷戦とアメリカの覇権秩序

（1）第二次世界大戦

一九三九年九月一日にヒトラーのドイツ軍が、隣国のポーランドを侵攻し、その直後、イギリスとフランスがドイツに宣戦布告して、第二次世界大戦が勃発した。野心的かつ冒険的な政治家のヒトラーが、野心的なマスター・プランに基づいて、戦争を開始したため、避け難い大戦であった。第一次世界大戦の後で、各国で厭戦気分が広がっていたにもかかわらず、である。そのため、「ヒトラー・モデル」と呼ばれる。第二次世界大戦の勃発に関しては、A・J・P・テイラーの『第二次世界大戦の起源』が詳しい（Taylor, 1991）。

一九三九年九月以降の当初は、西部戦線で、ドイツ対イギリス・フランスの間で、本格的な戦闘は行われなかった。「偽りの戦闘」と呼ばれる。しかし、一九四〇年四月以降、ヒトラーのドイツ軍は、電撃戦に踏み切り、フランスをすぐに降伏させた（六月一七日）。イギリスは、本国に撤退せざるを得なかった。しかし、ドイツがイギリスの首都ロンドンに爆撃を加えても、チャーチル率いるイギリスは、なかなか降伏しなかった（Johnson, 2015; 河合、二〇一二：特に第八章）。そこで、ヒトラーのドイツ軍は、独ソ不可侵条約（一九三九年八月二三日）を締結していたにもかかわらず、一九四一年六月二二日にソ連に侵攻し、独ソ戦を開始し、東部戦線を切り拓いた。独裁者のスターリンは、ショックのあまり、一週間ほど、有効な対応ができなかったと言われている。そのため、ソ連軍は、壊滅的な被害を被った（横手、二〇一四：特に第七章）。しかしその後、ヒトラーのドイツ軍は、「冬将軍」に直面し、対ソ戦で疲弊していく。一世紀以上前のフランスのナポレオンと同じ過ちを犯したのである。独ソ戦の勃発に際して、反共主義者として知られたトルーマン上院議員（後の大統領）は、「ソ連が負けそうになればソ連を応援し、ドイツが負けそうになればドイツを応援すればいい」と語ったという。この発想は、典型的な勢力均衡の論理であろう（村田、二〇一五：一一二）。

さらに、ヒトラーは、一九四一年一二月七日の日本海軍による真珠湾（パール・ハーバー）奇襲攻撃の成功に浮かれて、数日後にアメリカに参戦してしまう。アメリカは、それまで中立を保っていた。国内で、孤立主義の機運が高かったからである。歴史家のギャディスは、これをヒトラー外交の最大の失敗と位置づけている（Gaddis, 1998: 11）。第一次世界大戦と同じく、圧倒的な経済力と技術力を有するアメリカと戦争をして、勝利することは至難の業であった。

ここで注目しておきたいことは、当初、中立国であったアメリカは、武器貸与法で、連合国側にすでに肩入れしていたことである。また、一九四一年八月九日から一二日にかけての米英首脳会談では、イギリスのチャーチルとの間で、「大西洋憲章」をまとめ、第二次世界大戦の戦争目的と戦後構想を描いていた。八カ条から成り、内容は、たとえば、領土の不拡大・不変更、強制的な領土変更への反対、統治形態選択の自由（「民族自決」。チャーチルは大英帝国には適応されないように画策したが）、自由な政府、通商と天然資源獲得の機会均等（チャーチルはここでも大英帝国には適応されないように画策した）、航行の自由、社会的正義、武力行使の放棄、軍縮、「一般的安全保障のための広域的で常設的な体制の成立」（ローズヴェルトはまだ戦後国際機構の構想がまとまっておらず、こうしたあいまいな表現になった）などであった（大下・有賀・志邨・平野編、一九八九：一九四—一九五；Brinkley and Facey-Crowther, eds., 1994; Louis, 1978: esp. ch. 6; Ruggie, 1996: 32; Ikenberry, 2001: 165, 173-175, 179, 210; Dobson, 1995: 85; 島村、二〇一八：二二二—二二四；中川、二〇一三：六—七；八丁、二〇〇三：三四—三七；細谷、二〇一六：一二二—一二三）。

焦点となった統治形態選択の自由については、以下の通り、規定された。「第三　両国はすべての国民が自らの政治体制を選択し、その下で生活する権利を尊重する。また、強制的に主権と自らの政府とを奪われた諸国民にそれらが返還されることを望む」。また、通商と天然資源獲得の機会均等については、「第四　両国は、現に追っている義務を十分尊重しつつ、大国小国を問わず、勝国敗戦国を問わず、あらゆる国が同等の条件において、経済的繁栄のために必要な貿易を行い、世界の原材料を入手することができるように努力する」と規定された（大下・有賀・志邨・平野編、一九八九：一九五）。特に焦点となったのは、以下の第八項「一般的安全保障のための広域的で常設的な体制の成立」であった。

> 第八　両国は世界すべての国々が精神的のみならず、現実的理由によって、武力行使の放棄に到達すべきであると信じる。自国国境の外で侵略の脅威を与え、あるいはそうする可能性のある国が、陸海空の軍事力を引き続き保持する限り、将来の平和は維持され得ないのであるから、広範かつ永続的な全般的安全保障が確立されるまで、まずそのような諸国を武装解除することが何よりも重要であると確信する。両国は同じく平和を愛好する諸国民のために過酷な軍備の負担を軽減するような他のあらゆる実際的な手段に協力し、これを奨励する（大下・有賀・志邨・平野編、一九八九：一九五）。

大西洋憲章は、翌年一月一日の「連合国宣言」で、ソ連を含む連合国全体の戦争目的として、承認された。

（2）サミット外交と戦後構想
——リベラルな国際秩序の模索

一九四三年二月二日までのヨーロッパ地域でのスターリングラードの戦いで、ソ連軍がドイツ軍に勝利し、これ以降、ソ連軍がドイツ軍を押し戻していく。アジア太平洋地域では、同年二月七日までのガダルカナル島での戦い以降、アメリカ軍が日本軍を押し戻していく。こうして、ヨーロッパ戦線とアジア太平洋戦線で、アメリカを中心とした連合国側が戦況を逆転させた。ただし、第二次世界大戦は、すぐに終結しなかった。第二次世界大戦が長期化した一つの要因としては、アメリカを中心とした連合国側が、枢軸国に対して、「無条件降伏」を要求したことがある。外交官のケナンは、無条件降伏のアプローチを幼稚な外交政策と断じた。「力の真空」を埋めるのは、別の大国（すなわちソ連）だからである（Kennan, 1984: 84-85）。こうして、戦争はすぐに終結しなかったが、連合国側に、軍事的かつ外交的な余裕が生じた。

これ以降、連合国側は、一九四三年暮れのカイロ会談やテヘラン会談など、サミット外交を展開し、戦争の目標と戦後の国際秩序構想について、話し合いを進めた。また首脳会談ではなかったが、一九四四年七月一日から二二日にかけて開催されたブレトンウッズ会議で、国際通貨基金（IMF）と国際復興開発銀行（IBRD：後の世界銀行）の設置で合意を見た（Steil, 2014: chap. 10; Gadzey, 1994: chap. 5）。「ブレトンウッズ体制」の成立である。その後の関税及び貿易に関する一般協定（GATT）を含めて、広義に捉えて「ブレトンウッズ体制」と呼ぶこともある（Nau, 1989: chap. 2; 島村、二〇一八：二三五、二三九―二四一）。

またこれも首脳会談ではなかったが、一九四四年八月二一日から一〇月七日に開催されたダンバートン・オークス会議で、国際連盟に代わる国際機関を設置することでほぼ合意し、一九四五年四月二五日から六月二六日かけて開催されたサンフランシスコ会議で、国際連合（国連）の創設が決まった。同年六月に国連憲章が採択された。同年一〇月二四日に、国連が発足する（紀平、一九九六：第二章；島村、二〇一八：二三八；今井、二〇一四：九三―九五；マゾワー、二〇一五B：第七章と第八章；二〇一五A）。同年五月八日には、ドイツが降伏していた（日本の降伏は、周知の通り、同年八月一五日である）。国連は、安全保障理事会の常任理事国五カ国（米ソ英米中）に拒否権を与えた。また、必要が生じた場合、国連軍を創設する条項が国連憲章に盛り込まれた。軍事的な制裁を可能としたことが、国際連盟との大きな違いであった（木畑、一九九七：四五―七二）。

ただし、国連は、当初期待された役割を十分に発揮できなかった。冷戦の対立がすぐに生じてしまったからである。ソ連は、アメリカ側の提案にことごとく拒否権を行使し、安全保障理事会は機能不全に陥った（ケネディ、二〇〇七）。また、冷戦のため、第二次世界大戦を正式に終結させる講和条約は、正式に全体では締結されていない。

第二次世界大戦での被害は、第一次世界大戦を上回った。双方で一億五〇〇〇万人が動員され、五〇〇〇万人を超える死者を出したが、その七〇%は民間人である。戦略爆撃や原爆投下、ホロコーストによる被害であった。第二次世界大戦は、アメリカでは、「良い戦争」と描かれることがあるが、歴史家のファーガソンは『憎悪の世紀』で、残虐さのピークであった、と論じている（Ferguson, 2006; 木畑、一九九六も参照）。

(3) 第二次世界大戦後――米ソ冷戦とアメリカの覇権秩序

第二次世界大戦直後の一九四七年三月一二日のトルーマン・ドクトリンで、米ソ冷戦がヨーロッパ地域で開始された。同年六月五日の欧州復興援助計画（マーシャル・プラン）の発表では、ヨーロッパ地域が早くも東西に〝分断〟されてしまう。ほぼ同じ時期に、トルーマン政権は、「封じ込め（containment）」政策を戦略的な指針とすることを決定する。一九四八年以降、チェコスロヴァキア政変（二月二五日から三月一〇日）やベルリン封鎖（六月二四日以降）により、冷戦は、終わるどころか、むしろ激化していく。一九四九年四月四日には、アメリカを中心とした西側諸国は、北大西洋条約を締結し、その後、北大西洋条約機構、（ＮＡＴＯ）を西側の大西洋同盟として結成した。同年八月二九日には、ソ連が原爆実験に成功した。同年一〇月一日には、中国の内戦が共産党の勝利に終わり、中華人民共和国が成立した。蔣介石の国民党政権は、台湾に亡命した（Gaddis, 1998; 石井、二〇〇〇：第四章；佐々木、二〇一一：第二章；島村、二〇一八：第一〇章；McMahon, 2003）。

一九五〇年六月二五日には、朝鮮戦争が勃発し、第二章でも見た通り、ヨーロッパ地域の冷戦は、アジア地域にも本格的に波及し、冷戦と「封じ込め」政策は、〝軍事化〟し、〝世界化〟してしまう（神谷、一九九〇：一九七―二一二）。さらに、一九五〇年代半ばには、冷戦は〝常態化〟の様相を呈した。これ以降、冷戦の対立は、非ヨーロッパ地域へと本格的に〝拡散〟していくこととなる。一九六二年一〇月一六日からの「一三日間」のキューバ・ミサイル危機では、米ソ両国は、核戦争の瀬戸際まで国際危機をエスカレートさせてしまうが、その後は、核不戦が「暗黙の了解」となり、緊張緩和が進展した（石井、二〇〇〇：第五章；島村、二〇一八：四二―四三；McMahon, 2003）。

一九七二年五月二六日の米ソ間の「ハイ・デタント」では、戦略攻撃兵器制限に関する米ソ間暫定協定（ＳＡＬＴＩ）と弾道弾迎撃ミサイル（ＡＢＭ）制限に関する米ソ間条約、関係の基本原則に関する米ソ宣言（基本原則宣言）の締結・合意で、核不戦体制は、それまでの暗黙の了解から〝制度化〟されるに至った。こうして、米ソ間で「戦略的安定」が実現した（Stevenson, 2014: chap. 6; Hanhimaki, 2013: chaps. 3, 4; 石井、二〇〇〇：二五二―二五三；島村、二〇一八：四三）。ただし、第三世界でのイデオロギー対立はむしろ激化し、米ソ冷戦はすぐに終結しなかった。ソ連のブレジネフ書記長は、核ミサイルとミサイル防衛で、アメリカと合意したが故に、第三世界でのイデオロギー闘争では、むしろ妥協することが困難であった。モスクワでの権力闘争で、軍部を中心とした保守派に、配慮する必要があったからである。さらに、こうした国内での反対勢力の意見は、中国からの批判とも共鳴してしまう。背景に、深刻な中ソ対立があったからである（Ulam, 1974: 629-694; Kissinger, 1994: chap. 28; 毛利、一九八九：第三章）。

冷戦が終結するのは、第二章でも見た通り、一九八五年三月一一日に、ソ連に改革派のゴルバチョフが書記長となり、一〇月以降、国内で「ペレストロイカ（刷新）」と「グラスノチヒ（情報公開）」、対外的に「新思考外交」を本格的に展開してからである。その後、米ソ首脳会談が繰り返され、一九八七年一二月八日には、米ソ間ではじめての核ミサイルの軍縮となる中距離核戦力（ＩＮＦ）全廃条約が締結された（関場、一九八八：第七章；村田、二〇一一：第七章と終章）。さらに、一九八八年になると、ゴルバチョフ書記長は、東ヨーロッパ諸国に、もはや制限主権論の「ブレジネフ・ドクトリン」を発動しない、「ともにペレストロイカを推し進めよう」と繰り返し訴え続けた。こうして、翌年の一九八九年八月からの「東欧革命」で共産主義体制が市民により倒され、一一月九日にはベルリンの壁も崩壊した。同年一二月二日から三日にかけて開催されたマルタでの米ソ首脳会談で、アメリカのブッシュ・シニア大統領とゴルバチョフ書記長が、「冷戦の終結」を宣言した。一九九〇年一〇月三日には、東西ドイツが再統一される（Bush and Scowcroft, 1988; Baker, 1995: chap. 5; ゴルバチョフ、一九九六；Garthoff, 1994b; Brown, 2010; Kalinovsky and Daigle, 2014; ブラウン、二〇〇八；ホフマン、二〇一六；島村、二〇一八：四三；塩川、一九九六）。

第二次世界大戦の冷戦の時代は、同時に、アメリカの覇権秩序の時代でもあった。ただし、その範囲は、西側諸国に限定されていた。冷戦の終結は、アメリカを中心とした西側のリベラルな国際秩序が、東ヨーロッパ地域に、さらにグローバルに拡大したことを意味した（アイケンベリー、二〇〇四：日本語版へのまえがき）。ここで注目すべきは、アメリカは、冷戦を背景に、敗戦国の西ドイツと日本に対して、ソフト・ピースで臨み、同盟のパートナーとして導いたことである。そのため、西側の国際秩序は比較的に安定した。ハード・ピースにより戦後の国際秩序が不安定化してしまった第一次世界大戦の教訓が活きていたのである。アメリカを中心とした西側の資本主義世界では、自由貿易が拡大し、相互依存が深化した。第二次世界大戦の前のように、経済のブロック化を図ると、場合によっては、戦争へと至ってしまう――。こうした考えは、ミュンヘン会談での宥和政策の失敗とともに、歴史の教訓になっていた（May, 1975）。

さらに、核兵器の存在は、米ソ間で、核戦争や第三次世界大戦が勃発することをほぼ不可能とした。お互いに、核抑止が利いたのである。こうして、第二次世界大戦後は、冷戦が開始され激化し、軍事化し世界化し、さらに常態化したため、歴史的に「長い平和」の時代となったのである。たしかに、朝鮮戦争やヴェトナム戦争、アフガニスタン戦争など、米ソの代理戦争が多数、起こった。しかし、米ソはお互いに一度も戦っていない。小さな戦争がエスカレートして、国際システムの中心であるヨーロッパ地域で、第三次世界大戦が起こることを、双方とも危惧したからである（Gaddis, 1993: 215-245）。

第二次世界大戦後の冷戦の時代に、脱植民地化が急速に進展し、「帝国主義世界体制」が次第に〝溶解〟していったことも無視できない。序章でも見た通り、国際システムの趨勢（トレンド）的変化である。脱植民地化と冷戦、グローバル・

ネオリアリズムの覇権安定理論は、単極システムがより安定的である、と想定する。本章の議論は、これらのリアリズムの矛盾にフォーカスするのではなく、大国間戦争の終わらせ方が、戦後の国際秩序が安定するか不安定になるのかに対して、大きな示唆を持つことを、シンプルに論じた。

サウスについては、第五章で詳しく議論する。

こうして、第二次世界大戦の国際秩序が安定的であったか、それとも不安定であったのかは、単純な議論ができない。第二次世界大戦の終わり方、ないし終わらせ方が、複雑であったためである。

五　大国間戦争の終結の重要性

大国間戦争後の戦後の秩序は、敗戦国に対して、寛大な講和（ソフト・ピース）をとれば、比較的により安定しやすい。具体的には、ナポレオン戦争後の「ウィーン体制」と「ヨーロッパの協調」がある。これに対して、敗戦国に対して、過酷な講和（ハード・ピース）をとれば、比較的に秩序はより不安定になる。具体的には、第一次世界大戦後の「危機の二〇年」である。問題は、第二次世界大戦後である。米ソ冷戦が始まったため、国際秩序が安定していたとは、一見、言い難い。しかし、核兵器の存在もあり、第三次世界大戦には至っていない。また、アメリカ中心の西側陣営では、西ドイツと日本に対して、寛大な講和が提供された。背景には、冷戦がある。またアメリカは、特に経済的に、覇権国でもあった。

繰り返しになるが、古典的なリアリズムは、多極システムがより安定的である、と論じる。これに対して、ネオリアリズムは、双極システムがより安定的である、と論じる。リアリズムの間で、分析に矛盾があるのである。さらに、同じく

第四章　帝国の興亡史——古代から現代まで

（帝国とは）広大で、複合的で、複数のエスニック集団、もしくは複数の民族を内包する政治単位であって、征服によってつくられるのが通例であり、支配する中央と、従属し、時として地理的にひどく離れた周縁とに分かれる（ものである）（Howe, 2002: 30）。

スティーヴン・ハウ『帝国』（二〇〇二年）

一　「帝国」とは何か

（1）文明の誕生

歴史上、古代の時代から、国家や帝国が出現し、興亡を繰り広げてきた。長く統治を行った国家や帝国は、豊かな文明や文化を育んできた。まず土壌が豊かな大河の流域に、四大文明が生まれた。チグリス・ユーフラテス川流域のメソポタミア文明、ナイル川流域のエジプト文明、インダス川流域のインダス文明、黄河と長江の流域の中華文明である。こうしたそれぞれの文明は、何よりも優れた灌漑技術を持ち、国王を中心とした統治機構を持ち、文字を持っていた。最初に文字を持ったのは、メソポタミア文明であった。エジプト文明は、ピラミッドやスフィンクスなど巨大な建造物を残した。インドの文明は、ゼロの概念を生んだ。中華文明は、紙と火薬、羅針盤の三大発明を生み出した。特に中華文明の三大発明は、陸と海のシルクロードを通じて、インド文明から中東地域、そしてやがてヨーロッパ地域へと伝わった。近代以降の西ヨーロッパ地域の拡張・膨張の土台となったのが、三大発明とその改良であった。逆に言えば、三大発明がヨーロッパ地域に伝わるまで、世界の中心は、アジアや中東の地域であり、ヨーロッパ地域はむしろ〝辺境〟であったということである（フランク、二〇〇〇：岡本、二〇一八：伊藤、一九八八：浜林、二〇〇八：第二章：玉木、二〇一八：第二章：高坂、一九八一：第一部）。

しかし、七世紀前半の中東地域に登場したイスラーム文明が西ヨーロッパ地域まで勢力を伸ばすことを不可能としたのは、第二章でも見た通り、東ヨーロッパ地域に一五世紀まで東ローマ帝国（ビザンティン帝国）が残存しており、いわば〝防波堤〟の役割を果したからである（Sarris, 2015; ハリス、二〇一八：特に第七章：二〇一三：井上、二〇〇八：第六章）。中世の時代の西ヨーロッパ地域は、カトリックのキリスト教を共通の宗教とする自給自足の、閉じこもった「キリスト教共同体」であった（福田、一九七〇；塩野、二〇〇一；堀越、二〇〇六）。

(2)「国家」「帝国」「文明」「大国」「覇権国」「超大国」の定義

歴史上の人間社会の集合体や統治の枠組みの定義をまず確認しておきたい。

文明（civilization）とは、一定の地域で共通の文化や宗教、技術を持ち、一定のアイデンティティを共有している人間社会の集合体を指す。複数の国家に分かれていることもあるが、単一の帝国で統治されることもあった。「地域帝国」ないし「文明帝国」である。古代の時代、国家だけでなく、帝国も一つの地域内に限定して存在した。世界のそれぞれの地域は、陸と海のシルクロードなど、わずかな交流が見られたが、お互いに支配したり、従属したりすることはなかった。古代と中世の国家は、近代国家と異なり、「主権（sovereignty）」を有していない。緩やかな統治の形であった。通常、国王を掲げ、政治と宗教が融合し、民を統治した。

帝国（empire）とは、異民族をも統治するシステムであり、支配と従属の関係が存在する政治体である。たいてい、通常の国家よりも、より広大な領土を統治した。帝国とは、ハウによれば、冒頭で引用した通り、「広大で、複合的で、複数のエスニック集団、もしくは複数の民族を内包する政治単位であって、征服によってつくられるのが通例であり、支配する中央と、従属し、時として地理的にひどく離れた周縁とに分かれる」ものである（Howe, 2002: 30; 木畑、二〇一二：一三―一四；山本、二〇〇三：四―一〇）。帝国は、国際政治学者のドイルによれば、従属する国家や地域に対して、外交だけでなく、内政までコントロールすることが覇権国（hegemon）と異なる。これに対して、覇権国は、外交のみコントロールしようとし、内政までは支配しない（Doyle, 1986: 12）。

近代以降の国家は、まず西ヨーロッパ地域で「主権国家」となっていく。国際法上、内政不干渉の原則が適応されていく。大国も小国も対内的かつ対外的な主権を有したが、国力には大きな差が見られた。国際システムに決定的な影響力を行使できたのは、大国のみであった。経済力と軍事力、政治力、資源をコントロールする力のすべてで、圧倒的なパワーを有した大国を、特に覇権国と位置づける。覇権国は、ほぼ一〇〇年のサイクルで交代してきた。覇権国の存在は、世界経済を安定化させ、逆に覇権国の衰退は、世界経済を不安定化させ、覇権戦争を招き、次の覇権国を生み出した。

覇権国との区別が難しいのが、「超大国（super power）」である。近代以降の西ヨーロッパ地域の大国と超大国が区別されるのは、超大国は核兵器とその運搬手段をほぼ独占した国家を指すということである。具体的かつ厳密には、冷戦期のアメリカとソ連のみを指す。そのため、一八世紀と一九世紀のイギリスは、覇権国であったが、超大国ではない。二〇世紀のアメリカは、覇権国であると同時に、超大国であった。

またソ連は、アメリカと張り合う超大国であったが、経済的には覇権国ではなく、アメリカの覇権（hegemony）に対抗する挑戦国（challenger）であったと位置づけられるのである（Gilpin, 1981: chap. 1）。

二　古代の「地域帝国」「文明帝国」

(1) アレクサンドロスの大帝国とローマ帝国

世界史ではじめて、大帝国を築いたのは、マケドニアのアレクサンドロス大王であった。彼は、紀元前三三三年のイッソスの戦いで、ダレイオス三世が率いるアケメネス朝ペルシャ（ペルシャ帝国）に勝利した。その後、アレクサンドロス大王は、アケメネス朝に対して、東方遠征を行い、シリアやエジプトを征服し、アケメネス朝を滅ぼした。さらにパンジャーブ地方にまで遠征したのである。しかし、アレクサンドロス大王の死後、この大帝国は分裂し、衰退した。一代限りの大帝国であったのである。ただし、オリエント的要素とギリシャ的要素を融合したヘレニズム文化が生まれるきっかけとなった（森谷、二〇一六）。

古代ギリシャの都市国家は、きわめて高度な文明を築いたが、アレクサンドロスの大帝国を例外として、帝国を形成することはなかった。

ヨーロッパ地域では、イタリア半島の都市国家ローマが紀元前七五三年に建国された。その後、紀元前五〇九年から共和政をとるようになった。紀元前二六四年から紀元前一四六年には、イタリア半島を統一したローマが地中海の覇権を握っていたカルタゴとポエニ戦争を戦い、勝利した（栗田・佐藤、二〇一六：第八章）。その結果、紀元前二世紀までに、ローマは地中海世界を統治することになった。ローマ帝国は、紀元前二七年からアウグストゥス以降、共和政から帝政へ移行した。アウグストゥス帝から五賢帝時代までの約二〇〇年間に及ぶローマ帝国の最盛期を「パックス・ロマーナ（ローマによる平和）」と呼ぶ。五賢帝の二人目のトラヤヌス帝の時代（九八年から一一七年）に、ローマ帝国の領土は最大になった（弓削、一九九一：第六章；玉木、二〇一八：第六章）。

テオドシウス一世は、三八〇年にキリスト教を国教とする勅令を出し、三九二年には異教の信仰を全面的に禁止した。テオドシウス一世が三九五年に亡くなると、ローマ帝国は東西に分裂した。背景には、三七五年頃から始めったゲルマン民族の大移動で、ローマ帝国内の秩序が不安定になったことがある。ほぼ一世紀後の四七六年には西ローマ帝国は崩壊し、西ヨーロッパ地域での〝古代〟の時代が終わる象徴的な転機となった（高坂、一九八一：第一部）。ただし、ビザンティン帝国は、コンスタンティノープルを首都として、一四五三年まで東ヨーロッパ地域に残存した（ハリス、二〇一八：特に第七章；二〇一三；井上、二〇〇八：第六章）。

ここで注目すべき点は、ヨーロッパ地域で広大な領土を統治したローマ帝国であったが、中東地域を超えて、インドや中国など、外の地域へ拡大することはなかったことである。つまり、地域帝国ないし文明帝国にとどまったと言うことができる。

(2) 古代中国の帝国

東アジア地域では、秦の始皇帝が紀元前二二一年にはじめて中国全土を統一した。ただしその統治は長続きせず、その後、漢(前漢と後漢)の時代に入る。注目すべき点は、秦・漢帝国の成立によって、官僚や儒学に支えられた皇帝統治が確立したことである。これは、二〇世紀まで中国的国家体制として継続することになる。後漢の滅亡から隋の中国統一までの約三七〇年間(二二〇年から五八九年)を「魏晋南北朝」と呼ぶ。その後、隋から唐へ(谷川、二〇〇八:第六章;森安、二〇一六;玉木、二〇一八:第四章)、また五代の短い分裂時代を経て、宋(北宋と南宋)へと中国の帝国は変化した。その後、南宋は、モンゴル帝国の第五代皇帝クビライによって滅ぼされ、クビライは中国に元を興す。元の帝国を継いだのは明であり、明の後を継いだのは清である(岡田、二〇〇四;堀、二〇〇八;玉木、二〇一八:第四章と第五章)。

こうした中国の帝国は、一九世紀まで、世界経済のなかで大きなウェイト(約三分の一)を占めたが(Acemoglu and Robinson, 2012)、独自の中華思想から、近代以降のヨーロッパの帝国のように、外の地域へと植民地を求めて、膨張政策をとることはなかった。紙と火薬と羅針盤の三大発明を遂げていたにもかかわらず、である。こうして、中国の帝国も、ローマ帝国と同じく、地域帝国ないし文明帝国にとどまったのである。

三 「陸の帝国」としてのイスラーム世界

(1) 「イスラーム世界」と「イスラーム帝国」

イスラーム教は、七世紀前半にムハンマド・イブン=アブドゥッラーフがアッラーの啓示を体験し、創始した宗教である。キリスト教と仏教とともに、三大宗教の一つである。イスラーム教は、アラブ人の征服活動によってアラビア半島で広がり、アラビア半島の外へ広がった。さらにムスリム商人の商業圏拡大とともに、遠く離れた複数の外部地域まで広がった。地理的には、西は北西アフリカのモロッコから、中東地域と中央アジア、南アジアを挟んで、東はフィリピン南部まで、広大な領域に及んだ(後藤、二〇一七:第Ⅱ章)。

「イスラーム世界」とは、ムスリムの支配者がイスラーム教による統治を行っている地域を指す。その後、インドネシアやフィリピン南部まで広がったが、「海の帝国」というよりも、「陸の帝国」であった。イスラーム世界の成立は、七世紀後半のウマイヤ朝の誕生にまでさかのぼる。アラブ人ムスリムによる異民族支配を国家の統治原理としていたため、「アラブ帝国」と呼ばれる。東は西北インドから西はイベリア半島に至る広大な版図を支配した(後藤、二〇一七:第Ⅳ章;アンサーリー、二〇一一;池内、二〇一六;アームストロング、二〇一七;佐藤、一九九七)。

「イスラーム帝国」の成立は、七五〇年のアッバース朝がウマイヤ朝を打倒したことに求められる。中央集権的支配体制を構築し、また税制面ではすべてのムスリムからの徴税に成功した。一二五八年フラグが率いるモンゴル軍によって滅ぼされるまでその統治は続いた。アッバース朝は、マワーリー（非アラブのイスラーム教徒）が官僚や政府高官を占め、軍隊の非アラブ化が進み、すべてのムスリムに平等な社会進出の機会が開かれたことから、「イスラーム帝国」と呼ばれるのである（小杉、二〇〇六）。

しかし、アッバース朝は、ウマイヤ朝のような広大な版図を継続的に支配することはなく、イスラーム帝国は分裂した。七五六年にはイベリア半島に後ウマイヤ朝、八六八年にエジプト（とシリア）のトゥールーン朝、八七五年に中央アジア西部のサーマーン朝、九〇九年にチュニジアのファーティマ朝、九三二年にイラン・イラクのブワイフ朝がそれぞれ成立した。

(2) イスラーム世界の広がり

西方イスラーム世界としては、一〇五六年にベルベル人がモロッコに建てたムラービト朝をはじめとして、一一三〇年にマグリブとイベリア半島のムワッヒド朝、一二三二年にイベリア半島のナスル朝がそれぞれ成立した。イスラーム世界に組み込まれたイベリア半島のキリスト教勢力は、国土回復運動（レコンキスタ）を展開し、やがてイスラーム勢力をイベリア半島から追い出す。第二章で見た通りである。

アフリカ大陸の主に北部では、七世紀頃に西アフリカのガーナ王国、八世紀頃にチャド湖周辺のカネム・ボルヌー王国、一一世紀にジンバブエから現モザンビークまでの領土を統治したモノモタパ王国、一二四〇年にセネガルからマリにかけてのマリ王国、一四六四年にニジェール川流域のソンガイ王国がそれぞれ成立した。

東方イスラーム世界としては、一〇三八年に西アジアのセルジューク朝、一〇七七年にホラズム地方のホラズム・シャー朝、九四〇年頃に中央アジアのカラハン朝、一二五八年にイラン高原のイル・ハン国がそれぞれ成立した。イル・ハン国は、アッバース朝を滅ぼしたフラグが建てた国家である。バグダードからカイロへ統治の中心が移行したのは、一一六九年にサラディンがカイロを首都にアイユーブ朝を建国したためである。一二五〇年にはこれに代わり、マムルーク朝が成立し、エジプトとシリアを領有した。

インド周辺では、九六二年にアフガニスタンのカズナ朝、一一四八年頃にアフガニスタンにゴール朝、一二〇六年にデリーを首都としてデリー・スルタン朝（奴隷王朝、ハルジー朝、トゥグルク朝、サイイド朝、ロディー朝の五つ。アフガニスタン系のロディー朝以外はトルコ系）がそれぞれ成立した。

さらにイスラーム世界は、先に見た通り、東南アジアにまで到達している。一四世紀末にマレー半島の西南にマラッカ王国が成立し、一五世紀半ばに支配階級がイスラーム教に改宗した。マラッカ王国は、港市国家であり、国際貿易港として栄え、東南アジアのイスラーム化の拠点にもなった（後藤、二〇一七：第Ⅳ章）。

(3) モンゴル帝国の出現――世界史の始まり

イスラーム世界は、一三世紀はじめにチンギス＝ハンによって創建された大モンゴル国の拡大によって、浸食されていった。たとえば、一二二〇年にチンギス＝ハンの侵略を受けたホラズム・シャー朝は、その後一二三一年に崩壊した。すでに見た通り、アッバース朝を滅ぼしたフラグは、一二五八年にイル・ハン国を建てた。一二四三年には、バトゥが南ロシアのキプチャク草原にキプチャク・ハン国を建てた。チャガタイは、一二二七年には東西トルキスタンにチャガタイ・ハン国を成立させた。さらに、すでに見た通り、モンゴル帝国のクビライは、一二六四年に大都に遷都し、一二七一年に国号を「大元」とした。一二七六年には南宋を滅ぼして、中国を統一した。その後、内政を整備して中国支配を固めた。この間、元は、日本と高麗、ベトナムに遠征軍を派遣した。

注目すべきことに、モンゴル帝国は、ヨーロッパ地域にまで侵略を試みている。一二四一年には現ポーランドのリーグニッツ近郊で、バトゥ率いるモンゴル軍がドイツとポーランドの連合軍をワースシュタットの戦いで破った。バトゥは一二四二年にハンガリーで皇帝オゴタイの訃報を聞き、引き返す途中で、ジュチ家一門とともに南ロシアにとどまり、すでに見た通り、一二四三年にサライを首都にキプチャク・ハン国を成立させた。

こうして、騎馬と火器を駆使した強大な軍事力でユーラシア大陸に広大な領土を広げたモンゴル帝国の成立をもって、「世界史が始まった」と位置づける説がある（杉山、二〇一四：二〇一六）。たしかに、イスラーム世界にまで浸食し、ヨーロッパ諸国を震撼させた。しかし、注目すべき点は、イスラーム国家を滅亡させた地で建国した国家では、イスラーム教や現地の文化に自らが同化したという事実である。つまり、モンゴル帝国は、圧倒的な軍事力ではじめてのグローバルな帝国となったが、対外的に膨張するような文明や文化を持っていたわけではなかった。「他国を魅了する力」としてのソフト・パワーを十分に有していなかったのである。

(4) オスマン・トルコ帝国

イスラーム世界に議論を戻す。アッバース朝が滅亡した後に登場したイスラーム帝国は、トルコのアナトリア半島の西北端の地に、一二九九年に建国されたオスマン・トルコ帝国である。やがてさらに大国化したオスマン・トルコ帝国は、一四五三年にビザンティン帝国を滅亡させると、コンスタンティノープルをイスタンブールと改称して首都とした。

さらに、アナトリア半島やバルカン半島、メソポタミア、アラビア半島、エジプト、北アフリカなど東地中海と南地中海地域に支配領域を拡大して、中東地域における最後の統一イスラーム帝国となった。オスマン・トルコ帝国は、一六世紀後半に統治した第一〇代皇帝のスレイマンの時代に最盛期を迎えた。しかし、次第にヨーロッパ勢力が台頭して中東地域に迫るなかで、少なくとも一九世紀前半まで西ヨーロッパ勢力と対等にわたり合った。滅亡は、第一次世界大戦後の一九二二年である（ローガン、二〇一七：小笠原、二〇一八：鈴木、

一九九二：第八章：山内、一九九六：林、二〇一六)。

四　「海の帝国」としてのヨーロッパ

(1)「大航海時代」——スペインとポルトガルの台頭

一五世紀半ばから、ポルトガルやスペインによって、「大航海時代」が始まる。両国が、このタイミングで、遠洋航海に乗り出したのはなぜか——。その理由は、当時、地中海貿易をヴェネチア商人に独占されていたからである。また貿易の中継地となる中東地域では、イスラーム商人の活動も活発であった。さらに、ポルトガルとスペインは、羅針盤と遠洋船の技術を持ち、遠洋航行術も手に入れていた。

こうして、ポルトガルとスペインは、地中海貿易以外の通商ルートを模索したのである。特に高価であった香辛料のアジアとの直接貿易を目指した。レコンキスタによって中世の時代からの長きにわたるイスラーム支配から抜け出したばかりの両国は当時、活力に満ち溢れていた。東南アジアや東アジアまで勢力を伸ばしたポルトガルは、ヨーロッパではじめての覇権国となった。大西洋を西へと進んだ大航海で新大陸を発見し、莫大な富を獲得したスペインをむしろ、最初の覇権国とする見方もある。定義上、覇権国は、一つの時代に一つのはずだが、ポルトガルとスペインの両国を覇権国とみなした方が現実に近いかもしれない。ただし、イギリスやアメリカの覇権国とは性格が異なる(玉木、二〇一五：第三章：二〇一四：第三章：二〇一二)。

(2)ポルトガルの帝国(と徳川幕府とイギリス)

まずポルトガルの動きを見る。ポルトガルは、大西洋を南下し、アフリカの国々を植民地化していった。さらにアフリカ大陸の南端の喜望峰を回ってインドに到達した。さらに、マラッカ海峡やインドネシアの島々を占領した。戦国時代の日本にも、到達している。周知の通り、種子島で鉄砲(や煙草)を伝来させたのである。このことは、日本の戦国時代に大変革をもたらした。鉄砲の伝来は、戦争の戦い方を劇的に変化させ(「軍事革命」)、織田信長の天下統一を促したからである(玉木、二〇一八：第八章と第九章)。

この当時の日本は、銀を大量に算出していた。アメリカ大陸に次ぐ規模であった。信長死後の豊臣秀吉政権の成立まで、日本は戦国時代であったため、ポルトガルは、日本征服をあきらめ、鉄砲を輸出して日本の銀を獲得する道を選んだ。またその後、徳川家康が江戸幕府を開くが、やがて鎖国をとることとなった。ポルトガルも、これから見るスペインも、江戸幕府に対して、開国を強く迫ることはなかった。

ただし、一六〇〇年の前後、徳川政権が一〇年間のみだが、スペインのライバル国として台頭しつつあったイギリスと国交を持っていたことは無視できない。スペインがカトリックで、イギリスがプロテスタントであり、キリスト教の宗派対立が当時の日本政治の対立構図に反映されたことだけが重要なわけではなかった。当時の徳川政権は、イギリスから、最新式の大砲であるカルバリン砲を購入していたのである。カルバリン砲は、有効射程距離が五〇〇メートルを超えていた。カそのため、大阪冬の陣で、家康は、難攻不落の大阪城の天守閣へ背後から直接、攻撃することが可能となった。その威力に恐怖した豊臣側は、城郭の外堀を埋めるという不利な条件で、徳川側と和睦せざるを得なかったのである。この間、エリザベス一世治下のイギリスは一五八八年に、カルバリン砲を搭載した一九七隻の海軍で、スペインの一三〇隻の無敵艦隊（アルマダ）に大勝した。このことは、後で見る通り、スペインの覇権の衰退の始まりとなる（玉木、二〇一四：第三章）。

（3）スペインの帝国

次に時代をまた一五世紀半ばにさかのぼって、スペインの動きを見る。南へ航路をとったポルトガルに対して、スペインは、大西洋を西へ航路をとった。スペイン女王の支援を受けたコロンブスは、一四九二年にアメリカ大陸を発見した。日本人は、アメリカ大陸をアジアの一部であると、死後まで誤解していたと言われている。そのため、アメリカの原住民を「インディオ」「インディアン」と呼ぶことになる。アステカ帝国とインカ帝国に、鉄砲で圧勝したスペインは、南北アメリカを植民地化した。原住民が、スペイン人が持ち込んだ伝染病に免疫力がなかったため、大量に死んでしまったことも無視できない。イギリスやフランスは、近世の時代、国内政治がまだ不安定で、アメリカの新大陸に進出していなかった。スペインは、南米で世界最大のポトシ銀山を発見し、奴隷化した原住民に採掘させ、莫大な財宝を獲得した。

この結果、銀はヨーロッパに大量に流れ込んだ。このことは、ヨーロッパにインフレを引き起こした。あまり苦労せず、大量の銀を獲得したスペインはやがて、アジアにも進出し、フィリピンなどを植民地とした。後世のイギリスに先駆けて、「太陽が沈まない国」と呼ばれ、大いなる繁栄を築いた。しかし、やがて銀の枯渇によって、その繁栄は急速に終焉に向かう。新大陸では、サトウキビや綿花などの栽培に新たに乗り出すことになったが、莫大な富を生み出すまでには至らなかった。すでに見たイギリスとのアルマダの海戦での敗北など、その後の国際情勢の変化によって、スペインはオランダへ覇権を譲ることになる（玉木、二〇一四：第三章）。

（4）オランダの覇権

次にオランダの動きを見る。新たな覇権国として台頭するオランダは、一六〇九年に事実上独立するまで（正式の独立は、三〇年戦争を終結させたウェストファリア条約による）、スペインの領土であった。オランダはその後、中継貿易に軸を置いた商業国家として台頭した。そのため、同じ商業国家のポルトガルと衝突した。ここで、オランダは東インド会社を設立する。「会社」でありながら、傭兵を組織し、戦争も行い、植民地での徴税権も認められていた。その活動は、海賊行為とあまり区別がつかなかった（永積、二〇〇〇）。これは、その後のイギリスの東インド会社も同じである（羽田、二〇〇七：浅田、一九八九：秋田、二〇一二：第一章：竹田、二〇一二）。オランダの東インド会社は、アフリカや東南アジアの植民地を武力で奪い、日本にも到達し、通商を求めたのである（玉

木、二〇一五：四章；二〇一二：第二章；タールト、二〇〇二：一七—七六；永積、二〇〇〇）。

しかし、当時の江戸の人口はロンドンやパリよりも多かった。識字率も高く、戦国時代後のため、軍事力もヨーロッパとそれほど変わらなかった。そのため、オランダなどヨーロッパ諸国に、幸い、簡単に植民地化される状態ではなかった。しかも当時の日本は、食料自給率と、エネルギー自給率がいずれもほぼ一〇〇％であった。強固な内需国であった。日本としては、貿易・通商で銀の流失を防ぐために、すでに見た通り、徳川幕府はやがて、長崎港に貿易を制限し、鎖国をとった。日本の対外貿易はしばらく、オランダと清帝国のみに限定されることとなった。

オランダの覇権は、比較的に長くは続かず、やがてオランダに勝利したイギリスが次の覇権国となっていく（玉木、二〇〇九）。

（5）イギリスの覇権と帝国

次にイギリスの動きを見る。ポルトガルとオランダが中継貿易で栄えた商社モデルであったのに対し、イギリスは自国で織物を生産する工業国家であった。ヨーロッパ諸国の間で、イギリスは第一次産業革命に先駆けた。一八世紀後半の出来事である。こうして、イギリスは、産業革命に先駆けたが、国内では市場が狭かった。そのため、やがて海外に市場を求めて植民地を広げていく。重商主義政策を採用し、工業製品の輸出の対価として銀を獲得することに成功した。イギリスに遅れてフランスも重商主義による植民地政策を進めた。英仏の植民地獲得戦争には、海軍力に優れたイギリスが圧勝した。イギリスは、戦費の調達方法も優れていた。いわゆる「財政＝軍事国家」の確立である。イギリスは、議会を確立しており、一六九四年に中央銀行を創設し、国債を引き受けさせた。さらに、イングランド銀行は企業家たちに低利で貸しつけを実施した。一八世紀後半にイギリスで起こった第一次産業革命の背景ともなった（ブリュア、二〇〇三）。

第一次産業革命がまずイギリスで展開された背景には、大西洋での三角貿易でイギリスが莫大な富を獲得したこともあった。一七世紀から一八世紀の大西洋を舞台にして、特にイギリスは、西ヨーロッパの武器や財貨を西アフリカで黒人奴隷と交換し、それを南北アメリカ大陸とカリブ地域へ運んで、砂糖や綿花などを獲得して、それを西ヨーロッパに運ぶ貿易ルートを確立したのである。この大西洋の三角貿易は、収支のバランスをとることを目的として展開された（Burbank and Cooper, 2010: 149-184; 秋田、二〇一二：第一章；玉木、二〇一八：第一三章；二〇一五：三章；二〇一四：第三章と第四章；二〇一二：第五章；Fukuyama, 2014）。

（6）フランスによる挑戦

こうして、いち早く中央銀行を設立したイギリスに対して、フランスは、戦費の調達方法が未発達であった。フランスが中央銀行を成立するのは、イギリスと比べて比較的に遅い時期である。それまで、フランスは、タイユ税という直接税を課したため、国民が疲弊した。このことは、フランス革命の遠因となった。北アメリカとインドでの植民地獲得競争では、イギリスに惨敗した。イギリスの海軍力が強力であったこともあるが、フランス革命までのフランスが、国内の政治経済が比較的に不安定なままであったことも背景として無視できない（Fukuyama, 2011）。

フランス革命では、啓蒙主義の政治思想を実践すべく、「自由・平等・博愛」の精神が謳われたが、国内秩序は一気に不安定になった。こうした状況下で、軍人のナポレオンが皇帝となる。ナポレオンは戦争の天才で、瞬く間にヨーロッパ大陸を支配下に置いた。しかし、ヨーロッパ地域での「フランス帝国」は短命で終わった。イギリスが中心となった対仏大同盟に封じ込められてしまったのである。「歴史のif」は差し控えるべきだが、もしナポレオンが、ロシアにまで侵略し、疲弊しなければ、フランス帝国を比較的に長く維持できたかもしれない。

(7) イギリス帝国と中国

ここで議論をイギリスの動きに戻す。一九世紀まで世界経済で大きなウェイトを占めてきたアジアの中国に、覇権国としてはじめて目をつけたのもイギリスであった（玉木、二〇一四：第四章）。大西洋だけでなく、アジア地域でも三角貿易のネットワークを構築していく。イギリスとしては、第一次産業革命によって大量に生産できるようになった綿製品を、人口が多い中国に輸出したかった。ところが、周辺国を朝貢国とみなし、中華思想を持つ清帝国は自由貿易を認めなかった。イギリスは、逆に中国から茶や絹を清帝国から輸入していたため、国内の銀が清帝国に流出してしまっていた。

これに対して、一九世紀のイギリスは、植民地のインドで麻薬のアヘンをつくらせ、清帝国に密輸し始め、アヘンの代金として銀を清朝中国から吸い上げた。アジア地域での三角貿易のネットワークの構築である。清帝国からは、銀が大量に流出するようになり、アヘンの普及で国内社会は不健全な状態になった。清帝国は、こうした事態の改善のため、アヘンを没収し始めた。林則徐が広東でアヘンの厳しい取り締まりを強行したのである。これに対して、イギリスは一八四〇年六月二八日に、アヘン戦争を仕かけた。中国の不当な貿易体制の打破を大義名分に掲げて遠征軍を派遣したのである。イギリス軍は、広東から北上し、寧波や上海、鎮江を攻略して南京に迫ると、清帝国は敗北を認めた。

一八四二年八月二九日の南京条約で、清帝国は、第一に上海、寧波、福州、厦門、広州の五港の開港と領事の駐在、第二に香港島の割譲、第三に賠償金の支払い、第四に公行の廃止、第五にイギリスの戦費の支払い、第六に中英両国官憲の対等交渉など一三条をイギリスに認めた。南京条約では、アヘン輸入問題については、規定されなかった。アヘン戦争は、清帝国の開国の起点となったのである。アヘン戦争に敗れた清帝国は、市場開放を余儀なくされ、大量の銀がさらに流出して長期のデフレ不況に苦しむことになった。さらに、農産物価格が下落し、農民は困窮した（玉木、二〇一八：第一二章：

二〇一五：四章：茂木、一九九七：二七—四三：秋田、二〇一二：第二章）。こうして、アヘン戦争は、七〇年後に清帝国が滅亡する遠因ともなった。この間の過程を少し踏まえれば、アメリカは一八四四年一〇月二四日の望厦条約で、フランスも同年の黄埔条約で、イギリスが南京条約と追加・補足条約で得た権利とほぼ同じ権利を獲得した。

さらに一八五六年六月二八日に勃発したアロー戦争では、一八五八年六月の天津条約で、清帝国は、第一に英仏両国への賠償金六〇〇万両の支払い、第二に開港場の追加、第三に外国人の内地旅行の自由、第四に外交使節の北京常駐、第五にキリスト教布教の自由などを、イギリスとフランス、アメリカ、ロシアとの間で認めた。その後、清帝国は抵抗を見せたため、英仏両国は再び軍事行動に踏み切った。アロー戦争を最終的に終結させた一八六〇年一〇月二四日の北京条約で、清帝国は、第一に賠償金を六〇〇万両から八〇〇万両に増額すること、第二に天津の開港、第三に九竜半島南端の市街地をイギリスに割譲することなどを認めた。

（8）帝国主義の時代——「公式の帝国」と「非公式の帝国」

清帝国がさらに打撃を受けたのは、一八九四年八月一日に勃発した日清戦争での惨敗であった。翌年四月一七日に下関条約が締結され、清帝国は、第一に清は朝鮮が独立国であることを承認すること、第二に遼東半島・台湾・膨湖諸島の日本への割譲、第三に二億両の賠償金の支払い、第四に開港場での企業設立など日本の通商特権の承認などを認めた。これに対しては、四月二三日にロシアとドイツ、フランスが三国干渉を行ったため、日本が代価三〇〇〇万両で遼東半島の返還を了承し、これら三カ国は、干渉の報酬として租借地を獲得した。こうした結果、清帝国の国土が分割され、急速に〝半植民地化〟されていくこととなった。清帝国が「眠れる獅子」ではない、ということが明らかになったからである。ヨーロッパの大国と日本による中国の植民地支配は、港を押さえる〝点〟の支配から、租借地の獲得など〝面〟の支配に変化していった（大谷、二〇一四：第六章：北岡、二〇一五）。

こうした動きの最も重要な背景として、この時期、ヨーロッパ地域の大国とアメリカ、そして日本は、「帝国主義の時代」にすでに突入していたことがある。帝国主義の時代とは、一八七〇年前後から二〇世紀はじめの第一次世界大戦までの大国による植民地獲得競争が熾烈化した時代を特に指す（第二次世界大戦の終結まで、時期を伸ばしてもいいかもしれない）。その背景には、一九世紀後半に第二次産業革命がイギリスだけではなく、ドイツやフランス、アメリカ、日本でも進展したことがある。鉄鋼や機械、造船などの重工業と化学工業の、いわゆる重化学工業が革命的に発達し、原材料の供給地としての植民地や勢力圏の獲得の必要性が相対的により上昇したのである（木畑、二〇一四：二〇一二a：Hobsbawm, 1989：島村、二〇一八：七八—七九、八八—九五）。

こうした帝国主義の背景には、ホブソンやレーニンなど経済的要因を重視する視角と（ホブスン、一九五一—一九五二：

レーニン、二〇〇六)、シュンペーターのように政治的要因を重視する視角が存在する(シュンペーター、一九五六)。前者によれば、独占企業と金融寡頭制の支配する独占資本主義への移行によって、原材料や資源の供給地、商品や投資の市場の獲得を目指す対外膨張政策がとられたと説明される。後者によれば、労働運動や社会主義運動が活発化するなかで、国民の不満を外に逸らす対外膨張政策がとられたと説明される。また政治的要因からは、大国が対外膨張政策と同時に、国民的統合を強化する必要から国内での福祉国家化を並行して推進した点も強調される。おそらく、経済的要因と政治的要因のどちらかを強調しすぎることは、健全な議論とはならないであろう。経済と政治は密接に〃連関〃していた(幸徳、二〇〇四;木畑、二〇一二:二四—二六;Cain and Hopkins, 2002)。

たとえば、一八七〇年代以降に世界的な不況が生じていたことも、帝国主義の時代の背景として無視できない。農業不況も重なってヨーロッパでの不況は、一八九〇年代まで長期化した、と従来考えられてきた。そのため、経済的要因と政治的要因が結びつくこととなった。ただし、最新の研究では、工業生産の落ち込みが一八七六年頃から回復し始めたことに注目し、長期の「大不況」というよりも、「低成長時代」に突入したと説明されることが一般的になってきた。しかし、帝国主義の時代には、国内と国際の二つのレベルで、経済と政治が密接に〃連関〃していたことは、ほぼ間違いない。

帝国主義の時代には、中国だけではなく、南アジア地域や東南アジア諸国、アフリカ大陸も、イギリスやフランスによって、植民地化されていった。より重要な動きとして、イギリスは、こうした動きに先駆けて、インドを植民地化していた。一八五八年八月にインドのムガル帝国が滅亡し、インドはイギリス政府の支配下に置かれたのである。事実上の植民地化であった。一八七〇年代以降を「帝国主義の時代」と位置づけ、一九世紀半ばを「帝国主義の空白期」とみなす従来の見方は、ギャラハーとロビンソンの論文「自由貿易帝国主義」で展開された「非公式の帝国(informal empire)」の概念によって批判された。「公式の帝国(formal empire)」の形をとる必要がない場合は、「非公式の帝国」として緩やかに植民地を統治されていたことが注目されたのである(Gallagher and Robinson, 1953: 1-15; Westad, 2007: chap. 1; Howe, 2002: 25; 木畑、二〇一二a:三一—三三;毛利、一九七八:特に第一章;半澤、二〇一〇)。

(9) インドとアフリカをめぐる帝国主義

インドをめぐる動きに話を戻す。イギリスのヴィクトリア女王は一八七七年一月一日に、インド帝国を設立し、その皇帝に即位した。一八世紀後半までのアメリカ大陸への植民を中心としたイギリスの帝国を「第一帝国」と呼ぶのであれば、一九世紀半ばからのインドの植民地化以降のイギリスの帝国は「第二帝国」と位置づけることができる。また、イギリスの女王が、インド帝国の皇帝も兼ねるという特別扱いは、七つの海にまたがる大英帝国にとって、インドがいかに重要であったかを物語っていた(Howe, 2002: 64-66; Brendon,

2007: chap. 2)。やがて、中東地域（特にエジプトのスエズ運河とバルカン半島周辺の地中海世界がインドへの通り道として、重要視されていくことになる。第一次世界大戦での敗北によって、広大な領土を誇っていたオスマン・トルコ帝国は解体され、中東地域と東地中海世界は、イギリスもしくはフランスの勢力圏に組み込まれていくこととなった（鈴木、二〇一八）。同じく、ドイツ帝国もロシア帝国も崩壊し、オーストリア＝ハンガリー二重帝国も解体された（木畑、二〇一四：一〇五―一〇六；池田編、二〇一四に所収の論文も参照）。

アフリカがほぼ完全に分割されたのも、すでに指摘した通り、一八七〇年代以降の帝国主義の時代であった。まずイギリスとフランスが、アフリカ大陸の植民地化を本格化させた。遅れてドイツやイタリア、ベルギー、ポルトガルもアフリカ植民地化の動きに続いた。二〇世紀はじめまでに、アフリカ大陸は、エチオピアとリベリアを除いて、ヨーロッパ地域の大国によって植民地化されたのである。いわゆる「アフリカ分割」である（竹内、二〇〇四）。

(10) 帝国主義の時代の特異性

一八七〇年代から第一次世界大戦までの帝国主義の時代の特異性について、以下の五つを指摘できる。

第一に、イギリスをはじめとしたヨーロッパ地域の大国とアメリカ、そして日本が、「公式の帝国」として乱立する世界体制が成立した。宗主国と植民地の間の国際秩序を「帝国主義世界体制」と呼ぶ（木畑、二〇一四：第一章；一九九七；江口、二〇一三；島村、二〇一八：七八―七九）。

第二に、この帝国主義世界体制を構成するヨーロッパ地域の大国とアメリカ、そして日本は、それぞれの地域で「主権国家」ないし「国民国家」であった。つまり、ヨーロッパ地域の大国とアメリカ、そして日本は、植民地を公式に待つ帝国を形成すると同時に、地政学的にそれぞれが位置する地域では、主権国家ないし国民国家の形をとっていたのである。そのため、「国民帝国」と呼ばれる（山室、二〇〇三：一〇七―一二六；Burbank and Cooper, 2010: 331-368; 島村、二〇一八：七九）。

第三に、民主主義国家のアメリカも、米西戦争の結果、フィリピンを植民地化した。「帝国的共和国（imperial republic）」ないし「デモクラシーの帝国」であるという状況が生まれたのである。共和国として、ディレンマを強く感じざるを得なかった（Aron, 1974; Wilson, 2002）。一八世紀後半にイギリス帝国の植民地から独立したアメリカは、一九世紀の間に西へ西へフロンティア（辺境、開拓の前線、未開の地）を求めて、神に与えられた「明白なる天命（manifest destiny）」を感じながら、領土を拡大させ、大西洋から太平洋まで広がる大陸国家となった。米西戦争にともなうフィリピンやグアム、プエルトリコの領有は、「海の帝国」にもなったことを意味した（Howe, 2002, pp. 57-59; 木畑、二〇一二a：二四―二五；Burbank and Cooper, 2010: 251-286; 島村、二〇一八：七七―七八；中野、二〇〇七：第二章）。さらに、第二次世界大戦後は、「空の帝国」と「基地の帝国」にもなる（生井、二〇〇六年）。ただし、フィリピンが一九四六年七月四日に独立したので、アメリカは、「公式の帝国」ではなく、「非公式の帝国」となった（Westad, 2007: chap. 1; 島村、二〇一八：七九―八〇；高橋、一九九九；藤原、二〇〇二）。

第四に、二〇世紀はじめには、植民地化される地理的余剰としてのフロンティアが、世界からほぼ消滅した。〈南北アメリカ→アジア→アフリカ→中東〉という順で、世界が植民地化されていった。ヨーロッパ以外で植民地化されなかったのは、中南米諸国を除けば、アジアの日本とタイ、アフリカのリベリアとエチオピアだけであった。中南米諸国は、一九世紀はじめのナポレオン戦争の混乱のなかで、いち早く独立していた。ただし、アルゼンチンなど、イギリスの「非公式の帝国」にとどまった国家もあった。

第五に、世界がはじめて、真の意味で一体化した。いわゆる「近代グローバリゼーション」の展開である（木畑、二〇一二a：三七―三九；秋田・桃木、二〇一三：二八―三五；木谷、一九九七：三二―四一）。この過程で、近代の西ヨーロッパ地域から、政治的には主権国家システムが、経済的には資本主義システムが、世界に広まった。近代西ヨーロッパの政治と経済の枠組みが世界に伝播していく過程で、一九世紀から二〇世紀にかけて、ナショナリズムという規範も広まった。こうして、第二次世界大戦後に本格化する「脱植民地化（decolonization）」の動きが用意されていたのである。第二次世界大戦後の脱植民地化は、フィリピンから始まり、インドとパキスタン、イスラエルを含む中東諸国、南北朝鮮、マラヤ連邦など東南アジア諸国、アフリカ諸国へとつながっていった（Bull and Watson, eds, 1984; 木畑、二〇一二：第三章と第四章；島村、二〇一八：九五―一〇六）。

（11）「パックス・ブリタニカ」

一九世紀の「パックス・ブリタニカ（イギリスによる平和）」に議論を戻す（Ferguson, 2004a; 2009; Mead, 2007; Darwin, 2009; 木畑、二〇〇八：二〇一二b：井野瀬、二〇〇七：モリス、二〇〇六：二〇〇八：秋田、二〇一二：二〇〇八：二〇〇四a：二〇〇四b：オブライエン、二〇〇二：八九―一三四：ケイン、ホプキンズ、一九九七）。

すでに見た通り、一八世紀後半に第一次産業革命に先駆けたイギリスは、一九世紀には、「世界の工場」となった。覇権国として、世界経済のなかで、自由貿易の拡大に寄与した。また一九世紀は、銀の生産過剰のため、金の価値が上昇していた。イギリスは、金本位制をとり、貿易代金を金で支払うシステムを国際的に確立していく。しかし、現実に金塊を船で運ぶわけにもいかない。そのため、ヨーロッパ各国の商社はロンドンに銀行口座を開設し、貿易の決済は口座間の取り引きで行うようになった。こうした経緯から、ロンドンのシティが世界の金融センターとなったのである。

しかし、一九世紀後半には、イギリスの工業力の優位性は、翳りを見せ始めた。工業生産力は、一九世紀後半にアメリカに抜かれ、二〇世紀はじめまでにはドイツにも抜かれる事態となった。一八九九年一〇月に勃発した南アフリカ戦争

（第二次ブール戦争）では、イギリスは勝利するが、ブール人のゲリラ戦で戦争は長期化した（一九〇二年五月に終結）。この間、一九〇二年一月三〇日にイギリスは、「光栄ある孤立」から脱し、一九〇二年一月三〇日に日英同盟を結ぶ道を選択した。これは、朝鮮半島に不凍港を目指して南下政策をとるロシアを牽制する動きであった（小林、二〇〇四：後藤、二〇〇六）。こうして、二〇世紀はじめての近代戦争となった一九〇四年二月八日から一九〇五年九月五日にかけての日露戦争は、英露両国の代理戦争の側面が強かったのである。日本の勝利は、イギリスからの支援の賜物であった。アジアの小国であった日本が日露戦争でヨーロッパの大国ロシアに勝利したことは、アジア地域や中東地域、アフリカ大陸の脱植民地化の機運を高める最初の契機となったため、世界史的な意義が少なからずある（横手、二〇〇五：特に終章）。

大英帝国の衰退の決定的な要因になったのが、「国民国家の総力戦」かつ「帝国の総力戦」となった第一次世界大戦であった。さらに追い打ちをかけたのが、同じく「国民国家の総力戦」かつ「帝国の総力戦」となった第二次世界大戦であった。イギリスはその後、緩やかに衰退しつつ、金融立国として生き残りを図ることになるのである。第二次世界大戦後のイギリス外交は、大英帝国・英連邦（コモンウェルス）と英米の「特別な関係」、ヨーロッパの「三つのサークル」が基調となった（Jackson, 2013, esp. chap. 4: 島村、二〇一八：第四章：Orde, 1996: Kennedy, 1981: モリス、二〇一〇：寺島、二〇一七：長島、一九八九）。

五　「陸・海・空・基地の帝国」としてのアメリカ

（1）「帝国」としてのアメリカ

一九世紀のアメリカは、すでに見たように、西のフロンティアに領土を拡張し、やがて大陸国家となった。一八九八年四月二五日から八月一二日にかけての米西戦争後は、フィリピンとグアム、プエルトリコを領有して、アジア市場への足がかりをつかんだ（同じ時期、ハワイも併合される。キューバはやがて保護国化される）。こうして、「海の帝国」にもなる。第二次世界大戦後は、冷戦の時代に、フィリピンが独立して「非公式の帝国」となるが、「空の帝国」と「基地の帝国」にもなったのである（島村、二〇一八：第四章）。

アメリカに対抗したソ連は、第一次世界大戦中の一九一七年のロシア革命（三月革命と一一月革命）で共産化したが、帝国としての性格は、ロシア帝国からほぼそのまま引き継いだ。「共産主義的手段による帝国」と呼ばれる（Burbank and Cooper, 2010: 395）。さらに第二次世界大戦後は、ソ連は東ヨーロッパ地域を勢力圏とした。「非公式の帝国」である。バルト三カ国などを統治したソ連邦は、「公式の帝国」でもあった。一九九一年一二月二五日のソ連邦の崩壊は、「公式帝国の時代」が最終的に終結したことを意味した。そのため、冷戦後の一九九〇年代に、「帝国」論が再び、活発になったのである（Karen and Hagen, eds., 1997: Kupchan, 1996: 山内・増田・村田編、一九九四：山本編、二〇〇三：山内、二〇〇四）。

二一世紀はじめには、「九・一一」同時多発テロ攻撃後、特にイラク戦争の前後に、アメリカを「帝国」とみなす説がもてはやされた。しかし、帝国の中心たるアメリカが周辺の国々の外交と内政の両面で影響力を強く行使する力に欠いている。この点は、アフガニスタン戦争やイラク戦争を見れば、明らかである（木畑、二〇一二a：四八—四九；Ignatieff, 2003）。また他方で、アメリカを中心としたグローバリゼーションが急速に進展し、国際的なパワーが拡散して、一定のネットワークが構築される状況を〈帝国〉と位置づける言説などが登場した（Hardt and Negri, 2001: 3-21；山下、二〇〇八：特に第一章；芝崎、二〇〇六）。しかし、この体系的な言説は、注目すべきだが、注意しなければ、歴史的な帝国の概念で新しい事象を説明することで、没歴史的な議論に陥ってしまいかねない（木畑、二〇一二a：四—五、四七—五〇）。

（2）第一次世界大戦とアメリカ

「パックス・アメリカーナ（アメリカによる平和）」の時代を振り返るために、ここで議論を二〇世紀はじめまでさかのぼる。

二〇世紀はじめの第一次世界大戦は、すでに見た通り、工業生産力が勝敗を決する「国民国家の総力戦」となった。同時に、「帝国の総力戦」にもなった。イギリスは、多額の戦費を費やし、第一次世界大戦が長引くについて、財政が苦しくなった。フランスもまったく同じ状況であった。イギリスは、武器も石油も輸入に頼らざるを得なくなった。イギリス政府は、金の流出を懸念し、金とポンドの交換停止を宣言した。金本位制の停止である。イギリスは、中立国のアメリカに頼った。アメリカは、中立国ながら、イギリスを中心とした三国協商（後に連合国）に武器を輸出し、軍需景気に沸いた。これは、第一次世界大戦という戦争によって、アメリカが「世界の工場」になったことを意味した。

アメリカの大銀行は、イギリス政府の戦時国債を引き受けた。ウィルソン大統領が中立から参戦に転じるのは、ドイツによる無制限潜水艦攻撃をきっかけであったが、同時に、アメリカの大銀行からの圧力を受けていた。もしイギリスが敗北した場合、イギリス国債が紙くずになることを、アメリカは深刻に懸念したのである。またイギリス側の同盟の敗北は、ドイツを中心とした同盟の勝利によって、国際システムの中心であるヨーロッパ地域の中心に帝国的な存在が出現することを意味した。アメリカの国家安全保障戦略の要は、第三章でも見た通り、冷戦が始まる以前から、こうした帝国的な勢力がヨーロッパ大陸で出現することを封じ込めることにあった（Kennan, 1984: 4-5, 69-70）。

武器など貿易代金の支払いと戦費の償還金という形で多額の資金がニューヨークに流れた。こうして、世界の金融の中心はロンドンのシティからニューヨークのウォール街へと移った。第一次世界大戦後のアメリカは、世界最大の債権国として君臨することになった。ただし、第一次世界大戦後のアメリカは、第三章でも見た通り、イギリスから覇権国としての地位を引き継ぐ意志がまだなかった（Kindleberger, 1973:

chap. 14)。

一九二九年一〇月二四日からの世界大恐慌以降は、アメリカ議会と国民の間で、孤立主義の動きが強まった。また第三章で見た通り、一九三〇年代に、イギリスやフランスなど植民地を「持てる国（have）」は、経済のブロック化を図り、国内経済の立て直しを図った。アメリカも、中南米諸国との間で、善隣外交を展開し、棍棒外交とドル外交から決別していく。事実上の経済のブロック化であった。また主要国の間では、保護主義が高まった。これに対して、世界大恐慌のダメージをより深刻に受けたドイツやイタリア、日本の植民地を「持たざる国（have not）」では、ナチズムやファシズム、軍国主義が高まり、侵略と戦争に乗り出していった。軍事的制裁の措置を持たない国際連盟は、こうした動きを抑止したり、紛争を解決したりすることができず、ほぼ無力であった。

イギリスとフランス、アメリカは、ヒトラーのドイツの対外拡張政策に「宥和（appeasement）」政策で対応した。このことがヒトラーの野心をかえって助長させてしまい、第二次世界大戦の勃発を招くこととなった。第三章でも見た通りだが、既存の国際システムに対する現状変革国家の脅威には宥和ではなく「封じ込め（containment）」が必要であるということが歴史の教訓となり、経済的には、経済のブロック化が戦争につながるということが、もう一つの歴史の教訓となった。第二次世界大戦後の冷戦の時代に、アメリカが、ソ連の共産主義のイデオロギーの脅威に対して、「封じ込め」政策を一貫して展開し、経済面では西側世界で自由貿易の拡大に注力したのは、こうした二つの歴史の教訓を汲んだ結果であった（May, 1975: chap. 2; Carr, 1964: 63-88）。

（3）第二次世界大戦とアメリカ

第一次世界大戦と同じく、いやそれ以上に「国民国家の総力戦」かつ「帝国の総力戦」となった第二次世界大戦を経て、アメリカのパワーはさらに増大した。ヨーロッパの戦場から地政学的に遠いという利点を活かして、アメリカの工場はフル稼働状態で武器をイギリスを中心とした連合国側に輸出した。フランクリン・ローズヴェルト大統領は、一九四一年一二月上旬のアメリカの参戦に先駆けて、一九四一年三月一一日に武器貸与法をアメリカ議会で成立させ、イギリス側の同盟に肩入れしていた（島村、二〇一八：二一一—二一二）。

第一次世界大戦も、第二次世界大戦も、イギリスとドイツの同盟が対立し、軍事的に膠着状態となり、中立国のアメリカが遅れて参戦し、イギリス側の同盟に味方して、ドイツ側の同盟が敗北するというパターンであった。二度にわたる世界大戦後、戦争に勝利したイギリスもフランスも、大いに疲弊してしまった。アメリカは、「気がついてみたらヘゲモン（覇権国）」という状態であったという議論もある（薬師寺、一九八九）。

第二次世界大戦の戦禍を見たアメリカは、すでに見た通り、歴史の教訓を汲みとっていた。宥和政策は機能しない、また経済のブロック化は戦争を招く、という二つの教訓である。後者の教訓を言い換えれば、ヨーロッパの主要国が金本位制から脱却し、国家間の貿易が停滞したため、ドイツとイタリア、日本が暴走した、ということであった。こうして、アメリカは、金本位制を復活させ、関税を引き下げて自由貿易を拡大させる政策を推し進めていくことになる。第二次世界大戦がまだ終結していない一九四四年七月一日から二二日にかけて開催されたブレトンウッズ会議で、アメリカは指導力を発揮し、国際通貨基金（IMF）と国際復興開発銀行（IBRD）が設立された。戦後の国際経済秩序として、金一オンスを三五ドルとして固定し、アメリカのドルと各国の通貨との交換比率を固定したのである。第三章でも見た通り、「ブレトンウッズ体制」と呼ばれる（Steel, 2014, esp. 293-329; 中川、二〇一三：八—一二；島村、二〇一八：二三五）。通商・貿易面では、第二次世界大戦後の国際貿易機関（ITO）の設立失敗を受けて、関税及び貿易に関する一般協定（GATT）によって、自由貿易の拡大を図っていくこととなった（島村、二〇一八：二三九—二四一；佐伯、一九九〇：一—四二）。

第二次世界大戦後、西ドイツや日本が奇跡的な経済成長を遂げたのは、ブレトンウッズ体制の下で、マルク安と円安が固定化され、両国の輸出に有利に働いたからである。覇権国のアメリカは、冷戦を背景として、同盟国との間のこうした経済的な不平等性を許容した。そのため、日本と西ドイツの価格競争に敗れたアメリカは、一九七〇年代には貿易赤字国に転落してしまう。アメリカは、自由貿易体制を維持しつつ、自国の産業を保護するため、一九七一年八月一五日の「第二次ニクソン・ショック」で、金とドルとの交換を停止した。こうして、ブレトンウッズ体制は、早くも崩壊した（山口、二〇一六a：二〇一六b；玉木、二〇一八：第一六章；高坂、一九八一：第三部）。

六　「最後の陸の帝国」としての中国？

しかし、アメリカの通貨ドルは、変動相場制に移行した後も、基軸通貨としてとどまった。その優位性は、「君主特権」と呼ばれることがある（Eichengreen, 2011）。ただし、アメリカ経済は、直ちに立ち直ったわけではなかった。一九八五年九月二二日には、主要先進五カ国蔵相・中央銀行総裁会議（G5）による「プラザ合意」で、意図的にドル安誘導を試みたが、その後、一九八七年一〇月一九日の「暗黒の月曜日」と呼ばれた、ニューヨーク市場の大幅株安を防ぐことができなかった。一九八〇年代に、アメリカは長期の経済不況に陥り、日本経済はバブルに沸いた。そのため、日米貿易摩擦は政治問題化し、かつ日常化した。

一九九〇年代には、日本経済のバブルは弾けて、その後、日本は「失われた二〇年」を経験したが、アメリカは、民主党のクリントン政権の下で、IT産業を中心に経済の立て直しに成功した。一九九〇年代後半以降は、「強いドル」政策の下で、アメリカはグローバリゼーションの動きを推し進めた。アメリカの経済政策の根底にあったのは、「新自由主義」の規範であった。二〇〇七年七月一九日からのサブプライム金融危機と二〇〇八年九月一五日のリーマン・ショックまで、新自由主義の規範は、それほど問題視されることはなかった（納家、二〇〇九a）。

二〇一〇年代に入ってからは、ギリシャのソブリン危機で欧州連合（EU）の経済がぐらついている。特にヨーロッパ地域の南側のPIIGS（ポルトガル、イタリア、アイルランド、ギリシャ、スペイン）で、国家財政が不健全である。二〇一六年六月二三日には、イギリスがEUを離脱することを国民投票で決めた（Brexit）。EUを最大の貿易パートナーとする中国経済も減速し始めた。習近平政権は、「新常態」を維持する経済政策をとり始めた。他方で、アジア・インフラ投資銀行（AIIB）を立ち上げ、「一帯一路」構想と「二一世紀の陸と海のシルクロード」構想を掲げるなど、アメリカ中心の国際経済秩序に挑戦する動きも見せている。

アメリカとしては、アジア太平洋およびインド太平洋地域の国際経済秩序を形成するのは、二一世紀もアメリカであることを示さなければならない。環太平洋経済連携協定（TPP）の大筋合意まで、国際交渉を辛抱強く推し進めた背景には、以上のような事情があった。オバマ政権にとって、TPPは、中国の脅威の台頭を念頭に置いた「アジア旋回（pivot to Asia）」ないし「再均衡（rebalancing）」の戦略的手段の一つなのであった（島村、二〇一八：第二章、第一四章、第一五章）。しかし、トランプ新政権は二〇一七年一月二〇日の就任演説の直後に、ホワイトハウスのホームページ上で通商やエネルギーなど六項目の政策方針を発表し、通商政策では日米など一二カ国で大筋合意したTPPから離脱することを表明した。また北米自由貿易協定（NAFTA）の再交渉にも言及した。実際、トランプ大統領は、就任直後の一月二三日に、TPPから離脱する大統領令に署名した（島村、二〇一八：第一六章）。トランプ政権はその後、多国間（マルチ）ではなく、二国間（バイ）の通商・貿易政策を推し進めてきた。

二〇一八年に入り、トランプ政権は、中国との間で貿易戦争を仕かけた。中国経済は早くもさらに減速し始めた。米中関係は、はたしてどこへ向かうのか——。米中の「新しい冷戦」は、回避できるのか——。

チベットや新疆ウイグル自治区など他民族を統治する中国を、「最後の陸の帝国」とみなす立場もあることを最後に触れておこう。

第五章　脱植民地化と冷戦、グローバル・サウス

もし私がこれら大きな陣営に参加したら、自分のアイデンティティを失うことになる。……もし世界のすべてがこれら二つの大きな陣営に分断されたら、いかなる結果がもたらされるであろうか？　不可避な結果は、戦争であろう（Bradley, 2010: 479-480）。

ジャワハルラール・ネルー首相によるバンドン会議での演説（一九五五年四月）

事実上、一四九二年後のヨーロッパによる帝国プロジェクトのグローバリゼーションは、二〇世紀後半の脱植民地化のプロセスによって反対方向へと後退していく（Fraser, 2013: 469）。

カリー・フレイザー「脱植民地化と冷戦」（二〇一三年）

一　脱植民地化のトレンド

第二次世界大戦が終結した時点で、世界の多くの地域は、ヨーロッパの大国やアメリカ、日本によって、直接的か間接的に植民地支配を受けていた。帝国には、「公式の帝国（formal empire）」と「非公式の帝国（informal empire）」がある（Gallagher and Robinson, 1953; Westad, 2007: chap. 1; 2017: chap. 10; Howe, 2002: 25; 木畑、二〇一二：三一―三三；半澤、二〇一〇；島村、二〇一八：七九―八〇）。ところが、第二次世界大戦後、植民地であったアジアやアフリカ、中東の地域で、「脱植民地化（decolonization）」の動きが本格化した。脱植民地化した国家は、主権国家として国際社会に登場していく。平和裏に脱植民地化した国家もあれば、長引く民族解放闘争を戦って独立を勝ち得た国家もあった（Bull and Watson, eds., 1984; Kennedy, 2016; Ansprenger, 1989; Cooper, 2005; LeSueur, ed., 2003; Bradley, 2010: 464; Duara, 2013: 88-90; Irvin, 2014; Black, 2008; 小川、二〇〇九）。脱植民地化のプロセスは、それぞれの地域や国家で独自のダイナミズムを有したが、大きく捉えた場合、ヨーロッパの大国やアメリカ、日本の帝国が溶解・解体し、それらの植民地が政治的独立を遂げていく国際システムの趨勢（トレンド）的変化として位置づけることが可能である。覇権国の交代など循環（サイクル）的な変化とは区別される（島村、二〇一八：一一一―一一二）。

一九四〇年代後半には、早くも、フィリピンやインド、パキスタン、イスラエル、南北朝鮮などが脱植民地化を遂げていく。アフリカでは、一九六〇年だけで一七カ国が建国独立した。「アフリカの年」である。その後も残りのアフリカ諸国は独立を遂げ、国際連合（国連）の創設期に五一カ国であった加盟国は、一九六五年には一一七カ国と二倍以上に拡大した（Bradley, 2010: 464; Fraser, 2013: 472; Irvin, 2014: 96-99; Kennedy, 2016: chap. 1）。その後も、独立国は増加し、二〇一八年の時点では、国連の加盟国は一九三カ国となっている。しかし、脱植民地化後も、経済的には低開発のレベルにとどまった国家が少なくない。冷戦の東西問題に対して、一九六〇年には南北問題が浮上する。北の先進工業国と南の発展途上国との間の経済格差が大きく、かつ時間とともに拡大していくという問題である。南の発展途上国は、「G77」を形成し、国連などの場で南北問題の根本的な解決を訴えていく。「第三世界」、今で言う「グローバル・サウス」の自己主張である（松下・藤田編著、二〇一六; Bradley, 2010: 464）。

グローバル・サウスでの脱植民地化のトレンドは、それぞれの地域で複雑なプロセスを辿った。第二次世界大戦後の冷戦の国際秩序とも密接に関連し合いながら、脱植民地化のプロセスは進展した。ヨーロッパの大国やアメリカ、日本の歴史家たちは、概して、自らが形成した帝国の崩壊の論理から、脱植民地化のプロセスを描くことが比較的に多い。これに対して、グローバル・サウスの歴史家たちは、植民地支配されてきた側の論理から脱植民地化の個別の歴史を描く傾向がある。将来の歴史家の課題は、両者の論理を統合したより体系的な歴史観を描くことであると言ってよい（Bradley, 2010: 464-465; Fraser, 2013: 469-470）。国連や非同盟運動（Non Aligned Movement）ばかりでなく、英連邦（コモンウェルス）でのグローバル・サウスの動きにも目を向ける必要があるであろう（小川、二〇一二）。また、冷戦との関連では、二つの超大国がグローバル・サウスに脱植民地化後の異なるヴィジョンを示しつつ競い合ったことに加えて、西側の北大西洋条約機構（NATO）と東側のワルシャワ条約機構という軍事同盟がしばしばグローバル・サウスでの脱植民地化の動きに関与した現実も無視できない（Fraser, 2013: 469-470, 476）。

脱植民地化の動きは、冷戦よりも先駆けて始まり、その後、両者は同時進行で進展した。注目すべき点は、グローバル・サウスでの脱植民地化の動きは、冷戦の論理を超えたダイナミズムを有していたことである（Bradley, 2010: 465）。

アジアやその他の第三世界の人々が第二次世界大戦後に開始した、国民の自由と独立を賭けた勇壮な闘争は、二〇世紀の最も力強い歴史の動きに数えられる。ただし、次の点を強調しておく必要がある。この闘争は、米ソが展開したパワーと影響力をめぐる競争と一時的に時期が重なったとはいえ、まったく異なるものであったこと、そして、この闘争は、冷戦があってもなくても間違いなく生じていたことである。しかし米ソ冷戦は発生し、その全体的な特質が不可避的に、第三世界における民族主義的な闘争の性質や速度、そして最終的な結果に影響を与えることになった。アジアにおいてもその他の地域においても、脱植民地化と冷戦は分かち難く結びつき、互いに影響を与え合うことが運命づけられていたのである（McMahon, 2003: 36）。

本章では、こうした先行研究のトレンドと課題を踏まえつつ、冷戦期以前の脱植民地化の動きをまず見た上で、第二次世界大戦後、冷戦の進展とともに脱植民地化のトレンドがいかに進展したのかを明らかにする。

二　帝国主義と脱植民地化の動き

（1）「帝国主義世界体制」の動揺

特に一八七〇年代以降、ヨーロッパの大国やアメリカ、日本が、アジアやアフリカ、中東の地域をリジッドに植民地化していく。「帝国主義の時代」である。この時代のグローバルな国際秩序を「帝国主義世界体制」と呼ぶ（木畑、二〇一四：一七―二四；一九九七；江口、二〇一三；島村、二〇一八：七八―七九）。ヨーロッパ地域を中心とした国際秩序は、「西欧国家体系」と呼ばれる（高坂、一九六六；武者小路、一九七七）。大雑把に捉えて、この時代の国際秩序では、西欧国家体系と帝国主義世界体制の二重構造ができ上っていた（納家、二〇一七；山影編著、二〇一二；木畑、二〇一四；田中、一九九四；一九九八；藤原、一九九二；一九九八；島村、二〇一八：一二）。帝国主義世界体制の終わり方については、以下で見ていく。

帝国主義の時代には、アフリカ大陸もヨーロッパの大国に分割され、一九〇〇年には、ほとんどの非ヨーロッパ地域は、ヨーロッパの大国やアメリカ、日本の植民地もしくは勢力圏になっていた。日本は、日清戦争や日露戦争を経て、台湾や朝鮮半島を植民地化していく（大谷、二〇一四；横手、二〇〇五）。一九三〇年代には、大陸に傀儡国家として満州国を建国させる。第一次世界大戦後には、オスマン・トルコ帝国が崩壊し、中東地域はイギリスとフランスの勢力圏となっていた（小笠原、二〇一八；鈴木、二〇一八）。第二次世界大戦が終結する時期には、世界の多くの地域が直接的か間接的に植民地支配の下にあった。

一九〇四年二月八日に勃発した日露戦争で、アジアの島国日本がヨーロッパの大国ロシアに勝利したことは、アジアやアフリカ地域の植民地の人々を鼓舞することとなった（Irvin, 2014: 92）。さらに、一九一四年七月二八日に勃発した第一次世界大戦を経て、アジアやアフリカ、中東の地域での脱植民地化の動きが大いに刺激された。なぜなら、国際秩序の中心であるヨーロッパ地域での戦争を経験した植民地側の人々が、「文明化の使命（civilizing mission）」や「白人の責務」といった帝国主義の論理に疑問を抱くようになったからである（Bradley, 2010: 466）。植民地側の多くの人々が徴兵されただけではなく「帝国の総力戦」でもあった（木畑、二〇一四：七五―八九）。また同時に、アメリカのウィルソン大統領やイギリスのロイド＝ジョージ首相が、戦後秩序の原則の一つとして「民族自決（nation's self-determination）」を訴えたことが無視できない（Bradley, 2010: 466; 島村、二〇一八：九五―九七）。ただし、ウィルソンやロイド＝ジョージが説く民族自決の原則は、ヨーロッパ地域でのみ適応されたのであって、ヨーロッパ以外の地域でも適応されることは想定されてはいなかった。このことは、植民地支配下にあったアジアやアフリカ、中東の地域の人々を大いに失望させた（島村、二〇一八：九七）。一九一九年のパリで講和会議には、グローバル・サウスからナショナリストの指導者たちが集まっていた。たとえば、エジプトのサアド・ザグルール、インド国民会議のバール・ガンガーダル・ティラク、ヴェトナムのグエン・アイ・クオック（後のホー・チ・ミン）である。彼らの独立の懇願は、無視されることとなった。さらに、パリでの講和会議では、日本が提唱した「人種平等条項」が却下されたことも無視できない動きであった（Irvin, 2014: 93; Bradley, 2010: 466）。しかしその後、民族自決は、国際的な規範としてははっきりと主張されるようになり、「帝国主義世界体制」を大きく揺さぶっていくこととなる（Hyam, 2006: ch. 1; 島村、二〇一八：第四章）。

第一次世界大戦後、アジアやアフリカ、中東の地域のナショナリストの指導者たちは、ボルシェビキによる一九一七年のロシア革命（三月革命と一一月革命）にも、刺激を受けた。民族自決の規範がグローバル・サウスに適用されなかったこともあり、政治的な独立と社会の転換のためのモデルとして、共産主義のイデオロギーの魅力が高まっていく。たとえば、イギリス・インドのジャワハルラール・ネルーやオランダ西インドのタン・マラカ、ヴェトナムのホー・チ・ミンなどが、世界で共産主義革命を推し進めるために一九一九年三月二日に設立されたコミンテルンからの支援を受けた。コスモポリタンな周恩来など中国の指導者たちも、グローバルな革命のネットワークの一端を占めていた（Irvin, 2014: 94; 川島、二〇一四：一五八―一六一；桜井、一九九九：三二八―三二九；狭間・長崎、一九九九：第一部）。しかし、ソ連のスターリンのヨーロッパ地域以外の革命へのコミットメントは、必ずしも積極的であったわけではなかった。スターリンは、世界での共産主義革命の推進よりも、ソ連一国の共産主義革命の貫徹を目指したからである。それでも、コミンテルンはソ連に訓練場を組織し、グローバル・サウスの数多くの人々がモスクワに足を運んだ（Bradley, 2010: 467）。

ウィルソンの国際主義やソ連の共産主義と距離を置いた脱植民地化の動きも見られた。たとえば、パリでの講和会議と並行して開催された第一回汎アフリカ議会（Pan-African Congress）である。アフリカやカリブ諸国、アメリカからの人々が参加した。汎アフリカ議会は、汎アフリカ運動の一環で、二〇年前の一九〇〇年にロンドンで汎アフリカ会議（Pan-African Conference）が開催されている。第一回汎アフリカ議会は、アフリカ大陸のドイツ植民地の問題を解決するために組織され、領土や労働、教育、医療、衛生、文化などの権利が国際連盟下で保証されることを目指していた（砂野、

一九九七：四四五—四五五；Bradley, 2010: 467)。

汎アフリカ運動は、戦間期と第二次世界大戦後のアフリカ地域とカリブ海諸国の問題に密接にかかわっていくこととなる。たとえば、イギリス領アフリカでは、一九三〇年代に、ジョージ・パドモアの指導の下で、マルクス主義や貿易連盟、反帝国主義、有色人種（アジア人を含む）の主義主張などと結びついた汎アフリカ主義が過激な形態をとった。フランスの帝国では、マルティニークのエメ・セザールやセネガルのレオポール・セダール・サンゴールらが、ネグリチュード（Négritude; 黒人性）運動を牽引し、植民地主義を批判した。セザールやサンゴールらの汎アフリカ運動には、アフリカ側からクワメ・エンクルマやジョモ・ケニヤッタらが積極的に携わった。脱植民地化の後、エンクルマはガーナで、ケニヤッタはケニアで、それぞれ指導的な立場に立った。カリブ海諸国やアメリカからも積極的に汎アフリカ運動に関与した人物はおり、たとえば、I・T・A・ウォレス＝ジョンソンやシリル・ライオネル・ロバート・ジェームズ、W・E・B・デュボイスらがいる（砂野、一九九七：四四五—四五五；Bradley, 2010: 467-468; Irvin, 2014: 92）。

汎イスラームや汎アジアの運動も、二〇世紀の前半に顕在化した。第四章でも見た通り、第一次世界大戦直後に、中東地域は、オスマン・トルコ帝国が解体し、多くの地域がイギリスもしくはフランスの勢力圏となった。北アフリカや中東地域では、まず教養のあるトルコ人が立ち上がり、やがてカイロやダマスカスなどの都市に運動は拡大した（Yaqub, 2013: 247）。ヨーロッパの帝国主義に対抗して、イスラームの原理と実践を再考する動きが模索されたのである。たとえば、カイロのアル＝アズハル大学は、イスラーム世界から学生たちが集まり、汎イスラーム思想の中心地となった。汎アジア運動は、中国や朝鮮、ヴェトナムなどのエリートたちが、たとえば、一九世紀半ばのエジプトの改革主義、一八九八年のアメリカに対抗したフィリピン革命、一九〇八年から一〇年までのトルコの憲法改革に刺激され、地域横断的な活動に従事しつつ、非西洋の連帯意識を高めた（弘末、一九九九：二六三—二六七；Bradley, 2010: 468）。

(2) トランスナショナルな反帝国主義の運動

第一次世界大戦後のトランスナショナルな反帝国主義の運動としては、イギリスやフランス、オランダの植民地でラディカルなナショナリストたちの運動がまず一九二〇年代に立ち上がり、世界大恐慌を経た一九三〇年代にはより精鋭化した。たとえば、汎アフリカ運動が、特にガーナやナイジェリア、ケニアで反帝国主義の動きをとり、一九二四年には西アフリカ学生連盟（West African Students' Union）が設立された。一九三〇年代には、労働者のストライキが反植民地主義の政治的運動をよりラディカルな社会経済の方向へと導いた。フランスのアフリカ植民地では、イスラーム教に啓発された第三次リーフ戦争やモロッコとチュニジアの革新的な政党運動が独立を志向した（福井・赤坂・大塚、二〇一〇：四六五—四九四）。エジプトは、一九一九年三月八日から始まった民衆デモとストライキで準独立国家として歩み出したが、イギリスの影響力は依然として強く、エジプトの政治的な独立を不可能としており、政治的かつ経済的な改革を実現しようとする世俗的で近代的なエジプトの政治エリートの努力を無効にしていた。ただし、一九三〇年代には、エジプトの公共生活でイスラーム教の優位性を回復しようとする宗教的な復興の動きが見られた。特にムスリム同胞団（Society of Muslim Brothers）が学生や労働者の幅広い支持を獲得し、継続するイギリスのプレゼンスへの民衆の反発を引き出し、イスラーム教と社会主義の原則に基づいた経済改革を提案するようになっていく。イギリスの西インドでは、一九二〇年代に植民地側の臣民たちが、公民権と行政機関での人種の平等を要求し始める。一九三〇年代には、黒人と労働者階級の意識の向上によって、政治的な独立と社会経済の変化の要求がよりラディカルなものになった（Bradley, 2010: 468-469）。

アジアでは、イギリス領インドのマハトマ・ガンディーが大衆ナショナリストの政党を率いて、革命的な非暴力・不服従（satyagraha: noncooperation）のキャンペーンに数百万の人々を動員するようになっていた。一九三〇年代には、植民地側の塩税に抗議するため海への行進を行った。ガンディーの非暴力・不服従の運動は、その後、第二次世界大戦後の脱植民地化とアメリカ国内の公民権運動に無視できない影響を与えることとなる（Fraser, 2013: 470; Kapur, 1992; 狭間・長崎、一九九九：三〇六―三六六；長崎、二〇〇四：三七四―三七七；山室、二〇一四：一九九；秋田、二〇一二：第三章）。オランダの東インドでは、反植民地主義の政党が地域を超えた宗教の信条と社会主義の国際主義、「民族」の新しい言説を掲げて、インドネシア群島の地域の多様な特殊性を乗り越え、社会経済の改革を実現し、オランダからの政治的な独立を目指した（ハリソン、一九六七：二四四―二四九；山室、二〇一四：二〇一―二〇二；山本、二〇一八：一一〇―一一一；中野・遠藤・小高・玉置充・増原、二〇一六：六三―六五）。同じくビルマでは、青年仏教徒協会（Youth Buddhist Association）の活動家の僧たちや我らのビルマ人協会（Dobama Asi-ayone: the We Burmans Association）の学生たちが、アイリッシュのナショナリズムやフェビアン社会主義、マルクス＝レーニン主義などの思想の影響を受けつつ、イギリスの植民地支配に挑戦し始めた（ハリソン、一九六七：二五一―二五二；山室、二〇一四：二〇〇―二〇一；山本、二〇一八：一一二―一一三；中野・遠藤・小高・玉置充・増原、二〇一六：六五―六六；Bradley, 2010: 469）。

戦間期のヴェトナムの反植民地主義と政治的な独立のヴィジョンは、第二次世界大戦以前の反植民地主義の思想と実践を活気づけたり、〝抑制〟したりするダイナミズムと流動性の増大を露わにした。一九二〇年代のヴェトナムでは、将来のヴェトナム共産党の指導者を含むナショナリストの新しい世代が生まれた。ラディカルな若者の多くは、変化の遅いペースに我慢がならない学生や伝統的エリートの子供たちであった。彼らは、植民地化される以前の儒教に基づく政治秩序と同じく、フランスの帝国秩序に批判的であったばかりではなく、フランスの帝国主義がもたらす苦境に効果的に対応できない、より古い世代の反帝国主義者たちの無能力さにも批判的であった。脱植民地化の運動は、フランスの帝国主義に激しく反対する新しい社会集団をヴェトナムの都市に生み出した。これら都市の知識階級は、主に店舗経営者や事務員、学校の教師、ジャーナリスト、技術者などから構成されていた。彼らの生活はフランスの植民地支配の下に組み込まれていたが、彼らは自らの経済的苦境と教育や政治的参加の機会に宗主国のフランスが課す制限に激しい不満を持っていた（ハリソン、一九六七：二五四―二五六；Bradley, 2010: 469）。

因習破壊的なヴェトナム人のラディカルな思想は、一連の共有された原則に十分に立脚したものでは必ずしもなかった。個人と社会の変革に向けたラディカルな運動家たちの模索はまったくばらばらで、ほとんど革命的な英雄主義へのロマンティックな信条に基づいていた。こうした知的な環境の下で、ホー・チ・ミンは、一九二五年にヴェトナム青年革命同志会（Việt Nam Thanh Niên Cách Mạng Đồng Chí Hội; Vietnam Revolutionary Youth League）を創設した（桜井、一九九九：三二八―三二九；中野・遠藤・小高・玉置充・増原、二〇一六：七〇―七二）。この連盟は、ヴェトナム共産党の前身となったが、社会革命や階級問題というよりは国家問題に対する緊急の責務を強調し、マルクス＝レーニン主義だけでなくヴェトナム固有の政治的言説もあり、ジェファソンやガンディー、孫文らの思想からも影響を受けていた。最終的にホー・チ・ミンは、愛国主義の絆とフランスの植民地支配から脱するための社会革命への欲求を通じて、進歩的なエリートたちと農民をはじめとした大衆を集結させていく。しかし、ラディカルなヴェトナム人たちは、他の地域の反帝国主義の活動家たちと同じく、一九三〇年代の終わりまでに、植民地社会を変革し、政治的な独立を獲得するには程遠い状態にあった。帝国主義の大国は強大なままであり、ナショナリストたちの運動はバラバラに分散しており、都市と地方の人々を動員する能力にはまだ限界があった（山村、二〇一四：二〇二―二〇三；Bradley, 2010: 469-470）。

三　第二次世界大戦直後の脱植民地化の動き

（1）トランスナショナルな脱植民地化の切望

本章の冒頭で引用した通り、歴史家のフレイザーによれば、「事実上、一四九二年後のヨーロッパによる帝国プロジェクトのグローバリゼーションは、二〇世紀後半の脱植民地化のプロセスによって反対方向へと後退していく」（Fraser, 2013: 469）。第二次世界大戦の経験は、帝国主義世界体制の下でのさまざまな反帝国主義の運動の運命を大きく転換させることとなった。第二次世界大戦も、第一次世界大戦と同じく、「国民国家の総力戦」だけでなく、「帝国の総力戦」となった。しかし、第二次世界大戦は、第一次世界大戦以上に、植民地の政治的な独立を促し、国際システムのラディカルな変化を促進する上で、死活的な役割を担うことになる。特に太平洋戦争では当初、日本軍が東南アジア地域でイギリスやフランス、オランダ、アメリカに勝利し、植民地の宗主国の軍隊を撃退した。植民地の宗主国の軍隊は一時的に、東南アジア地域からの撤退を余儀なくされる。このことは、イギリスやフランス、オランダ、アメリカによる植民地支配の脆弱な側面を明らかにし、植民地支配の正統性に大きな疑問を投げかけた。第二次世界大戦後の脱植民地化の変化を見る限り、こうした心理的なインパクトは、計り知れなく大きかった（McMahon, 2003: 36; Hotta, 2007; Iriye, 1981; Thorne, 1985; Fraser, 2013: 471, 473）。

他方で、ドイツの植民地政策や国内での反ユダヤなどの人種差別も、「文明化の使命」など宗主国側の植民地支配の論理に深刻な疑問を投げかけることになった（Gordon, 1996; Fraser, 2013: 471）。また、アメリカとソ連が二つの超大国として立ち現れてきたため、植民地の反帝国主義の勢力は、戦時中の両超大国のコミットメントを脱植民地化の動きに結びつけようとしていく（Pechatnov, 2010: 91-95; Bradley, 2010: 470）。

一九四五年八月一五日の日本の降伏により、東アジアと東南アジア地域に力の真空が生じ、グローバル・サウスの反帝国主義の勢力は、政治的な独立を主張し始めた（McMahon, 2003: 36）。たとえば、ビルマのアウン・サンやインドネシア共和国のスカルノ、ヴェトナム民主共和国（ＤＲＶ）の建国を宣言したホー・チ・ミンらが一九四五年の夏から秋にかけて、脱植民地化の動きを早くも見せた（桜井、一九九九：三四九—三四二; McMahon, 1981; 2003; Rotter, 1987; Lawrence and Logevall, eds. 2007）。イギリス領インドでは、反植民地の指導者たちと宗主国イギリスとの間で、独立に向けた話し合いが一九四五年に始まった。ただし、ヒンドゥー教とイスラーム教の間でインドのナショナリズムはますます分裂した。同時に、中東地域では、エジプトやシリア、イラク、レバノン、ヨルダンが植民地支配を終わらせるようイギリスとフランスに圧力を加え始めた。こうしたさまざまな地域における帝国主義世界体制に対するラディカルな挑戦は、ただ単に政治的な独立だけでなく、都市と地方の人々の政治・社会・経済の統治を大きく転換しうるであろう脱植民地化の後の国家建設へのコミットメントまで視野に入れていた（Bradley, 2010: 470-471）。

第二次世界大戦とその後、植民地主義の非リベラルな統治を変革しようとする動きは、「反帝国主義」や「人権」、「人種の連帯」といったトランスナショナルな言説の広がりとともに進展した。フレイザーによれば、やや難解な表現だが、「事実上、反植民地主義の闘争と脱植民地化は、植民地支配が人類の平等の原則に基づいたグローバルな社会に相反するものとして拒絶される、オルターナティブな道義的世界の形成にとっての誘因となった」（Fraser, 2013: 471）。一九四五年の国連憲章を起草するためのサンフランシスコ会議では、植民地世界の問題が争点となったばかりでなく、植民地側の勢力によるいくつかの会議が開かれた。たとえば、一九四五年八月にはマンチェスターで、第五回汎アフリカ議会が開催され、アフリカ系アメリカ人やカリブ諸国の黒人の代表も加えて、イギリス領アフリカの将来の指導者たちが集結した。この第五回汎アフリカ議会は、帝国による経済的搾取を批判したが、アフリカの文脈での政治的独立に焦点を絞り、植民地の自由を「完全な社会的・経済的・政治的な解放への第一歩であり、必要な前提条件」となると位置づけた（Bradley, 2010: 471）。

反帝国主義の指導者たちは、一九四五年六月二六日までのサンフランシスコ会議に参加し、植民地の独立への即時の見通しを直接的に促進するであろう文言を国連憲章に盛り込もうと努力した。国連憲章には植民地世界の自決を保証する文言は盛り込まれなかったが、一九四八年一二月一〇日の世界人権宣言（Universal Declaration of Human Rights：UDHR）で人権の保証が謳われ、反植民地主義の観点から脱植民地化に向けた力強い文言が盛り込まれた。こうした世界人権宣言と政治経済的かつ社会的な権利の約束は、ラテンアメリカ諸国の社会民主主義者たちと（第二次世界大戦後、ラテンアメリカ諸国は一時的に民主化していた）、新たに独立していたレバノンとインド、フィリピンの外交努力の産物であった。こうして、国連憲章も世界人権宣言も、脱植民地化に向けた実施メカニズムの文言を謳ったわけではなかったが、植民地の人々が植民地社会を再構築し、国際世論の支持を獲得する努力に正統性の根拠を提供することとなった（Keys and Burke, 2013: 488-490; Bradley, 2010: 471-472）。

こうしたトランスナショナルな脱植民地化の切望は、脱植民地化のレトリカルな約束に冷淡な国際環境の下で、直ちに試練に直面した。宗主国から植民地への政治的権威の委譲は、時には平和裏に実現したが、第二次世界大戦の直後は不必要に長引く暴力にしばしば悩まされた。ネルーは、一九四七年八月のインド独立の瞬間を「真夜中、世界が眠っている時に、インドは目覚め、生命と自由を手にした」と表明したが、亜大陸はインドとパキスタンにすぐに分裂し、宗教と宗派をめぐる暴力が継続した（Bradley, 2010: 472; Rotter, 2013: 213-215; Hyam, 2006: ch. 2; Brendon, 2007: ch. 13; Louis, 2006: chs. 13,14,15; 秋田、二〇一二：第三章）。東南アジア地域では、反帝国主義のエリートたちが独立を宣言すると、宗主国としての地位と特権をあきらめる気がない帝国の権力による抵抗に直面した。オランダとフランスはいずれも、一九四六年に勃発した不必要に長引く戦争で、帝国であることを再び主張しようとした。オランダはスカルノのインドネシア共和国と戦い、フランスはホー・チ・ミンのヴェトナム民主共和国と戦争した。イギリスもまた、アフリカ地域と中東地域と同じく、マラヤとシンガポールの植民地支配を維持しようと試みた（Fray, Pruessen and Yong, eds., 2003; Bradley, 2010: 472）。

（2）脱植民地化と冷戦の開始

第二次世界大戦直後の脱植民地化の第一の波を特徴づけた急速に変化し混沌とした国際環境下で、グローバル・サウスでは、ヨーロッパ地域での冷戦が本格的に波及してくることは、アメリカとソ連だけではなく、反帝国主義の勢力と帝国としての大国にとっても、想定外の出来事であった。アメリカもソ連も当初は、ドイツ占領や西ヨーロッパ諸国の復興、東ヨーロッパ諸国の運命、ギリシャの内戦など、ヨーロッパ地域の出来事に主たる関心があり、グローバル・サウスでの脱植民地化の動きは、冷戦の対立にとっては周辺的な出来事でしかなかったからである（Bradley, 2010: 472）。ヨーロッパ地域での西側同盟との第二次世界大戦後の関係により多くの関心があるソ連のスターリンは、第二次世界大戦直後の世界の共産党主導の運動に対して、意義のある物的支援をほとんど提供していない。たとえば、第二次世界大戦中にクルディスタンとイラン・アゼルバイジャンの政権とは友好な関係を維持したが、アメリカが本気で圧力を加えた後には、一九四六年五月にイランから撤退し、その後、イラン共産党であるツデー党とは一定の距離を保った。中国では、スターリンは、中国共産党は蔣介石の国民党との同盟を維持すべきであると主張していた。スターリンは、国民党との内戦を戦う中国共産党に対して、強力な軍事支援や物的支援を提供することはなかった（Mitter, 2013: 124-126）。またスターリンは、ホー・チ・ミンのブルジョアのナショナリストの傾向への嫌悪感やグローバル・サウスでの開発の問題への低い優先順位などから、フランスと第一次インドシナ戦争を戦うヴェトナムに対してほとんど支援を提供せず、反帝国主義のレトリカルな支持でさえ差し控えた（Logevall, 2010: 282-284; Bradley, 2010: 472-478）。

アメリカも、第二次世界大戦直後は、グローバル・サウスでの脱植民地化の動きを冷戦の文脈で捉えることはほとんどなかった。むしろアメリカの政策決定者たちは、脱植民地化の多くの動きのラディカルな側面をますます認識し、危険視するようになっていく。しかし同時に、アメリカは、第二次世界大戦後にイギリスやフランス、オランダが自らの帝国を維持しようとする試みを表立って支持することには慎重であった。アメリカは、反帝国主義の政策を志向したが、かと言ってグローバル・サウスでの性急な独立を支持していたわけではなかった（Bradley, 2010: 473）。たとえば、一九四七年の時点で、マーシャル国務長官は、脱植民地化に対する政策を明確に描けずにいた。第一次インドシナ戦争を戦うフランスに対しては、インドシナ地域での「フランスの主権的な地位を十分に認識」していたが、時代遅れの植民地支配が第二次世界大戦後も残ることや、フランスがポストコロニアルな現実を認識できていないことに対しては批判的な姿勢を見せていた。しかし同時に、ヴェトナムのホー・チ・ミンがソ連の共産主義と密接な結びつきを強めることを強く危惧していた。マーシャル国務長官は、アメリカとしては脱植民地化後の帝国の旧植民地がクレムリンから発せられたイデオロギーの影響下に入ることを座視すべきではない、という趣旨の発言を残している（U.S. Department of State, 1972: 67-68）。脱植民地化後にラディカルな政権が誕生することも、時代遅れの植民地支配が継続することも、アメリカとしては許容することができないのであった。アメリカのトルーマン政権では、ヨーロッパの大国の脱植民地化については、急ぎ過ぎた脱植民地化ではなく、秩序ある漸進的な転換がより望ましいものとして捉えられていく（Plummer, 2013: 508）。

第二次世界大戦直後のホー・チ・ミンの外交努力は、流動的な時期に展開されたもので、冷戦もヨーロッパ地域以外にまだ本格的に波及していなかった。ソ連とアメリカからの明確な支援を獲得することができない現実に直面したヴェトナム共産党は当初、インドや東南アジア地域のナショナリストたちからの道義的な支援を獲得する外交努力を展開することとなった。たとえば、バンコクやラングーンへ外交使節団を派遣し、ヴェトナム共産党は、タイやビルマ、インドネシア、インド、フィリピンのナショナリストたちと密接な結びつきを強め、マレーシアのラディカルなナショナリストたちとも非公式のつながりを持った。ヴェトナム共産党の外交官たちは、一九四七年のインドでのアジア関係会議（Asian Relations Conference）で活発に活動しただけではなく、ナショナリストたちの地域協力のネットワークを形成することを目的とした東南アジア連盟（Southeast Asia League）にも参加した。こうしたヴェトナム共産党の外交努力は、直ちに物的な支援を獲得することはできなかったが、次第に武器や軍事物資を獲得するための秘密のネットワークを構築し、宗主国のフランスに対する彼らの独立戦争への国際社会からの共感を集めるため、東南アジア地域でナショナリストや反植民地主義者たちとの結びつきを強めることとなった（Chapman, 2014: 106-108; Bradley, 2010: 473-474）。

四　脱植民地化と冷戦

（1）脱植民地化と中ソ

一九四九年一〇月一日の中華人民共和国の建国と一九五〇年六月二五日に勃発した朝鮮戦争（一九四八年に南北朝鮮は独立していた）は、ヨーロッパ地域で始まり激化してきた冷戦のダイナミズムがヨーロッパ以外の地域での脱植民地化の動きに広がり、アメリカとソ連の二つの超大国の影響力がグローバル・サウスにも拡大していく契機となった（Mitter, 2013: 126-128; Jun, 2013; Fraser, 2013: 472）。中華人民共和国の建国は、毛沢東が率いる中国共産党の勝利による中国の内戦の終結を意味した。アメリカが支援してきた蒋介石が率いる国民党政権は台湾に逃れ、亡命政権を樹立した。朝鮮戦争の勃発は、日本の植民地であった朝鮮半島で、資本主義のアメリカを中心とした「国連軍」（厳密には多国籍軍）と共産主義の中国が直接に戦う戦争へと発展していくこととなる。ただし、ソ連は参戦していないし、朝鮮戦争は朝鮮半島での限定戦争にとどめられた（Stueck, 2010: 277-283; Jun, 2013）。

中国の内戦と同じように、戦後の東南アジアにおける独立闘争も、複雑に冷戦と絡み合うようになっていった。現地の民族主義勢力とヨーロッパの植民地主義は、いずれも、東西対立を煽ることで国際的な正統性と外部からの支援を得ようとしていた。すなわち、それぞれの行動の大義に冷戦という衣をまとわせることで、米ソ超大国のどちらかから外交上および物理的な支援を引き出そうとしたのである。その結果、こうした地域レベルの対立が「グローバル化」していくことは、冷戦時代を通じて共通する一つのパターンとなっていった（McMahon, 2003: 45）。

冷戦と第三世界の歴史を研究するマクマンは、以下の通り、議論を続ける。「米ソはいずれも当初、東南アジアに死活的な国益が存在するとは考えていなかったし、東南アジアという世界の僻地における権力闘争と、より重要なヨーロッパにおける外交的対立の間に、意味のある関係性が存在するとは考えていなかった。しかし、東南アジア情勢とヨーロッパ情勢を切り離して考えることは、それほど簡単ではなかった。そして中国共産党の勝利と相まって、一九四〇年代後半までに米ソは、東南アジアを東西対立のもう一つの重要な舞台と見るようになっていった」（McMahon, 2003: 45-46）。

たとえば、ヴェトナムでもソ連は、一九五〇年以降、中国がヴェトナム共産党への軍事支援と経済支援を本格化させていくことを許容するようになった。アメリカのトルーマン政権は、朝鮮戦争勃発の直前の一九五〇年五月に第一次インドシナ戦争を戦う同盟国のフランスへの支援を決定し、朝鮮戦争後にその軍事支援を拡大し、戦費の四分の三を負担するまでになっていく。反植民地主義のアメリカがフランス支援へと政策転換した理由は、国際システムの中心であるヨーロッパ地域で西ドイツの再軍備の動きに対する同盟国フランスの支援を必要としたからである（Fraser, 2013: 472-273; Logevall, 2010: 284-288; Chapman, 2014: 106-108）。

しかし、アメリカと中国の経済支援と軍事支援は、いずれも緊張に満ちたものとなった。米ソ冷戦は、脱植民地化する地域で複雑な経緯を辿ることとなる。アメリカの政策決定者たちにはフランスの植民地支配と軍事能力の低さに対する軽蔑の念があり、他方でフランス側にはアメリカが自らの政治的かつ経済的な目的のためにヴェトナムでの支配を取って代わろうとしているのではないかという懸念が生じていた。冷戦のパートナーシップは、脱植民地化をめぐっては、調和がとれていたとは言い難い（Logevall, 2010: 288-289; Fraser, 2013: 473; Chapman, 2014: 106-108; Bradley, 2010: 474; Herring and Immerman, 1984; Simpson, 2013）。アメリカのアイゼンハワー政権は一時、ヴェトナムで核兵器の使用を検討したが、実際に核兵器が使用されることはなかった（Herring and Immerman, 1984; Fraser, 2013: 472）。

中国とヴェトナムとの関係も、緊張に満ちたものとなった。中国からヴェトナムへのアドバイザー集団や兵器、物資などの大量の流入があったばかりではなく、中国の政治的なアドバイザー集団はヴェトナム民主共和国の国内政策に積極的に関与しようとする動きを見せ、ヴェトナム人を圧倒する勢いであった。軍事の戦術や戦略をめぐる対立が直ちに生じ、中国人アドバイザーたちとヴェトナム人の軍事指導者たちの間で個人的な敵意は深まるばかりであった。この時期の脆弱な中越関係は、中国の国益や地政学的な利益がイデオロギーの友愛の紐帯に取って代わることがあったことから生じた。中国の毛沢東がフランスと戦うヴェトナムを支援した理由として、反植民地主義の連帯意識へのイデオロギー上の関与のためだけではなく、アメリカが建国間もない中国の南部から軍事侵略を企てるのではないかという根深い懸念があったという（Bradley, 2010: 475; Jian, 2013）。

こうした中越関係を彩った深い疑心暗鬼は、一九五四年五月七日のディエン・ビエン・フーでのヴェトナム軍の勝利を妨げることはなかった。フランスの植民地主義を粉砕したこの戦いで、ヴェトナムに対する中国からの軍事支援は重要な役割を担った。フランスは、この戦いでの敗北によって、ヴェトナムからの撤退を決定する。ディエン・ビエン・フーでのヴェトナム軍の勝利は、反植民地主義の脱植民地化しつつあった国々や脱植民地化後の国々の指導者たちを力強く励ます心理的な反響をもたらした（Logevall, 2010: 289-292; Chapman, 2014: 106-108; Bradley, 2010: 475）。こうした国際環境の下で、アメリカとソ連、中国は、脱植民地化のプロセスと脱植民地化後の国家建設にますます関与していくようになっていく。

一九五三年三月五日のスターリンの死は、ソ連外交に根本的な再評価をもたらし、特に脱植民地化するグローバル・サウスへの政策の転換が生じた。一九五六年二月一四日に開幕したソ連共産党第二十回大会での演説で、フルシチョフ第一書記はスターリンを批判するとともに、脱植民地化の動きを「世界史的な意義が大きい戦後の発展である」と位置づけた（Whitney, ed., 1963: 259-265）。フルシチョフは、「平和的共存（peaceful coexistence）」のレトリックの下で、脱植民地化を目指す進歩的な非マルクス主義の運動を支援することを推し進めていく。ソ連の反帝国主義と経済成長のモデルが脱植民地化する地域の指導者たちにアピールするであろうことに自信を持っていたフルシチョフは、インドやインドネシア、エジプトに数十億ルーブルに上る軍事支援と経済支援を提供した。いずれも非同盟運動の指導国であり、フルシチョフとしてはソ連の勢力圏に組み込みたい、という思惑があった（Bradley, 2010: 475; McMahon, 2003: 64）。

これらソ連の支援の受領国にとって、冷戦の政治的な側面よりは、経済的な側面の方がしばしばより重要であった。ソ連の集権化された計画経済、巨大な新しい鉄鋼施設やダム、集団農業の機械化をはじめとした五カ年計画は、脱植民地化した国々の指導者たちにとって経済成長と急速な工業化のための戦略として魅力があるモデルとなり得た。たとえば、インドのネルーは、一九二〇年代後半にソ連を訪問し、ソ連の産業化の進展や強力な国家主導の計画経済を、脱植民地化後のインドの経済成長のモデルとして位置づけていた。ネルーは、農業での投資や小規模な村産業を重視せず、重化学工業の発展や巨大な鉄鋼施設の建設をより重視した。こうした経済努力を継続する上で、ソ連モデルにしたがい、ソ連からのアドバイスと資金提供に頼ったが、ネルーはソ連の政治的なイデオロギーは拒絶し、独自の外交努力を推し進めた（Irvin,

2014: 99)。インドネシアとエジプトも同じく、ソ連から数百万ドル規模の経済支援を受け取り、ソ連の経済モデルを踏襲したが、冷戦のブロック政治の対立には冷淡な姿勢を崩さなかった (Bradley, 2010: 475-476)。

（2）脱植民地化とアメリカ

「アジアで最大の人口を抱える中国に共産主義体制が出現したこともまた、アメリカにより積極的な対東南アジア政策をとらせた大きな要因であった。情報分析に携わるアメリカの専門家たちは、中国の拡張主義的な傾向を懸念していた。たとえば、中国が軍事力を行使して東南アジア各地を支配する可能性や、革命を狙う反乱勢力を支援する危険性などが脅威として受け止められた。こうした問題に対応するために、アメリカは、東南アジア情勢の安定化と中国の封じ込めを同時に目的とする一連の新たな政策を打ち出した」(McMahon, 2003: 45-46)。マクマハンは、以下の通り、議論を続ける。

アメリカの政策決定者はまた、東南アジアの政情不安と、それに起因する経済の低迷が、日本の復興を妨げているとも信じていた。日本が経済的に生き残るためには海外市場が必要であった。しかし、共産党による中国支配が確立すると、アメリカの政策決定者たちは、戦前の日本にとって最大の市場であった中国本土と日本の間で貿易が行われるのを妨げようとした。緊密な商業上の関係が日本と中国を政治的に結びつけてしまうことを彼らは懸念していたのである。東南アジアを日本にとって中国の代替市場とすることは、日本の輸出をめぐるディレンマを解消する上で最も有望な答えのように見えた。しかしその前に、まず、東南アジアの政治的・経済的混乱を沈めなければならなかった (McMahon, 2003: 48)。

こうして、一九五〇年代までに、東南アジア地域の脱植民地化の問題は、戦後日本の経済成長と密接につながっていると、アメリカの政策決定者たちにとって認識されていたのである。

またマクマンによれば、「深刻な経済状況や植民地から独立への移行の遅れ、インドシナとマラヤでくすぶり続ける植民地紛争などの問題が政情不安をもたらし、東南アジア全域が共産主義の浸透しやすい状況となっている。こうした懸念をアメリカの政策決定者たちは抱いていた。彼らは、東南アジアにおけるアメリカの安全保障上のリスクはきわめて高いと判断していたのである」。アメリカ国務省のソ連専門家の一人であったボーレンは、「東南アジアが共産主義の手に落ちた」としたら、全般的な勢力均衡（ＢＯＰ）にきわめて深刻な影響を与え、「私たちは冷戦に負けることになる」と発言していたという (McMahon, 2003: 69-70)。一九五二年六月にトルーマン大統領が承認した政策文書によれば、国家安全保障会議（ＮＳＣ）は、東南アジアの国がどこか一国でも中国・ソ連圏へと寝返れば、その「心理的、政治的、経済的な影響は決定的なものとなり」、「その他の東南アジアの国々もまもなく、共産主義に屈服する、あるいは共産主義と提携することになるだろう」と警告していた（McMahon, 2003: 70）。アチソン国務長官も、一九五二年半ばにイギリスのイーデン外相に対して、「もし私たちが戦わずして東南アジアを失うようなことがあれば、私たちは敗北したことになります」と述べ、だからこそ、「私たちは東南アジアを救うために最大限の努力をしなければならないのです」と警告していたという（McMahon, 2003: 70）。

アメリカでは、こうした東南アジア地域に限らず、グローバル・サウスでの脱植民地化の動きがますます冷戦のレンズを通して捉えられていく。アメリカも、ソ連と同じく、アジアや中東、ラテンアメリカ地域の経済発展を促進するために、積極的に関与していった。アメリカの政策決定者たちは、アメリカの社会経済や文化の歴史的な発展形態を普遍的なモデルとみなす「近代化論」を展開しつつ、伝統的な社会から近代社会への変化を後押ししていくこととなった。近代化論は、グローバル・サウスで「自由世界」のダイナミズムと安定を拡大し、共産主義の魅力に対抗する目的を有していた。アメリカが主導するリベラルな資本主義モデルとソ連と中国が主導する国家社会主義モデルとの対立構図が背景にあった（Irvin, 2014: 100-101; Bradley, 2010: 476; Latham, 2010: 258-267, 268-272; Jackson, 2010: 55-58; Citino, 2014; Loth, 2010）。

特に一九五〇年代と一九六〇年代のアメリカの政策決定者たちにとって、経済発展のための数百万ドル規模の経済支援は、ミラクル・ライスや農業支援であれ、輸入代用や消費社会の発展であれ、グローバル・サウスでの共産党主導の政治反乱や社会工学に対抗する必要な防波堤の役割を担うことが期待されていた。近代化論は、反共産主義の性格が強かったが、共産主義のモデルと主要な要素を共有している側面もあった。たとえば、近代化論は、社会主義ではなくリベラルな資本主義への変化であったが、封建制度からの〝歴史的な離脱〟というマルクス＝レーニン主義の公式化を踏襲していた。また近代化論は、賢明な指導者が歴史的に不可避な進展を指導するというソ連の主張とも重なる部分があった。同時に、近代化論の過分に家父長制的な態度や干渉主義が、発展途上国と資本主義の近代性との間の分断についてのアメリカの認識を特徴づけていた。欧米の文明に対抗する野蛮な社会という高次元の帝国主義（high imperialism）の社会ダーウィニズムの言説を想起させるものであったと言ってよい（Bradley, 2010: 476-477; Latham, 2010: 262）。

近代化論とアメリカの経済支援のインパクトはしばしば、ソ連の開発プロジェクトや援助の結果を反復するような側面があった。韓国やヴェトナム、台湾、フィリピンで、アメリカの開発支援のインパクトは全体として一様ではなく、ひどい失敗を招くこともあったが、経済援助はより密接な政治的な関係を維持することとなった。しかし、一九五〇年代後半から一九六〇年代前半にかけて冷戦の対立から距離を置こうとするインドやインドネシア、エジプトのような国家にとって、アメリカの経済モデルへの関心は通常、政治的ないし外交的な同盟を形成するまで関係が発展することはなかった(Bradley, 2010: 477)。

アメリカの国家安全保障政策の担当者たちは、健全な世界資本主義経済、西ヨーロッパと日本の経済復興、そしてアメリカの商業的および軍事的な必要性から見て、第三世界の資源と市場が不可欠だと認識していた。実際、西側の経済的・軍事的な力は、発展途上諸国のつながりに大きく依存していた。平時においては西ヨーロッパの石油需要を、有事においてはＮＡＴＯの軍事的な必要性を満たす上で、中東の石油が死活的に重要な意味を持っていたという事実が、何よりもこのことを雄弁に物語っている(McMahon, 2003: 64)。

経済的かつ社会的な発展へのアメリカの関心が増大するにつれて、冷戦の激化の圧力は、直接の介入をともなう政策をグローバル・サウスでますます活発化することとなった。たとえば、一九五三年八月一九日に、アメリカのアイゼンハワー政権は、イランのモサデク政権の転覆に関与している。この中央情報局(ＣＩＡ)主導の隠密活動は、モハンマド・モサデクのアングロ・イラニアン石油会社の国有化や同盟国のイギリスにもたらす結果など複数の要因に促されたものであった。アメリカの政策決定者たちは、イランのツデー政党の共産主義への志向やますます増大する権力、ソ連の保護への依存にも脅威を抱いていた。しかし、ツデー政党は、アメリカが当時理解していたよりもはるかに弱い勢力で、かつ相当に分裂していた。またイランの国内政治の状況は、冷戦の論理で理解されるよりもはるかに複雑なものであった。にもかかわらず、冷戦の対立が自明のものとしてアメリカの認識と政策を形成していくこととなる(Yaqub, 2013: 248-249; Little, 2010: 305-306; Bradley, 2010: 477; McMahon, 2003: 72-74)。

英・イラン紛争の起源は冷戦とは無関係であった。にもかかわらず、アメリカのイランに対する政策は、ソ連の冒険主義——それが誇張されたものであったとはいえ——に対する懸念に突き動かされることになった。対イラン秘密介入の背後にあったのは、冷戦初期アメリカの中東政策が最優先していた二つの課題であった。それは、ソ連の封じ込めのために、脱植民地化が進展する中東の新興国に対するソ連の影響力拡大を防止することと、西ヨーロッパにとって死活的な石油資源へのアクセスを確保することである(McMahon, 2003: 66)。

「西ヨーロッパ諸国の帝国主義、人種差別主義、傲慢さ、そして現地の資源に対する支配の継続といった問題は、ここ(第三世界)でのアメリカ人外交官の仕事を難しいものとしていた。一九五〇年代の間にアメリカの政策決定者たちは、周辺地域をめぐる争いの結果次第で、世界における勢力バランスは西側にとって有利なものにも、不利なものにもなりうると確信するようにもなっていた」とも、マクマンは指摘する（McMahon, 2003: 65）。

　マクマンは続けて、一九六一年二月の上院でのラスク国務長官の証言を紹介する。すなわち、発展途上国のおけるソ連の政策努力が「非常に大きなものとなった」ことは、米ソ間の争いが「西ヨーロッパにおける軍事問題から低開発国をめぐる真の競争へ」と移行したことを示していると指摘して、「アフリカ、中南米、中東、アジアにおける戦いは今や互いに結びついており、軍事分野ではなく、影響力、栄誉、忠誠心などをめぐるものとなっています。しかもこの争いの結果はきわめて重大なものとなりうるでしょう」と述べたという（McMahon, 2003: 65）。

　西側の軍事同盟のＮＡＴＯは、西ヨーロッパの防衛のための軍事同盟であるばかりでなく、脱植民地化の動きをアメリカと同盟国との間で管理していく装置としても機能する側面があった。たとえば、イスラエルの建国独立は、中東地域でのイギリスの影響力を減少させ、アメリカの影響力を増大させた（Yaqub, 2013: 249; Fraser, 2013: 477）。インドシナ地域のヴェトナムでは、アメリカは、フランスの撤退後、南ヴェトナムに残っていくことになる（Logevall, 2010: 290-292; Chapman, 2014: 108-111; Young, 1991; Ellsberg, 2002）。フレイザーによれば、ヨーロッパの「公式の帝国」ないし「非公式の帝国」の解体がアメリカの「非公式の帝国」へとつながる側面があったのである（Fraser, 2013: 470; 1992; Little, 2002; Simpson, 2013）。

（3）脱植民地化と公民権運動

　アジアやアフリカ、中東地域での脱植民地化の進展は、アメリカやヨーロッパの大国に深刻なディレンマを突きつけていくことになる。アメリカでは、国内で「ジム・クロウ」など黒人の差別が根強く残っており、ヨーロッパの大国も国内で旧植民地からの移民の問題を抱えていた（Fraser, 2013: 470; Borstelmann, 2001; Dudziak, 2000; Layton, 2000; Plummer, ed., 2003; Anderson, 2013）。たとえば、アメリカでは一九四四年にミュルダールが『アメリカのディレンマ』をまとめ、国際社会での「自由世界の指導力」と国内での人種差別との矛盾を指摘していた（Myrdal, 1962; Fraser, 2013: 480）。その後、一九五四年五月一七日の最高裁判所の「ブラウン対教育委員会判決」によって、黒人による公民権運動が活発となる。黒人による公民権運動の指導者であるキング牧師は一九五七年四月に、ガーナの独立（三月六日）を見届け、以下の通り、指摘した。

> ガーナ（の独立）は、世界の力が正義の側にあることをわれわれに示している。古い旗が降ろされ、新しい旗が掲げられるのを見たあの夜、私は次のことを理解した。ガーナの独立は歴史の段階でただ短命ではかない出来事ではなく、永久の意味を持つ出来事であった。古い秩序が過ぎ去り、新しい秩序が立ち現れつつあるということを象徴する出来事であった。植民地主義と人種差別の古い秩序が過ぎ去り、正義と自由、善意の新しい秩序が生まれつつあるのである（Fraser, 2013: 481）。

こうして、キング牧師は、国際レベルでの脱植民地化の動き（特にアフリカ諸国の独立）と国内での人種差別との間の〝連結・連携（linkage）〟を認識していた。ガーナなどアフリカ諸国の独立は、アメリカ国内の公民権運動とその指導者たちを勇気づけ、公民権運動はアフリカ諸国の独立を刺激するようになっていく。こうした意味で、脱植民地化の動きは、「白人の優位」や「劣った人種」といった古い概念を打ち砕いていくのであった（Fraser, 2013: 470, 480-481; Irvin, 2014: 94, 100-101; Plummer, 2013: 511; Anderson, 2013）。

マクマンの指摘を再び、引用しよう。「米ソ対立の影響は公民権運動の行方にも及んだが、そこには相矛盾する要素が含まれていた。人種差別主義者たちは、当初、公民権運動の指導者たちに共産主義という汚名を着せることで、黒人の自由を求める闘争を挫折に追い込もうとした。しかし、アイゼンハワー、ケネディ両政権がアメリカ南部における人種的隷属のシステムを維持したり、アフリカ系アメリカ人の基本権を否定することは、アメリカの国際的なイメージを悪化させ、アメリカが冷戦を戦う上で、容認できないほど大きな負債を負うことになると認識したことで、人種差別主義者たちの動きは相殺されたからである」。

五　バンドン会議とグローバル・サウス、中ソ対立

（1）バンドン会議と脱植民地化

冷戦の激化と脱植民地化に向けたグローバルな闘争によって、多くの反帝国主義の指導者たちは、国際システムへの関与の条件を再考するようになっていく。一九五五年四月一八日から二四日にかけて、脱植民地化したアジアとアフリカの国家を中心とした二九カ国が（中国と日本は参加したが、欧米諸国は排除された）、グローバル・サウスの民族解放運動の指導者たちをオブザーバーとして招聘し、東南アジアのインドネシアでバンドン会議を開催した（Fraser, 2013: 473-474; Mitter, 2013: 128-129; Bradley, 2010: 479）。バンドン会議は、グローバル・サウスの指導者たちが、地域と人種、階級の結束を促すトランスナショナルな反植民地主義のイデオロギーを議論し、帝国主義世界体制と冷戦の秩序から距離を置いた国際空間を生み出す契機となった（Mitter, 2013: 128-129; Guan, 2013: 234; Irvin, 2014: 97-98; Plummer, 2013: 511; Bradley, 2010: 479; 宮城、二〇〇一）。

バンドン会議での演説は、特に冷戦による双極の国際秩序を突き崩すことに焦点が絞られた。たとえば、バンドン会議を主催したインドネシアのスカルノ大統領は、それぞれの政府が「道義と論理の最も高次元な規則」にしたがうよう呼びかけ、「権力政治にふける」よう駆り立てられる衝動に警告を発した。グローバルな国際関係のオルターナティブな概念は、バンドン会議に集まったグローバル・サウスの構成員の共通点に基づくものである、という趣旨の発言もスカルノは行っている。「われわれのほとんどすべてが共通の経験の結びつき、すなわち植民地主義の経験を共有している。……われわれの多くが、いわゆる『低開発の』国家であり、多かれ

少なかれ同じ経済的問題を抱えている。……そしてわれわれは、民族の独立と自由の理想を高く評価すると宣言するようになると考える」と演説した。インドのネルー首相は、本章の冒頭で引用した通り、「もし私がこれら大きな陣営に参加したら、自分のアイデンティティを失うことになる。……もし世界のすべてがこれら二つの大きな陣営に分断されたら、いかなる結果がもたらされるであろうか？　不可避な結果は、戦争であろう」と演説している（Bradley, 2010: 479-480）。

バンドン会議で生まれたものは、冷戦のアメリカ側にもソ連側にも属さない旧植民地の国家と国民から構成される国際秩序のオルターナティブの萌芽であった。バンドン会議に集まった指導者たちは、継続する脱植民地化の動きを支持し、脱植民地化後の政治的かつ経済的な正義を実現することに強い関心があった。彼ら指導者たちのヴィジョンは、一九六一年九月一日から六日にかけてベオグラードでインドとインドネシア、エジプト、ガーナ、ユーゴスラヴィア、アルジェリアによって立ち上げられた非同盟運動の形成で具体的な姿となった。非同盟運動は、立ち上がりから三年以内で旧植民地から脱植民地化した五〇カ国以上の国家から構成されるようになる（Lawrence, 2013; Fraser, 2013: 471）。

一九五〇年代半ば、バンドン会議で発せられた「バンドン精神」は、帝国主義世界体制と冷戦による双極の国際秩序に挑戦する動きをさらに刺激することとなった。エジプトでは、一九五二年七月二三日の若い軍事将校による軍事クーデターで、イギリスによる準植民地支配を終結させることを企図し、社会経済の不平等に挑戦して、ガマール・アブドゥル・ナセル将軍が権力を掌握していた。一九五六年七月二六日にナセル大統領は、イギリスの管理下にあったスエズ運河の国有化を宣言する。イギリス管理下のスエズ運河は、エジプトにとってはエジプトの主権を制限する象徴そのものであり、ナセル大統領の経済発展のヴィジョンにとっては国家の歳入源になる可能性があるものであった。イギリスとフランス、イスラエルによる侵攻作戦に対してエジプトが断固として対抗したことは、ナセルの国内でのアジェンダを促進しただけではなく、ナセルと革命的なナショナリストの支持者たちをグローバル・サウスでの英雄とした（Little, 2010: 307-309; Irvin, 2014: 98; Yaqub, 2013: 249-251; Schmidt, 2103: 270-271; Bradley, 2010: 480; Hyam, 2006: ch. 3; Brendon, 2007: ch. 17; Louis, 2006: chs. 24, 25, 26; Yaqub, 2013; 秋田、二〇一二：第三章）。

ナセル大統領は、バンドン会議での中立主義の精神にも後押しされ、スエズ戦争でのイギリスとフランス、イスラエルへの劇的な勝利を利用して、汎アラブ運動を指導していくようになる。ナセル大統領が指導した汎アラブ運動は、イスラエルに対抗するパレスチナだけではなく、シリアやイラク、ヨルダンでの反帝国主義と脱植民地化の動きも支持していく。帝国主義とシオニズムに対抗する二つの闘争は、いくつかのアラブ諸国にエジプトのナセルを支持する政党を台頭させたばかりか、一九五八年二月一日にナセルは、エジプトとシリアから成るアラブ連合共和国を建国して、その初代大統領に就任した。アラブ連合共和国は、一時的な存在にとどまったが（一九六一年九月に事実上の解体）、単一のアラブ国家のための基礎となることを目指していた点は無視できない（Little, 2010: 311; Bradley, 2010: 480; Yaqub, 2013）。

こうして、バンドン会議とスエズ戦争、ナセルの革命的なナショナリズムは、冷戦と脱植民地化との関係をさらに複雑なものとした。ほとんどのアメリカの政策決定者たちは、バンドン会議での非同盟の強調を快く思わなかったし、エジプトと中東地域での進展をより強い警戒感で捉えた。アメリカのアイゼンハワー政権は、スエズ運河の管理権を取り戻そうとする同盟国のイギリスとフランス、イスラエルの軍事作戦に反対した。このことは、中東地域でのヨーロッパの帝国が脱植民地化していく動きを認識していたことに加えて、ナセルとアラブ革命のナショナリズムの軍隊を支持することで中東地域での影響力を拡大しようとするソ連の思惑への懸念を反映していた（Hahn, 1991; Kunz, 1991; Yaqub, 2013; 島村、二〇一六：一六六―一六七）。その後、ナセルと汎アラブ運動によって認識された危機意識は、アイゼンハワー政権を一九五八年七月一五日にレバノン内戦に直接に介入させ（イギリスは合同軍事行動としてヨルダンに介入した）、イランやサウジアラビア、ヨルダン、リビア、イラクでの保守的な新西側の指導者たちに軍事支援と経済支援を提供させることになる。中東地域以外でも、冷戦の論理は、脱植民地化と革命的な挑戦に対する懸念を強める結果をもたらした。たとえば、一九五〇年代後半には、アイゼンハワー政権のこうした懸念によって、アメリカは、南ヴェトナムのゴ・ディン・ジェムの政権に対して大規模な支援を展開していくことになる（Bradley, 2010: 481）。

（2）グローバル・サウスと中ソ

ソ連と中国は、バンドン会議とその精神をより好意的に受け止め、エジプトのナセル大統領の動きをアメリカよりもより肯定的に捉えたが、中ソの指導者たちは、グローバル・サウスの脱植民地化の動きに対する戦術と戦略をめぐって対立した。中華人民共和国の建国以降、中国の毛沢東は、グローバル・サウスでの脱植民地化と民族解放の動きに対して、ソ連の指導者たちよりも積極的に支援する姿勢を見せていた。バンドン会議では、周恩来首相が主導的な役割を担い、新たに脱植民地化した国家とともに西洋の帝国主義に対抗する「統一戦線」を意図的に形成しようと試みた。一九五九年から一九六〇年にかけて顕在化した中ソ対立は、毛沢東の国内政治への関心と中国の核兵器開発をめぐる対立が根底にあったが、脱植民地化するグローバル・サウスでの政策をめぐるソ連とのイデオロギー対立も無視できない。中国の毛沢東は、ソ連の「修正主義」と「平和共存」路線を批判しつつ、帝国主義は軍事闘争と階級闘争を通じてのみ打ち破ることができると主張した。そのため、毛沢東は、南ヴェトナムのアメリカに対抗するホー・チ・ミンの闘争をより積極的に支持しつつ、アフリカ地域では、ラディカルな政権と民族解放運動との間でより密接な結びつきを強化した（Luthi, 2014: 76-79; Zhang, 2010: 367-375; Mitter, 2013: 129-131; Bradley, 2010: 481;

Latham, 2010: 266-267; Radchenko, 2010: 349-356; Jian, 2013）。

　こうした中国のグローバル・サウスでの積極的な動きは、ソ連を中東地域だけでなく、アフリカやラテンアメリカ、カリブ地域にも持続的に関与させることとなった。グローバル・サウスでの中ソ間の競争は、彼らの潜在的な同盟国を両国のどちらの側に与するかという圧力に直面させた。しかし、ヴェトナムの共産党政権のように、中ソ対立を巧みに利用した国家は、両国から大規模な援助を引き出すことに成功した（Bradley, 2010: 481-482）。

　一九五〇年代後半から一九六〇年代前半の時期は、二〇年間にわたった第二次世界大戦後の脱植民地化の大きな波の終わりであった。一九五〇年代半ばのフランスから独立するためのアルジェリア戦争の勃発（一九五四年一一月一日）やイギリス保護領のケニアでのマウ・マウ族の反乱（一九五二―一九六〇年）、ガーナの独立（一九五七年三月六日）は、アフリカやカリブ海地域での脱植民地化の動きの始まりをもたらすことになった。本章の冒頭で見た通り、一九六〇年だけでアフリカの一七カ国が独立した。トリニダード・トバゴやジャマイカ、ガイアナなど他のアフリカ諸国も、一九六〇年代前半に独立した（Bradley, 2010: 464, 482; Fraser, 2013: 472; Irvin, 2014: 96-99; Byrne, 2013）。一九五九年一月八日には、カリブ海地域のキューバでカストロが率いるキューバ革命が起こり、彼らの自己主張の強い反帝国主義や革命的な社会的かつ経済的な変化を要求する姿勢は、ラテンアメリカ地域だけでなく、グローバル・サウス全体でラディカルな運動を大いに感化していく（Piero, 2010: 327-348; Bradley, 2010: 482; Plummer, 2013: 514）。

（3）グローバル・サウスと冷戦

　冷戦の対立は、こうした動きを決定的に形成するようになる。たとえば、アメリカは、一九六〇年七月にコンゴのパトリス・エメリィ・ルムンバの政権を、一九六四年一二月にはガイアナのチェディ・ベレット・ジェーガンの政権を転覆しようと試みた（Schraeder, 1994; Schmidt, 2013: 271-272; Plummer, 2013: 513-514; Fraser, 2013: 477; 2000; McMahon, 2003: 85-88）。ソ連は特に一九六〇年代に、ますます共産主義に傾倒するキューバのカストロ政権を支持するようになっていく（Piero, 2010: 333-335; Fraser, 2013: 478）。一九六一年一月にフルシチョフは、民族解放戦争を積極的に支援する考えを表明している。彼によれば、この戦争は「帝国主義が存在し続け、また植民地主義が存在する限り続く」のである。「西側を葬り去ることが共産主義陣営の宿命である」というのがフルシチョフの口癖であった（McMahon, 2003: 78）。

　同じ一九六一年一月下旬には、大統領になったばかりのケネディが演説で、「どのような軍事攻撃をも無意味にするような、強力な自由世界の軍事力」を構築するため、十分な予算を配分するよう強く議会に要請している。ケネディは、ソ連も中国も「世界支配の野望をあきらめておらず」、「アメリカは国家的な危機にさらされて」おり、アメリカ国民がそれに耐えうるかどうかも「まったく不透明」であると指摘した上で、「日に日に危機は深刻化し、日に日にその解決は難しくなっていいます。兵器が拡散し、敵の勢力が強化されていくなか、わが国は日に日に最も危険な状況へと近づいていいます」と警告した（McMahon, 2003: 78-79）。

中国は一九六〇年代前半に、新たに独立したアフリカ諸国に借款とアドバイザー集団を供給する外交努力を強めた（高坂、一九八九：一五九―一九〇；Byrne, 2013）。

しかし、帝国主義の遺産や戦間期の反植民地主義の闘争、脱植民地化後の新しい趨勢といった対抗する動きが、冷戦のインパクトを制限し、グローバル・サウスでの超大国の行動を制約し〝抑制〟した（Bradley, 2010: 483）。フレイザーによれば、「アジアからアフリカ、カリブ海地域へと広がった脱植民地化のプロセスというグローバリゼーションの進展は、国際秩序をめぐる管理を主張する超大国の能力を徐々に低下させていた」（Fraser, 2013: 475）。

二〇世紀前半の汎アフリカ運動は、アフリカ諸国の独立にかなりの影響力を及ぼした。特に独立したガーナの勢力旺盛な指導者であるエンクルマは、一九三〇年代以降、地域とトランスナショナルな反植民地主義の政治で積極的に活動してきた。彼は、アフリカ諸国の脱植民地化の動きを支援し、脱植民地化後のアフリカ諸国の間の連帯意識を強化するために強力な汎アフリカ主義を主張した。一九五八年一二月に彼は、バンドン精神の影響を受けつつ、全アフリカ人民会議（All -African People's Conference）を開催する上で大きな役割を担った。エンクルマは、一九六〇年の国連総会で、「この啓蒙の二〇世紀に、いくつかの国家は依然として、植民地主義と帝国主義の無駄な栄光を激賞している。……しかし、私の見解では、植民地を保有することは今では、国連の加盟国であることとまったく相容れない」と発言している（Irvin, 2014: 99, 101; Bradley, 2010: 483）。この国連総会では、すべての植民地に独立を与える行動が直ちにとられるよう要請する宣言が採択された（Fraser, 2013: 475-476）。

こうした動きは、アフリカ諸国を超大国間の冷戦秩序に対抗して共通の利益のために協力し合うように駆り立て、社会的かつ経済的な発展のための相互支援を促進した。後に、一九六〇年九月六日のコンゴのパトリス・ルムンバの失脚と一九六一年一月一七日の彼の暗殺は、汎アフリカ主義のプロジェクトを強化することとなった。ルムンバも、かねてより汎アフリカ主義の運動で活発的に活動していた。ルムンバの暗殺へのアメリカの関与の疑惑は、アフリカの結束に向けた地域の圧力を強化した。汎アフリカ主義の指導者たちは、一九六三年五月二五日にアフリカ統一機構（Organization of African Unity; ＯＡＵ）を設立して、彼らのトランスナショナルな運動を制度化しようと試みたが、その後、アフリカ統一機構での汎アフリカ主義の精神は、地域でのインパクトを減少させていくことになる（Bradley, 2010: 483; Byrne, 2013）。

旧植民地の国家との対立は、脱植民地化のプロセスと脱植民地化後の国家形成を指導し、管理しようとする超大国の努力を複雑なものとした。たとえば、南ヴェトナムでは、アメリカのアイゼンハワー政権が一九五〇年代後半にジェム政権に経済支援を惜しみなく与え、ゴ・ディン・ジェムを東南アジアの「奇跡の人」と賞賛した（Chapman, 2014: 106-108）。しかし、ジェム政権への都市での不満は高まり、一九六〇年代初頭に共産主義の反乱が勢いを増すと、アメリカの政策決定者たちは、ジェムがアメリカの助言と指導に耳を貸さなくなったことをますます憂慮するようになっていく。アメリカのケネディ政権は、一九六三年一一月一日のジェム暗殺につながる軍部のクーデターの動きを黙認し、混沌がエスカレートしていく時期へと突入することになった（Logevall, 2010: 293-295; Chapman, 2014: 108-111; Bradley, 2010: 483）。同じく、一九六二年一〇月一六日からの「一三日間」のキューバ・ミサイル危機後、カストロは、ソ連との密接な関係から距離を置くようになっていく（Piero, 2010: 333-335; Latham, 2010: 272-273; Bradley, 2010: 483）。彼は、チェ・ゲバラとともに、ラテンアメリカとアフリカ地域でラディカルな民族解放運動に影響を及ぼそうとして他国に負けないグローバルなキャンペーンを展開した。

同時期に起こった中印戦争の勃発（一九六二年一〇月二〇日）は、脱植民地化する国々の統一戦線を指導しようとする中国の外交努力を複雑なものとした（Irvin, 2014: 102）。それから数年後、中国での文化大革命の時期には、中国の指導者たちが毛沢東のモデルの優位を金切り声で主張したことによって、中国が一九六〇年代前半に根気強く関心を得ようとしてきたグローバル・サウスの多くの国家と脱植民地化の運動との結びつきを弱体化させることになった（Latham, 2010: 274-275; Bradley, 2010: 483-484）。たとえば、中越関係は、中国の北ヴェトナムへの多大な支援にもかかわらず、ヴェトナム戦争の終結後、にわかに悪化した。その後、一九七九年二月一七日には、中越戦争が勃発した（Fraser, 203: 478; Mitter, 2013: 136-137）。この間、ソ連は、中国を封じ込めるために、アメリカとの関係改善を模索していく（Garthoff, 1994A）。

一九六二年に、議論を戻す。アフリカとカリブ海地域での脱植民地化の波は、超大国のいずれもが十分に封じ込め、管理できないより大きな勢力をもたらした。特にアルジェリア戦争が、冷戦の国際秩序が依拠してきた国家に基づいた足場に根底から挑戦する「外交革命」を引き起こすことになった。このことは、以前は国家だけに与えられてきた属性や正統性を引き受けるアルジェリア解放運動の勝利の結果であった（Chafer, 2002; Fraser, 2013: 476; Yaqub, 2013: 251-252; Byrne, 2013）。こうした権力の認識の転換とアルジェリア解放運動の重要性によって、一九六二年以降の脱植民地化の国際政治の動きでの南アフリカのアフリカ国家議会や、パレスチナやアンゴラ、東チモールの同様の集団の重要性がますます増大することになった。こうした脱植民地化の時期の「外交革命」は、ますます手に負えないものとなっていく。人口増加や環境汚染、超国家の国際制度、新しいマスメディアの形態、システム上のラディカルな変化を促進しようとする植民地側の人々の意識的な働きといった脱植民地化のより広いプロセスは、超大国の対立が深刻な時でさえ、冷戦システムを深刻に弱体化させ、最終的には「冷戦後の世界」を描くようになっていく（Bradley, 2010: 484）。

一九六二年以降も、冷戦のダイナミズムは、グローバル・サウスで強力な役割を果たし続けた。アメリカやソ連、中国による脱植民地化後の国家形成への介入は、まずヴェトナムで、後にアンゴラやモザンビーク、エチオピア、中央アフリカ、アフガニスタンで、ますますでしゃばりで軍事化されたものへと変化した。ネルーやホー・チ・ミン、ナセル、エンクルマといった脱植民地化の第一の波の指導者たちが表舞台から退場するにつれて、アンゴラのアントニオ・ネトやニカラグアのダニエル・オルテガといったラディカルな指導者だけでなく、チリのアウグスト・ピノチェトやザイールのモブツといったきわめて保守的な指導者たちといった地域のより軍事的な指導者たちの世代が現れた。彼らの世界観は、脱植民地化後の世界で国家と国民との間の対立と抑圧のレベルを強化することとなった（Westad, 2007; Garthoff, 1985; Latham, 2010: 277-280; Bradley, 2010: 483-484）。

六　ヴェトナム戦争とアメリカ

（1）ヴェトナム戦争の起源と開始

これまでの内容を繰り返す箇所もあるが、以下、ヴェトナム戦争とアメリカについて取り上げる。

アメリカのアイゼンハワー政権は、一九五四年七月二一日の第一次インドシナ戦争を終結させるジュネーブ協定に調印せず、一九五五年一〇月二六日に南ヴェトナムにジェム政権を擁立し、一九五六年の統一選挙も実施しなかった。こうして、アメリカは、ヴェトナムの共産化を防ぐため、フランス撤退後のヴェトナムに残っていく（Logevall, 2010: 290-292; Chapman, 2014: 108-111; Young, 1991; Ellsberg, 2002; Simpson, 2013）。その後、一九六一年から一九七三年まで、アメリカと北ヴェトナムとの間で、ヴェトナム戦争（第二次インドシナ戦争）が戦われた（一九六一年から一九六五年までが内戦、一九六五年から一九七三年までが国際戦争の段階に分けられる）。

一九五九年に北ヴェトナムは南ヴェトナムの武力解放を決意し、一九六〇年一二月二〇日、南ヴェトナム民族解放戦線（ベトコン）を結成した。これに対し、一九六一年九月の時点で、ジェム政権がアメリカ軍地上部隊の派遣をケネディ政権に要請した。一九六一年一一月一五日、ケネディ政権は国家安全保障会議（ＮＳＣ）で、ヴェトナムに軍事顧問団を派遣することを決定した。テーラー使節団が作成した地上軍部隊の派遣案も検討されたが、当時のケネディ大統領は、大規模な米地上軍の投入には慎重な姿勢をとった。一九六二年二月の時点で、ケネディ政権は、アメリカ軍事顧問団を改組し、南ヴェトナム援助軍司令部を新設した（Logevall, 2010: 293-295; Chapman, 2014: 111-113; Westad, 2017: chap. 12; 高松、一九九八：一七二―一七五）。

一九六三年になると、南ヴェトナム情勢は悪化した。たとえば、五月には古都ユエで仏教徒への発砲事件が起こった。一九六三年八月から九月にかけて、ケネディ政権は国家安全保障会議で、ヴェトナム政策の見直しを検討し、反ジェム派とジェム支持派が激論を交わした。一九六三年九月に、ケネディ政権は、サイゴン調査団による現地報告を受け、国家安全保障覚書二六三号で南ヴェトナムのジェム政権に「圧力と説得」の政策をとることを決定した。マクナマラ国防長官とテーラー大統領軍事顧問の勧告による。「圧力と説得」の政策とは、ジェム政権に経済援助の一時停止など圧力を加えながら、同時に政治改革を行うように説得していく両面政策である。この時点でも、ケネディ大統領は、大規模な米地上軍の投入にはなお慎重であった。また、一九六五年末までに、一〇〇〇名のアメリカ軍を撤退させる計画案も検討されていた（Logevall, 2010: 293-295; Latham, 2010: 275-277; Chapman, 2014: 111-113; 高松、一九九八：一七四—一七五；Simpson, 2013）。

一九六三年一一月一日には、すでに見た通り、南ヴェトナムでクーデターが起こり、ジェム政権が倒れる。ケネディ政権はクーデターの動きを黙認した。この段階で、ケネディ政権はジェム政権を見限っていた。ところが、ほぼ同じタイミングで、一一月二二日、ケネディ大統領がダラスで暗殺される。一九六三年末の時点で、ヴェトナム駐留のアメリカ軍は、一万六五〇〇万人に達していた。もしケネディ大統領が暗殺されていなければ、政権二期目にヴェトナムから撤退していたかについては論争がある（Logevall, 2010: 293-295; Latham, 2010: 275-277; Chapman, 2014: 111-113; 高松、一九九八：一七五—一七六；Simpson, 2013）。

（2）ヴェトナム戦争の拡大

ジョンソン副大統領が大統領に昇格し、「レッツ・コンティニュー」を標語に掲げた。

一九六四年一月八日に、ジョンソン大統領は、一般教書で「偉大なる社会」の実現を目指すことを表明する。一九六四年七月二日には公民権法（Civil Rights Act）が成立した。さらに、一九六五年八月六日には投票権法（Voting Rights Act）が成立する。三〇年間の議会生活で培われたジョンソンの議会操縦術のおかげであった。これに対して、若いケネディ大統領は、アメリカ議会のベテラン議員たちとの関係が必ずしも良好ではなかった（島村、二〇一八：一二三）。アメリカ国内での黒人の差別は、すでに見た通り、冷戦を戦う上で、自由民主主義と資本主義、法の支配などリベラルな価値観を軸とした「自由世界」を指導する超大国アメリカにとって、大きな矛盾となっていた。この矛盾をソ連や中国は効果的に批判していた。公民権法と投票権法の成立は、こうした矛盾を払拭する効果があった（Fraser, 2013: 470, 480-481; Irvin, 2014: 94, 100-101; Plummer, 2013; Anderson, 2013）。

ジョンソン大統領は、副大統領時代から、ケネディ大統領よりもヴェトナム情勢により楽観的な見通しを持っていた。圧倒的に優勢な軍事力と近代兵器を駆使しながら、アメリカが北ヴェトナムとベトコンに対して軍事的圧力を加えていけば、彼らはいずれ降伏せざるを得なくなるはずである、という考え方である。一九六四年三月、ジョンソン大統領は、国家安全保障行動覚書二八八号で、北ヴェトナム爆撃計画の準備を命令した（Logevall, 2010: 295-298; Latham, 2010: 275-277; Chapman, 2014: 111-113; 高松、一九九八：一七六：Simpson, 2013）。

一九六四年八月二日から四日にかけて、米艦艇に対する北ヴェトナム軍の攻撃、トンキン湾事件が起こる。その直後の八月八日、アメリカ議会で、トンキン湾決議が圧倒的多数で採択された。インドシナ地域で敵国の武力攻撃を撃退し、侵略を阻止するために、必要な一切の措置をとることができる権限を大統領に付与する内容であった（佐々木、二〇一一：一二二：高松、一九九八：一七七）。

同じ八月には、ジョンソン大統領が演説で、「わが国が今日、東南アジアで直面している課題は、これまでにギリシャとトルコ、ドイツと北朝鮮、レバノンと中国で、勇敢かつ強力に立ち向かってきた課題と同じものだ」と強調している。同じ時期、ラスク国務長官しばしば、「南ヴェトナムの首都サイゴンの防衛は『自由世界』の安全にとって、西ベルリンの防衛と同じくらい重要である」と述べていた。マクマンによれば、ヴェトナム戦争には「国内政治上の要請も影響を与えていた」のであり、「ケネディもジョンソンも、南ヴェトナムを共産主義の手に明け渡せば、大きな政治的混乱が生じてアメリカは麻痺してしまい、大統領としての政治生命も終わってしまう、と危惧していた」という（McMahon, 2003: 101-103）。

一九六四年一一月の大統領選挙で、民主党のジョンソン大統領が再選される。共和党の対立候補である保守派のゴールドウォーター上院議員に圧勝した。他方で、民主党は公民権法と投票権法のため南部の票を失った。それまで南部は、民主党にとって強固な支持基盤であった。これ以降、大統領選挙で共和党が南部を勝利していく。また、レーガンなど共和党の保守系議員の躍進が注目される（島村、二〇一八：一七六）。

一九六五年二月七日、ジョンソン大統領は、北ヴェトナムへの爆撃（北爆）を命令した。ジョンソン政権は、一七度線北方のドンホイを爆撃し、北爆に踏み切った。これ以降、北爆が恒常化していく。三月八日には、三五〇〇名の米海兵隊が南ヴェトナム北部のダナンに上陸した。こうして、一九六五年から六八年にかけて、ジョンソン政権のヴェトナムへの介入は本格化した。にもかかわらず、アメリカはヴェトナムで決定的な勝利を収めることができずにいた。一九六八年一月の時点でも、ジョンソン大統領はテレビ演説で、「戦況は有利に進んでいる」とアメリカ国民に説明していた（Logevall, 2010: 295-298; Latham, 2010: 275-277; Chapman, 2014: 111-113; 高松、一九九八：一七七―一七八：Simpson, 2013）。

この間の一九六五年はじめには、バンディ国家安全保障問題担当大統領補佐官がジョンソン大統領に、「アメリカの国際的な威信と、その影響力のかなりの部分が、ヴェトナムにおいて直接的な脅威にさらされております」と警告していた。ジョンソン大統領は、一九六五年四月の重要な演説で、「この戦争、そして、アジア全体に新たな現実が生まれています。共産中国の影がより色濃くなっています。ヴェトナムでの戦いは、［中国による］より広い攻勢の一部に過ぎません」と述べている。同じ四月には、マクナマラ国防長官が、アメリカがヴェトナムで戦わなければ、東南アジア全体が中国の支配下にはいり、「アジアは赤く染まる」ことになる上に、もしアメリカがヴェトナムから撤退したら、世界の勢力バランスは大きく変化する、と警告している。こうして、「ジョンソンとその主な補佐官たちは、他のすべての世代の冷戦の闘士たちと同じように、どんな犠牲を払ってでもアメリカの信頼性を守らなければならない、と確信していた。アメリカの信頼性は、共産主義の攻勢に対する大きな抑止力であり、同時に、アメリカの冷戦同盟システム全体を維持する上で不可欠な紐帯でもあったからである」という（McMahon, 2003: 101）。

しかし、一九六八年一月三一日、「テト攻勢」が起こる。アメリカ軍はこの戦闘に一応勝利したが、ヴェトナム戦争での苦境がアメリカ国民にはじめて明らかとなった。アメリカ国民の間で、反戦気運が一気に高まる。特に知識人や学生たちの間でヴェトナム反戦運動が起こり、学生たちは即時撤退を要求していく。一九六八年はアメリカ大統領選挙の年であったが、三月三一日にジョンソン大統領は、大統領選挙への不出馬を表明した。同時に、一方的な北爆の部分的停止と、北ヴェトナムへの和平交渉を呼びかけた。一九六八年末の段階で、ヴェトナムに派遣されたアメリカ軍は、五三万六〇〇〇人に達していた。にもかかわらず、ヴェトナム戦争での勝利はなかなか実現せず、戦争は〝泥沼化〟の様相を呈していく（Logevall, 2010: 295-298; Latham, 2010: 275-277; Chapman, 2014: 111-113; 高松、一九九八：一七七―一七九；Simpson, 2013）。

対立するソ連と中国はそれぞれ、北ヴェトナムへの軍事支援を強化した（Latham, 2010: 274; Mitter, 2013: 131-132）。

(3) ヴェトナム戦争の泥沼化とアメリカの撤退

こうして、ヴェトナム戦争の泥沼化にともない、「いかにヴェトナムから撤退するか」がアメリカ外交にとって緊急の課題となった。一九六八年一一月の大統領選挙で、共和党のニクソン大統領候補は、ヴェトナム戦争について「戦争終結の秘密のプラン」があるとアメリカ国民にアピールし、大統領選挙に勝利した。ただし、具体的な撤退案は明らかにしていなかった（Logevall, 2010: 298-302; Latham, 2010: 275-277; Chapman, 2014: 113-114; 宇佐美、一九九八：一八二）。

キッシンジャー国家安全保障問題担当大統領補佐官は、一九六九年の時点で、「一九四五年後の二〇年間、われわれの国際的な活動は、経営技術と科学技術が国際システムを再形成し、『新興国』で国内変革をもたらす能力をわれわれに与えるという前提に基づいてきた」が、グローバル・サウスの脱植民地化を念頭に、「政治的な多極は、アメリカのデザインを押しつけることを不可能としてきた」と指摘している。その後、ニクソン大統領も、「われわれは新しい時代に生きているため、古い制度の多くが時代遅れとなり、不十分なものとなっている」と指摘している（Irvin, 2014: 102）。

一九六九年七月二五日の「グアム・ドクトリン」ないし「ニクソン・ドクトリン」以降、ニクソン政権はアジアからの撤退を模索しつつ、南ヴェトナム軍を訓練し、戦闘をヴェトナム人に肩代わりさせていく「ヴェトナム化」を図りながら、ヴェトナムからの撤退も段階的に進めていった。しかし、北ヴェトナムとの和平交渉を進める一方で、軍事的な圧力はむしろ強化していった。実際、北ヴェトナムから南ヴェトナムへの補給ルートを断絶させるため、隣国のカンボジアとラオスに侵攻し、大規模な北爆も実施している（Logevall, 2010: 298-302; Latham, 2010: 275-277; Chapman, 2014: 113-114; 宇佐美、一九九八：一八二―一八三）。

ニクソン政権は、ヴェトナムからの「名誉ある撤退」を実現するため、北ヴェトナムを背後で支援する中国とソ連との関係改善を図った。一九七二年二月二一日から二八日にかけての米中和解を足がかりに、同年五月二二日には米ソ間で緊張緩和（détente）を実現し、北ヴェトナムを国際的に孤立させる戦略的な外交を展開した。アメリカに有利な米中ソの三角関係が構築されたのである（Irvin, 2014: 102; Schulzinger, 2010）。こうして、一九七三年一月二七日にヴェトナム和平協定が調印され、アメリカは同年三月末までにヴェトナムから撤退した（Logevall, 2010: 298-302; Chapman, 2014: 113-114; 宇佐美、一九九八：一八三―一八八；石井、二〇一五：Simpson, 2013）。

ヴェトナム戦争は、アメリカが経験した中で最も長い戦争となり、はじめての〝敗北〟となった。ヴェトナム戦争の経験は、その後のアメリカ外交に大きな影響を残すこととなった。ヴェトナム戦争でのアメリカ軍死者は、五万八〇〇〇名を越え、戦費は一兆五〇〇〇億ドル以上もかかり、使用爆撃量は第二次世界大戦の二倍にも達した。にもかかわらず、アメリカは敗北した（Logevall, 2010: 302-304; Chapman, 2014: 114-115）。

アメリカは、ニクソン政権の下で、中ソ両国への接近を図り、なるべく「名誉ある撤退」を実現したが、一九七五年四月三〇日以降、ヴェトナム、カンボジア、ラオスのインドシナ三カ国が共産化してしまう。この時、フォード政権は南ヴェトナムを支援しようとしたが、アメリカ議会がこの動きに反対した。アメリカ議会はそれまでに、対外政策の分野で「復権（resurgence）」の動きを見せ、トンキン湾決議を取り消し、一九七三年一一月七日には戦争権限決議（WPR）を採択して、大統領の戦争に歯止めをかけようとしていた（島村、二〇一八：一一八）。しかし、優れてリアリズムの感覚を持つニクソンとキッシンジャーは、ヴェトナムからのアメリカ軍の撤退からヴェトナム統一までに「然るべき間隔（decent interval）」を作り出せればいい、と判断していたと思われる。

こうして、ヴェトナム戦争後のアメリカ外交にとっては、ヴェトナム戦争のような長い戦争、戦争の泥沼化を回避することが至上命題となった。「ヴェトナム・シンドローム（症候群）」である。「第二のヴェトナム」を回避するために、「ワインバーガー・ドクトリン」や「パウエル・ドクトリン」が打ち出されていく。アメリカは、大量のハイテクの軍事力を一気に投入することや、事前にアメリカ議会や世論の支持を獲得すること、あらかじめ「出口戦略（exit strategy）」を描いておくことを前提として、戦争には慎重に踏み切っていくことなっていく（Logevall, 2010: 302-304; Chapman, 2014: 114-115; 松岡、二〇〇三：第六章；二〇〇一）。

七　グローバル・サウスと国内冷戦

第三世界全体における数十もの新しい独立国の誕生を推し進めたのは、時には流血の事態や紛争によって彩られた脱植民地化のプロセスであった。この新興国の誕生と脱植民地化という二つの事象は、たまたま冷戦と時期的に重なり合っただけではなく、冷戦の影響を大きく受けながら形成されたものであった。……冷戦という圧力は、植民地主義から独立へと移行する動きに悪影響を与えることもあれば、それを促進することもあった。冷戦が具体的にどのような影響を与えるかは、植民地紛争のケースごとに大きく異なっていたが、超大国間の冷戦は常に重要な外部変数として作用することになった（McMahon, 2003: 106）。

マクマンは、こうした指摘に続いて、第三世界における国内冷戦の諸相を論じるにあたり、以下の通り、指摘する。「米ソ冷戦がその過程に与えた多面的な影響についてきちんと検証しなければ、いかなる脱植民地化の歴史も不十分なものにならざるを得ない。このことは、脱植民地化の幕開けとなった、一九四〇年代後半の南アジアや東南アジアの解放運動から、脱植民地化時代の終わりを告げた、一九七〇年代初頭から半ばのポルトガル植民地統治に対するアフリカ人の抵抗運動までの、すべてに当てはまるのである」（McMahon, 2003: 106）。

アジア、アフリカ、中東の大部分、そしてカリブ海地域の一部において見られた植民地主義後の新国家の形成もまた、冷戦を背景とするものであった。こうした新国家の形態、結束や活力、各国の国内政治における権力配置、国際的な注目を集めたり威信を獲得したりする能力、経済開発における優先課題を満たすために必要な資源や資本、技術支援を外部から確保したり、あるいは国防上の必要性を満たすための軍事支援を勝ち取ったりするための指導者の能力。こうしたすべての要素に冷戦は大きな影響を及ぼしていた。脱植民地化の歴史と同じように、冷戦という外部変数について慎重かつ体系的に注目せずして、第三世界における第二次世界大戦後の国家形成の歴史を記述することはできないのである（McMahon, 2003: 106-107）。

「冷戦は、野心に燃える第三世界の指導者たちを、課題や挑戦、そしてチャンスが絡まり合った複雑な状況のなかに置くことになった」とも指摘される。マクマンは、ヴェトナムとインドネシアの事例を取り上げた上で、「極端な言い方をすれば、第三世界の指導者たちは、反共主義者としての信念や、（急進的ではなく）穏健な政治的態度、ないしは親西側的な姿勢を示したり宣言することで、アメリカの支持を獲得することができたし、その反対に、革命的な姿勢や反西側色を強めることでソ連または中国の支持を勝ち獲ることもできたのである」と指摘する（McMahon, 2003: 107-108）。

「いくつかの国は、公式に西側に関与することが国内政治上の重要な要請を満たす上で最適の選択だと考えて、積極的にアメリカとの提携を模索した」。たとえば、パキスタンやタイである。「西側との提携を選択した第三世界の国々について言えば、概して、次のようなパターンが存在していた。こうした国々が西側との提携を選んだのは、共産主義に対する恐怖からではなく、国内政治上の理由によるものであった。そして、その結果、その後各国の国内情勢の展開は、西側との提携関係から大きな影響を受けることになった。このようなパターンをかなり顕著な形で示した事例だけを見ても、イラク、イラン、サウジアラビア、トルコ、パキスタン、フィリピン、セイロン、韓国、タイといった非常に多くの国で、公式また非公式な同盟関係を西側と結ぶという指導者の決定が、国内の優先課題や利用可能な資源、国内の政治勢力のバランスなどに重大な影響を与えたことがわかる」という（McMahon, 2003: 109-110）。

マクマホンは、第三世界と非同盟運動について、以下の通り、指摘する。

> 一部の第三世界の指導者たちの目には、慎重に練られた非同盟戦略は非常に魅力的なものに映った。彼らは、東西どちらかへの公式関与を控えることによってこそ、重要な国家目標をより効果的に前進させることができると考えていたのである。なかでも、とりわけ、インドネシアのスカルノ、エジプトのガマール・アブドゥル・ナセル、ガーナのクワメ・エンクルマ、インドのジャワハルラール・ネルーは意識的に、東西両陣営から独立した立場を保とうとした（McMahon, 2003: 110）。

ネルーは、「外交関係がわれわれの手から離れて、他者によって管理されるようになれば、その分だけ独立性を失うのだ」と警告していたという（McMahon, 2003: 110）。

さらに、以下の通り、結論づけられる。

「これまで見てきたことからすれば、第三世界の国々や政治指導者が、能動的な主体性を発揮したという事実を認めなければならない。第三世界の指導者たちは、利益を最大化するため、あるいは損害を最小限に抑えるために、彼らの時代の国際社会を支配していた冷戦という現実を利用し、また、コントロールしようと努めた。しかし同時に、冷戦が第三世界の国民と社会にもたらした事態の多くが、現地の政府や人々にとっては予期せぬものであったことや、彼らにコントロールできるものではなかったことも認識しておく必要がある。この関連で、早くも一九五〇年代には、第三世界は冷戦の主戦場として浮上していた、ということも改めて強調しておく必要がある。朝鮮、コンゴ、ヴェトナム、アンゴラ、アフガニスタン、ニカラグアといった地域では、現地にその発生原因がある紛争が急速に大きなコストをともなうものへと拡大していったが、それは、米ソ冷戦がそこに重なり合う形で展開したためであった。一九四五年から一九九〇年にかけて世界で燃え上がった戦争の死者のうち、推定二〇〇〇万人は第三世界の紛争の犠牲者であった。そして、そうした紛争の大部分が、少なくとも間接的には、冷戦とつながっていたということを忘れてはならないのである」（McMahon, 2003: 111）。

八　デタントとグローバル・サウス

一九七〇年代は、米ソ間で「ハイ・デタント」が成立し、意外と早く崩壊していった時代である。他方で、ヨーロッパ・デタントは、一九八〇年代まで継続していく。「モスクワ会談から生まれた大きな期待にデタントが応じることはなかった。超大国の行動に関する『基本原則宣言』という荘厳な誓約は、中東、東南アジア、アフリカなどで繰り返される米ソ間の利害対立を防ぐことができなかった。また、第三世界で続いた米ソ対立は、アメリカ国内におけるデタントへの支持を侵食していった」とマクマンは指摘する（McMahon, 2003: 113）。

一九七〇年代の米ソ間のデタントを意外と早く崩壊させた原因の一つが、デタントに対するアメリカ国民の支持が脆弱であったことである。もう一つの原因は、米ソ両国が異なるデタント観を有していたことである。ソ連が第三世界（グローバル・サウス）で革命を後押しするイデオロギー闘争を積極的に展開した結果、アメリカ側に幻滅が広がり、反デタントの保守派の勢力を勢いづけてしまった。

「保守的な批判勢力――その多くは、共産主義に対するイデオロギー的な反感や、ソ連国家に対する根本的な不信感を一度として弱めたことはなかった――は、ソ連の国策が拡張主義的なものであることに変わりはなく、デタントはそれに正統性を付与するものでしかないと非難した。デタントは宥和政策と同じだという、挑発的な見方をする者すら現れた。……ますます増大するデタント批判派に屈服する形で、一九七六年にフォード大統領は、自身の政権にデタントという言葉を用いることをやめさせたのである」とマクマンは指摘する（McMahon, 2003: 133）。

「一九七〇年代半ばに議論を巻き起こし、また複雑な様相を呈した国際紛争の一つであったアンゴラ情勢も、デタントのさらなる悪影響をもたらした。ポルトガルの植民地であったアンゴラは一九七五年一一月に独立を果たしたが、その直後、対立する三つの勢力間での内戦が勃発した。アメリカ（および中国）が秘密裏に支援していた穏健な新西側勢力と戦闘を繰り広げていたのが、左派のアンゴラ解放人民運動（MPLA）であった。このMPLAをキューバ軍が支援したことで、事態は西アフリカにおける代理戦争の様相を呈することになった」とも指摘される（McMahon, 2003: 135-136）。

「地政学を信奉するキッシンジャーは、アンゴラ紛争は東西関係の文脈で見なければならない、と主張した。すなわち、アンゴラ紛争は米ソの意志と覚悟の試金石であり、その結果はグローバルな意味を持ちうるというのである。ニクソンの辞任、ヴェトナムでの敗北、帝王的大統領に対する議会の攻撃といった、諸々の影響が積み重なった結果、ソ連は、アメリカの国力は大幅に落ちているという、アメリカには望ましからぬ結論に達するかもしれない。アンゴラ情勢は、こうしたソ連の対米認識を左右する試金石だとキッシンジャーは考えたのである」とマクマンは指摘する（McMahon, 2003: 136）。

「フォード政権は、アンゴラの親米勢力に対する秘密支援を強化するよう議会に要請したが、これは失敗に終わった。ヴェトナムから抜け出してまもなく、再び第三世界に介入するという政府の考えを、議員たちは嫌悪していた」とも指摘される。キッシンジャーは、「アンゴラのような事態がさらに発生すれば」、「（デタント）の継続は困難でしょう」とキッシンジャーは警告していたという。「米ソの雪解けを批判する保守派にとって、アンゴラ情勢は、デタントは依然として拡張主義的なソ連を一方的に利するものだという彼らの見方に、さらなる裏づけを与えるものであった」とマクマンは指摘する（McMahon, 2003: 136）。

一九七〇年代半ばから後半にかけて、保守派によるデタント批判派さらに激しさを増した。反デタント勢力は、たとえば、民主党のジャクソン上院議員や「現在の危機に関する委員会（Committee on the Present Danger）」のニッツェらである。彼らは、ソ連の意図について根強い不信感を持ち、ソ連の通常戦力および核戦力の向上に対しても強い警戒心を抱いていた。反デタントがまずその批判の根拠としたのは、第三世界でのソ連の冒険主義的な行動パターンが続いていたことであった。もう一つ、批判の根拠となったのは、軍備管理交渉が深刻な欠陥を抱えていたということであった（McMahon, 2003: 136）。

「興味深いことに、年齢を重ねつつあったソ連政府の指導者たちは、アメリカ政府の目に自らの行動がどれほど挑発的なものと映っているかが理解できず、またその行動がアメリカ国内の反デタント派に有利に作用し、その結果、デタントの崩壊を早めていることも認識できないようであった。一九七〇年代のアフリカ、アジア、中東におけるソ連の積極的な行動は、たしかに、それまでと比べてはるかに大規模なものとなっており、それはアメリカが無視することのできない事実であった」とマクマンは指摘する（McMahon, 2003: 13）。

「アンゴラ介入が成功したことで、一九七六年二月にMPLA政府が樹立されたことに気を良くしたソ連は、その翌年、エチオピアに誕生したばかりの左派政権への武器供与を開始した。一九七八年初頭には、戦略的に重要なオガデン半島をめぐる戦闘において、ソ連から支援と輸送での援助を受けていたキューバ軍が、アメリカの支援するソマリア軍に圧勝した」という（McMahon, 2003: 139）。

マクマンは、ウェスタッドの言葉を以下の通り、引用する。すなわち、ソ連は「社会主義とソ連モデルに対して忠誠を誓った新しい革命政府への支援」を自らの「国際的な責務」と考えていただけでなく、「内部矛盾の顕在化を速め、資本主義世界の最終的崩壊を促す好機」である、と捉えていた。しかし、こうした野心および行動と、それと並行してソ連が抱いていた、建設的で相互に有益な関係をアメリカと築きたいという望みを、調和させることは不可解であった（McMahon, 2003: 139）。

長年アメリカと同盟関係にあったニカラグアの独裁者アナスタシオ・ソモサ・デバイレは、マルクス＝レーニン主義者が主導し、キューバとも緊密な関係を持っていた解放運動サンディニスタによって打倒された。反西側的な革命勢力の台頭を恐れていた人々の不安をさらに煽った。このような事態は、イランで発生していた（McMahon, 2003: 140）。デタントに最終的に終止符を打ったのは、一九七九年一二月二四日からのソ連軍のアフガニスタン侵攻であった。ドブルイニン駐米ソ連大使はその回顧録のなかで、「全体的に見た場合、ある程度までデタントは、第三世界における米ソ対立の戦場に葬られたと言えるだろう」と述べている（McMahon, 2003: 141-142）。

九　脱植民地化と冷戦の終結

狭義の「脱植民地化」の波は、一九四六年七月四日のフィリピンを皮切りとして、一九四七年八月一五日のインド・パキスタン分離独立と一九四八年五月一四日のイスラエル建国、八月一五日の大韓民国（韓国）と九月九日の朝鮮民主主義人民共和国（北朝鮮）の建国を経て、一九五〇年代後半から脱植民地化の機運はさらに高まった。特に一九六〇年は一七カ国が独立する「アフリカの年」となった。本章の冒頭で見た通りである。

ここで注目すべき点は、一九六〇年二月三日に南アフリカのケープタウンを訪問したマクミラン首相が、アフリカの民族意識に強烈な印象を受けつつ、「この（アフリカ）大陸に吹いている変化の風」を承認せざるを得ない、と声明したことである。「われわれがそれを好むかどうかにかかわらず、このナショナリズムの高まりは政治的な事実である。われわれはそのことを事実としてすべて受け容れなければならないし、国家の政策においても考慮に入れていかなければならない」とまで指摘した。またマクミランは、「私の理解では、この二〇世紀後半の大きな問題は、立場をまだ決めていないアジアやアフリカの人々が東側に与するのか、それとも西側に与するのかという問題である。彼らは共産主義の陣営に与するのであろうか？　あるいは、アジアやアフリカで現在、自決の偉大な経験が成功裏に進行しているが、均衡は自由と秩序に有利な方向へと傾いていくのであろうか？」とも指摘している（Irvin, 2014: 98; Hemming, 1996; Fraser, 2013: 475; Hyam, 2006: ch. 4; Ovendale, 1995; Yaqub, 2013; 佐々木、一九九八：三八四；前川、二〇一三）。

植民地の維持が経済的にも政治的にも困難であることを自覚したイギリスは、植民地独立の促進を比較的に早い段階で基本方針とした。たとえば、ケニアや中央アフリカ、南ローデシアなどイギリス人入植者が少数者ながら支配層を形成し

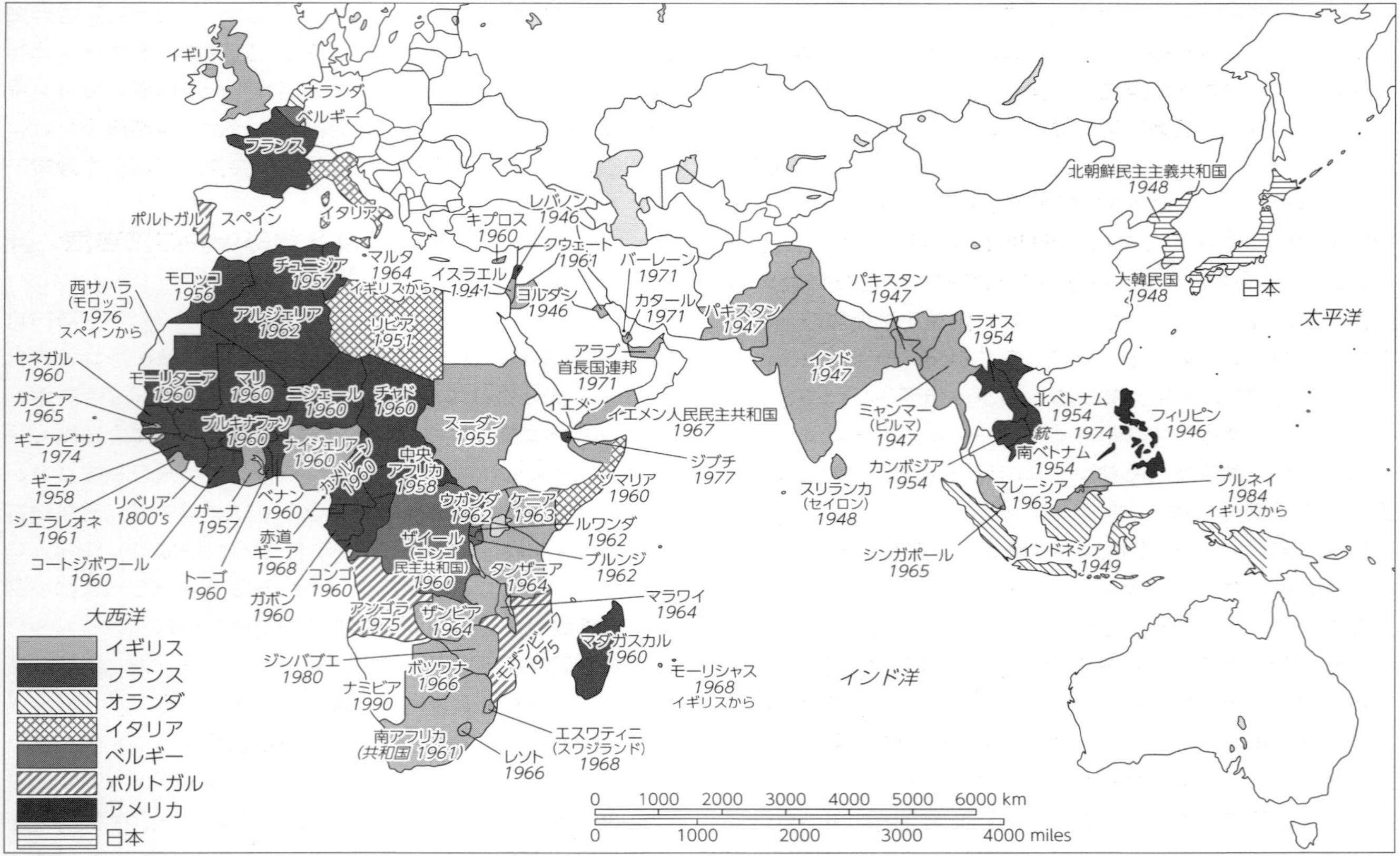

1945 年以降のアフリカとアジアの脱植民地化

注：記載年は独立した年。
出典：Bradley（2010: 478）に筆者加筆。

ていた地域や、キプロスやマルタなど戦略的な重要地域と目された地域では複雑で困難な経緯を辿ったが、一九五七年三月のガーナ、同年八月のマラヤに続いて、一九六〇年から一九六四年までにアフリカ、西インド、太平洋の一三の植民地が相次いで独立した。冷戦が深まるにつれて、アメリカがイギリスの帝国を容認するようになっていたにもかかわらず、である（Perkins, 1986: 48-49; Reynolds, 1986: 30; 2000: ch. 3; Smith, 2012; Irvin, 2014; Orde, 1996: ch. 6; Bradley, 2010; Hanrieder and Auton, 1980: chs. 7, 11; Fraser, 2013; Duara, 2013; 永野、二〇〇一：佐々木、一九九八：三八四―三八五：半澤、二〇〇一：二〇〇五：二〇〇七：細谷、二〇〇六：篠崎、二〇一一）。

一九六〇年代のヴェトナム戦争の時代には、修正主義（revisionist）や「ニューレフト」のアメリカ外交史家たちが、アメリカの資本主義システムの膨張、アメリカ外交の帝国主義的拡張を問題視したことがある。彼らは、東アジア地域に限定せずに、「門戸開放（open door）」という概念をネガティブな意味で使った（これに対して、正統学派のアメリカ外交史家たちは、ソ連帝国の膨張を問題視した）。ポスト修正主義のギャディスも、冷戦後の一九九七年の『歴史としての冷戦』で、米ソ冷戦を米ソ二つの「帝国」の相克として描いた（Gaddis, 1998）。冷戦が終結し、ソ連邦が崩壊した結果、ソ連邦が「公式の帝国」で「陸の帝国」であったことが改めて再認識され、他方で、アメリカについても、「非公式の帝国」ないし「植民地なき帝国」という側面に注目が集まったからであろう（Barkey and Hagen eds., 1997）。しかし、帝国主義世界体制とヴェトナム戦争の時期を除いて、アメリカを「帝国」を呼ぶことは稀であった。

一九六八年一月に労働党のウィルソン政権下のイギリスが、スエズ以東からの撤退を表明したことは、ヴェトナム戦争を戦うアメリカにとっては、最悪のタイミングであった（Hyam, 2016: ch. 5; Louis, 2006: ch. 21; 木畑、二〇〇六）。しかも、イギリスは、アメリカからの強い要請にもかかわらず、ヴェトナム戦争に軍を派遣することを拒否し続けた。それどころか、和平を模索した。アメリカのジョンソン政権は、こうしたイギリスの政策を快く思わなかった（水本、二〇〇九：二〇五―二〇六；秋田、二〇一二：二四五―二四八）。

一九七〇年代前半には、国連などを舞台として、第三世界、グローバル・サウスの国々が一致団結し、「新国際経済秩序（ＮＩＥＯ）」の構築を訴え、南北問題の根本的な解決を強く要求するようになる。当時は、デタントの時期で、東西関係はより改善した方向へ向かったが、南北問題はより深刻化していると認識されていた。

一九七一年には、アメリカがイギリスからインド洋上のディエゴ・ガルシアを貸しつけた。その見返りに、イギリスは、アメリカから潜水艦発射のポラリス・ミサイルを低コストで獲得した（Fraser, 2013: 477）。

その後も、植民地支配に固執していたポルトガルの植民地が、一九七〇年代半ばに独立した（Lloyd-Jones and Pinto. eds., 2003; Schmidt, 2013: 274-277; Fraser, 2013: 476）。すでに見た通り、アフリカのアンゴラは、東西対立の代理戦争の様相を呈した。

　こうして、一九七〇年代半ばまでに、ヨーロッパの大国の「海の帝国」は解体していった。歴史家のウェスタッドによれば、一九七〇年代半ばにはほぼ完了した脱植民地化の流れは、アメリカのイデオロギーという観点からは二つの異なる方向を示すものであった。一九五〇年代の時点で、こうしたアンビヴァレンスは強く認識されていたという。

> 　一方では、アメリカのエリートは、ヨーロッパ植民地帝国の解体をアメリカの政治的、経済的自由の理念を拡張する機会を与えるものとして歓迎した。それはまた、二つの大戦を経てその地位を大きく衰退させたヨーロッパのエリートが、国内社会の改良と共産主義に対する防衛に専念できることをも意味した。……脱植民地化によって、第三世界の将来の進路はヨーロッパではなくアメリカの責任となりつつあった。しかし、他方では、脱植民地化によって第三世界で集団主義的イデオロギーが優位に立つという脅威も増大していた。中国共産主義革命、アメリカ支援の下に戦われたヴェトナム、マラヤ、フィリピンでの対共産ゲリラ戦争、独立後のインドネシア、インド、エジプト各政権の急進性、さらにはグァテマラやイランにおける介入の成功でさえ、アイゼンハワー政権に、第三世界は民主主義を受け容れる準備ができていないと確信させた（Westad, 2007: 26-27）。

　その後、アメリカやイギリスが南アフリカ地域で少数派の白人による統治を支持していたにもかかわらず、一九八〇年四月一八日には、ローデシアがジンバブエとして独立した（Schmidt, 2013: 272-282; Saunders and Onslow, 2010: 234-238; Tamarkin, 1990; Fraser, 2013: 478）。一九八九年八月からの「東欧革命」は、ソ連の勢力圏であった東ヨーロッパ諸国の共産主義政権が市民の手で倒され、ソ連の「非公式の帝国」が事実上、崩壊したことを意味した（軍事同盟のワルシャワ条約機構は、一九九一年七月一日に解体した）。一九九〇年三月二一日には、ナミビアが独立している（Saunders and Onslow, 2010: 238-243; Shultz, 1993; Schmidt, 2013: 278-280; Fraser, 2013: 478）。一九九一年一二月二五日にはロシア帝国の版図をほぼ継承していた「陸の帝国」としてのソ連邦が崩壊し、「公式の帝国の時代」はほぼ終焉したのである（Barkey and Hagen, eds., 1997; Kupchan, 1996; 木畑、二〇一二：四三；ホワイト、二〇〇六）。また、冷戦の終結前後に、南アフリカのアパルトヘイトが廃止されていくこととなる（Saunders and Onslow, 2010: 238-243; Plummer, 2013: 515-518）。

　ここで改めて注目すべきことは、第二次世界大戦後までヨーロッパや日本の宗主国に支配されていた植民地にとっては、冷戦の論理よりも、脱植民地化の論理の方がより重要であったということである。ただし、アメリカやイギリス、フランスにとっては、脱植民地化のダイナミズムを時に見誤り、冷戦の論理でのみ政策対応し、失敗することもあった（佐々木、二〇一一：一一六―一一九）。

たとえば、その典型的な事例が、一九五六年一〇月二九日に勃発したスエズ戦争である。英仏両国の植民地主義とエジプトのナショナリズム、米ソ冷戦のそれぞれの論理が鋭く交錯した（佐々木、一九九七）。もう一つの典型的な事例は、一九六一年一一月一五日から一九七三年一月二七日までのヴェトナム戦争であろう。「特別な関係」にあったはずの米英両国は、深刻な同盟の相剋に陥った（水本、二〇〇九）。中東地域や東南アジア地域に限らず、東アジア地域や南アジア地域、アフリカ大陸の脱植民地化も、米ソ冷戦の論理だけから眺めると、全体像を見失うことになりかねない（木畑、一九九六；宮城、二〇〇一；菅、二〇〇九；渡辺編、二〇〇六；Costigliola and Hogan eds., 2014）。

こうして、米ソ冷戦の時代の脱植民地化によって、帝国主義世界体制は次第に溶解・崩壊していった。植民地は、ヨーロッパ流の主権国家ないし国民国家として独立し、国際社会に参加した。また同時に、国民国家を相対化させる動きとして、相互依存が深化した。冷戦後には、グローバリゼーションが急速に進展している。歴史に規定される「公式の帝国」の時代は、終焉したのである。こうして、公式の帝国の時代の終わりは、注目すべきことに、冷戦の終わりとグローバリゼーションの本格化とほぼ重なり合っていた。

第六章　米中ソの三角関係の変容とアジアの戦争

戦後二極世界の終結は、永続的構築を構築する好機をこの世代に与えている――二極世界の終結は、平和の構造が多くの国の資源と概念で築かれなければならないことを必要としている――なぜなら、国際体系の創設に参加する場合にのみ各国は、その体系の活力に寄与し、その制度の効力を認めるからである（大下・有賀・志邨・平野編、一九八九：二四四―二四七）。

リチャード・ニクソン大統領『外交教書』（一九七二年）

一　第二次世界大戦後と太平洋戦争後の米中ソ関係の変容

大国間の同盟や戦略的な提携の関係における変化は、「力の分布」の変化など国際システム上の変化ではなくとも、グローバルやリージョナルな国際秩序のあり方を大きく変化させうる。特に一九七二年二月二一日から二八日にかけての米中和解のような「外交革命」は、大国間関係を再構築し、国際秩序の変容を迫ることになる。米ソ冷戦の時代の米中ソの三角関係の変容はいかなるのものであったか――。

第二次世界大戦後と太平洋戦争後、米中ソの三角関係は、アジアの国際秩序を大きく規定し続けた。また米中ソ関係の変容は、アジアの国際秩序を変容させるインパクトを持った。米ソ関係、米中関係、中ソ関係のそれぞれ三つの対立軸を設定することができる。はたして、米ソ関係、米中関係、中ソ関係のそれぞれ三つの対立軸をいかに設定することできるのか――。本章では、米ソ関係、米中関係、中ソ関係のそれぞれ三つの対立軸の変化をまず大きく整理した上で、第二次世界大戦後のアジアの戦争を三つ取り上げる。朝鮮戦争とヴェトナム戦争、中越戦争の三つである。それぞれ、発生から展開、終結までのプロセスを取り上げる。

第二次世界大戦と太平洋戦争の間、米中ソの三カ国は、ドイツとイタリア、日本のナチズムとファシズム、軍国主義の枢軸国と戦う連合国の一員として、同盟関係にあった。

しかし、第二次世界大戦後と太平洋戦争後、まず米ソ間で冷戦が開始される。米ソ冷戦は、はじめはヨーロッパ地域で開始され、激化していった。米ソ冷戦の開始を何年何月何日と正確に設定することは、諸説あるため難しいが、一九四七年三月一二日のトルーマン・ドクトリンが冷戦の宣戦布告に等しい内容であった。米ソ冷戦は、力の対立であると同時に、資本主義と共産主義をめぐるイデオロギーの対立であった。一九七〇年代初頭には、米ソ間で「ハイ・デタント」が実現するが、第三章でも見た通り、第三世界で米ソ冷戦のイデオロギー対立は収束しなかった。つまり、その後も、米ソ冷戦の対立は、継続したのである。冷戦の終結は、一九八九年八月からの「東欧革命」と一一月九日のベルリンの壁崩壊、一二月二日から三日にかけてのマルタ米ソ首脳会談を待たねばならない。マルタ米ソ首脳会談では、アメリカのブッシュ・シニア大統領とソ連のゴルバチョフ書記長が「冷戦の終結」を宣言した。翌年の一〇月三日には、東西ドイツが再統一される。こうして冷戦は、ヨーロッパ地域で本格的に終結した。その後、一九九〇年代以降の国際秩序は、「冷戦後」と呼ばれていくことになる。こうした米ソ冷戦の対立が、第一の対立軸である（Gaddis, 1998; 石井、二〇〇〇；佐々木、二〇一一）。

　第二の対立軸は、米中関係の変遷である。第二次世界大戦と太平洋戦争の直後、日本という共通の敵がいなくなった中国では、蔣介石が率いる国民党政権と毛沢東が率いる共産党との間で、中国の内戦が再び始まった。アメリカは、資本主義の国民党政権を支援したが、ソ連のスターリンは、中国の共産党を熱心に支援したとは言い難かった（このことは、後の中ソ対立の伏線となっていく）。一九四九年一〇月一日には、中華人民共和国が成立し、中国の内戦は共産党の勝利で終結した（「中国の喪失」）。蔣介石率いる国民党政権は、台湾に亡

米ソ関係：米ソ冷戦（一九四七年〜）→緊張緩和（一九六三年〜）→冷戦の終結（一九九〇年）まで

米中関係：米中対立（一九五〇年〜）→米中和解（一九七二年〜）→天安門事件（一九八九年）まで

中ソ関係：中ソ同盟（一九五〇年〜）→中ソ対立（一九六〇年〜）→中ソ和解（一九八九年）まで

図 6-1　米中ソの三角関係の変容

出典：筆者作成.

命した。こうして、共産化した中国に対して、アメリカは、当初は、静観主義の政策を見せ、「中国のティトー化」を期待した。ところが、一九五〇年五月二五日に勃発した朝鮮戦争で、アメリカと中国が直接、朝鮮半島で戦うことになった。一九五三年七月二七日に、朝鮮戦争は休戦協定が締結されるが、その後、米中対立の構図は、一九五〇年代と一九六〇年代のほぼ二〇年間のアジアの国際秩序を大きく規定していくことになる。しかし、一九七二年二月二一日から二八日にかけての米中和解で、米中関係はソ連を仮想敵とした戦略的な提携関係に入っていく（Mann, 2000; 2007; 入江、一九八三）。

　こうした米中和解の背景には、第三の対立軸となる中ソ対立があった。中国とソ連は、中華人民共和国の成立直後の

一九五〇年二月一四日の中ソ友好同盟相互援助条約の締結で、事実上の同盟関係に入っていた。その後、中国は、「対ソ一辺倒」の対外姿勢を見せるが、一九五〇年代の間に、中ソ関係は次第に冷え込んでいく。同じ共産主義のイデオロギーを掲げる中ソ両国だが、中ソ対立が潜在化していたのである。一九六〇年までには、中ソ対立は顕在化してしまう。これ以降、中ソ対立は、一九八九年まで三〇年近くにわたって、アジアの国際秩序を大きく規定していくこととなる。中ソ両国は、お互いに相手の共産主義のイデオロギーを異端とみなし、激しく対立した。特に一九六九年三月二日には、中ソの国境線付近（ダマンスキー島）で武力衝突にまで対立はエスカレートしてしまう。そのため、ソ連の脅威を感じた中国は、アメリカへの接近へと政策転換し、すでに見た一九七二年二月下旬の米中和解へと至ることになった（下斗米、二〇〇四：毛利、一九八九：Ulam, 1974）。

二　朝鮮戦争——発生・展開・終結

（1）朝鮮戦争の性格

朝鮮戦争は、すでに見た通り、一九五〇年六月二五日に、北朝鮮の南進で勃発し、一九五三年七月二七日に休戦協定が締結されるまで戦われた。三年以上戦われ、朝鮮半島全域で展開された戦争であった。ただし、朝鮮半島以外に戦線が拡大されることはなかった。限定戦争で終わったのである。朝鮮戦争の性格は、議論を先取りするならば、「国際内戦」であった。北朝鮮と韓国、二つの分断国家が互いに正統性を争った内戦であると同時に、米中両国の参戦で、冷戦の〝軍事化〟と〝世界化〟をもたらす転換点となった（Westad, 2017: chap. 6; オーバードーファー、二〇一五：神谷、二〇〇〇）。

（2）発生のプロセス

ヨーロッパ地域で冷戦が激化し始めていた一九四八年に、南北朝鮮が成立する。八月一五日に大韓民国（韓国）、九月九日に朝鮮民主主義人民共和国（北朝鮮）が成立した。北朝鮮と韓国はその後、お互いに統一を掲げ、北緯三八度線の国境付近での紛争や小競り合いが絶えなかった。一九四九年八月二九日には、ソ連が原爆開発に成功し、一〇月までに中国内戦で共産党が勝利し、共産主義の東側は攻勢を強めていた。

こうした情勢の下で、一九五〇年一月一二日に、民主党のトルーマン政権のアチソン国務長官が、ナショナル・プレス・クラブで、「不後退防衛線（defensive perimeter）」を描く演説を行い、不後退防衛線から朝鮮半島と台湾を外していた。不後退防衛線とは、もしヨーロッパ地域で第三次世界大戦が勃発した場合に、アジア地域の第二戦線でアメリカがどうしても防衛すべきエリアを描いたものである。そのため、朝鮮半島は、アメリカが死活的な国益を有していないことが明らかとなった。台湾が外されていたことは、中国の内戦にもはや関わりたくない、というメッセージであった。問題は、朝鮮半島と台湾を外していた防衛線の設定は、ソ連のスターリンと北朝鮮の金日成に間違ったメッセージを与えてしまうことになったことである。朝鮮戦争を起こしても、アメリカは介入してこないのではないか――。

翌二月一四日、中ソ両国は、中ソ友好同盟相互援助条約を締結し、中国は安全保障と経済援助を獲得した。こうして、中ソ両国が事実上の同盟関係に入ったことで、アメリカは、「中国のティトー化」を期待した静観主義の対中政策とアジア政策を見直す必要性に直面した。二カ月後の四月一四日には、トルーマン政権が「封じ込め（containment）」政策の〝軍事化〟と〝世界化〟を提言する内容の国家安全保障文書六八号（NSC六八）を検討している。トルーマン大統領は、財政均衡の観点から、NSC六八を再検討するよう指示していたが、ほぼ二カ月後の六月二五日に、北朝鮮が北緯三八度線を越えて南侵し、この全面攻撃をもって、朝鮮戦争が勃発した。ソ連のスターリンが、なぜ北朝鮮の南侵を認めたのか、その理由は必ずしも明らかではないが、すでに見た通り、アチソン演説などから、アメリカは参戦してこないはずである、と誤認していた可能性が一つ考えられる（トルクノフ、二〇〇一）。

(3) 朝鮮戦争の展開

朝鮮戦争の勃発直後、軍事力で劣る韓国軍は総崩れとなり、北朝鮮軍に釜山周辺の地域まで追い込まれた。しかし、アメリカは直ちに、国際連合（国連）の安全保障理事会の決議を取りつけ、「国連軍（厳密には多国籍軍）」を編成し、朝鮮戦争に参戦する。一九五〇年九月一五日に、仁川上陸作戦に成功し、韓国の首都ソウルを奪還して、その後、国連軍は北緯三八度線を越えて、北朝鮮まで北進した。国連軍と韓国軍が中朝国境の鴨緑川まで迫ると、建国間もない中国が一〇月一九日に参戦し、朝鮮戦争の戦況が再び逆転した。その後、一九五一年春から戦線は北緯三八度戦付近で膠着状態が続くことになる。しかし、七月に始まった休戦交渉は難航した。

なぜアメリカは、参戦したのか――。アメリカは、より大きな侵略の抑止に加えて、他の同盟国に対する信頼性の保持、国連の権威守護のために参戦したと考えられる。

問題は、朝鮮戦争が最後まで限定戦争にとどめられたことである。アメリカは、ヨーロッパ地域での第三次世界大戦へのエスカレーションを恐れ、中国本土への爆撃など、戦線の拡大を差し控えたのである。これに対して、戦線拡大・戦争の早期終結を説き、トルーマン政権の政策路線を批判した現地の最高司令官マッカーサーは、トルーマン大統領に解任されることとなった。このことは、シビリアン・コントロールの実践であったが、太平洋戦争の英雄で国民の支持が高いマッカーサーを解任するという決断は、国内政治的にはトルーマン大統領にとって大きなマイナスであった。そもそも、トルーマン大統領は、支持率が高い大統領ではなかった。有名なエピソードだが、一九四八年一一月の大統領選挙では、再選が危ぶまれていて、敗北の誤報が出回ったほどであった（トーランド、一九九七：ハルバースタム、二〇〇九）。

（4）終結のプロセス

休戦交渉は、一九五二年一一月のアメリカの大統領選挙後も難航したが、一九五三年三月五日のスターリンの死後、東西間で雪解け、緊張緩和（détente）の雰囲気が高まり、七月二七日に休戦協定がようやく成立した。すでに見た通り、一九五一年七月にソ連の提案により、休戦会談が開始されたが、捕虜送還などで対立し、休戦交渉の会議は難航し続けていた。

一九五三年一月二〇日に発足した共和党のアイゼンハワー政権は、朝鮮戦争の休戦のため、中国に対して、インドのネルー首相を通じて、核兵器による攻撃を示唆して、休戦協定への圧力を加えた。つまり、「瀬戸際」政策を実践しているのである。アメリカの核兵器による恫喝が中国に対して効果を持ったのか、すでに見た通り、七月二七日に休戦協定が締結された。

（5）朝鮮戦争のインパクト

朝鮮戦争の休戦後、平和協定のための政治会談は決裂してしまう。そのため、朝鮮戦争は、国際法上、戦争状態はまだ終結していないことになる。また朝鮮戦争の結果、北朝鮮と韓国の二つの分断国家は、固定化された。朝鮮戦争の死傷者は、国連軍が十七万人、韓国軍が八五万人、北朝鮮・中国軍が一五〇万人に上った。

朝鮮戦争のインパクトとしては、すでに見た通り、冷戦が〝軍事化〟し、〝世界化〟した。このことは、アメリカの封じ込め政策の軍事化と世界化をもたらした。アジアの冷戦では、一九七二年二月下旬の米中和解まで、二〇年間あまり、米中対立の構図が固定化される。対中政策としては、アメリカが台湾防衛にコミットメントをしていく契機となった（入江、一九八三；Mann, 2000）。

インドシナ半島では、アメリカが第一次インドシナ紛争を戦う同盟国のフランスへの支援を強めていく。朝鮮戦争が勃発する直前の一九五〇年五月に、トルーマン政権はフランス支援を決定していた。

朝鮮戦争のインパクトは、対日講和の実現にも及んだ。日本は、経済的に「朝鮮特需」を享受し、戦後復興の足がかりとした。軍事的には、サンフランシスコ講和会議で、平和条約とともに日米安全保障条約が締結され、日米同盟が成立した。また、日本の再軍備が動き出した。日本国内の治安維持のため、自衛隊の前身となる警察予備隊が創設されたのである。この当時、トルーマン政権は、日本国内で共産主義の分子が広がることを懸念していた（五十嵐、一九九九）。

朝鮮戦争は、ヨーロッパ地域にも影響を及ぼしている。北大西洋条約機構（ＮＡＴＯ）の軍事部門が設置され、西ドイツの再軍備の動きが急速に進むことになった（岩間、一九九三）。

たとえば、歴史家のギャディスは、「世界中の共産主義封じ込めに対する、本当の意味でのアメリカの関与は、朝鮮戦争を取り巻くさまざまな出来事に端を発している」と論じている。コーエンも、朝鮮戦争は「米ソ対立の性質を、組織的な政治闘争から、まさに世界の生存を脅かす、イデオロギーに突き動かされた軍事的対立へと変化させた戦争であった」と指摘する（McMahon, 2003: 51）。

三　ヴェトナム戦争——発生・展開・終結

(1) ヴェトナム戦争の性格

一九六一年一一月から一九七三年一月まで継続したヴェトナム戦争（第二次インドシナ戦争）は、アメリカにとって、長い地域戦争となった。一九六一年一一月から一九六五年二月までは内戦で、一九六五年二月から一九七三年一月までは国際戦争の段階に入った。

結論を先取りするならば、超大国アメリカが、ヴェトナムでのゲリラ戦になかなか勝利を収められない〝泥沼〟に陥り、結局は撤退を余儀なくされた。アメリカの敗北は、国力と威信の低下を招いた（Westad, 2017: chap. 12; 松岡、二〇〇一）。詳しくは第五章でも見たが、ここでは議論を簡潔に繰り返す。

(2) 発生のプロセス

ヴェトナム戦争の前史となる第一次インドシナ戦争の展開をまず踏まえる。

第二次世界大戦後、宗主国フランスと植民地ヴェトナムの間で第一次インドシナ戦争が勃発している。第二次世界大戦の間、民主党のフランクリン・ローズヴェルト大統領は、インドシナ地域でのフランスの戦後復帰に懐疑的であった。アメリカ外交には、反植民地主義の伝統がある。第二次世界大戦後、ヨーロッパ地域で冷戦が開始され激化する状況下で、すでに見た通り、民主党のトルーマン政権は、一九五〇年五月に、冷戦の論理から、同盟国フランスの弱体化の回避を決定し、インドシナ地域でフランス支援に乗り出していく。アメリカのフランス支援は比較的に大規模なものであった。

ところが、一九五四年五月七日のディエン・ビエン・フーの陥落で、フランスはインドシナ地域からの撤退を決定した（正式決定は七月である）。七月二一日、ジュネーブ協定で（関係九カ国が参加した）、ヴェトナムの南北分断を暫定的に規定し、二年後の一九五六年中の総選挙で合意した。しかし、アメリカのアイゼンハワー政権は、同協定に調印せず、二年後の総選挙も実施せず、南ヴェトナムに一九五五年一〇月二六日、ゴ・ディン・ジェムの政権（ヴェトナム共和国）を擁立した。アイゼンハワー政権は、「ドミノ理論」の論理から、インドシナ地域の戦略的重要性を強調し、介入を正当化していくことになる。

次いで、第二次インドシナ戦争としてのヴェトナム戦争の発生のプロセスである。

一九五九年になると、北ヴェトナムは、南の武力解放を決意し、翌一九六〇年の一二月二日に北ヴェトナムと密接な関係を持つ民族解放戦線が南ヴェトナムで創設された。こうした北ヴェトナムの動きに対して、一九六一年一一月一五日に、民主党ケネディ政権が軍事顧問の増派を決定する。アメリカがヴェトナムに軍事介入することを決断した瞬間であった。ところが、南ヴェトナムの情勢は安定しなかった。一九六三年一一月一日未明に、ジェム政権打倒の軍部クーデターが起こる。ケネディ政権は、軍部クーデターの動きを事前に知っていたが、この動きを黙認した。その後も、南ヴェトナム情勢はさらに混迷していく。アメリカでは、同じ一一月の二二日に、ケネディ大統領がダラスで遊説中に暗殺されてしまう。

(3)ヴェトナム戦争の展開

一九六四年八月に、民主党のジョンソン政権は、トンキン湾事件を契機に介入の度合いを強めていく。アメリカ議会は、トンキン湾決議で、大統領に武力行使の白紙委任状を認めた。ヴェトナム戦争の拡大に、アメリカ議会も無関係ではないのである。翌一九六五年二月七日に、ジョンソン政権は、北爆を本格化し、三月八日には地上軍の導入にも踏み切った。ジョンソン大統領が、ケネディ大統領が始めていたヴェトナム戦争を拡大させたのである。しかし、北爆と地上軍投入後も、アメリカは決定的な勝利をなかなか収めることができなかった。そのため、アメリカの国内では、学生と知識人によるヴェトナム反戦運動が激化した。他方で、一九六七年末までに、アメリカ軍は五〇万人以上がヴェトナムに投入されていた。ところが、ジョンソン大統領は、ヴェトナムでの戦局の展開に、楽観的な見方を繰り返し表明していた。

転換点は、一九六八年初頭に訪れた。一九六八年一月三一日未明の「テト攻勢」を契機に、アメリカはヴェトナム戦争で勝てないのではないか、という考え方が広がった。アメリカの国内では、ヴェトナム反戦運動がさらに激化した。こうした情勢の下で、一九六八年三月三一日夜に、ジョンソン大統領が、大統領選挙に不出馬を表明し、北爆の大幅停止と和平交渉を提案した。五月にはパリで和平交渉が始まったが、交渉は難航した。アメリカ国内のヴェトナム反戦運動がさらに激化した。

(4)終結のプロセス

一九六八年一一月のアメリカ大統領選挙では、ヴェトナム戦争を終結させる「秘密のプラン」があると訴えた共和党のニクソンが勝利した。外交問題が大統領選挙の結果を左右する争点となることは、歴史的に珍しい。同時にニクソンは、国内向けに「法と秩序の回復」を訴え、南部戦略を展開した。南部の保守的な有権者は、ジョンソン政権の下での公民権法(一九六四年七月二日)と投票権法(一九六五年八月六日)に反発していた。

一九六九年七月二五日に、ニクソン大統領は、アジア歴訪中にグアム島で、「グアム・ドクトリン」を発表し、アジア(とヴェトナム)からの段階的な撤退を発表した。アジアの同盟国に自助努力を促すグアム・ドクトリンの内容は、翌一九七〇年明けの『外交教書』で再確認され、「ニクソン・ドクトリン」と呼ばれるようになる。こうしたアメリカのヴェトナムからの段階的な撤退と同時に、ニクソン政権は、アメリカ化したヴェトナム戦争の「ヴェトナム化」を図った。しかし、一九七一年以降、秘密作戦として、ラオスとカンボジアまで戦線は拡大された。北ヴェトナムの「ホー・チ・ミン・

ルート」と呼ばれた補給路を叩くためであった。

ニクソン政権は、一九七二年二月二一日から二八日にかけて、米中和解を実現した。さらにこの米中和解を足がかりに、三カ月後の五月二六日には、米ソ間で「ハイ・デタント」を実現する。米ソ両国は、戦略攻撃兵器制限に関する米ソ間暫定協定（SALTⅠ）と弾道弾迎撃ミサイル（ABM）制限に関する米ソ間条約に調印し、関係の基本原則に関する米ソ宣言（基本原則宣言）で合意した。こうして、ニクソン政権は、米中ソの三角関係をアメリカ優位に再構築し、北ヴェトナムの孤立化を図る。中ソ両国は、中ソ対立のため、協調していたわけではなかったが、それぞれアメリカと戦う北ヴェトナムを軍事支援していた。こうして、ニクソン政権は、中ソ両国への接近で、アメリカに有利な米中ソの三角関係を短期間でつくり出した（Kissinger, 1994; Isaacson, 1992）。

ニクソン政権は、米ソ・デタントと同時に、五月から北爆を本格的に再開し、一二月下旬にはクリスマス爆撃で、北ヴェトナムに最後の軍事的な圧力を加えている。こうした最後の軍事的な圧力がはたして必要であったのかについては議論があるが、一九七三年一月二七日に、ヴェトナム和平協定が成立した。アメリカが北ヴェトナム軍の撤退要求を、北ヴェトナムが南ヴェトナム政権の退陣要求を取り下げ、アメリカ軍の撤退と共産軍の現状での残留で妥協した（ニクソンは、協定を渋る南のチュー大統領に対し、援助と最介入を秘密裏に約束し、説得した）。アメリカ軍は、三月末までにヴェトナムから撤退した。こうして、ニクソン大統領とキッシンジャー国家安全保障問題担当大統領補佐官は、できるだけ「名誉のある撤退」を模索し、実現した。

(5) ヴェトナム戦争のインパクト

超大国アメリカにとって、ヴェトナム戦争は、歴史的にはじめての敗北となった。繰り返しになるが、アメリカの国力と威信の低下を招いた。アメリカ外交にとっては、これ以降、ヴェトナム戦争のような長い地域紛争への介入と泥沼化を回避することが至上命題となった。「ヴェトナム・シンドローム（症候群）」である。そのため、「ワインバーガー・ドクトリン」や「パウエル・ドクトリン」が打ち出され、アメリカが戦争に介入する場合には、圧倒的な軍事力を一気に投入し、国内でアメリカ議会と国民の支持をとりつけ（コンセンサスを形成し）、「出口戦略（exit strategy）」を描いた上でなければならない、とされた（松岡、二〇〇三）。

朝鮮戦争も、ヴェトナム戦争も、民主党政権が介入し、共和党政権が撤退したため、ヴェトナム戦争後、民主党は外交と戦争が苦手であるというイメージがつきまとい、国内政治上、共和党大統領が選出される傾向が生まれた。

ヴェトナム戦争は、アメリカ軍の死者が五万八〇〇〇名を超え、戦費は一五〇〇億ドル以上に上り、使用爆弾量は第二次世界大戦の二倍にも上った。

一九七五年四月三〇日以降、インドシナ三カ国（ヴェトナム、カンボジア、ラオス）が、共産化した。ヴェトナムにとっては、宗主国のフランスと超大国のアメリカと長いゲリラ戦を戦った上での国家統一となった。共和党のフォード政権は、南ヴェトナムへ援助をしようとしたが、アメリカ議会がこれを拒否した。それまでに、アメリカ議会は、トンキン湾決議を取り消し、大統領の戦争に歯止めをかけるべく、ニクソン大統領の拒否権を〝乗り越え（override）〟、一九七三年一一月七日に戦争権限決議（ＷＰＲ）を採択していた。「議会の復権」である。

ヴェトナムはその後、対内的には「性急すぎる」国内統一・共産化を図り、対外的にはソ連への接近を強め、中国とは距離を置き始めた。このことが、一九七九年二月一七日に勃発する中越戦争につながっていくことになる。

四　中越戦争——発生・展開・終結

(1) 中越戦争の性格

中越戦争は、一九七九年二月から三月にかけての短期間、中国とその隣国のヴェトナムとの間で戦われた。いずれも、共産主義の国家であったが、中国が懲罰的な目的で、中越戦争を開始した。一九七二年二月下旬の米中和解と一九七三年一月二七日のヴェトナム和平協定の後の中越関係の冷却化、中ソ対立の激化などが、中越戦争勃発の背景にあった。ヴェトナム戦争では、中国とヴェトナムとの関係は緊密であったが、特に米中和解後は、中国がヴェトナムへの関与を縮小し、中越関係は急速に冷え込んでいた。たとえば、一九七五年に中国はヴェトナムへの無償経済援助を打ち切り、一九七七年には借款供与も停止している。

またヴェトナムは、国内では「性急すぎる」統一・共産化を図り、ナショナリズムが高まった結果、華僑を排斥した。対外的にも、西沙・南沙諸島の領有権問題で中国と対立し、隣国のカンボジアに介入して、中国寄りのポルポト政権を崩壊させた。さらに、ヴェトナムは、ヴェトナム戦争の終結後、ソ連への接近を急速に強めていった。たとえば、一九七八年六月にヴェトナムはコメコンに加盟し、同年一一月にはソ越友好協力条約が締結された。またソ連は、一九七〇年代に、ヴェトナムのカムラン湾に軍事基地を確保した。こうして、インドシナ地域に中ソ対立が投影され、中越両国は対立を急速に深めていった。

(2) 発生のプロセス

一九七九年二月一七日に、約一〇万人の中国人民解放軍が一〇ヵ所から中越国境を越え南侵した。中越戦争の勃発である。ただし、ヴェトナム側は戦争の準備が十分に整っていたわけではなかった。中越戦争は、「ヴェトナムに教訓を与えるため」の懲罰的軍事行動として開始された。中国にとっては、統一後のヴェトナムの内外の政策は、ヴェトナム戦争時の軍事支援の恩義に反するものであったのである。

(3) 中越戦争の展開

二月二一日、さらに一〇万人の中国人民解放軍が増強され、二三日にはラオカイなど四省都が攻略された。三月三日には、ランソンも攻略された。しかし、三月五日には早々と、全面撤退が宣言されることになる。

(4) 終結のプロセス

三月五日に、中国は、「懲罰目的は達成された」として全面撤退を宣言する。一六日までに撤退を完了した。他方で、ヴェトナム側は、三月五日にようやく全国動員令を発令し、徹底抗戦の姿勢をとったところであった。

(5) 中越戦争のインパクト

こうして、中越戦争の発生・展開・終結までのプロセスを踏まえると、中国側の一方的な懲罰的軍事行動であったかのように見えるが、中国人民解放軍が被った被害は甚大であった。中国側の死傷者数は、ヴェトナム側の発表によれば六万二五〇〇万人で、中国側発表のヴェトナム側の死傷者は五万人であった。ヴェトナムは、超大国アメリカとのヴェトナム戦争、特にゲリラ戦で鍛え上げられていた。中国としては、「ヴェトナムに教訓を与える」はずであったが、戦争目的の一つであったカンボジアからのヴェトナム撤退は達成されなかった。

中国は、中越戦争から逆に教訓を得て、兵器装備の改善や作戦指揮能力の向上など、軍の近代化を急いでいく。

一九七八年一二月以降、中国では鄧小平の指導の下、「改革・解放」路線を本格化させていく。日本政府は、これに対して、多額の政府開発援助(ODA)を供与し、全面的に支援していく外交路線を追及した。「関与(engagement)」政策の実践である。中国の経済成長を助け、中国をアジア地域に〝取り込む〟ことが日本の国益に適う、という判断であった。アメリカの民主党のカーター政権も、一九七九年一月一日に、中国との間で国交正常化を実現した(台湾との国境は断絶する)。しかし、一九七九年四月一〇日に、アメリカ議会は、台湾関係法(Taiwan Relations Act)を成立させ、台湾防衛へのコミットメントの継続を謳った。

中越戦争に議論を戻そう。中越戦争は、短期間の戦争であったが、戦争のインパクトとして、カンボジア内戦など、アジア地域の国際秩序に与えた影響も大きかった。たとえば、一九八〇年代に、中国は、反越の国際世論で東南アジア諸国連合(ASEAN)諸国と連携し、カンボジアの反越ゲリラに軍事援助を提供した。また一九八九年六月のソ連との関係改善によって、九月にはようやく、ヴェトナムのカンボジアからの撤退を実現している。

冷戦後に、中越関係は改善に向う。一九九一年一一月に、中越両国は、関係を正常化した。一九九九年には、陸上国境画定条約を締結している。

五　冷戦後とテロ後の米中露関係の変容

これまで見てきた通り、第二次世界大戦後の冷戦の時代に、米中ソの三角関係は、アジアの国際秩序を大きく規定してきた。米ソ冷戦とデタント、米中対立と米中和解、中ソ同盟と中ソ対立はそれぞれ、アジアの戦争の背景となり、結果となってきた。日本では、日米中の三角関係を議論する傾向があるが、日本外交が基本的に高度な自主性を持たない限り、日米中の三角関係を論じてもほとんど意味がない。

最後に、冷戦後の米中露の三角関係を簡単に踏まえておこう。

冷戦の終結後、まもなくソ連が崩壊する（一九九一年一二月二五日）。冷戦後の米露関係は、協調と対立が入り混じったものとなっていく。米露間での核ミサイルの核軍縮にともない、ロシアの核ミサイルをいかに廃棄するのかがまず問題となった。アメリカは、ロシアの核ミサイルを廃棄するコストを賄うために、経済支援を継続していく。ソ連の政治的な民主化と経済的な市場化を側面支援するという目的もあった。ただし、ロシアは、エリツィン大統領の時代から、アメリカが進める北大西洋条約機構（NATO）の東方拡大には強く反発してきた。一九九九年三月二四日から六月一〇日にかけての七八日間のコソヴォ空爆にも反発した。国内で、チェチェン紛争を抱えるからである。二一世紀になり、プーチン時代に入ってからは、NATOの東方拡大だけでなく、アメリカが進めるミサイル防衛（MD）の配備にも強く反発してきた。アメリカも、プーチン政権によるウクライナのクリミア半島併合（二〇一四年三月一八日）には強く反対し、厳しい経済制裁を課してきた。二〇一四年以降は、米露関係は対立の局面に入っている。

冷戦後の米中関係も、米露関係以上に、協調と対立が入り混じった複雑なものとなった。冷戦期と冷戦後の米中ソ（露）の三角関係の大きな相違は、冷戦後に中国が急速に台頭したことである。大規模な核ミサイルをまだ保有しているため、ロシアの重要性は大幅に低下していないが、米露関係よりもむしろ米中関係の方がより重要となってきた。冷戦後の一九九〇年代後半に、民主党のクリントン政権は、台頭する中国に対して「関与」と「拡大（enlargement）」の国家安全保障戦略をとり、米中両国は、「建設的かつ戦略的なパートナーシップ」を二一世紀に向けて模索していくことで合意した。ただし、米中間の協調は、一九九九年三月二四日からのコソヴォ空爆で、一気に冷え込んでしまう。クリントン政権が、「人道的介入」を示唆したためである。台湾問題ばかりでなく、新疆ウイグル自治区やチベット問題など少数民族問題を抱える中国にとって、人道的介入の前例を許容することはできなかったのである（島村、二〇一八：第一三章）。

米中関係が、米露関係と大きく異なるのは、米中間の経済的な相互依存関係が高度に深化していることである。そのため、アメリカとしては、安全保障問題では中国の脅威を牽制しつつも、経済面ではできるだけ協調しようと試みることになる。ニクソン政権の米中和解後、アメリカの対中政策は、基本的に「牽制と抱擁（hedge and embrace）」ないし「統合と牽制（integrate, but hedge）」の両面政策である、という議論がある。たとえば、W・ブッシュ政権の一期目には、「封じ込め」と「関与」の両面を含む政策として、造語だが、中国に対する「コンゲージメント（congagement）」政策が提言された。W・ブッシュ政権の二期目には、ゼーリック国務副長官が、中国に対して、大国らしく、「責任ある利害共有者（responsible stake-holder）」として振る舞うよう要求したことがある。オバマ政権の一期目には、中国の脅威を念頭にして、「アジア旋回（pivot to Asia）」ないし「再均衡（rebalancing）」の政策転換が図られた（島村、二〇一八：第一四章と第一五章）。

トランプ政権は、二〇一八年に入り、中国に対する関税を上げ、米中間では貿易戦争の様相を呈している。この米中対立がいかに収束されるのかは、まだよくわからない。二〇一七年一二月一八日に発表した『国家安全保障戦略（NSS）』では、トランプ政権は、中国やロシアなど台頭する大国に対して、レーガン流の「力による平和（peace through strength）」のアプローチをとることを明らかにしている。米露関係と米中関係の対立は、しばらく解けないかもしれない（島村、二〇一八：終章）。

最後に、中露関係である。冷戦後のアメリカ中心のリベラルな国際システムに対抗して、中露両国は、一九九〇年代から、「戦略的なパートナーシップ」を形成してきた。中露両国は、「一超多強」の国際システムを多極化させることを目指していく。共産党一党独裁の政治体制を続ける中国に至っては、アメリカが戦争ではなく平和的な手段で体制転換（regime change）を図る「和平演変」を常に警戒している。同時に、中露両国は、アメリカ中心のリベラルな国際秩序に参入することによって、高度な経済成長を遂げるなど、大きな恩恵を受けてきた。そのため、中露両国は、アメリカ中心のリベラルな国際秩序にとって、現状変革国家（revisionist powers）となっていくのか、それとも「せいぜいパートタイムの妨害者（spoilers）でしかない」のか、議論が分かれる（島村、二〇一八：終章）。このことは、二一世紀の国際秩序で、地政学が復活するのか、それともアメリカ中心のリベラルな国際秩序が予想以上に長生きするのか、という問題に関わってくると言ってよい。

第七章　アメリカ外交の変化と知識人

（第二次世界大戦後のアメリカの対ソ政策は）ソ連邦の膨張傾向に対する長期の、辛抱強い、しかも断固として注意深い封じ込めでなければならない（Kennan, 1984: 119）。

ジョージ・F・ケナン「ソヴィエトの行動の源泉」（一九四七年）

（第二次世界大戦後の国際秩序は）軍事的には二極だが、政治的には多極である

（大下・有賀・志邨・平野編、一九八九：二四四―二四七）。

リチャード・ニクソン大統領『外交教書』（一九七二年）

一　アメリカ外交の変化と知識人の役割

アメリカ外交は、一人の外交官や政治家による政策のイノベーションによって、大きく変化することがある。アメリカ政治外交では、四年ごとの大統領選挙のたびに、三〇〇〇から四〇〇〇名ほどの政府高官が入れ替わる。「無血革命」である。大統領が大統領選挙で再選された場合も、政府高官を交替させることが少なくない。任期中にも、政府高官は辞任・交替することがある。注目すべきことは、アメリカ政治外交の場合、政治家や外交官だけでなく、知識人や実務家の専門家を政権入りさせることが少なくないということである。シンクタンクや大学から、知識人や実務家の専門家が政権入りし、敗北した政党の政権からは、知識人や実務家の専門家がシンクタンクや大学へ引き取られていくことになる。知的人材からなる高度な専門家集団が、政権内と政権外を行ったり来たりするのである。「回転ドア」と呼ばれる現象である（阿部・久保、二〇〇二）。

国際関係論（ＩＲ）ないし国際政治学という学問は、現実の第二次世界大戦や冷戦を背景として、現実主義（リアリズム）とリベラリズムとの間の論争を繰り返すなかで、急速に発展してきた。リアリズムの理論も、リベラリズムの理論も、現実のアメリカ外交に無視できない影響力を及ぼしてきた（Nye and Welch, 2016）。

たとえば、ケナンの「封じ込め（containment）」やアイゼンハワー＝ダレスの核抑止に依存した「ニュールック」戦略と「大量報復理論」がある。後者の政策は、「より安上が

りな」封じ込めを追求した結果であった。ケネディ政権とジョンソン政権では「柔軟反応（flexible response）」戦略ないし「多角的オプション」戦略、ニクソン政権とフォード政権では「緊張緩和（détente）」政策、カーター政権では「人権外交」、レーガン政権では「力による平和（peace through strength）」のアプローチが展開された（Gaddis, 2005B）。

冷戦後には、クリントン政権の「関与と拡大（engagement and enlargement）」の国家安全保障戦略、W・ブッシュ政権の「先制（pre-emption）」のドクトリン、オバマ政権の中国の脅威を念頭にした「アジア旋回（pivot to Asia）」ないし「再均衡（rebalancing）」の政策転換、トランプ政権のレーガン流の「力による平和」のアプローチがある。「アメリカ第一主義（America First）」と「アメリカを再び偉大にする（Make America Great Again）」をキャッチフレーズに、二〇一六年一一月の大統領選挙を戦ったトランプが、いかなる対外政策を推し進めていくのか、については議論がある（Brands, 2018; 納家、二〇一八：田中、二〇一八：島村、二〇一八：終章）。詳しくは、終章で論じる。

本章では、以下、アメリカ外交の変化に知識人が密接にかかわってきたことを明らかにする。「知識人」とは、思想家やジャーナリストを指す場合もあるが、本章では主として、シンクタンクや大学の研究者を指している。取り上げる知識人は、ケナンとキッシンジャー、ナイ、新保守主義（neoconservatism; ネオコン）の知識人と実務家である。ケナンだけは、外交官から歴史家に転向した人物で、もともと知識人であったわけでない。しかし、彼以外の人物たちは、知識人ないし実務家の専門家から政権入りした。キッシンジャーはリアリストの歴史家であり、ナイはネオリベラリストの国際政治学者であった。ネオコンで政権入りしたのは、権力に距離を置いた知識人ではなく、実務家の専門家たちであった。それぞれ、彼らの経歴をまず踏まえ、彼らが直面した国際環境と彼らの認識、彼らの対外政策を取り上げる。

二　ケナンと「封じ込め」政策

(1) ケナンの経歴

ケナンは、一九二五年プリンストン大学を卒業後、外交官としてリガとタリン、モスクワに赴任した。一九四六年から国務省政策企画室長として、第二次世界大戦直後、民主党のトルーマン政権の下で、アメリカの対外政策を構想した。一九五二年五月には、駐ソ大使に就任した。一九五六年から一九七四年、プリンストン高等研究所教授であった（その後、名誉教授となる）。この間、一九六一年から一九六三年七月まで、ケネディ政権の下で、駐ユーゴスラヴィア大使に就任している。

トルーマン政権を離れた後、学者としてのケナンは、ロシア研究に従事し、リベラル色を強めていった。特に一九五〇年代以降、水爆開発後の米ソ関係の行方を危惧していた。ただし、ケナンの『アメリカ外交五〇年』は、アメリカ内外の大学や大学院で、リアリズムのテキストとして、広く読まれてきた。現在でも読まれている（Kennan, 1984）。

（2）ケナンが直面した国際環境――第二次世界大戦直後

第二世界大戦期、一九四五年五月八日に、ドイツが無条件降伏した。その後、八月一五日の日本の無条件降伏で、第二次世界大戦と太平洋戦争がようやく終結した。第二次世界大戦直後の一九四六年三月五日に、イギリス元首相チャーチルが、アメリカのミズーリ州フルトンで、有名な「鉄のカーテン」演説を行い、英米間の「特別な関係（special relationship）」を再構築するべきである、と指摘した（島村、二〇一八：二四七―二四八）。

一九四六年は、米ソ関係がまだ不確定な状態にあった。ソ連がイラン北部からなかなか撤退せず、英ソ対立がまず深まった。ソ連はその後、アメリカのトルーマン政権からの外交的な圧力で、ようやく五月にイラン北部から撤退する。八月には、ソ連のスターリンは、トルコに対して、ボスポラス＝ダーダネルス海峡の共同管理を提案してきた。不凍港を求めて、南下する動きを見せたのである。このトルコ危機で、アメリカも、イギリスと同じく、ソ連の脅威を感じ始めることとなる。

ただし、米ソ冷戦は、まだ始まっていない。トルーマン政権は、第二次世界大戦後の国際秩序で、ソ連に対して、いかなる対外政策をとるのか、まだ決めかねていた。フランクリン・ローズヴェルト大統領が描いていたように米ソの協調で第二次世界大戦後の国際秩序の安定を図っていくのか、それとも東ヨーロッパ地域で共産党の政権を押しつけているソ連に対して厳しい姿勢で臨むべきなのか、決めかねていたのである（島村、二〇一八：第一〇章）。

（3）国際環境に対するケナンの認識

こうして、トルーマン政権は、第二次世界大戦後の対ソ政策のあり方を模索していた。

一九四六年二月二二日に、ケナンはモスクワから、異例の「長文電報」をワシントンに送っている。「ソヴィエトの権力は、ヒトラーのドイツの権力ほどには計画的でもなければ、冒険的でもない。それは、決まった計画によって動くわけではない。それは不必要な危険を冒さない。それは、理性の論理に鈍感なくせに、力の論理にはきわめて敏感である。それゆえ、どんな場合でも、強力な抵抗に出会えば、容易に後退することができるし、またたいていはそうする。こうして、もし相手が十分な力を持ち、その力を用いる用意があることを明確に示すならば、実際にはめったにそれを用いる必要はなくなる。こうして、もし状況が正しく処理されていれば、威信をかけた対決の必要はないのである」と指摘したのである。また、「西側世界全体と対比すると、ソヴィエトは依然としてはるかに弱体な勢力である。それゆえ、彼らの成功は、西側世界がどの程度まで結束と断固たる意志と気力を発揮しうるかに、まさにかかっている。そして、これは、われわれの力で影響を与えることのできる要素なのである」とも指摘された。

ケナンは、「多くの点がわれわれ自身の社会の健全さと活力にかかっている。国際共産主義は病気の細胞組織の上にのみ繁殖する悪性の寄生菌のようなものだ。……われわれ自身の社会の内部問題を解決し、われわれ自身の国民の自信と規律と士気と共同意識を高めることは、千百の外交覚書や共同コミュニケにも匹敵するほどのモスクワへの外交的勝利である」と論じ、「われわれは、過去においてわれわれが示してきたものよりも、さらに望ましい形の、はるかに積極的で建設的な世界像を作り上げ、他国に示さなければならない。多くの外国国民が、少なくともヨーロッパでは、過去の経験にうみ疲れ、恐がっており、深遠な自由というものには、安全問題よりも薄い関心しか持っていない。彼らは、責任よりも指導を求めている。われわれはロシアがこれらの外国国民に与えるよりも立派に、指導を与えることができなければならない。そして、もしわれわれが、それをしなければロシアが必ずやるだろう」と結論づけた（ケナン、一九七三：三二一―三二四）。

ケナンの長文電報は、トルーマン政権内で広く読まれ、ケナンは、ワシントンに呼び戻され、国務省政策企画室の初代室長に就任することになる。

ケナンは、明らかにフランクリン・ローズヴェルト流の対ソ協調路線には反対であった。むしろ対ソ強硬路線をとっていく。こうして、ウィルソニアンの理念でもなく、孤立主義の伝統でなく、リアリズムの政策を提言していくことになる。

（4）トルーマン政権下でのケナンの対外政策
――「封じ込め」

一九四七年三月一二日に、米ソ冷戦の宣戦布告に等しい内容のトルーマン・ドクトリンが発表された。三カ月後の六月五日には、欧州復興援助計画（マーシャル・プラン）が発表される。チャーチル元首相が「鉄のカーテン」演説（一九四六年三月五日）で予言していた通り、ヨーロッパの分断が明らかとなっていく（大下・有賀・志邨・平野編、一九八九：一九八―二〇二）。同年七月には、『フォーリン・アフェアーズ』誌で、ケナンがMr. Xの匿名で、「封じ込め」の政策概念を問題提起した。ケナンの対ソ認識は、一九四六年二月の「長文電報」とほぼ同じ内容であった。大きな違いは、ケナンのX論文では、「封じ込め」という言葉がはっきりと使われたことである。冒頭で引用した通り、第二次世界大戦後のアメリカの対ソ政策は「ソ連邦の膨張傾向に対する長期の、辛抱強い、しかも断固として注意深い封じ込めでなければならない」と指摘し、「はるかに穏健で慎重な態度をとらなければならないように圧力をかけ、ゆくゆくはソヴィエト権力の崩壊かまたは漸次的な温和化」をもたらすことができると主張した（Kennan, 1984: part 2 chap. 1; Gaddis, 2011; 佐々木、二〇一一：六五）。当時、Mr. Xは、国務省のケナンであることがすぐに知られるところとなった。

ケナンの封じ込め観は、当時受け止められた以上に、控えめで限定的な政策であった。第一に、ケナンは、ソ連の共産主義のイデオロギーという非軍事的な脅威に対して、非軍事的な手段、つまり政治的もしくは経済的な手段（たとえば、マーシャル・プラン）で、封じ込めるべきである、と考えていた。第二に、ケナンは、アメリカの死活的な国益にかかわる地域でのみ、ソ連の脅威を封じ込めるべきである、と考えていた。この点で、ケナンは、「五つパワー・センター」でのみ、ソ連の脅威を封じ込めるべきである、と考えていたのである。五つパワー・センターとは、世界の先進工業地域であるアメリカとソ連、イギリス、ラインラント（ドイツ）、アジアの日本であった。これら以外の地域の紛争や出来事には介入すべきではない、という現実主義の考え方であった（ケナン、一九七三；佐々木、一九九三；Kuklick, 2006: chap. 4）。

当時、ジャーナリストのリップマンは、ケナンの封じ込め政策を、〝軍事化〟と〝世界化〟へとつながる危険があるものとして批判した。しかし、ケナンの封じ込め観とリップマンの封じ込め観は、実は似通っていたのである。「封じ込め」という日本語のニュアンスは、英語の言葉よりも強いニュアンスがある。これに対して、英語の〝containment〟は、何かをボウルなどで包み込んでおく、といったより緩やかなニュアンスの言葉である。ただし、ケナンは、封じ込めの手段について、「対抗力（counter force）」という言葉を使っていた。〝force〟という英語は、軍事力の使用をにおわせるところがある。ケナン自身、回顧録で、このことを悔いている（ケナン、一九七三）。

X論文の発表後、一九四七年から一九四八年にかけて、ケナンは、西ドイツ地域と日本の占領政策を「逆コース」させる上で、大きな役割を担った。ローズヴェルト政権の下で立案された両国の占領政策は、国力の弱体化を図り、第三次世界大戦を再び、繰り返さないことが優先されていた。ケナンは、第二次世界大戦直後のソ連の脅威の広がりを念頭に、西ドイツ地域と日本の戦後復興を手助けする方向性へと政策転換を図ったのである。

しかし、ヨーロッパ地域での冷戦の対立は、ケナンの封じ込め政策が想定する状況を超えて、さらに激化していくこととなる。第三章でも見たが、一九四八年二月二五日にはチェコスロヴァキアでは政変が起こり、六月二四日にはベルリン封鎖の危機が勃発する。ベルリン封鎖は、一九四九年五月一二日まで一年近く続くことになる。一九四九年八月二九日には、トルーマン政権の予測よりもずっと早く、ソ連が原爆実験に成功する。中国の内戦が毛沢東率いる共産党の勝利で終わり、一〇月一日には、中華人民共和国が成立する。アメリカが支援してきた蔣介石の国民党政権は、台湾に亡命政権を樹立する。アメリカにとっては、「中国の喪失（loss of China）」と呼ぶべき出来事であった。ヨーロッパ地域で始まった冷戦の対立は、一九四九年後半の時点で、アジア地域にまで波及し始めていた。

こうして、冷戦の対立がさらに激化していく状況下で、ケナンの控えめで限定的な封じ込め政策は、現実的ではなりつつあった（Gaddis, 2011；佐々木、一九九三）。ケナンは、西側の大西洋同盟の形成にも消極的であった。しかし、トルーマン政権は、一九四八年二月二五日から三月一〇日までのチェコスロヴァキア政変を契機に、西側の大西洋同盟の形成を模索していく。イギリス労働党のアトリー政権のベヴィン外相は、アメリカをヨーロッパ地域へと〝巻き込む〟(entangle, pull in)〟上で、無視できない役割を担うことになる(島村、二〇一八：第一〇章)。

（5）「ケナン後」

政策企画室室長として、ケナンの後任にあたるニッツェが中心となり、一九五〇年四月一四日までに国家安全保障文書第六八号(NSC六八)がまとめられ、ソ連の脅威を軍事的なものであり、世界規模のものである、と想定して、封じ込めの〝軍事化〟と〝世界化〟が政策提言されることとなった。トルーマン大統領は、財政均衡の立場から、NSC六八を再検討するよう部下に指示するが、六月二五日に朝鮮戦争が勃発し、NSC六八の政策提言は説得力を大きく増すこととなった。これ以降、米ソ冷戦は、〝軍事化〟され〝世界化〟されていく。同時に、アメリカの封じ込め政策も、〝軍事化〟され〝世界化〟されていくのである(Gaddis, 2005B)。

一九五〇年冬に、シカゴ大学で連続講演したケナンは、アメリカ外交の伝統である「法律家的・道徳家的アプローチ」を激しく批判した。この連続公演の内容は、すでに紹介した『アメリカ外交五〇年』としてまとめられ、リアリズムの外交論として、後世まで広く読まれ続けることになる(Kennan, 1984)。

一九五〇年代には、ケナンは、すでに見た通り、水爆開発後の米ソ関係の行方を危惧していく。一九五〇年代後半になると、ケナンは、中欧からの「兵力引き離し」構想をBBC放送で政策提言し、物議を醸し出した。

ケナンは、二一世紀はじめまで、長生きした。この間、冷戦後の一九九〇年代には、ケナンは、北大西洋条約機構(NATO)の東方拡大の動きを「ソ連を刺激し過ぎる」と批判する立場をとった(佐瀬、一九九九)。「九・一一」同時多発テロ攻撃後の共和党のW・ブッシュ政権の下で、アメリカは、アフガニスタン戦争を開始し、その後、「先制」のドクトリンを掲げて、イラク戦争に突入していく。ネオコンの影響力が強く出た瞬間であった。アメリカ外交の「法律家的・道徳家的アプローチ」を戒めるケナンは、こうしたアメリカ外交の理念化を眺めながら、一〇一歳で他界した。

三　キッシンジャーと「デタント」政策

（1）キッシンジャーの経歴

キッシンジャーは、一九二三年ドイツに生まれた。一九三八年に渡米し、一九四三年にアメリカ国籍を取得する。一九五〇年に、ハーバード大学を最優等で卒業した。その後、外交問題評議会の研究指導者、ハーバード大学教授などを務める。一九六九年一月、共和党のニクソン政権の国家安全保障問題担当大統領補佐官に就任し、デタント政策を推進した。一九七三年九月より、国務長官を兼任した。共和党のフォード政権でも国務長官を務める。一九七三年、ノーベル平和賞を受賞した。

学者としてのキッシンジャーは、一九世紀の古典外交の時代、「ウィーン体制」についての歴史研究から出発し、一九五〇年代後半には「限定核戦争」論を展開して注目された。一九六〇年代には、第二次世界大戦後の米欧関係をはじめ、アメリカ外交政策についての研究を深めた。同じく亡命ユダヤ人であるモーゲンソーとともに、古典的なリアリズムを代表する人物であった。

(2) キッシンジャーが直面した国際環境 ——ヴェトナム戦争の泥沼化

一九六〇年代後半、アメリカは民主党のジョンソン政権の下でヴェトナム戦争を拡大させ、次第に戦況は〝泥沼化〟の様相を呈していた（松岡、二〇〇二）。国内では、上院の公聴会で、ケナンやモーゲンソーといった現実主義者たちがヴェトナム戦争に反対の意見を表明していた。キッシンジャーもヴェトナム戦争を冷ややかに眺めていた。こうして、学者（や学生）を中心としたヴェトナム反戦運動が高まるとともに、リアリズムの思想が説得力を増しつつあった。

また一九六八年春から夏にかけて、チェコスロヴァキアで「プラハの春」と呼ばれる民主化の暴動が起きるが、ソ連のブレジネフは、八月に軍事介入してこれを弾圧し、制限主権論を軸とした「ブレジネフ・ドクトリン」を発した。こうして、東側の共産主義圏の多極化が明らかとなりつつあった。キッシンジャーが共和党のニクソン政権の下で政権入りした後だが、一九六九年三月二日には、中ソ対立がさらに激化し、国境線付近（ダマンスキー島）で武力衝突に至った。共産主義圏の多極化は、さらに進んだ（Ulam, 1974 [1968]; 毛利、一九八九）。

(3) 国際環境に対するキッシンジャーの認識

キッシンジャーは、第二次世界大戦後の国際秩序は大きく変容し、「軍事的には二極だが、政治的には多極である」と認識していた。そのため、政治家や外交官による外交交渉の余地が生じる、と想定された。こうしたキッシンジャーの認識は、ニクソン政権の下での『外交教書』に反映されていくことになる。冒頭で引用した通りである（大下・有賀・志邨・平野編、一九八九：二四四—二四七）。

キッシンジャーは、ヴェトナム戦争について、「超大国は勝たなければ負けだが、ゲリラは負けなければ勝ち」と指摘しつつ、ヴェトナム戦争後の対外政策の方針を指し示す必要性を示唆していた（Kissinger, 1977）。

官僚機構に批判的なキッシンジャーは、柔軟な外交政策を展開するために、大統領に集中した政策決定システムの構築を提言していた（Kissinger, 1977）。

(4) ニクソン・フォード政権下でのキッシンジャーの対外政策——「デタント」

ニクソン政権は、一九六九年七月二五日に発表された「グアム・ドクトリン」（後の「ニクソン・ドクトリン」）の下で、アジアとヴェトナムから段階的に撤退し始めた。一九七二年二月二一日から二八日にかけて、ニクソン大統領とキッシンジャー国家安全保障問題担当大統領補佐官は訪中し、米中和解を実現した。米中両国は、「上海コミュニケ」で台湾問題を棚上げした。注目すべきは、政権の発足以前から、ニクソンもキッシンジャーも、ヴェトナム後の対中政策について、ほぼ同じような見解を抱いていたことである。また彼らは、〝連結・連関（linkage）〟の戦略で、複雑なデタント政策を管理しようと試みた（Kissinger, 1994: 27, 28; Isaacson, 1992: 15, 16; 石井、二〇一五：特に第五章）。

ニクソンとキッシンジャーは、米中和解を足がかりに、三カ月後の五月二六日に訪ソし、米ソ間で「ハイ・デタント」を実現する。米ソ両国は、戦略攻撃兵器制限に関する米ソ間暫定協定（SALTⅠ）と弾道弾迎撃ミサイル（ABM）制限に関する米ソ間条約に調印し、関係の基本原則に関する米ソ宣言（基本原則宣言）で合意した（Kissinger, 1994: chap. 28; Isaacson, 1992: chaps. 15, 16; Kuklick, 2006: chap. 10; 石井、二〇〇〇：二五一—二五三）。

こうして、ニクソン政権は、米中ソの三角関係をアメリカ優位に再構築した上で、一九七三年一月二七日に、ヴェトナム和平協定を調印した。三月末までに、アメリカは、ヴェトナムから撤退する。ニクソン政権は、できるだけ「名誉ある撤退」を模索したのである（石井、二〇〇〇：二五四；松岡、二〇〇三）。第五章と第六章でも見た通りである。ただし、第一章で見た通り、体系的な終戦論は少ない。

フォード政権の下でも、米ソ・デタントの維持に尽力したが、一九七〇年代半ばまでに米ソ関係は次第にギクシャクし、米ソ・デタントは後退した（Kissinger, 1994: chap. 29; Isaacson, 1992: chaps. 15, 16）。

（5）「キッシンジャー後」

一九七〇年代後半、民主党のカーター政権は、ニクソン＝キッシンジャー流の権力外交を批判し、人権外交を展開した。対ソ関係では一九七九年六月一八日にSALTⅡが締結されたが、アメリカ議会でのSALTⅡの批准は断念された。一九七九年一二月二四日に、ソ連のアフガニスタン侵攻で米ソ・デタントが完全に崩壊し、米ソ関係はにわかに悪化した。一九八〇年代に、米ソ関係は「新冷戦」の時期へ突入する。アメリカは、共和党のレーガン政権の下で、「強いアメリカ」を目指すことになる。

冷戦後の一九九〇年代に、キッシンジャーは、クリントン政権のアジア政策を「理念が欠如している」として批判した。他方で、ケナンとは違い、NATOの東方拡大を支持していた（佐瀬、一九九九）。

テロ後のキッシンジャーは、W・ブッシュ政権の「テロとの戦い」に一定の理解を示して、保守派のW・ブッシュ大統領とチェイニー副大統領に対して助言をする立場になっていた（Bush, 2010; Cheney, 2011; Montgomery, 2009; Gillman, 2008）。トランプ政権では、ユダヤ系のクシュナー上級顧問に近づいているという。

四　ナイと「ナイ・イニシアティブ」、「関与」政策

(1) ナイの経歴

ナイは、一九六四年に、ハーバード大学大学院博士課程修了した後、ハーバード大学政治学部教授となった。カーター政権では、国務次官代理（安全保障・科学技術問題担当、一九七七―一九七九年）を務めた。クリントン政権では、国家情報会議議長（一九九三―一九九四年）、国防次官補（国家安全保障問題担当、一九九四―一九九五年）、国連軍縮諮問委員会米国代表を歴任した。その後、ハーバード大学ケネディ行政大学院学長などを経て、現在、ハーバード大学特別功労教授となった。

学者としてのナイは、一九六〇年代に、地域統合論などの研究に従事し、一九七〇年代にはコヘインとの共著で、トランスナショナルな国際関係論や複合的相互依存（complex interdependence）論を展開し、ネオリベラリズムの学派を代表した（Keohane and Nye, 2011）。一九八〇年代後半のアメリカの覇権衰退論に対しては、「ソフト・パワー」の概念を問題提起し、「アメリカの覇権は、依然として健在である」と批判した（Nye, 1990）。

(2) ナイが直面した国際環境――冷戦の終結

一九八九年八月からの「東欧革命」や一一月九日ベルリンの壁崩壊を経て、一二月二日から三日にかけてのマルタ米ソ首脳会談で、ブッシュ・シニア大統領とゴルバチョフ書記長は、「冷戦の終結」を宣言した。一九九〇年一〇月三日には、東西ドイツが再統一される。こうして、米ソ冷戦は、ヨーロッパ地域で開始され、ヨーロッパ地域で突然に終結した（島村、二〇一八：第二章）。

一九九〇年八月二日のイラク軍によるクウェート侵攻を機に湾岸危機となり、約半年後の一九九一年一月一七日には湾岸戦争が勃発し（二月二八日まで）、軍事的にアメリカ中心の単極の国際システムとなった。一二月二五日には、ソ連邦が崩壊した。

一九九二年一一月のアメリカ大統領選挙では、民主党のクリントンが勝利した。ナイは、クリントン政権下で、政権入りしていくことになる（島村、二〇一八：第一章）。

(3) 国際環境に対するナイの認識

一九九〇年に、ナイは、繰り返しになるが、歴史家のポール・ケネディらのアメリカ衰退論を批判した。ナイは、たしかに第二次世界大戦直後と比較すれば、アメリカは軍事力や経済力など「ハード・パワー」では相対的に力を低下させたが、他国を魅了する力、すなわち「ソフト・パワー」ではまだ他国を凌駕しているとして、「国際社会を指導する責務がある（bound to lead）」と指摘した（Nye, 1990）。

またナイは、冷戦後の国際秩序が第一に軍事、第二に経済、第三にトランスナショナルなレベルにますます多層化しつつ

あると論じ、複眼的な視点の必要性を指摘した（Nye, 2002）。ネオリベラリストのナイは、逆説的だが、冷戦後の日米関係がクリントン政権の下で、経済の問題ばかりに集中し、安全保障の側面が軽視されていることを危惧していた。こうして、クリントン政権の理念なきアジア政策を見直す必要性を感じていたのである。

（4）クリントン政権下でのナイの対外政策
――「ナイ・イニシアティブ」と「関与」政策

一九九四年に国防次官補に就任したナイは、冷戦後のクリントン政権のアジア政策の見直しに着手し、特に日米同盟の強化に尽力していく。同時に、台頭する中国への「関与」政策の理論武装を図った（島村、二〇一八：第一三章）。

ナイが政権入りした時期には、アジアでペリー国防長官が言う「三つの危機」が起こっている。すなわち、まず一九九三年三月、国際原子力機関（IAEA）の特別査察に抵抗する形で北朝鮮が核不拡散条約（NPT）からの脱退を宣言して以降、北朝鮮が核開発をしていることが発覚し、国際危機となる。日米同盟は機能しないことが明らかとなり、日米同盟は漂流してしまう。一九九四年一〇月二一日には、米朝間で「枠組み合意」が実現し、北朝鮮は、アメリカと日本、韓国からのエネルギー支援と引き換えて、核開発の断念を一度は約束した。その後、一九九五年六月初旬の李登輝訪米を機に、台湾危機が勃発した。また同年九月四日には、沖縄少女暴行事件が起こり、日米同盟がさらに漂流してしまう。一九九六年三月後半には、台湾海峡ミサイル危機が勃発し、クリントン政権は空母を二隻台湾海峡に派遣し、米中関係はにわかに緊張した（島村、二〇一八：第一三章）。

一九九五年二月一日には、ホワイトハウスが『関与と拡大の国家安全保障戦略（NSS）』を発表した。冷戦後のクリントン政権が民主主義の〝拡大〟を戦略目的に掲げた背景には、ドイルやラセットの「民主主義による平和（democratic peace）」やフクヤマの論文「歴史の終わり？」の議論があった。同じ二月には、国防総省がナイを中心として『東アジア戦略報告書（EASR-I）』を発表し、冷戦後もアメリカは、アジア太平洋地域に引き続き一〇万人規模のアメリカ軍を配備・維持することを明らかにする。アジアの同盟国を安心させ、アジア太平洋地域の秩序を安定化させる狙いがあった（島村、二〇一八：第一三章）。

こうしたナイを中心とした日米同盟の強化の動きは、「ナイ・イニシアティブ」と呼ばれた。ナイは、ネオリベラリストだが、すでに見た通り、クリントン政権の対外政策が経済に偏り過ぎて、安全保障が軽視されていることを懸念していたのである。ナイは、クリントン外交に変化をもたらした。一九九六年四月一七日には、クリントン大統領と橋本龍太郎首相が「日米安全保障共同宣言」を発表し、日米安全保障条約を〝再定義〟した。日米同盟を、日本を防衛するためだけの二国間同盟ではなく、アジア太平洋地域にとっての国際公共財として位置づけたのである（島村、二〇一八：第一三章）。

(5)「ナイ後」

クリントン政権は、一期目の日米同盟の強化を足がかりに、二期目に中国への関与政策を本格化させていく。一九九七年一〇月二九日に江沢民国家主席が訪米し、米中両国は、二一世紀に向けて「建設的かつ戦略的なパートナーシップ」を目指すことで合意した。一九九八年六月二五日からの九日間、クリントン大統領は中国を訪問し、米中関係のさらなる強化を図った。この間、クリントン大統領は、台湾問題について「三不政策」を発表している。三不政策とは、第一に台湾の独立を支持しない、第二に「二つの中国」を支持しない、第三に台湾の国際機関への参加を支持しないというものである。中国側の主張に大きく歩み寄った政策転換であった（島村、二〇一八：第一三章）。

「九・一一」同時多発テロ攻撃後には、ナイは、W・ブッシュ政権の単独主義（unilateralism）のアプローチを批判した。アメリカが単独主義に傾斜すれば、アメリカのソフト・パワーが損なわれると論じ、多国間主義（multilateralism）のアプローチをとる必要性を説いた（Nye, 2002）。ナイはその後、アメリカは軍事力や経済力など〝目に見える〟ハード・パワーと「他国を魅了する力」である〝目に見えない〟ソフト・パワーを駆使する「スマート・パワー」を行使すべきである、と説くようになる。こうしたスマート・パワーの政策概念は、オバマ政権の特にヒラリー・クリントン国務長官に無視できない影響を及ぼした（Nye, 2008; 2011）。またクリントン国務長官は、二〇〇九年七月一五日に、「マルチ・パートナーの世界」演説を行っている。クリントンはその後、二〇一一年一一月に、中国を牽制する内容の論文を『対外政策』誌に掲載した（Clinton, 2011）。

五　ネオコンと「先制」

(1) ネオコンの系譜

「ネオコン」とは、本章の冒頭で見た通り、新保守主義（neoconservatism）の略である。ネオコンはもともと、ソ連の共産主義のイデオロギーに共鳴していたユダヤ人知識人たちの集まりであった。やがて彼らは、民主党左派から民主党右派へと政策の立場を転向した。ベルやモイニハンなどネオコンと呼ばれた知識人たちは、はじめは国内問題を取り上げ、ジョンソン政権の「偉大なる社会」の下での社会工学的な政策を批判していた。ポドレッツやアーヴィン・クリストルなど、やがて一部のネオコンは、ニクソン＝キッシンジャー流のデタント政策を批判していく。強い反共主義がネオコンの特徴の一つでもあった（Ehrman, 1995; Mann, 2004）。

ヴェトナム戦争後の民主党の左傾化に対して不満を持っていた彼らネオコンは、共和党のレーガン政権の成立とともに、民主党支持から共和党支持へと支持政党を転向した。ネオコンのカークパトリックやパールなどが政権入りした。冷戦終結の最中に発表されたフクヤマの論文「歴史の終わり？」は、リベラリズムや共産主義、ファシズムなどイデオロギーや思想をめぐる闘争としての〝近代〟の歴史が終わり、「リベラリズムだけが残った」と論じ、ネオコンの新しい世代に思想的な根拠を提供することとなる（Fukuyama, 1989; 1992）。ウィリアム・クリストルやケーガンなどの知識人、ウォルフォウィッツやボルトン、ファイスなどの実務家の第二世代のネオコンは、冷戦後の一九九〇年代に、台頭する中国の脅威を問題視していく。しかし、二〇〇一年の「九・一一」同時多発テロ攻撃後は、イラクとイラン、北朝鮮の「ならず者国家（rogue state）」が核兵器やミサイルなど大量破壊兵器（ＷＭＤ）を保有することをより差し迫った脅威として認識していくようになった。

（2）第二世代のネオコンが直面した国際環境
——冷戦の終結と「九・一一」同時多発テロ攻撃

第二次世代のネオコンが直面したのは、まず冷戦の終結であった。冷戦の終わり方は、ネオコンの政策路線に無視できない影響を及ぼすことになる。

次いで、中国の台頭である。冷戦後の一九九〇年代に、特に経済の分野で中国との関係改善を急ぐクリントン政権の政策を見て、経済問題よりも安全保障問題の重要性をより認識していく。

さらに、「九・一一」同時多発テロ攻撃である。第二次世代のネオコンの実務家は、テロリスト集団のネットワークと「テロ支援国家」に対して、強硬な政策路線を推し進めていくことになる。第二世代のネオコンの知識人は、この政策を強く支持していくようになっていく（Woodward, 2002; 2004; Mann, 2004）。

（3）国際環境に対するネオコンの認識

冷戦の終結を観たネオコンは、リベラリズムの思想とイデオロギー、政治体制への確信を強めた。第二世代のネオコンはまず、冷戦後の一九九〇年代後半に、中国の台頭を脅威に感じるようになった。彼らは、一九九七年に、「アメリカ新世紀プロジェクト（ＰＮＡＣ）」と呼ばれるシンクタンクを立ち上げ、イラクなど「ならず者国家」よりもむしろ中国の脅威を深刻に受け止めていた。

「九・一一」同時多発テロ攻撃を経験したアメリカで、第二世代のネオコンは、差し迫った脅威として、中国の脅威ではなく、アルカイダなど国際的なテロリズムのネットワークとそれらと結びつく可能性がある「ならず者国家」や「テロ支援国家」の脅威をより問題視するようになっていく。「先制」攻撃で独裁体制の「体制転換（regime change）」を図り、民主主義の促進（promotion of democracy）を目指すネオコンの政策シナリオは、単純明快で、テロ後のアメリカ外交に明確なヴィジョンを示していくようになった（Woodward, 2002; 2004; Mann, 2004）。

（4）第二世代のネオコンと「先制」

「九・一一」同時多発テロ攻撃の直後、Ｗ・ブッシュ政権は、一〇月にアフガニスタン戦争に踏み切り、二〇〇二年九月二〇日には『国家安全保障戦略（ＮＳＳ）』で「先制」のドクトリンを練り上げ（White House, 2002）、二〇〇三年三月二〇日に、イラク戦争に突入していく。こうしたW・ブッシュ政権の対外政策の中心には、実務家のネオコンがいた。すでに見た通り、ネオコンの描く政策のシナリオが、「九・一一」同時多発テロ攻撃後のアメリカに明快な政策のヴィジョンを示すことができたからである。

チェイニー副大統領やラムズフェルド国防長官など、W・ブッシュ政権内で強い影響力を行使した保守派も、ネオコンの政策路線に同調していく。コンドレッサ・ライス国家安全保障問題担当大統領補佐官もネオコンの政策路線に近づいていく。コリン・パウエル国務長官やアーミテージ国務副長官ら現実主義の人物たちの影響力は相対的により低下した（Woodward, 2002; 2004; Mann, 2004）。

（5）「ネオコン後」

二〇〇〇年代後半になると、イラク戦争後のイラク国内の治安が一向に安定しないことに対して、強い批判が生じるようになった。アフガニスタン戦争後のアフガニスタン国内も、なかなか秩序が安定しなかった。

二〇〇六年一一月の中間選挙では、議会選挙であるにもかかわらず、イラク問題が選挙の争点の一つとなった。共和党は敗北し、上下両院で民主党多数議会が成立した。共和党大統領と民主党多数議会の組み合わせで、「分割政府（divided government）」の政治状況となった。W・ブッシュ大統領は、ラムズフェルド国防長官を更迭し、現実主義者のゲーツを国防長官に指名した（島村、二〇一八：第一章）。

その後、W・ブッシュ政権は、イラクからの即時撤退を訴える国内世論と国際世論に反して、イラクにアメリカ軍を増強し、まず治安と秩序を安定させる政策を推し進めた。この結果、民主党のオバマ政権の下で、イラクからの撤退が可能となっていく。アフガニスタン情勢は、不安定なまま残った。また対北朝鮮政策など、W・ブッシュ政権は、最後の二年間で対話も視野に入れた現実主義の政策対応を見せた。こうして、オバマ政権の対外政策との連続性を観察できるのである（島村、二〇一八：第二章）。

「ネオコン後」と小見出しで書いたが、ネオコンのボルトンが二〇一八年三月二二日、マクマスターに代わり、トランプ政権の国家安全保障問題担当の大統領補佐官に任命されている。

六　ミードによるアメリカ外交の四つの潮流

以上、アメリカ外交と知識人について、論じてきたが、もちろん大統領や国務長官、国防長官、国家安全保障問題担当大統領補佐官などの要職に就く政治家や外交官、実務家の専門家がアメリカ外交に無視できない影響力を行使し、アメリカ外交に変化を迫ることもある。本章で問題にしたのは、アメリカ外交の変化では、知識人が果たす役割が予想以上に大きいということである。

最後に、アメリカ外交の形成する四つの潮流についての国際政治学者のミードの議論を取り上げておく。

ミードは、『神の特別な摂理』で、アメリカ外交の伝統について、その思想的なルーツを探った。一九世紀後半のヨーロッパの国際秩序を巧みな勢力均衡（ＢＯＰ）の外交で安定させたドイツの宰相ビスマルクによれば、「神は愚か者とアメリカ合衆国には特別なお慈悲をお示しになる」という。アメリカのように政党が対立し、議会が大統領と行政府を〝抑制〟し、世論が移り気な多元社会で、外交政策が巧みに立案・実施されるとすれば、「神の特別な摂理」の賜物である。つまり、「アメリカに巧みな外交政策は期待できない」というビスマルクの皮肉である（Mead, 2002; 中山、二〇一八：島村、二〇一八：第一章）。

ミードによれば、アメリカ外交の伝統は四つの潮流があるという。すなわち、「ハミルトニアン」「ジェファソニアン」「ジャクソニアン」「ウィルソニアン」である。

ハミルトンは、初代財務長官であった。ハミルトニアンの伝統は、国内外でのアメリカの経済活動の拡大を外交政策の主要課題とみなし、政府はそれを支援すべきであるとして、強い連邦政府を志向する。アメリカが手本とすべきはイギリスであり、親英的な立場をとる。ハミルトン自身、一八世紀末の当時、イギリスの政治家と同様に、フランス革命の急進化に危惧を覚えていた。また、イギリスの覇権が衰退すると、ハミルトニアンは、アメリカがこれを支え、さらには代替すべきであると論じた。特に第二次世界大戦期とその後、トルーマン政権以降の歴代の政権には、こうした発想が強く作用した。また比較的に最近のハミルトニアンの事例としては、たとえば、ブッシュ・シニア大統領がその典型である（Bush and Scowcroft, 1998）。

ジェファソンは、第三代大統領であった。ワシントン政権下の初代の国務長官であり、ジェファソニアンの伝統は、アメリカの民主主義を危険な世界から守ることこそアメリカの利益であると考える。彼らは低コストで危険の少ない方法でアメリカの独立を維持しようとし、強い連邦政府にも消極的であった。アメリカの価値を世界に拡大させることにも消極的であった。ハミルトンは親英的であったが、ジェファソンは親仏的な立場をとった。同じ共和国として、フランス革命の理念に共感したのである。ジェファソニアンの潮流は、孤立主義につながりやすいが、うまく機能すれば、国益を基礎に据えた「選択的な国際協調主義」にもなりうる。たとえば、コリン・パウエル国務長官などがこの潮流を代表した。

アンドリュー・ジャクソンは、第七代大統領であった。ジャクソンの伝統は、名誉や独立心、勇気といったアメリカの大衆的価値を代弁しており、国家権力や国益のためなら、軍事力の行使も躊躇しない。たとえば、レーガン大統領をはじめとして、チェイニー副大統領やラムズフェルド国防長官などが典型的な人物である。しかし、アメリカの大統領は、いざ戦争となれば、誰でもジャクソニアンになりうる。アメリカ議会も、アメリカ国民も、戦争となれば、大統領を中心にして、「星条旗の下に終結する（rally around the flag）」のである。その意味で、最も重要で、アメリカ外交の基調をなす伝統的な潮流である（島村、二〇一八：第六章）。

ウィルソン大統領は、第一次世界大戦の時の大統領である。ウィルソニアンの伝統は、アメリカの価値観や理念を世界に拡大させる道義的義務があると信じている。政治的には民主化（民主主義の促進・拡大）、経済的には市場化（自由貿易の拡大・相互依存の深化）を図ることで、世界はより平和になるという論理である。国際秩序の制度化も志向する。国際秩序とそれに対するアメリカの責務を重視する点ではハミルトニアンと同じだが、ウィルソニアンは、国際秩序の法的ないし道義的側面を強調する。カーター大統領が代表的な存在である。クリントン大統領も、この伝統を強く保持していた。冷戦の終結後、ウィルソニアンの潮流が大きく台頭した。

こうして、アメリカ外交の伝統としてミードが指摘した四つの潮流は、もちろんあくまでも理念型にすぎない。アメリカ外交の現実は、多面的かつ複雑である。ミードの理念型について、アメリカ外交史家の村田晃嗣は、以下のように論じている。「まず、これらの四つの潮流は何も相互に排他的ではなく、多くの場合、複合している。また、四つの流れはまったく同列でもない。根底にはジャクソニアンがあり、国家的危機に際してはこの潮流が水面に急浮上する。九・一一以降のアメリカがその好例である。どの流れが主流になるのかは、その時々の国際環境との適合性にもよる」（村田、二〇〇五：四〇）。

たとえば、ミードの理念型によれば、冷戦期の反共コンセンサスは、自由貿易体制の拡大を図るハミルトニアンと選択的な介入主義のジェファソニアンの混合と理解できる。また冷戦後は、民主主義の促進や拡大を図るウィルソニアンと、そのためには武力行使もいとわないジャクソニアンの潮流が強化されてきた、と理解できる。トランプ以降の大統領も、ミードによるアメリカ外交の四つの類型のどれかが強く現出するか、複数の類型のハイブリッドとなるはずである。ミードは、二〇一六年一一月のアメリカ大統領選挙でのトランプの勝利は、有権者のジャクソニアンの気質に働きかけた結果である、と論じている（Mead, 2017: 3）。

中山俊宏は、トランプ外交について、「デイヴィソニアン（Davisonian）的な潮流がむしろアメリカ・ファースト外交と合致しているようにも見える」と分析する。サンダースは、「マクガヴァナイトという潮流が考えられよう」という（中山、二〇一八：四八）。

はたしてトランプ外交はこれから、いかなる対外政策を推し進めていくのであろうか――。

第八章　冷戦の終結とその後——終わり方とその後の論争をめぐって

われわれが目撃したのは単に冷戦が終わったというだけではなく、民主主義が人間の統治形態として究極のものであることが証明されて、歴史そのものが終わったのだ。……（まさに、マルクス＝レーニン主義を葬って）棺桶の最後の釘（を打っているところである）（Fukuyama, 1989）。

フランシス・フクヤマ「歴史の終わり？」（一九八九年）

冷戦の終結は、一つの世界秩序の終わりというよりも、共産世界の崩壊による西側・西欧秩序の拡大を意味している（アイケンベリー、二〇〇三、日本語版へのまえがき）。

G・ジョン・アイケンベリー『勝利の後』（二〇〇四）

一　なぜ冷戦は、一九九〇年に終結したのか？

第二次世界大戦後の冷戦の対立は、二〇世紀後半の国際システム全体をほぼ半世紀にわたり大きく規定し続けた。冷戦とは、伝統的な力の対立であると同時に、資本主義と共産主義をめぐるイデオロギーの対立でもあった。こうして、冷戦は、二枚で定義する必要がある。冷戦期には同時に、「脱植民地化（decolonization）」の動きが急激に進展しつつ、相互依存が急速に深化するという国際システム上の趨勢（トレンド）的な変化も観られた。脱植民地化の動きは、冷戦の終結とほぼ同じタイミングで終結したが、相互依存のさらなる深化は、一九九〇年代以降のグローバリゼーションの進展によって、ますます無視できない趨勢となっていく。こうして、冷戦の終結は脱植民地化の終わりとほぼ重なると同時に、グローバリゼーションの始まりとほぼ重なるのである。冷戦の東西対立と「帝国主義世界体制」の終わりによって、グローバリゼーションが始まったと言ってよい（島村、二〇一八：一三）。

一九四七年三月一二日のトルーマン・ドクトリンを契機として、ヨーロッパ地域で冷戦が歴史的に開始された。同年六月五日の欧州復興援助計画（マーシャル・プラン）の結果、ヨーロッパの〝分断〟は決定的となった。第二次世界大戦後のアメリカ外交は、民主党のトルーマン政権の下で、「封じ込め（containment）」政策が戦略的な指針となっていく。第三章や第七章でも見た通りだが、冷戦の進展について議論を繰り返す。一九四八年の二月二五日からのチェコスロヴァキア政変と六月二四日からのベルリン封鎖以降、冷戦の対立はますます激化した。一九四九年には八月二九日にソ連が原爆実験に成功した後、一〇月一日には中国の内戦が終結し、中華人民共和国が成立した。一九五〇年六月二五日に朝鮮戦争が勃発し、ヨーロッパ地域の冷戦はアジア地域にまで本格的に波及した。朝鮮戦争の結果、冷戦は〝軍事化〟し、〝世界化〟した。さらに一九五〇年代半ばまでに冷戦は、〝常態化〟の様相を呈した。こうして、米ソ冷戦の対立は、一九五八年一一月二七日のフルシチョフの「最後通牒」を契機とした第二次ベルリン危機を例外として、ヨーロッパ以外の地域へと〝拡散〟していくこととなった（石井、二〇〇〇：特に二二六―二三一；島村、二〇一八：四二―四三；McMahon, 2003）。

一九七二年二月二一日から二八日にかけての米中和解から三カ月後の五月二六日には、米ソ間の緊張緩和（détente）が「ハイ・デタント」を迎え、米ソ両国は、核ミサイルの分野で軍備管理の条約を締結した。一九六二年一〇月一六日からの「一三日間」のキューバ・ミサイル危機後の核不戦という「暗黙の了解」が、軍備管理の条約で制度化されたのである。こうして、「戦略的安定」が実現した。具体的には、戦略攻撃兵器制限に関する米ソ間暫定協定（SALTⅠ）と弾道弾迎撃ミサイル（ABM）制限に関する米ソ間条約が締結され、関係の基本原則に関する米ソ間宣言（基本原則宣言）で合意を見た。しかし他方で、第三世界でのイデオロギー対立はむしろ激化し、冷戦はすぐに終結しなかった（Ulam, 1974: 629-694; Kissinger, 1994: chap. 28; 毛利、一九八九：第三章）。

冷戦は、一九八九年八月からの「東欧革命」と一一月九日のベルリンの壁崩壊を契機として、ヨーロッパで歴史的に突然、終結に向かう。一九九〇年一〇月三日には早くも、東西ドイツが再統一される。こうして、冷戦は終結した。それはなぜか。特になぜ、「一九九〇年」というタイミングであったのか――。また、いかに終結したのか――。本章では、冷戦の終結のプロセスをまず明らかにする。その上で、冷戦の終結後の主要な議論を踏まえつつ、冷戦の終わり方の意義を改めて問う。

二　冷戦の終結のプロセス

(1)「新冷戦」の時代へ
――一九七九年から一九八〇年代前半

一九七九年一二月二四日のソ連軍のアフガニスタン侵攻で、一九七〇年代の緊張緩和の時代は、米ソ間で完全に終結してしまった。一九八〇年代の米ソ関係は、「新冷戦」の時代へと突入した。ただし、一九七〇年代の「モスクワ・デタント」は、米ソ間では終結したが、ヨーロッパ・デタントは一九八〇年代まで継続し、冷戦の終結への流れを形成していく（Westad, 2017: chap. 19; Oudenaren, 1991; Korbel, 2015）。

注目すべきことには、アメリカの対ソ強硬姿勢は、共和党のレーガン政権を待たず、民主党のカーター政権の下ですでに強まっていた。マクマンによれば、「ソ連側は、アフガニスタンへの軍事介入を国境地帯における敵対的な政治体制の出現を阻止するための、防御的行動だと考えていた。しかしカーターと、その外交政策アドバイザーたちの大半は、ソ連の行動を、大胆な地政学的攻撃の一環だと見ていた。拡張主義的で、自らの力に自信を深めたソ連は、ヴェトナム戦争、ウォーターゲート事件、イラン人質事件、さまざまな経済問題などによって弱体化したアメリカからの戦略的な主導権を奪い、最終的にはペルシャ湾岸地域を支配して、西側への石油供給を遮断しようとしている。このようにカーターらは確信していた」という（McMahon, 2003: 143-144）。

その後、保守的なレーガン政権は、「強いアメリカ」を目指し、ソ連を「悪の帝国」と呼ぶことを躊躇しなかった（一九八三年三月八日）。レーガン大統領は、ソ連は「現代の悪の病巣」だと述べ、共産主義との戦いはその本質において「正義と不正、善と悪」との間の道徳的な争いだという点を強調し、「悪の帝国の攻撃的な衝動」に対抗するよう演説で訴えた（McMahon, 2003: 145）。同じ三月の二三日、レーガン大統領が戦略防衛構想（SDI）を発表し、米ソ関係はにわかに緊張を高めた。レーガン大統領は、ミサイル防衛網の開発を通じて、「核戦争の危険性を減少させる方法を模索するための」「包括的かつ集中的な努力」を行うよう命じることを演説で明らかにした（McMahon, 2003: 147）。

こうして、レーガン政権は、アメリカの軍事力を増強し、より優位な立場からソ連と対話する、という「力による平和（peace through strength）」のアプローチをとった。レーガン政権は、ソ連との真剣な交渉に臨む前に、アメリカの核戦力と通常戦力を増強することを決意していたのである。レーガン政権は、カーター大統領が任期最後の年に提案した金額をさらに四〇〇〇億ドル上回る、五年間で一兆六〇〇〇億ドルを国防支出の目標額として設定した。これは平時では、アメリカ史上最大の軍備増強であった（McMahon, 2003: 146; Matlock, 2004: chap. I; Reagan, 1990）。

他方で、ソ連では指導層が高齢化し、共産主義の東側陣営では国内の経済運営が行き詰まりを見せ始めていた。社会学者のギデンズが指摘する通り、共産主義の政治体制が「制度疲労」を起こしていた、と解釈できる（Giddens, 2000: 32; Rosenberg, 2010; Priestland, 2014）。

レーガン政権が、特にSDIを推進しつつ、軍拡路線で「強いアメリカ」を目指すことによって、制度疲労を起こしていたソ連を追い込み、かつ同時に、一九八四年の大統領選挙までには、ソ連側との対話の可能性を示唆し始めた歴史的な意義を強調する議論がある。レーガン要因が冷戦の終結に大きく貢献したという議論である。たとえば、歴史家のギャディスである（Gaddis, 1992: chap. 7; Matlock, 2005: chap. IV; Mann, 2010）。

より詳細な事実は、以下の通りであった。一九八二年から一九八四年にかけて頂点に達した核凍結運動は、アメリカ国民の間に広がった反核意識がもたらした大きな政治的産物であった。一九八二年六月一二日にニューヨークのセントラル・パークで繰り広げられた抗議デモには、米ソ双方の核戦力凍結を支持する百万人の人々が集まった。アメリカ議会の下院では、一九八三年五月四日に、核凍結決議案が賛成二七八、反対一四九という圧倒的多数で可決された。世論調査では、たとえば、一九八三年一二月に実施されたギャロップ社の調査によれば、アメリカ人の四七％がレーガンの軍備増強によってアメリカは「平和」ではなく、むしろ「戦争に近づけている」と回答しており、この見方に反対する声もわずか二八％という結果であった（McMahon, 2003: 158）。東西ヨーロッパ諸国でも反核運動は激しかった。

こうした政治の現実を前に、レーガン大統領は、大統領選挙の年である一九八四年に入ると、意図的に政治のレトリックを軟化させていった。「彼と最も緊密な関係にあった政策アドバイザーの何人かは、同年秋の大統領選挙では外交政策が最も厄介な争点となる恐れがあるため、ソ連に対してもう少し柔軟なアプローチをとった方が再選可能性は高まるだろうとレーガンを説得した。シュルツ国務長官も、ソ連への外交アプローチを復活させるようレーガンに強く働きかけていた」。こうした結果、同年一月一六日に行われた重要な演説で、レーガン大統領は、一九八四年を「平和の好機が訪れる年」と呼び、交渉を再開する用意があることを明らかにして、ソ連側に和解を呼びかけたのである。大統領選挙直前の九月二四日には国連総会に出席し、中距離核戦力（ＩＮＦ）、戦略兵器削減（ＳＴＡＲＴにつながる）、対衛星攻撃兵器（ＡＳＡＴ）という三つの異なる分野をめぐる核戦力交渉を一つの共通の傘の下で統合し、新たな米ソ交渉の枠組みを模索することを提案したのである（McMahon, 2003: 158-159）。

（２）「ゴルバチョフ・デタント」へ――一九八〇年代後半

一九八五年三月一〇日に、チェルネンコ書記長が死去し、一一日に若い改革派のゴルバチョフが書記長に就任した。ゴルバチョフ書記長は、一九八五年一〇月には、ソ連の国内で、「ペレストロイカ（刷新）」と呼ばれた本格的な改革を開始した。また同時に、「グラスノチヒ（情報公開）」を徹底的に推し進め、政治犯の釈放など民主化の動きを本格化させた（Westad, 2017: chap. 20; Matlock, 2005: chap. V; ゴルバチョフ、一九九六）。

ゴルバチョフ書記長は、対外的には、同じく若い改革派のシュワルナゼを外相に就任させ、「新思考外交」を展開した。特に米ソ間の関係改善に尽力し、「新冷戦」と呼ばれた米ソ関係は、急速に緊張緩和へと向かった（Matlock, 2005: chap. VI）。またアジア地域では、ゴルバチョフ政権は、一九六〇年以来の中ソ対立の収束に向けて本格的に動き出した（毛利、一九八九：一八八―二一三）。

マクマンによれば、「一九八五年三月にミハイル・ゴルバチョフがソ連共産党書記長に就任したことは、冷戦の最終段階における、最も決定的な歴史の転換点となった。それは、冷戦の終結を速め、米ソ関係を劇的に変化せた、最も重要な要因であった。エネルギーに満ち溢れていた五四歳のゴルバチョフは、一九八〇年代後半に締結された歴史的な兵力削減協定をもたらした重要な譲歩ほぼすべてを行った。一連の提案と譲歩を予想し得ない形で――しかも、しばしば一方的に――行うことで、ゴルバチョフは、米ソ関係の雰囲気を完全に変化させることに成功した。……もしゴルバチョフが登場していなければ、一九八九年から一九九〇年にかけて起こった歴史的変化は、考えることすら難しかったであろう」(McMahon, 2003: 160)。

「ゴルバチョフと外相のエドアルド・シュワルナゼは、安全保障と核兵器、そしてこの両者と二つの最重要課題――国内改革と社会主義の再活性化――の関係について、きわめて新しい考え方に立っていた。広く西側社会を経験し、西側の関係者との密接な接触を続けてきたソ連の科学者や外交政策専門家の影響もあって、当時、ソ連の知識人を取り巻く環境は変化しつつあった。こうした知的な環境からの影響を受けたゴルバチョフとシュワルナゼは、旧態依然としたソ連政府指導部と、停滞していた米ソ対話の両方に『新思考』を注入しようとした」とも指摘される(McMahon, 2003: 160)。

ゴルバチョフ書記長は、本当の安全は軍事的な手段ではなく、「政治的な手段」によってのみもたらされると主張し、グローバルな「相互依存」とは、「すべての人々が、ロープでつながった山肌の登山者と同じような状況にあることを意味しています。いっしょに頂上まで達することもできますが、逆に全員そろって地の底へ落ちる可能性もあるのです」と強調した。また別の機会にゴルバチョフは、「軍事的な優位を勝ち獲ろう」とすることは、「自分の尻尾を追いかけているようなものです」とも述べている。ソ連の新しい指導者たちは、理性を持った人間や国家であれば、核兵器を実際に使用することなどなく、また、ソ連は少なくとも自衛のためには十分な核兵器を保有している、と確信していた。それゆえ彼らは、アメリカと共同で核兵器および通常兵器の削減を進めることが、ソ連外交の最も重要な目標だと考えていたのである。「また、そうすることで、より安全な国際環境の実現を促し、同時に、深刻な問題を抱えた経済システムの国内改革という、久しく進んでいない課題に必要な資源を振り向けることが可能となる、と彼らは考えていた」という(McMahon, 2003: 161)。

こうしたゴルバチョフ書記長の登場に対して、アメリカのレーガン政権も肯定的な対応を見せたことが注目される。「レーガンの非常に素晴らしかったところは、まず悪意に満ちた共産主義の性質に関する自分自身の根強い確信を和らげ、やがてその考えを捨て去り、真の意味での和解の実現をいとわなかったことであった」(McMahon, 2003: 162)。その結果、米ソ間で核軍縮交渉が再開され、特に一九八五年一一月一九日から二一日にかけてのジュネーブでの米ソ首脳会談以降、米ソ首脳会談が定期的に開催されていくこととなった。こうして、米ソ間に「ゴルバチョフ・デタント」がもたらされた(Matlock, 2005: chap. VII ; Brown, 1997; Brown, 2010)。

米ソ両国は、一九八七年一二月八日のワシントン米ソ首脳会談で、INF全廃条約に調印した。INF全廃条約は、米ソ間ではじめての核軍縮であり、冷戦の終結に向けて、大きな転換点となった（Wilson, 2015: chap. 6; Matlock, 2005: chap. XIII）。「ＩＮＦ全廃条約は速やかにアメリカの連邦議会上院で批准され、ソ連の核兵器一八四六基、アメリカの核兵器八四六基が三年以内に廃棄され、その際には、米ソ双方が相手国による自国核施設の詳細な査察を許可するという、前例のない措置がとられることとなった。実存する核兵器が制限されるのではなく、削減されたのは、核時代に入ってはじめてのことであった」（McMahon, 2003: 163）。

一九八八年になると、ゴルバチョフ書記長は、東ヨーロッパ諸国に対して、東ヨーロッパ諸国の主権は制限されるという「ブレジネフ・ドクトリン（制限主権論）」を放棄する旨を繰り返し伝え、東ヨーロッパ地域の共産主義諸国にも、ソ連と同じくペレストロイカを断行するよう勧めた。こうしたゴルバチョフ書記長によるブレジネフ・ドクトリンの放棄とペレストロイカの勧めが、東ヨーロッパ諸国の国内で、市民レベルの民主化の動きを大きく刺激した。こうして、一九八九年八月からの「東欧革命」が準備されていくこととなった（McMahon, 2003: 165; Wilson, 2015: chap. 6; Matlock, 2005: chap. XV）。

一九八八年一二月には、ゴルバチョフが訪米し、国連で演説して、「ソ連軍を一方的に五〇万人削減する」という考えを表明した。こうした提案によって、東ヨーロッパ地域におけるソ連の軍事プレゼンスは大きく削減されることになった（McMahon, 2003: 165）。

（３）「東欧革命」とベルリンの壁崩壊、ドイツ再統一 ——一九八九—九〇年

アメリカの共和党のブッシュ・シニア政権は、ゴルバチョフ政権のペレストロイカとグラスノチヒ、新思考外交に当初、懐疑的な姿勢を見せていたが、一九八九年五月一二日には、ブッシュ・シニア大統領が「封じ込めを超えて」と題された演説を行っている。米ソ関係は、さらに良好なものとなっていった（上村、二〇一七：一八二）。他方で、アジアの中国では、六月四日、中国政府が天安門広場で学生たちの民主化運動を武力で弾圧する天安門事件が起こった。そのため、冷戦後と天安門事件後の米中関係は、特に人権や民主化をめぐって対立しがちとなる（Mann, 2000）。

六月二七日には、ハンガリーとオーストリアとの国境線上の鉄条網が切り崩され、東側から西側へと人の移動が本格化した。また八月には、ポーランドやハンガリーなど東欧諸国で、共産主義の政治体制が市民の手で廃止されていった。こうして、夏から冬までに、「東欧革命」がほぼ無血で進行していくこととなった（Levesque, 2010; マイヤー、二〇一〇）。

さらに一一月九日には、冷戦の対立の象徴であったベルリンの壁が市民の手で崩壊へ向かう。また一二月二日から三日にかけては、マルタでの米ソ首脳会談で、「冷戦の終結」が声明された。こうして、冷戦の対立は、歴史的にヨーロッパで突然に終結した。より正確には、一九九〇年一〇月三日のドイツの再統一をもって、冷戦は終結した、と考えるべきである。なぜなら、米ソ冷戦の対立は、第二次世界大戦後のド

イツ問題と東ヨーロッパ地域の情勢をめぐって始まったからである。一九九一年一二月二五日のソ連邦の崩壊は、冷戦の終結後のエピソードに過ぎない。ブッシュ・シニア政権の国家安全保障問題担当大統領補佐官のスコウクロフトは、「NATOに帰属する統一ドイツをソ連が容認した時、冷戦は終わったのだ」という簡潔な見方を提示している（McMahon, 2003: 166-168; Westad, 2017: chap. 21; Kalinovsky and Daigle, 2014; Guyatt, 2013; Haftendorn, 2010; Pravda, 2010; 佐々木、二〇一一）。またその後、西側陣営に限定されていた第二次世界大戦後のアメリカ中心のリベラルな国際秩序が、東側陣営にも〝拡大〟されていくこととなった。

こうして、冷戦の対立は、二〇世紀後半、ヨーロッパで始まり、ヨーロッパで終わった。このことは、米ソ両国、二つの超大国にとって、ヨーロッパ地域が国益上、死活的に重要であったことの証左である。他方で、冷戦後の国際政治では、アジア経済の高成長、特に中国の台頭によって、アジア太平洋地域の重要性がますます高まってきた。二〇一〇年代には、中国の台頭を牽制すべく、「インド太平洋」地域の重要性が増大した。日米同盟が、インドとオーストリアを戦略的に取り込んでいくためである（島村、二〇一八：第一四章）。

二〇〇九年には、「東欧革命」と天安門事件、ベルリンの壁崩壊、「冷戦の終結」の宣言から二〇年を迎えた。二〇一〇年には、ドイツ再統一と冷戦の終結から二〇年を迎えた。この時期までに、米中関係や米露関係の悪化を受けて、地政学が復活したのではないか、という議論が生まれた（Kagan, 2008; Vedrine, 2008）。地政学の復活については、第九章で詳しく見る。しかし、依然として、「冷戦後（post-Cold War）」という概念が使われていた。二〇一〇年代にも、まだ使われている。二一世紀の国際秩序について、「冷戦後」に代わるネーミングをそろそろ発明しなければならない。冷戦後とは、冷戦から二一世紀の新しい国際システムへの移行期であるからである。さらに二〇二〇年には、冷戦の終結から三〇年を迎えることになる。リベラルな価値観や理念をあまり語らない異形のトランプ大統領の誕生を受けて、はたして第二次世界大戦後のアメリカ中心のリベラルな国際秩序が維持されるのかが議論されている（島村、二〇一八：終章）。この問題は、終章で改めて取り上げよう。

冷戦の終結のプロセスを年表で少し詳細にまとめれば、**表8-1**の通りとなる。

冷戦の終結のプロセスをウォルツの分析レベルで整理すれば、第三イメージ（国際システム・レベル）では、ソ連の相対的パワーの衰退と相互依存の深化の趨勢が重要であり、第二イメージ（国内レベル）では、ソ連国内の経済が行き詰まり、政治体制も「制度疲労」を起こしていたことが無視できない。第一イメージ（個人レベル）では、ゴルバチョフ要因とレーガン要因が重要であり、特に一九九〇年というタイミングで冷戦が終結した原因として、ゴルバチョフ要因が最重要であった、と結論づけることができよう（Brown, 1997）。

表8－1　冷戦の終結をめぐる国際政治――一九七九―一九九一年

一九七九年	一月	米中国交正常化が実現する。
	三月	エジプト＝イスラエル平和条約が調印される（四月に発効）。
	四月	アメリカ議会で、台湾関係法が成立する。
	六月	米ソ首脳会談で第二次戦略兵器制限条約（ＳＡＬＴ Ⅱ）が調印される。（ただし、アメリカ議会での批准は見送られる）
	七月	カーター大統領が、在韓米地上軍撤退の凍結を発表する。
	一一月	イランのアメリカ大使館で人質事件が起こる。
	一二月	北大西洋条約機構（ＮＡＴＯ）の合同理事会で「二重決定」を承認する。
		ソ連軍がアフガニスタンに侵攻する（～一九八九年二月）。
一九八〇年	一月	中東防衛に関する「カーター・ドクトリン」が発表される。
	一一月	アメリカ大統領選挙で、共和党のロナルド・レーガンが勝利する。
一九八一年	一月	共和党のレーガン政権が成立する（～八九年一月）。
		レーガン大統領が、中距離核戦力（ＩＮＦ）交渉での「ゼロ・オプション」を提案し、米ソの交渉を開始する。
一九八二年	五月	レーガン大統領が戦略兵器削減交渉（ＳＴＡＲＴ）を提案する。
	六月	米ソ間でＳＴＡＲＴが開始される。
	八月	米中が、アメリカの台湾武器輸出に関する共同声明を発表する。
一九八三年	三月	レーガン大統領が「悪の帝国」演説を行う。
		レーガン大統領が戦略防衛構想（ＳＤＩ）を発表する。
	五月	下院で、核凍結の決議が可決される。
	九月	ソ連空軍機による大韓航空機撃墜事件が起こる。
	一〇月	アメリカ軍がグレナダに侵攻する（グレナダ侵攻）。
	一一月	西ヨーロッパにＩＮＦの配備が開始される。
一九八四年	四月	レーガン大統領が訪中する（～五月）。
	一一月	「ワインバーガー・ドクトリン」が発表される。
一九八五年	一月	米ソが、包括的な軍備管理・軍縮交渉の再開に合意する。
	九月	主要先進五カ国蔵相・中央銀行総裁会議（Ｇ５）で、ドル高是正の経済政策協調で一致する（「プラザ合意」）。
	一〇月	ゴルバチョフ・ソ連共産党書記長がペレストロイカを開始する。

	一一月	ジュネーブで米ソ首脳会談が開催される。
一九八六年	四月	チェルノブイリ原子力発電所で大規模な事故が発生する。
	一〇月	レイキャビクで米ソ首脳会談が開催される。
	一一月	イラン・コントラ事件が発覚する。
一九八七年	八月	中米諸国間でエスキプラス合意が実現する。
	一〇月	ニューヨーク株式市場で大暴落が起こる（「ブラック・マンデー」）。
	一二月	ワシントンで米ソ首脳会談が開催され、INF全廃条約が調印される。
一九八八年	五月	レーガン大統領が訪ソする。
	八月	アメリカ議会で、「スーパー三〇一条」を含む包括通商法案が成立する。
一九八九年	一月	共和党のブッシュ・シニア政権が成立する（〜一九九三年一月）。
	五月	ブッシュ・シニア大統領が「封じ込めを超えて」演説を行う。
	六月	中国政府が民主化運動を武力弾圧する（天安門事件）。
	八月	ポーランドやハンガリーなど東欧諸国で共産党体制が廃止されていく（東欧革命、〜一二月）。
	九月	日米構造協議（SII）が開始される。
	一一月	東ドイツでベルリンの壁が撤去される。
	一二月	マルタで米ソ首脳会談が開催され、「冷戦の終結」が声明される。
		アメリカ軍がパナマに侵攻する。
一九九〇年	八月	イラク軍がクウェートを侵攻する（湾岸危機）。
	九月	ブッシュ・シニア大統領が、アメリカ議会で「新世界秩序（New World Order）」演説を行う。
	一〇月	東西ドイツが再統一される。
	一一月	欧州安全保障協力会議（CSCE）のパリ首脳会談で、「パリ憲章」が調印される。
一九九一年	一月	アメリカ軍主体の多国籍軍がイラクを攻撃する（湾岸戦争、〜二月）。
	七月	ワルシャワ条約機構（WTO）が解体される。
		モスクワで米ソ首脳会談が開催され、第一次戦略兵器削減条約（START I）が調印される。
	九月	ハイチで軍部クーデターが起こる。
	一〇月	マドリッドで中東和平会議が開催される。
	一二月	ソ連最高会議がソ連邦の消滅を宣言する。

出典：佐々木（二〇一七：三六四―三六六）。

三　冷戦後の国際秩序をどう見るべきか

(1) 冷戦後の国際秩序をめぐる論争——楽観論と悲観論

湾岸危機後、実務外交を実践するブッシュ・シニア大統領が「新世界秩序（New World Order）」を唱えたが、「冷戦」に代わる新しいネーミングはすぐに発明されることはなかった。繰り返しになるが、さしあたり、一九九〇年代は、「冷戦後」と呼ばれた。二一世紀の二〇一〇年代になっても、「冷戦後」と呼ばれてきた。冷戦後とは、二一世紀の新しい国際システムへの過渡期であるが、はたして二一世紀の国際秩序をいかにとらえるべきなのか——。実はまだ答えが見つかっていない。

冷戦の終結期とその直後には、冷戦後の国際秩序をめぐって、大雑把に捉えて、楽観論と悲観論で、大きな論争となった。すべての議論を楽観論と悲観論に単純に区分することはできないが、比較的に楽観論として捉えることができるのは、「歴史の終わり?」や「民主主義による平和（democratic peace)」、「リベラル・ピース」、グローバリゼーション、グローバル・ガヴァナンス、「パックス・アメリカーナ」パートII、核抑止（nuclear deterrence）による大国間平和、「新しい中世?」といった議論であった。これに対して、悲観論としては、「文明の衝突?」、「未来への逆走?（back to the future?)」、宗教や民族に端を発した地域紛争の多発化（特に民族浄化〔ethnic cleansing〕の発生）、テロリズムと「テロ支援国家」、中国脅威論と米中冷戦、「ならず者国家（rogue state）」と「破綻国家（failed state）」、「サイバー・テロ」の脅威、「無極」や「Gゼロ」などの議論があった。

ここで注意が必要なのは、「歴史の終わり?」や「文明の衝突?」、「新しい中世?」は、かなり複雑な議論で、疑問符がつけられるということである。また、グローバリゼーションは、正の側面ばかりでなく、負の側面もあるということである（Giddens, 2000）。核抑止による大国間平和を楽観論で括ることに対しては、違和感を抱く読者もいるかもしれない。以下ではまず、主要な議論を四つ、取り上げる。

(2) フクヤマの「歴史の終わり?」

『ナショナル・インタレスト』誌の一九八九年夏号に掲載されたフクヤマの論文「歴史の終わり?」は、タイミングとして、冷戦の終結の最中にまとめられたもので、その後の冷戦後の国際秩序をめぐる議論の土台となったと言えよう。フクヤマによれば、二〇世紀は、リベラリズムと共産主義、ファシズムという三つのイデオロギーの闘争であった。第二次世界大戦で、ファシズムは政治体制としてもイデオロギーとしても滅びることとなった。第二次世界大戦後、共産主義はソ連で生き延び、冷戦へ突入する。脱植民地化の動きを背景に、共産主義のイデオロギーは特に第三世界にアピールした。この面で、ソ連のソフト・パワーは高かったと言える（Fukuyama, 1989）。詳しくは、第五章で論じた。

近代の歴史をイデオロギーや思想、政治体制をめぐる闘争として描くフクヤマは、「われわれが目撃したのは単に冷戦が終わったというだけではなく、民主主義が人間の統治形態として究極のものであることが証明されて、歴史そのものが終わったのだ」といみじくも指摘している。今まさに、マルクス＝レーニン主義を葬って「棺桶の最後の釘」を打っているところである、とも指摘された（Fukuyama, 1989）。こうした意味で、「一九八九年」に二〇世紀が終わったとも言えなくもない（一八八九年の第二インターナショナルの成立を二〇世紀の始まりと捉えることも可能である）。

フクヤマの「歴史の終わり？」の議論の意義としては、第一に、繰り返しになるが、論文が発表されたタイミングが絶妙であり、しかも、その後の一九八九年八月からの「東欧革命」から一九九一年一二月二五日のソ連邦崩壊までの地殻変動を予測したかのごとき内容であったことである。また、一九八九年六月四日の天安門事件の直後でもあり、「共産中国の存在が……脅威になっている」という指摘も論文のなかで見られた（Fukuyama, 1989）。

第二に、歴史家のポール・ケネディらのアメリカ衰退論の憂鬱さを引き飛ばす内容であったことである。アメリカの自由民主主義の正しさを近代の政治思想史のなかで立証したかのごとき心地よいインパクトを、特にアメリカ人にもたらした。フクヤマの議論には、特にヘーゲルの思想の影響を観ることができる。アメリカ知識人にとっても目新しかった。

第三に、これも繰り返しになるが、冷戦後の国際秩序をめぐる論争に新たな対立軸を与えた。たとえば、ハンティントンやホフマンがフクヤマの「歴史の終わり？」の議論を批判し、悲観論を発展させていくこととなった。

第四に、一九九〇年代、「民主主義による平和」論とともに、冷戦後のアメリカ外交の原則に民主主義の〝拡大（enlargement）〟を位置づける効果を持った。特に一九九五年二月一日にクリントン政権は、「関与（engagement）と拡大」の『国家安全保障戦略（ＮＳＳ）』を描くことになる（White House, 1995）。

第五に、フクヤマの「歴史の終わり？」の議論が、新保守主義（neoconservatism; ネオコン）の論客たちに、大きな示唆を与えたことである。ただし、フクヤマ自身は、二一世紀はじめのイラク戦争後に、Ｗ・ブッシュ政権のネオコンの勢力とは距離を置くようになる（Fukuyama, 2006）。

第六に、理論的には、ネオリアリズムとネオリベラリズムが強調する〝目に見える〟パワーや利益（interest）ではなく、イデオロギーや規範、アイディア、アイデンティティなど〝目に見えない〟側面に注目した議論として示唆的であった。

フクヤマの議論は内容を大きく充実させ、『歴史の終わりと最後の人間』として出版された（Fukuyama, 1992）。また近年、フクヤマは、古代から近代、そして近代から現代までの政治秩序について、大著を二冊、まとめている（Fukuyama, 2011; Fukuyama, 2014）。

（３）ミアシャイマーの「未来への逆走？」

フクヤマ論文から一年後、『国際安全保障』誌の一九九〇年夏号に掲載されたミアシャイマーの論文「未来への逆走?」は、冷戦後の国際システムに対して、悲観的な捉え方をしてみせた。フクヤマの論文「歴史の終わり?」を批判する立場をとったのである。

まず、なぜ冷戦期は「長い平和(long peace)」であったか――。ミアシャイマーは、第一に、国際システムの双極、第二に、核兵器の存在、特に米ソ間の核抑止をシステムの安定要因として指摘する。その上で、冷戦後のアメリカ中心の単極の国際システムは、遠くない将来に、多極の国際システムへと移行する、と指摘された(Mearsheimer, 1990)。

ミアシャイマーの論文「未来への逆走?」の意義としては、第一に、冷戦後のヨーロッパからアメリカが撤退し、ヨーロッパ地域は再び、〝過去〟に戻る、と指摘されたことである。過去とは、第二次世界大戦以前の多極の国際システムである。第二に、核武装したドイツが台頭し、ヨーロッパ地域の安全保障秩序は混迷に向かう、という悲観的なシナリオを描いたことである。第三に、他方で、冷戦期と同じく、核抑止に国際システムを安定させる効果を期待していた節がある。この点は、ドイツの核武装論だけでなく、ウクライナの核兵器問題でも大きな意味を持った(Mearsheimer, 1993)。これに対して、ミラーなどが、ウクライナに核兵器を持たせることに反対した(Miller, 1993)。

ネオリアリズムのウォルツも、ミアシャイマーと同じく、冷戦後のアメリカ中心の単極は、遠くない将来に、多極の国際システムへと移行する、と指摘していた(Waltz, 1993)。

ミアシャイマーはその後、『大国政治の悲劇』を出版する。攻撃的リアリズムの立場から、米中間の対立は、歴史的に不可避である、という(Mearsheimer, 2014: chap. 10)。

(4) ハンティントンの「文明の衝突?」

『フォーリン・アフェアーズ』誌の一九九三年夏号に掲載されたハンティントンの論文「文明の衝突?」も、フクヤマの論文「歴史の終わり?」に批判的な立場をとった。

ハンティントンによれば、第一に、西欧やイスラーム、儒教など九つの文明圏が存在するという。アメリカは、歴史も浅く、西欧文明のなかの一つである、と位置づけられる。日本は、一文明圏として位置づけられた。日本文明の特殊性が理解されたと、ここで喜んではいけない。日本は、アジア地域で〝孤立〟しているということである(ハンティントンは、一九八〇年代から日米間で「経済冷戦」が起こると論じるなど、日本に対して一貫して批判的であった)。第二に、冷戦期の「鉄のカーテン」から、冷戦後は「ベルベット・カーテン」へと、分断線が描き直されるという。ベルベット・カーテンは、キリスト教とイスラーム教の文明がぶつかる、特にバルカン半島を横切ることになる。第三に、二一世紀半ばまでの最悪シナリオは、「西欧文明」対「イスラーム文明+儒教文明」の対立が、ハルマゲドンへと至ることであるという(Huntington, 1993)。

ハンティントンの論文「文明の衝突?」の意義としては、第一に、旧ユーゴスラヴィアのボスニアやコソヴォでの民族浄化、中国や北朝鮮と米国との対立、「九・一一」同時多発テロ攻撃、「テロとの戦い」など現実を予測したかのような内容であったことである。

第二に、理論的には、フクヤマの論文「歴史の終わり?」と同じく、ネオリアリズムとネオリベラリズムが強調する〝目に見える〟パワーや利益ではなく、文明(civilization)や文化、アイデンティティ、規範、アイディア、イデオロギーなど〝目に見えない〟側面に注目した議論として示唆的であった。

問題は、第一に、文明(ないし文化)の概念の多義性とあいまいさにあった。文明(ないし文化)は、〝目に見えない〟測定不可能な概念であるからである。

第二に、「我ら」と「彼ら」という冷戦的な善悪二元論の対立志向に傾斜しやすい点がしばしば批判された。

しかし、二〇〇一年の「九・一一」同時多発テロ攻撃後に、ハンティントンの議論は、再評価されることになる。「九・一一」の同時多発テロ攻撃は、「冷戦後」と呼ばれてきた一九九〇年代以降の国際秩序を根底から揺さぶった。ハンティントンが言う「文明の衝突」がドラスティックな形で顕在化したものである、と受け止められた。アメリカ流のグローバリゼーションの潮流への原理主義側からの反発・挑戦でもあった。「ハイパー・テロリズム」の出現は、〝非対称的な〟新しい戦争のあり方を突きつけた。覇権国アメリカは、圧倒的な力を増大させながら、脆弱な側面があることも明らかとなった。

他方で、「唯一の超大国(only super power)」としてのアメリカ中心の覇権秩序は、ネオリベラリズムによれば、依然として、安定的なままである。一九九〇年代の「軍事革命(RMA)」に始まり、二一世紀はじめのアメリカ軍の「変革(transformation)」とアメリカ軍基地の「再編(realignment)」を推し進めた安全保障政策の見直しは、「グローバル・ポスチャー・レヴュー(GPR)」と呼ばれ、もう一世代、さらなる優位(primacy)を模索する動きであった(Ikenberry, ed. 2002; Kapstein and Mastanduno, eds. 1999; Monteiro, 2014)。

ハンティントンの議論は内容を大きく充実させ、『文明の衝突と世界秩序の再生』として出版された(Huntington, 1996a)。

(5) ギデンズの『暴走する世界』

『暴走する世界』を一九九九年に出版したイギリスの社会学者のギデンズによれば、第一に、二一世紀の国際社会では、グローバリゼーションにプラス、リスクや伝統、家族、民主主義の五つがキーワードとなる。特に「コスモポリタニズム」と「ファンダメンタリズム(原理主義)」との相克がクローズアップされるという。第二に、グローバリゼーションをめぐる論争は、懐疑論者とラディカルズの間で論争となっているが、いずれも経済的要因のみに注目している。しかし、グローバリゼーションは経済だけでなく、政治社会も含めたあらゆる次元で大きな変化を迫るという。第三に、グローバリゼーションはアメリカなど欧米諸国に有利だが、アメリカ自身も変容を迫られる、と指摘される。

第四に、グローバリゼーションの趨勢は、歴史的に不可避な変化である。いかにこれに対応していくべきかが重要であるという。サーフィンのように、グローバリゼーションの〝波〟にうまく乗っていく必要がある、と指摘された。第五に、平等（労働党が重視）と効率（保守党、特にサッチャリズムが重視）に代わる「第三の道」をとるべきである、と指摘される。この政策路線は、ブレア政権の基本方針となった。アメリカ政治では、「大きな政府」路線のリベラルと「小さな政府」路線の保守の対立構図を前提とした「第三の道」である。たとえば、一九九六年一一月の大統領選挙でのクリントン大統領の再選に大きく貢献した。第六に、健全な民主主義社会には、政府と市場だけではなく、市民社会も加えた三本柱の調和が重要であるという。第七に、現行の民主主義の制度をさらに改良することによって、グローバリゼーションの変化に対応すべきである、と指摘される（Giddens, 2000）。

四 「九・一一後」の国際秩序をどう見るべきか

(1)「帝国」としてのアメリカ——「帝王的共和国」「非公式の帝国」「デモクラシーの帝国」

ジェファソン大統領をはじめとした建国の父たちは、国内で自由民主主義の共和国の実験を試みながら、アメリカが将来、「自由の帝国（empire of liberty）」となることを夢見ていた。その後、アメリカは、一八二三年一二月のモンロー・ドクトリンで、ヨーロッパ大陸と西半球の間の相互不干渉と反植民地主義を打ち出す一方で、一九世紀後半のアメリカは、「統合された帝国（integrated empire）」や「海洋帝国」を模索した。アメリカは、単純な反植民地主義の国家ではないのである。特に一八七〇年代から第一次世界大戦までの「帝国主義の時代」の世界大の国際秩序を特に「帝国主義世界体制」と呼ぶが、この時期、アメリカもフィリピンとグアム、プエルトリコを植民地化している。国内では、反帝国主義運動が展開された（島村、二〇一八：第四章；島村、二〇一七）。

第一次世界大戦では、アメリカのウィルソン大統領などが、戦後構想の文脈で、「民族自決」の概念を打ち出した。また、「国民国家の総力戦」だけではなく「帝国の総力戦」ともなった第一次世界大戦後は、植民地独立の動きを刺激した。同じく「国民国家の総力戦」だけではなく「帝国の総力戦」となった第二次世界大戦の後は、「脱植民地化」の動きは不可避の趨勢となった。この時期、米ソ冷戦の文脈で、反植民地主義のアメリカは脱植民地化の促進要因となったが、同時に、それぞれの地域の国際秩序が不安定になることを懸念する側面も持っていた（島村、二〇一八：九五—一〇三）。

ヴェトナム戦争の後期だが、早くも一九七〇年代はじめには、アロンらが、アメリカの対外政策を「帝国的共和国（imperial republic）」として批判していた（Aron, 2009）。他方で、リスカやクリストルなど、「帝国」としてのアメリカを肯定する議論も存在した（Liska, 1967; Liska, 1968; Kristol, 1968; 島村、二〇一七：一六五）。

「九・一一」同時多発テロ攻撃後には、アメリカの帝国的な振る舞いを捉えて、「デモクラシーの帝国」として批判的に議論する立場があった。たとえば、日本では、藤原帰一や山本吉宣がいた。「帝国」としてのアメリカは、植民地を持つ「公式の帝国」ではなく、植民地統治をとらない「非公式の帝国」として位置づけられた（藤原、二〇〇二；山本、二〇〇六）。特に注目すべきことには、ファーガソンらが、大英帝国や「帝国」としてのアメリカを肯定的に捉えた議論を展開したことである（Ferguson, 2009: 2004A）。

こうした「帝国」論に対しては、現実主義（リアリズム）やネオリアリズム、ネオリベラル制度論の立場などから、批判が生じた（島村、二〇一七）。

(2) アイケンベリーの『勝利の後』——「パックス・アメリカーナ」パートⅡか？

二〇〇一年に『勝利の後』を出版したアイケンベリーは、なぜ冷戦後も引き続き、アメリカの覇権秩序（hegemonic order）は安定的なままなのか、とまず問題提起した。換言するならば、なぜヨーロッパ諸国や日本はアメリカにしたがうのか——。なぜ勢力均衡（ＢＯＰ）の原理から対抗しないのか、ということである。

アイケンベリーによれば、第一に、第二次大戦直後の「勝利の後（after victory）」という歴史的な転換期に、アメリカが「戦略的な自制（strategic self-restraint）」をして、リベラルな覇権秩序を構築したということである。したがって、西側のヨーロッパ諸国や日本は、アメリカのリベラルな覇権秩序にしたがうことにインセンティブを感じた（感じる）という。第二に、アメリカのリベラルな覇権秩序は、開放的かつ分散的な国内制度の国際制度への延長という側面を持つということである。結果として、冷戦後も、米欧日の三極体制は協調的なシステムを維持してきたという。第三に、本章の冒頭で見た通り、「冷戦の終結は、一つの世界秩序の終わりというよりも、共産世界の崩壊による西側・西欧秩序の拡大を意味している」と指摘される。第四に、日米関係は、民主主義世界やアメリカ主導の国際秩序を運営していくためのむしろ柱である、と指摘される。また日米同盟は、両国を結びつけておく「相互拘束（co-biding）」として捉えられている（Ikenberry, 2001; 島村、二〇一八：第八章）。

こうして、アイケンベリーは、アメリカ中心のリベラルな覇権秩序は、赤裸々な無政府状態（anarchy）の構造というよりも、むしろ「立憲的な（constitutional）」国際秩序である、と示唆するようになる（Ikenberry, 2011; アイケンベリー、二〇〇二）。また二〇〇〇年代後半からの地政学が復活したのではないかという議論に対して、「リベラルな覇権秩序は頑強である」と説き、中国やロシア、イラン、北朝鮮は、「現状変革国家（revisionist powers）」というよりも「せいぜいパートタイムの妨害者（spoilers）でしかない」と議論する（Ikenberry, 2014）。トランプ政権の誕生後の「はたしてリベラルな国際秩序は維持されるのか」という議論に対しても、アメリカ中心のリベラルな国際秩序は依然として頑強である、という論陣を張っている（Ikenberry, 2017）。

（3）ナイの『アメリカの権力の逆説』——単独主義への警告

二〇〇二年に出版されたナイの『アメリカの権力の逆説』は、単独主義（unilateralism）に批判的な内容であった。第一に、「第二のローマ帝国」アメリカにとっての課題は、単独主義の外交に傾斜しがちとなることである、と指摘された。これに対して、多国間主義（multilateralism）の国際協調で、いかにその力をより有効に行使していけるかが、二一世紀のアメリカ外交にとって鍵であるという。第二に、「単独主義」対「多国間主義」は、国際主義をめぐる対立である、と指摘された。かつての「孤立主義」対「国際主義」をめぐる対立とは位相が異なるという。第三に、国際秩序の重層性を捉える必要性を強調し、軍事的にはアメリカ単極だが、経済的には米欧日で三極であり、非国家ないしトランスナショナルなレベルでは多極である、と指摘される。注目すべきことに、単純な形で、冷戦後の国際秩序が、双極か多極か、それともアメリカの覇権秩序のままなのか、と論じても意味がないという。

第四に、アメリカの覇権（hegemony）は衰退していない、と論じられた。軍事力や経済力など目に見える「ハード・パワー」と、目に見えない「ソフト・パワー」（「他国を魅了する力」、つまり文化的な魅力や国際レジーム・国際制度での議題設定能力など）でも、圧倒的なパワー・リソースを有している。第五に、「帝国」足り得ないアメリカが強調される。なぜなら、相互依存のさらなる深化、グローバリゼーションと情報革命のさらなる進展に制約されるからであるという。ただし、情報革命はその成果を世界に伝播させてしまうが、アメリカは優位を維持できる、と指摘される（Nye, 2002）。

ナイは近年、第七章でも見た通り、ハード・パワーとソフト・パワーを賢く使い分ける「スマート・パワー」の概念を提示し、オバマ政権の対外政策に無視できない影響を及ぼしていく（Nye, 2011: chap. 7）。

五　「大国間戦争」なき二一世紀の国際秩序？

（1）「平和的変革」としての冷戦の終結

第二次世界大戦後の米ソ冷戦は、幸いにも、第三次世界大戦には至らなかった。一九六二年一〇月一六日からの「一三日間」のキューバ・ミサイル危機は、米ソ冷戦が最も核戦争に近づいた国際危機であった（Allison and Zelikow, 1999）。また冷戦の終結は、本章の冒頭で見た通り、国際システムのさしたる混乱もなく、ソフト・ランディングした。大国間戦争や覇権戦争をともなわなかったのである。カーが『危機の二〇年』の最終章で問題提起した「平和的変革（peaceful change）」が、現実化したと言ってよい（Carr, 1964: chap. 13）。

さらに冷戦後の一九九〇年代以降、「唯一の超大国」アメリカに対抗して、勢力均衡が機能したわけでもない。大国間戦争ないし覇権戦争は時代遅れとなったのか——。リアリズムとリベラリズムで、さまざまな議論がある。また、いかに二一世紀の国際秩序を構想すべきか――。さらに議論を深めたい。

(2) ウォルツやミアシャイマーの核抑止による大国間平和?

冷戦期のような双極の国際システムの方が、「西欧国家体系」のような多極の国際システムよりも相対的により安定的であると考えるネオリアリズムのウォルツや攻撃的リアリズムのミアシャイマーは、繰り返しになるが、冷戦後の国際システムが不安定化する、と予測していた。しかし同時に、ウォルツやミアシャイマーは、ウクライナやドイツへの核拡散(nuclear proliferation)と核抑止による大国間の勢力均衡にシステム上の安定化の作用を期待していた。冷戦期の核抑止の経験と教訓を、冷戦後の世界にもそのまま適応する発想に他ならなかった(Waltz, 1993; Mearsheimer, 1990)。

しかし、双極ではなく多極の国際システムでも核抑止は機能するのか――。ネオリアリズムによる〝非現実的な〟処方箋なのではないか、という批判は絶えなかった。

冷戦後の核拡散の脅威は、比較的に早期から問題提起されていた。現実に、冷戦後のアメリカの『国家安全保障戦略(NSS)』でも、核兵器プラス、化学兵器や生物兵器、ミサイルも含めた大量破壊兵器(WMD)の〝拡散(proliferation)〟が脅威であると位置づけられてきた。たとえば、「ならず者国家」やテロリスト集団が、核兵器を保有したならば、アメリカやイスラエルに対して、核兵器を使用するのではないか、と危惧されたのである。まずソ連からの核兵器の技術の流出を防止する必要があった。ソ連国内では、核兵器の科学者たちがほぼ失業状態にあった。特に中東地域では、イランをはじめとして、核技術の需要がある。アジア地域でも、北朝鮮が核保有を模索していた。またもし将来、ソ連や中国など核保有国において、非合理的な政治指導者が現れたならば、核戦争が勃発するのではないかと危惧されたが、核保有国間での核軍縮は、その後、遅々として進んでいない。

(3) 「大国間戦争はもはや時代遅れになった」というミューラーの仮説

一九八九年に『核戦争による世界の滅亡からの後退』を出版したミューラーは、「核兵器の存在の有無にかかわらず、大国間戦争はもはやペイしない」と議論した。二度の世界大戦による記憶によって、核兵器がなくとも、大国間戦争は時代遅れになっていたという。ミューラーによれば、第一次世界大戦ですでに戦争はペイしないとわかっていた。第二次世界大戦の勃発は、ヒトラーという現状変革の野心的な政治指導者が現れたためである、と彼は考える。しかももはや、冷戦後は、第一次世界大戦や戦間期のような「ハイパー・ナショナリズム」の時代でもない。ミューラーの問題提起は、個人レベルの特に心理的な側面に注目した議論であることが注目される(Mueller, 1989; 1990)。

こうして、第二次世界大戦後の国際システムの安定に、核兵器は不可欠な要因ではなかったというミューラーの問題提起に対しては、たとえば、ジャーヴィスらが核兵器は政治的な効果を持った、と反論している（Jervis, 1990）。

（4）ラセットらの「民主主義による平和」と「リベラル・ピース」

「民主主義による平和」のモデルは、「民主主義国家同士は戦争をしない」という仮説を提示する。ドイルやラセットの議論である。哲学者のカントのテーゼを部分修正したものである。民主主義の〝理念〟と〝制度〟がいずれも戦争を遠ざける、と仮定される。ただし、民主主義国家がまったく戦争をしないわけではない。歴史上、アメリカをはじめとして、民主主義国家は権威主義体制とはむしろ激しい戦争を展開してきた。しかし、歴史の統計上（一八一五年以来）、民主主義国家〝同士〟は一度も戦争していないという（Doyle, 1983a; 1983b; 1997; Russet, 1993）。

問題は、第一に、議論の想定外だが、一八一二年六月に勃発した米英戦争という事例をどう扱うかである。当時、そもそも民主主義国家は少なかった。その例外としての米英両国が戦争しているのである。無視できない事例ではないか――。

第二に、民主化してしまえば、民主主義による平和が機能するかもしれないが、民主化の過程こそ、むしろ秩序が崩れ混乱しやすく、戦争へと至るケースも多くなるのではないか、ということである（Mansfield and Snyder, 1996）。

第三に、民主主義の〝理念〟と〝制度〟、いずれが、より重要なのかという問題である。また、「民主主義」そのものが平和的なのか、それとも「民主主義国家」が平和的なのか、という問いも立てられた。

第四に、「民主主義」という概念の多義性がある。大統領制か議会内閣制かという問題もあるが、選挙制度や憲法理念の違いなど、考慮すべき要因は少なくない（Layne, 1996; Spiro, 1996; Farber and Gowa, 1996; Oren, 1996）。

こうした問題点を抱えながらも、民主主義による平和論は、繰り返しになるが、一九九〇年代、フクヤマの論文「歴史の終わり？」とともに、冷戦後のアメリカ外交の原則に「民主主義の拡大」を位置づける効果を持った。

その後、序章でも見たが、ラセットとオニールは、「リベラル・ピース」という概念を問題提起した。民主主義による平和に加えて、相互依存がさらに深化し、かつ国際秩序の〝制度化〟が進展すれば、大国間では戦争が起こる蓋然性が著しく低下するという仮説である（Russett and Oneal, 2001）。

（5）田中明彦やクーパーの「新しい中世？」

田中明彦は、相互依存のさらなる深化によって、近代の国際システムが変容する可能性を問題提起した。ただし、国際システム全体が一気にポスト・モダンの「新しい中世」へと移行するのではなく、国際システムは、「三つの圏域（スフィア）」、すなわち「新しい中世圏」と「近代圏」と「混沌圏」に分類できる。国際システムは一様ではないという。それぞれの圏域の政治と経済の成熟度は、新しい中世圏と近代圏と混沌圏の順に高く、政治的な民主化と経済的な市場化の進展度合いによる、と仮定される。これら圏域の論理は、政治学者ダールのポリアーキーの概念に倣い、図8－1の通り、図式化された（田中、一九九六：二一〇）。

そもそも、第二次世界大戦後の国際システムは、第一に、米ソ冷戦、第二に、アメリカの覇権秩序、第三に、相互依存の深化、という三つの諸相が混在していた、とまず議論される。こうした二〇世紀後半の国際システムは、第一に、冷戦後、第二に、覇権後、第三に、相互依存のさらなる深化ないしグローバリゼーションという形で変容を遂げつつ、特に第三の相互依存のさらなる深化ないしグローバリゼーションの進展によって、国際システムそのものの原理的な変化を遂げつつある、と問題提起された（田中、一九九六：第七章）。

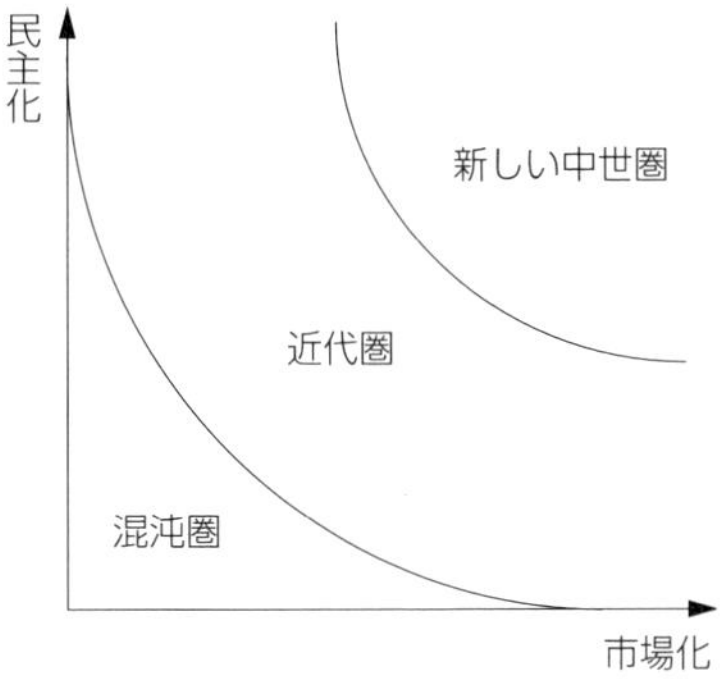

図 8-1　三つの圏域（スフィア）

出典：田中（1996: 210）.

たしかに、アメリカやヨーロッパ、日本など先進国同士では大国間戦争が考えにくくなっている。ドイッチェが問題提起した「安全保障共同体」になっている、と言えよう。他方で、近代圏では、中国やロシア、イランや北朝鮮の脅威がある。また、民族や宗教に根差した地域紛争などがむしろ激化してきた。混沌圏では、特にアフリカ地域だが、内戦が恒常化した破綻国家などカオス的な状況にある国家もある。繰り返しになるが、国際システム全体が「新しい中世圏」へと移行しているわけではない（田中、一九九六：第八章）。イギリスの外交官のクーパーも、「ポスト・モダン圏」か「モダン圏」か、「プレ・モダン圏」かという形で、ほとんど同じ議論を展開している（Cooper, 2003）。

国際システムを変容させる相互依存のさらなる深化とは、第三イメージ、国際システム・レベルの趨勢（トレンド）的な変化である。「民主主義による平和」は、民主主義国家か権威主義国家かという政治体制の問題であり、分析レベル上、第二イメージ、国内レベルの要因である。「大国間戦争が時代遅れになった」というミューラーの仮説は、二度の世界大戦の教訓から生じるものであり、人類の学習・進歩や心理的要因、軍事テクノロジーの発達、経済的計算など、主に第一イメージ、個人レベルの要因である。核抑止による大国間平和は、核兵器は国家の持ち物であるから、第二イメージ、国内レベルであるが、ウォルツによれば、「システム上のエフェクトを持つ」とみなされる（Waltz, 1986: 327-328, 343）。

六　主権と介入の問題
――主権国家システムの変容か？

（1）国際システムの核心部分としての「国家主権」

国際システムとは、通常、近代以降の「西欧国家体系」（「勢力均衡体系」とも呼ぶ）を指す。この西欧国家体系は、第一に、国家主権（sovereignty）、第二に、国際法、第三に、勢力均衡を三大要件としていた。問題は、いつまで西欧国家体系は続いたのかである。少なくとも第一次世界大戦まで継続し、その後、戦間期に次第に〝溶解〟しつつ、第二次世界大戦後の冷戦の開始によって終結したと考えられる（高坂、一九六六；武者小路、一九七七）。

こうして、多極の西欧国家体系は、双極の冷戦へと移行することで終結したが、近代以降の「主権国家システム」は、二一世紀になっても、依然として継続している。二一世紀の国際システムにおいても、主権国家が中心的な行為主体（アクター）ないし単位（ユニット）であることに変化はない。他方で、同時に、相互依存のさらなる深化、もしくはグローバリゼーションの進展によって、国家主権はますます侵食されてきた。政治的な主権国家システムの〝集権化〟と、経済的な資本主義システムによる〝多元化〟というギャップは、どこまで維持されるのか、疑問が生じる（猪口、一九八二）。そのため、国家主権の重要性をいかに解釈するかは、リアリズムとリベラリズムでもさまざまな議論がある。

（2）主権国家システムの変容か？

主権国家システムそのものが変化している可能性については、第一に、すでに見た田中明彦やクーパーの「新しい中世？」の議論で、主に相互依存のさらなる深化ないしグローバリゼーションの進展によって、近代以降の国際システムそのものが原理的に変容しつつある、と仮定される（田中、一九九六；Cooper, 2003）。早くも一九七〇年代初頭には、たとえば、ヴァーノンが「追い詰められる国家主権（sovereignty at bay）」という概念で、国家主権の後退を示唆していた（Vernon, 1971）。また一九七〇年代以降、たとえば、ストレンジが、『カジノ資本主義』や『国家と市場』、『マッド・マネー』などで、国際政治経済学（ＩＰＥ）のアプローチから、「国家」対「市場」の相互関係を解明した（Strange, 1988; 1998; 2015）。覇権安定理論を説いたギルピンも、その後は、政治と経済の交錯する側面を明らかにしようとしてきた（Gilpin, 1987; 2001）。

第二に、国際連合（国連）など国際機関や国際通貨基金（ＩＭＦ）、世界銀行、世界貿易機関（ＷＴＯ）など国際制度、市民社会、非政府組織（ＮＧＯ）、多国籍企業、地方自治体、テロリズムのネットワークなど非国家の行為主体の増大による変化の可能性がある。第三に、「地球的諸問題（グローバル・イシュー）」の発生である。地球温暖化ないし気候変動（climate change）の問題が典型だが（Young, 2016; 1994）、その他、麻薬やエイズ、テロリズムなどの問題がある。

（3）南北で食い違う国家主権の様相

特に冷戦後、国家主権の様相は世界大で一律ではない。統合と分裂の両ベクトルがせめぎ合う（Krasner, 1999; Jackson, 2007）。

先進国では、一九七〇年代以降、一九三〇年代以降の「大きな政府」への反動から、「小さな政府」路線が志向され、政治不信が蔓延するなど、主権概念は希薄化しつつある。他方で、発展途上国では、依然として、経済成長を実現するための強力な政府など、より強い国家主権が必要とされている。また中小国（middle powers）は、むしろ自国アイデンティティの確立を念じている（馬場、一九八〇；添谷、二〇〇五）。

二〇一六年のイギリスの欧州連合（ＥＵ）からの離脱（Brexit）とトランプ大統領の誕生は、先進国でも国家主権の意義を強調する動きが活発化する契機となるのか――。トランプは、二〇一七年九月一九日の国連での演説で、「主権」ないし「主権の」という言葉を二〇回以上、繰り返した。

（4）「人道的介入」の是非

冷戦の終結の直後、「ユーフォリア」の時期がしばらく続き、国連中心主義と「人道的介入」の是非が議論された。湾岸戦争では、「国際社会」対「独裁体制」という対立構図が描かれた（会田、一九九四）。その後、ソマリアやボスニアなど内戦への介入の際に、人道的な配慮が理由に挙げられた。国連の平和維持活動（ＰＫＯ）も、機能が拡大された（石塚、二〇一七）。

人道は、介入の根拠となりうるのか――。「内政不干渉」原則を乗り越えるべきなのか――。多国間（国連や同盟）による介入か、もしくは単独介入か――。どこまでの軍事介入が許されるのか――。国連の安全保障理事会での決議は政治的な正統性を付与しうるのか――。こうして、問題は、人道的介入の主体や形態である（Nye and Welch, 2016: chap. 6）。

一九九九年三月二四日からのコソヴォ空爆時、クリントン政権は、「人道的介入」の外交指針を表明した。「クリントン・ドクトリン」の発動か、という議論が起こった。これに対して、中国やロシアは、激しく反発した。第六章でも見た通りである。特に中国は、台湾問題を抱えるばかりでなく、内陸部でも新疆ウイグル自治区など少数民族の問題も抱えているからである。そのため、中国は、「内政不干渉」原則に強いこだわりを見せる。ロシアも同じく、チェチェン紛争に直面している。しかし、コソヴォ空爆の直後、一九九九年夏の東チモール動乱には、クリントン政権は不介入の立場をとった。同じ民族浄化でも、ヨーロッパ地域とアジア地域とでは重要性が異なる。こうして、実際には選択的介入にならざるを得ない（島村、二〇一八；第一三章）。

介入をめぐる民主党と共和党との相違は、二〇〇〇年一一月の大統領選挙中、ゴア副大統領とＷ・ブッシュ大統領候補の間で鮮明となった。まずゴアは、「前方的関与」の政策方針を掲げ、アフリカ地域へも人道的介入を辞さず、との外交姿勢をとった。これに対して、Ｗ・ブッシュ大統領候補は、国益と同盟の重視を打ち出した。クリントン政権が最重要視した経済ではなく、安全保障の重視を強調する姿勢を見せたのである。まず国益の重視は、クリントン政権以上に選択的介入に徹することを意味した。たとえば、ヨーロッパ地域であっても、アメリカの国益上、死活的に重要でないバルカン半島での内戦や民族浄化、宗教紛争には介入しない、と説明された。アフリカ地域に介入することは、さらに難しいとされた。また国連のPKOは、同盟国に肩代わりさせる、と説明された。同盟の重視は、すでに見た通り、安全保障の重視に他ならず、二一世紀に向けた安全保障政策の見直しも打ち出された。中国やロシアにも厳しく、対立も辞さず、という外交姿勢を見せていたのである（島村、二〇一八：第一三章）。

　しかしその後、「九・一一」同時多発テロ攻撃後にW・ブッシュ政権は、大量破壊兵器の不拡散だけでなく、民主主義の〝拡大〟、すなわちイラクの民主化と中東地域の民主化を掲げて、イラク戦争に突入していくこととなる。民主党のオバマ政権の下では、「アラブの春」に直面し、NATOは「人道的介入」としてリビア空爆に踏み切った。ただし、アメリカの役割は、「後方からの指導（leading from behind）」にとどまった。この消極的なリーダーシップのあり方には、議会でも批判が生じた。オバマ大統領は、「アメリカはもはや世界の警察官ではない」、あるいは「今のアメリカにケナン（のような戦略家）は必要がない」といった発言を繰り返していた。共和党のトランプ政権は、二度シリアに空爆したが、武力行使による対外介入には、基本的に消極的である。詳しくは、終章で再検討する。

　二〇〇五年九月一六日の国連総会特別首脳会談が採択した「成果文書」で、「保護する責任」の理念が盛られたことを最後に指摘しておく。危険に晒された人間は国家だけでなく国際社会にも守る責任があるとして、必要な場合は安全保障理事会を通じて共同行動をとるという。一九九四年四月六日から一〇〇日間のルワンダの虐殺などの教訓が背景にある。また、イラク戦争後にアメリカの単独主義の限界が明らかになり、国際社会が多国間主義のアプローチで人道的危機に対処することを申し合わせたためでもあった。

第九章　地政学の復活か？——二一世紀の国際秩序

（ペロポネソス戦争の最も基層になる真の原因は）アテネの成長であり、スパルタが不安にさいなまれたことにある（トゥーキュディデース、二〇一四；Friedberg, 2011: 39-40 に引用された）。

トゥーキュディデース『戦史』（紀元前四一一年頃）

一国の地理を把握すれば、その国の外交政策が理解できる（Brzezinski, 1997: 37 に引用された）。

ナポレオン・ボナパルト

一　地政学とは何か

（1）胎動する地政学

オバマ政権からトランプ政権にかけての下での国際秩序は、いかなるものか——。それは、同時進行で、複数の脅威に直面してきたのである（Dittmer and Sharp, eds., 2014; Dodds, 2014; Kaplan, 2013; Rachman, 2010; Kagan, 2008; Vedrine, 2008; Moisi, 2009; グレイ・スローン、二〇一〇；二〇〇九；ボニファス・ヴェドリーヌ、二〇一六；カンナ、二〇一七；日本再建イニシアティブ、二〇一七）。たとえば、ヨーロッパ地域ではウクライナ情勢がいまだ混迷化している。ロシアによるクリミア半島併合劇（二〇一四年三月一八日）を受けて、欧米諸国と日本は厳しい経済制裁を課してきた。その地球の裏側のアジア地域では、中国の台頭を背景に、地殻変動とも言うべき変化が観察できる。一つは、中国が海洋進出を強化しているためである。もう一つは、さまざまな地域機構で中国が主導権を握り、ユーラシア大陸の盟主として、「新しいアジア主義」を標榜しているからである。習近平国家主席が政権を握る現在の中国は、「アジア人のアジア」を繰り返し強調し、アジア地域から、アメリカを追い出そうとしているかのようにも見える。「アジア太平洋には、中国とアメリカが共存できる十分な空間がある」という発言も繰り返している。さらに、中国は、「一帯一路」構想と「二一世紀の陸と海のシルクロード」構想を掲げて、二〇一六年六月二九日には、アジア・インフラ投資銀行（ＡＩＩＢ）を立ち上げた。日米両国が指導してきたアジア開発銀行（ＡＤＢ）や世界銀行、国際通貨基金（ＩＭＦ）など、既存の国際金融秩序に対抗する動きである（島村、二〇一八：第一四章、第一五章）。

こうしたロシアや中国といった大国は、地政学的には、ランド・パワーである。

地政学の起源は、紀元前にまでさかのぼる。たとえば、古代ギリシャの歴史家のヘロドトスが、ペルシア戦争の研究を通じて、民族の命運が地理的な環境と深く関係していることを、紀元前五世紀の『歴史』に記している（ヘロドトス、一九七二）。同じく、古代ギリシャの歴史家トゥーキュディデースは、前四三一年から前四〇四年のペロポネソス戦争を描いた紀元前五世紀後半の『戦史』で、都市国家間の「安全保障のディレンマ」について、洞察力に溢れる分析を試みている。トゥーキュディデースによれば、冒頭で引用した通り、ペロポネソス戦争の最も基層になる真の原因は「アテネの成長であり、スパルタが不安にさいなまれたことにある」（トゥーキュディデース、二〇一四：Friedberg, 2011: 39-40 に引用された）。これら二人の歴史家による洞察は、近代以降の主権国家間の関係、特に大国間政治を中心とした国際秩序を観察する上でも、重要な示唆を与えるものと考えられてきた（Doyle, 1997: 49-92; Gaddis, 2018: chap. 2; Freedman, 2015: chap. 3; Nye and Welch, 2016: chap. 1; Mouritzen, 2009）。

フランス革命期のフランスの天才軍人にして皇帝となったナポレオンは、冒頭で引用した通り、「一国の地理を把握すれば、その国の外交政策が理解できる」という言葉を残している。このナポレオンの言葉は、地政学とは何かという問題を一言で表現していると言ってよい（Freedman, 2015: chap. 6）。また、ナポレオン戦争に従軍し、国際政治学ないし国際関係論における現代のリアリズムの流れを形成した『戦争論』を一九世紀前半に記したのは、戦略家のクラウゼヴィッツである。彼によれば、「戦争は外交政策の延長である」。つまり、戦争は外交政策の一つの手段なのであった（クラウゼヴィッツ、一九六八：Gaddis, 2018: chap. 7; Freedman, 2015: chap. 7）。

（2）ランド・パワーかシー・パワーか

イギリスのマッキンダーが、現代の地政学の父である。彼は、一九四二年の『民主主義の理想と現実』で、ハートランド理論を提唱した。「人類の歴史は、ランド・パワーとシー・パワーの闘争の繰り返しである」として、二〇世紀以降はランド・パワーの時代が到来すると主張したのである。また、「東欧を制するものはハートランド（中核地帯）を制し、ハートランドを制するものは世界島を制し、世界島を制するものは世界を制す」と指摘した（Mackinder, 2015: chaps. 4, 6; Brzezinski, 1997: 38 に引用された：Jackson, 2014: 22）。

これに対して、アメリカのマハンは、一八九〇年の『海上権力史論』などの多数の著作を残し、海洋戦略の観点からシー・パワー理論を提唱した。マハンの地政学によれば、「世界大国となるための絶対的な前提条件は、海洋を掌握することである」という。ここで注目すべき点は、「大陸国家であることと、海洋国家であることは両立し得ない」と指摘されたことである。さらに、「シー・パワー獲得の条件は、国家の地理的位置、国土面積、人口、国民性質、統治機関の性質の五つである」とも指摘された（Mahan, 2015: chap. 2; Jackson, 2014: 23; 島村、二〇一七：一六四—一六五；Freedman, 2015: chap. 9; Spykman, 2008; スタヴリディス、二〇一七）。

シー・パワーであるアメリカは、伝統的に、マハンの地政学に基づいて、国家安全保障戦略を描いてきた。ところが、アメリカは、マハンの主張とは異なり、大陸国家でもあり、海洋国家でもある稀有な存在となってきた。特に冷戦後は、ブレジンスキーが指摘したように、「ユーラシア大陸にまたがるグローバルな覇権国（hegemon）」となった。こうしたグローバルな覇権国の出現は、国際関係の歴史上、はじめての事態であり、同時に最後の事態でもある、とも指摘された。ブレジンスキーによれば、アメリカは、こうした僥倖とも言うべき歴史的な瞬間を、一世代で終わらせることなく、少なくとももう一世代、継続させるべきであるという（Brzezinski, 1997: xiii, 30, 197-198, 213, 215）。

しかしながら、二〇〇〇年代の終わりには、グローバルな覇権国アメリカのパワーは、相対的に大きく低下した。軍事的には、アフガニスタン戦争とイラク戦争でつまずき、財政に大きな負担を強いられた。二〇〇八年八月八日には、ロシアがグルジアに侵攻している。また経済的には、二〇〇七年七月一九日からのサブプライム金融危機と二〇〇八年九月一五日のリーマン・ショックで、「一〇〇年に一度の金融危機」に直面した。アメリカ中心のグローバリゼーションの動きや、「新自由主義」の規範に懐疑的な眼が向けられることになった。他方で、リーマン・ショックから国内経済がいち早く立ち直った中国は、大いに自信を強めた。

（3）大国間政治と地政学の復活

こうして、二〇一〇年代が始まるまでに、大国間政治と地政学が復活したのである。特に、シー・パワーのアメリカや日本、オーストラリア、インドと、ランド・パワーのロシアや中国、イランの間で、対立が深まった。国際秩序の最も大きな変動要因は、間違いなく中国の台頭である。またインドは、新興国の集まりであるＢＲＩＣＳとしてブラジルとロシア、中国、南アフリカと戦略的に連携すると同時に、シー・パワーとして、アメリカや日本、オーストラリアとも戦略的な対話を強化している。

問題は、シー・パワーとランド・パワーの二つの勢力に、国際秩序が大きく二分されていくという単純な構図ではないということである。つまり、シー・パワーの雄のアメリカや、ランド・パワーの中国やロシアの影響力が及ばない領域として、イスラーム圏の重要性が無視できないのである。特に中東地域では一時、「イスラーム国（ＩＳ）」の脅威が深刻であった。イスラーム国の脅威を撲滅しない限り、既存の中東地域の国境線を再編成する動きにつながりかねなかった（ナポリオーニ、二〇一五；アトワーン、二〇一五）。ただし、アメリカのオバマ政権は、イラクとシリアのイスラーム国に限定的な空爆はしても、地上軍を派遣することには消極的な姿勢を見せ続けた。しかし、地上軍を派遣せずに、イスラーム国の脅威の撲滅は困難である、と見られていた。マケイン上院軍事委員会委員長をはじめとして、アメリカ議会の共和党議員にこうした声が多かった。しかしその後、イスラーム国の脅威は、二〇一七年七月一〇日に、イラク軍が拠点のモスルを奪還したことで、大きく後退することとなった。トランプ政権は、武力行使による対外介入には基本的に消極的であるが、オバマ政権よりもイスラーム国の撲滅により積極的であった。

こうして、地政学的には、アメリカを中心としたシー・パワーと、ロシアと中国を中心としたランド・パワーに加えて、イスラーム国をはじめとしたイスラーム圏が浮上し、国際秩序は三つの勢力圏に分裂しつつある。アメリカと日本の立場から見た場合、国際秩序は、ロシアと中国の脅威、そしてイスラーム圏の脅威と、三つの脅威に直面してきたのである。ロシアと中国の脅威は、一九世紀型のモダンの脅威である。これに対して、イスラーム国の脅威は、プレ・モダンの脅威であった。気候変動など「地球的諸問題（グローバル・イシュー）」は、ポスト・モダンの脅威と位置づけることができよう。

二　地政学の復活をめぐる論争

(1) 地政学の復活という問題提起

二〇一四年は、一九八九年八月からのヨーロッパ地域での「東欧革命」や一一月九日のベルリンの壁崩壊、一二月初旬の「冷戦の終結」の宣言から、四半世紀が経過した年であった。特に二〇一四年に入り、ウクライナやイラク、シリア、南シナ海など、地政学的な危機が報じられない日がないほどであった。複数の国際危機が同時進行で起こっていた。こうして、流動化する国際情勢、変容する国際秩序に対して、「一見無関係なこれらの出来事は、実は一本の糸でつながっているのではないか？」と、ラックマンは二〇一四年六月三〇日の『ファイナンシャル・タイムズ』紙のコラムで、問うている（Rachman, 2014）。この点について、ミードは、『フォーリン・アフェアーズ』誌に発表した論文「地政学の復活」で包括的な仮説を提唱していた。同じ号に掲載されたアイケンベリーによる反論（"The Illusion of Geopolitics"）とともに、このミードの論文は、二〇一〇年代の国際秩序のパターンを読み解く一つの切り口を提供してくれている。

冷戦の終結とソ連邦崩壊後に登場した国際秩序の形態を説明するのは難しいことではない。その主たる特徴は、第一に、アメリカを中心とした国際システムの単極の構造、第二にグローバル化された世界経済、第三に、機能する多国間制度という三つの点にまとめられる。最も重要なのは第一の点である。これらに加えて、自由民主主義（政治的な民主化）と資本主義（経済的な市場化・自由貿易の拡大・相互依存の深化）、法の支配といったリベラルな規範が、アメリカ中心のリベラルな国際秩序の軸に据えられた。ミードとアイケンベリーは、こうしたリベラルな国際秩序が脅かされているか否かをめぐって議論を戦わせたのである。

ミードによれば「中国、ロシア、イランの三カ国は、冷戦後の地政学的秩序を決して受け容れたわけではなかった。そして今、三カ国はこの秩序をひっくり返す試みにますます力を入れている」という。ミードがこの論文を執筆している最中に進行したウクライナ危機は、まさにこの見方を証明するかのような出来事だった。ロシアは、一九九一年以降のヨーロッパ地域での国際秩序の再編成に怒りを覚えており、この怒りゆえにクリミア半島を正式に編入するに至っている。中国が海洋の領有権についてますます強気な主張を行っていることも、イランが中東地域の国際秩序に明らかに不満を抱いていることも、ミードの議論の柱になっている。ミードはこの三カ国を「現状変革国家（revisionist powers）」と呼び、「これらの国々は冷戦後の秩序を覆したわけではないが……誰からも異議を申し立てられない現状を、異議を申し立てられる現状に変えた」と評していた（Mead, 2014: 69-71, 77; 中野、二〇一六：一三—一九；Mead, 2004）。

（2）リベラルな国際秩序の継続か？

こうして、「地政学の復活」を問題提起するミードの議論に対して、アイケンベリーは、「それは取り越し苦労だ。ミードは現代の大国の現実を大きく見誤っている」と反論している。アイケンベリーに言わせれば、「中国とロシアは、全面的な現状変革国家ではない。せいぜいパートタイムの妨害者（spoilers）でしかない」。またアメリカは「六〇カ国以上の国々と軍事的な協力関係にあるが、ロシアには正式な同盟国が八カ国しかなく、中国に至っては一カ国（北朝鮮）だけだ」と指摘する。合計すれば「アメリカ主導の同盟システムの内部にある軍事力は、中国やロシアが今後数十年かけても追いつかないような規模になっている」という。さらに、アメリカは「他の大国に取り囲まれていない唯一の大国」という地の利を得ている上に、「他国を魅了する力」、つまりナイが言うソフト・パワーを持つ理念や規範を有するが、ロシアと中国には「他国を魅了するブランドがない」ともアイケンベリーは論じる（Ikenberry, 2014: 80; Nye, 2017: 10-16）。

しかしアイケンベリーは、何にも増して、いわゆる「現状変革国家」は現状変革など本当は望んでいない、とも考えている。アイケンベリーによれば、これらの国々は究極的にはアメリカ中心のリベラルな国際秩序から恩恵を享受しているため、これをひっくり返すようなまねはしない。「これらの国々は、アメリカが現在の地政学的体系の頂点に君臨していることを苦々しく思っているが、この枠組みの基礎にある論理は受け容れている。それは至極もっともな話である。市場が開かれれば、他の社会と貿易したり、投資や技術を受け入れたりできるようになる」からである。おまけに、ロシアと中国は国際連合（国連）の安全保障理事会で拒否権を持つ大国である。その意味で、「両国は地政学的なインサイダーである」ため、両国の利益は現在のシステムによって守られているのであるという（Ikenberry, 2014: 82, 87-89）。

ミードとアイケンベリー、説得力があるのはどちらの分析であろうか——。「実は、筆者（ラックマン）はこれを公平に判断できる立場にない」と、ラックマンは論じる。なぜなら、「筆者は二〇一〇年に出版した『ゼロ・サム世界』という本のなかで、西側諸国と中国政府およびロシア政府との間で地政学的な軋轢が強まることを予想していた」からであるという。「アメリカの力が相対的に衰えれば、アメリカ主導の世界秩序に対する挑戦が引き起こされることになるだろうとずっと考えてきた」と指摘している（Rachman, 2010）。したがって、ラックマンは、現在の政治情勢は「国際関係の焦点をゼロ・サム問題からウィン・ウィンの問題に移そう」という西側の努力が失敗に終わったことを示すというミードの見解の方により共感を覚える、という。

とは言え、議論は何ら決着していない。ウクライナや中国周辺海域での緊張の高まりは、ゼロ・サムの論理にぴったり合致するように見える。しかし、ロシアも中国もまだ、アメリカ中心のリベラルな国際秩序と決別していない。実際、もしロシアがウクライナ危機を必要以上にエスカレートさせなければ、プーチン政権はより強硬な経済制裁に直面し、西側との全面対決のコストは高過ぎると判断したと言うこともできるだろう。

アウトサイダーである現状変革国家の輪郭に、より明白に合致するのがイランである。その一方で、経済制裁によって国内経済が疲弊したイランの政権は、核開発計画をめぐる合意を模索することで再び国際システムに復帰しようとしているように見える。イランのロウハニ政権は二〇一五年七月一四日に、アメリカとヨーロッパ諸国との間で、一五年間、核開発を制限することで最終合意に達した（最初の一〇年間は特に厳しい制約が課される）。こうした動きを受けて、アメリカやヨーロッパ諸国は、イランに対する経済制裁を解除し、イラン市場に早くも食い込もうとしていた。

こうしたイランをめぐる動きには、アメリカの共和党保守派やイスラエルのネタニヤフ首相が懸念を隠さない。トランプ大統領も、イランとの核合意に一貫して懐疑的であった（ある）。トランプ大統領は、二〇一八年五月八日に、イランとの核合意から離脱することを表明した。こうして、中東地域の国際情勢は、再び不透明となった。

（3）長期的な脅威としての中国

長期的には、間違いなく中国が最も重要な潜在的な挑戦国である。ロシアと異なり、中国は台頭している大国であり、一部の指標では今や世界最大の経済大国である。中国政府はまだ、クリミア半島の掌握ほど無謀なことは何も試みていない。また、中国は地域以外の国際問題については、ロシアより控えめな態度をとっている。しかし、南シナ海と東シナ海での海洋進出に熱心である。アメリカの同盟国数カ国を含む近隣諸国（特にベトナムやフィリピン、日本）との国際紛争では、中国は強硬な姿勢を見せている。本章の冒頭で見た通り、金融面では、アジア・インフラ投資銀行も立ち上げた。他方で、通商・貿易面では、二〇一八年秋の時点で、環太平洋経済連携協定（ＴＰＰ）に対抗する地域包括的経済連携（ＲＣＥＰ）を立ち上げることはできていない。

中国が本当に国際秩序をつくり変えようとしているのか、それとも単に現状の国際的な枠組みのなかで主張を強めているだけなのか――。これは容易に答えが出る問題ではない。はっきりしているように思えるのは、経済成長に置かれていた中国の伝統的な重点が今、政治外交と安全保障問題での国家主義的な姿勢をともなうようになってきたことである。そのことがにわかに、中国の近隣諸国およびアメリカとの緊張の高まりを招いている。これを「地政学の復活」や「大国間政治の復活」と呼んでもいいし、ラックマンに倣って「ゼロサム世界」の出現と呼んでもいい。ところが、どんな用語を使おうとも、これは勢いを増している危険なトレンドのように見える。

同じく『ファイナンシャル・タイムズ』紙記者のダイヤーも、二〇一四年の『米中 世紀の対立』で、「鄧小平の自己抑制の遺訓が崩れ、アメリカとの新たな地政学的競争の時代がやってきつつある――そのことはもはや無視しえない」と指摘する。続けて彼は、三つの議論のポイントを指摘している。第一に、「中国政府の重要な変化について。既存のルールを受け容れる政府から、自らの国益にしたがって世界をつくり替えようとする政府へと変貌を遂げつつあるということだ。……中国は、過去の新しい大国、とりわけアメリカと一九世紀末のドイツを動かしていたのと同様の本能に強く影響されている」。第二に、「中国がそうした目標を追い求めるなら、今の国際秩序の多くがアメリカの理想に合わせてできている以上、そのアメリカとの地政学的な競争に引き込まれるのは避けられないということである。……かの国の指導層はほぼ地政学的な言葉を使って思考しているし、アメリカのパワーの基盤を徐々に侵食したがっているのである……手短に言うなら、地政学が復活したのである」。しかし第三に、「アメリカが世界に占める地位に対する中国の挑戦があったとしても、アメリカはそれを逸らせることのできる強い立場にいるということである。……アメリカのパワーの根源は見かけよりも深いところにあり、そうやすやすと覆せるものではない」という（Dyer, 2014: 6-8）。

三　「夢が終わり、歴史が回帰した」

（1）歴史の回帰と国家の復権？

「東欧革命」とベルリンの壁崩壊から約二〇年が経過した二〇〇九年時点ですでに、国際秩序は、ロシアや中国、インドなど新興国が台頭し、アメリカ中心の単極の構造に対抗する動きを強めていた。二〇〇九年の時点で、「冷戦後」の世界が終わり、地政学が復活することが、多くの研究者や外交官たちによって、実は予見されていたのである。日本国際政治学会の部会で報告した筆者も、その一人であった。

また、北朝鮮やイランなど「ならず者国家」が核兵器の開発に邁進し続ければ、それぞれの地域で軍拡競争の悪循環に陥る可能性があった。そして、アメリカはイラクから段階的にアメリカ軍を撤退させる動きを見せたが、アフガニスタンへはアメリカ軍が増派されていた。オバマ政権は「テロとの戦い」の概念を再定義しようとしてきたが（オバマ大統領は、「テロとの戦い」という表現を使用しなかった）、「テロとの戦い」は事実上、継続された（現実には、オバマ政権の下で、ドローンなどハイテク兵器でテロリストを殺害する軍事作戦が粛々と進められた）。さらに、国際社会は、「一〇〇年に一度の金融危機」に直面し、世界経済に対する「国家」の役割は相対的により向上していた。

こうして、二〇〇八年一一月の大統領選挙でマケイン陣営の外交ブレーンであったケーガンが指摘するように、二〇〇九年までに、冷戦の終結後の「夢が終わり、歴史が回帰した」という側面が強くなったように見えた（Kagan, 2008: 36-37）。ケーガンは、以下の通り、指摘している。

> 今や大国対大国、自由主義対専制主義、宗教対世俗という三つの闘争は時に結びつき、時に衝突しながら繰り広げられている。国際社会が一つに収斂する可能性は遠のいた。新たな時代が訪れるどころか、世界はむしろ分裂と多様化の時代へと足を踏み入れてしまったのだ。……歴史は再び、かつてと同じ道を歩もうとしている。今こそ民主主義諸国は一致団結して新たな歴史を形作っていかなければならない。さもなければ、その役割は他の勢力に取って代わられることになるだろう（Kagan, 2008: 4）。

また、フランスの外交官ヴェドリーヌや歴史家のポール・ケネディが指摘するように、歴史的な金融危機に直面し、「国家の復権」と呼びうる現象が世界で多く観察できた。たとえば、ヴェドリーヌは、以下の通り、指摘している。

> この地球には、世界をよりよいものにするという仕事を任せられるような国際社会、国家を超える主体、国家に代わる主体、あるいは新しい主体はまだ存在しない。世界をよりよいものにできるのは結局のところ「私たち」でしかなく、つまり一九二の国家が力を合わせるしかない（注）その後、南スーダンが独立して一九三カ国になった）。国連も、国際社会も、私たちの代わりにはなれないし、市場も私たちに代わって先のことを考えてはくれない（Vedrine, 2008: 56）。

こうして、「長かった冷戦後」がようやく終わり始めた、と言ってよい。「歴史が終わってみれば、リベラルな民主主義のまともな競争相手になりうるようなイデオロギーは残っていなかった」と、フクヤマは冷戦終結直後に述べていた（Fukuyama, 1992: 211）。こうした〝夢〟が終わりつつあったのである（納家、二〇〇九ａ；二〇〇九ｂ；山本、二〇〇九）。

（2）相対化される世界

ただし、「アメリカ後」や「多極化」現象が指摘されてきたが（Zakaria, 2009: 1-48; レナード、二〇〇六：第一〇章）、現実にアメリカの軍事力と経済力が一夜にして低下するわけでない。予見しうる将来、少なくとも一〇—二〇年間ぐらいは、アメリカ中心の単極構造が継続すると思われる。したがって、アメリカのパワーを「飼いならす（tame）」必要性は依然として残る。防御的リアリストのウォルトは、「アメリカの優越的な立場に対する世界中の反応を考えると、アメリカは現在よりも抑制の効いた『オフショア・バランシング（offshore balancing）』政策に戻る必要がある。政策には『正統性』を持たせ、広範囲にわたって利益が出るよう目標を定め、諸外国の説得にもさらに力を入れていく必要があるだろう」（Walt, 2005: 12）と指摘している。「オフショア・バランシング」については、終章で再検討する。

しかし、新興国の台頭と抵抗を受け、アメリカ中心の単極構造は、予想よりも早いペースで相対化されていく可能性が十分にある。こうして、従来の単極論を超えた、新しい国際秩序論が必要となってくる（Hurrell, 2007; Brooks and Wohlforth, 2008; 篠田、二〇〇七；田中、二〇〇九）。たとえば、近代の時代が終わり、「新しい中世」ないしポスト・モダンの世界システムへと移行する可能性も仮定しておく必要があるかもしれない（Cooper, 2003; 田中、一九九六）。

四　国際秩序の変動要因

（1）「戦略的岐路にある国家群」の動き

冷戦後の国際秩序を変動させる可能性を持つ国家群や主要な争点を大きく整理した場合、以下の四つを指摘することができる。第一にロシア・中国・インドの新興国の動向、第二に北朝鮮やイランなど「ならず者国家」による連鎖する核拡散の脅威、第三に「テロとの戦い」と「イスラーム世界との共生」とのディレンマ、第四に世界金融危機と世界同時不況の様相を呈してきた世界経済の不安定化である。以下、オバマ政権の初期の政策対応も踏まえつつ、詳述したい。

第一のロシア・中国・インドの新興国の動向は特に、二一世紀のこれからの国際秩序の方向性を決定づけると思われる。同じ文脈から、W・ブッシュ政権は、二期目の二〇〇六年二月六日に発表された『四年ごとの国防計画の見直し（QDR）』のなかで、ロシア・中国・インドの三カ国を「戦略的岐路にある国家群（states at the crossroad）」と位置づけていた（Department of Defense, 2016）。これら新興国に対するアメリカの対応も同じく重要となるであろう。これら三カ国にブラジルを加えるとＢＲＩＣｓになる。また、南アフリカを加えるとＢＲＩＣＳになる。二〇〇九年の時点での国民総生産（ＧＤＰ）は、主要七カ国（Ｇ７）諸国が五五％前後、ＢＲＩＣｓ諸国が二〇％弱であったが、国際通貨基金（ＩＭＦ）などの推計によれば、二〇〇九年から三〇年後の二〇三九年前後には、この比率が逆転すると予測されていた。二〇三五年が歴史的な分岐点となるという見方もある。

「リーマン・ショック」後の二〇〇八年一一月一四日から一五日にかけてワシントンで開催された二〇カ国・地域（Ｇ20）の第一回金融サミットで、新興国がすでに大きな存在感を示した。続く二〇〇九年四月二日のロンドンでの第二回金融サミットや七月九日から一〇日にかけてのラクイラ・サミットでの新興国との拡大会合、九月二四日から二五日にかけてのピッツバーグでの第三回金融サミットで、「G７・G８の時代」は事実上、終焉した、と考えられた。アタリは、世界金融危機に対して、以下の世界統治システムの再構築を問題提起していた。すなわち、「一、G８をG20（またはG24）に拡大する。二、G20（G24）と国連安全保障理事会を合併し、経済的権力と政治的正当性の機能をまとめ上げて『世界ガヴァナンス理事会』を設立する。三、ＩＭＦと世界銀行、その他の国際金融機関を、この『世界ガヴァナンス理事会』の権限のもとに置く。四、ＩＭＦや世界銀行など国際金融機関における理事会のメンバーや投票権の構造を改革する。この改革にあたっては国連安全保障理事会の改革を参照する。五、これらの機関に、適切な規模の財源を付与する」（アタリ、二〇〇九：二五〇）。しかしその後、二〇一四年三月一八日のロシアによるクリミア併合で、ウクライナ情勢が混迷化した結果、G８からロシアが追放され、自由民主主義と資本主義、法の支配といった同じ規範と価値観を共有するG７の存在感が再び、注目されている。G20での意思決定と政策の履行が予想以上に難しい、という側面もある。

二〇〇九年に議論を戻そう。第一期目のオバマ政権はまず、ロシアや中国、インドとの間で、共通利益を見い出し、戦略的な対話と協力関係を強化する政策方針を打ち出した。当面は、たとえば、ロシアとの関係ではグルジア紛争を取り上げず、中央・東ヨーロッパ地域でのミサイル防衛（ＭＤ）の配備は二〇〇九年九月一七日に見送りを決定した。また中国との関係では、人民元切り上げや人権問題などを棚上げする。インドとの関係では、主に中国を牽制するために、戦略的対話を強化し、特に原子力協定による協力をさらに推進した。こうして、オバマ政権は新興国に対して、現実主義の対外政策のアプローチをとる姿勢を明確に見せていた（島村、二〇一八：第二章：島村、二〇一四ａ）。

これに対して、二〇一八年に入り、トランプ政権は、中国に対して段階的に関税を引き上げ、米中間では貿易戦争の様相を呈している。二〇一七年一二月一八日に発表された『国家安全保障戦略（ＮＳＳ）』でも、中国やロシアを「現状変革国家（revisionist powers）」と位置づけ、レーガン流の「力による平和（peace through strength）」のアプローチをとることを表明していた（島村、二〇一八：終章）。中間選挙直前の二〇一八年一〇月四日には、ペンス副大統領が、ハドソン研究所での演説で、中国に対してきわめて強硬な姿勢を体系的かつ包括的に見せた（Hudson Institute, 2018）。詳しくは、終章で論じる。

（2）「ならず者国家」による核拡散の脅威

第二の北朝鮮やイランなど「ならず者国家」による核拡散の脅威も、国際秩序を大きく変動させる可能性を持つ。北朝鮮は二〇〇九年五月二五日に二度目の核実験に踏み切り、北東アジア地域では日本や韓国、台湾の核武装論が早くも盛んであった（渡邉、二〇〇九）。二〇一三年二月一二日には、北朝鮮の朝鮮中央通信は「三度目となる地下核実験を成功裏に実施した」と発表し、「今回の核実験は核兵器の小型化と爆発力の強化を行った」と述べた。北朝鮮はその後、二〇一六年一月六日に、四度目の核実験に踏み切り、水爆実験に成功したと声明した。さらに、二〇一六年九月九日に北朝鮮は、五度目の核実験に成功したと発表した。二〇一七年九月三日に北朝鮮は、六度目の核実験に踏み切り、「大陸間弾道ミサイル（ICBM）搭載のため、水爆実験に完全に成功した」と発表した。北朝鮮が核兵器の放棄に応じない限り、北東アジア地域が軍拡競争の悪循環に陥る余地は、依然として残る（島村、二〇一八：終章）。

二〇一八年六月一二日に、アメリカのトランプ大統領と北朝鮮の金正恩は、史上はじめての米朝首脳会談を開催し、朝鮮半島の非核化と北朝鮮の体制の保証で合意した。朝鮮戦争の終結のための平和条約締結も視野に入ってきた。ただし、トランプ政権は、北朝鮮が朝鮮半島の非核化のプロセスを本格化させるまで、経済制裁を継続させる意向である。北朝鮮の金正恩としては、朝鮮半島の非核化への象徴的な動きのみに応じて、経済制裁の解除と体制の保証をまず優先させたいところであると思われる。二〇一九年二月二七日と二八日の二度目の米朝首脳会談は、非核化をめぐって合意に至らなかった。

また、イランが核兵器開発を断念しなければ、中東地域が同じく「安全保障のディレンマ」に陥る可能性が高まる。それ以前に、イスラエルによる「先制（pre-emption）」攻撃の危険が高まるかもしれない。しかも、北朝鮮とイランは、核兵器とミサイルで技術協力を深めてきたので、以上の核拡散の脅威は〝連鎖〟するのである（北朝鮮からミャンマーへの核拡散の脅威も、二〇〇九年七月の時点で報道されていた）。すでに見た通り、イランとの間で核合意が実現したが、「北朝鮮に騙されたように、イランにも騙されるのではないか」と共和党の保守派やイスラエル政府は懸念を隠さない。トランプ大統領は、すでに見た通り、二期目のオバマ政権がまとめたイランとの核合意に懐疑的な姿勢を見せ続け、二〇一八年五月八日に、イランとの核合意から離脱することを表明した。

そもそも、一九九八年五月に核実験に踏み切り、国際的な制裁も受けたインドとパキスタンが、一〇年も待たずに事実上の核保有国として扱われる現実のなかで、北朝鮮とイランに対して、それぞれ核保有と核開発を放棄するよう説得することはきわめて困難である。しかも、イラク戦争の開戦理由として、核兵器など大量破壊兵器（WMD）の不拡散や体制転換（regime change）が指摘されていたことは、北朝鮮とイランに対して、核開発を断念させるよりはむしろその動きを促進させる効果を持ってしまった可能性が高い。ネオコンの勢力が、イラクに続いて、イランと北朝鮮への「先制」の必要性を指摘していたことは、核拡散をめぐる国際環境をますます複雑にしたと言ってよい。北朝鮮とイランの指導者たちが、アメリカに将来、「先制」攻撃され、体制転換を強制される前に、核開発を急ぐ決意を新たにしたであろうことは容易に想像できる（梅本、二〇〇四：一三九―一四〇）。

さらに、核物質と技術の拡散がこれ以上進めば、アメリカ本土への「核テロ」攻撃の脅威が急速に高まることになる。アメリカとしては、核不拡散の国際体制を強化するために、まず米露間で核軍縮をより積極的に推し進めざるを得ない。オバマ大統領がプラハ演説で「核兵器なき世界」を訴えた背景には、「核テロ」攻撃の脅威がまず念頭にあったと思われる。その後、オバマ大統領は、二〇一六年五月二七日の広島訪問で再び、「核兵器のない世界」を訴えた。こうして、オバマ政権の外交は、「プラハ演説で始まり、広島訪問で終わった」（NHKの二〇一六年五月二九日の特集番組でのペリー元国務長官へのインタビューより）。

(3) 「テロとの戦い」と「イスラーム世界との共生」とのディレンマ

第三の「テロとの戦い」と「イスラーム世界との共生」とのディレンマも深刻な課題である。アメリカがアフガニスタンなどでテロとの戦いを継続する限り、オバマ政権が目指したイスラーム世界との共生はなかなか実現しないというディレンマが残った。オバマ政権は、イラクからアメリカ軍を段階的に撤退させると同時に、アフガニスタンにはアメリカ軍を増派するという「選択と集中」のアプローチをまずとった。「核テロ」攻撃の脅威が急速に高まった以上、テロリストの温床を断絶するために、アメリカとしては、アフガニスタンでのテロとの戦いを強化せざるを得なかった。もし民主党のオバマ政権ではなく、共和党のマケイン政権であったとしても、おそらく同じ政策を追求した可能性が高い。アメリカ外交の選択肢の幅はそれほど広くはないのである。

二〇〇九年八月二〇日のアフガニスタンでの大統領選挙の直前には、オバマ政権がタリバン勢力の打倒を目指して軍事的な圧力を強化した結果、タリバン勢力の抵抗によってテロが続出してしまい、外国人部隊の死傷者が急増した。二〇〇九年夏の時点で、アメリカ国内では、早くも厭戦気分が広がり、アフガニスタン戦争への世論の支持が著しく低下していた。アフガニスタンでの戦争が「ベトナム戦争化」ないし「イラク戦争化」した場合、オバマ大統領の支持率が低下し、政権運営に大きな障害となる可能性があった。二〇一四年一二月までに、オバマ政権は、アフガニスタンから原則的に撤退したが、二〇一四年以降、アフガニスタン情勢が安定に向かう、と考える専門家は少なかった。特にアフガニスタンとパキスタンの国境地帯の「アフパキ」が危ない。今でも、国際的なテロリストのネットワークで、重要な位置を占める。

二〇一七年八月二一日、それまで武力行使による対外介入に消極的であったトランプ政権は、アフガニスタンへの増派へと政策転換した（島村、二〇一八：終章）。しかし、二〇一八年一二月一九日には、トランプ政権は、シリアからアメリカ軍が撤退したことを発表したが、その直後に、二〇一九年一月にアフガニスタンのアメリカ軍を半減させる方針であることが報道された。

(4) 世界金融危機と世界同時不況

第四の世界金融危機と世界同時不況も、国際秩序の変動と密接に関連すると思われた（古城、二〇〇九）。ただし、これまで見てきた安全保障上の脅威といかに連関するのかは、必ずしもまだ明らかとなっていない。少なくとも言えることは、「九・一一」同時多発テロ攻撃のようなアメリカ本土への大規模なテロが可能となったのも、連鎖する核拡散の脅威が高まったのも、アメリカ本土への「核テロ」攻撃の脅威が急速に高まったのも、グローバリゼーションの帰結であるということである。オバマ政権は、世界金融危機と世界同時不況に対して、「最初の一〇〇日間」の二〇〇九年二月一七日にアメリカ復興・再投資法（「景気対策法」とも言う）をアメリカ議会で可決させ、大規模な財政出動を可能とし、金融規制を強化して、金融システムの安定化にまず努めた。

リーマン・ショックから一年が経過した二〇〇九年九月一五日の時点で、住宅市場など景気回復の兆しが見られ、「第二の世界大恐慌の前夜」を連想させる最悪期は脱したという楽観的な見通しが広がっていた。危機に対応した例外的な金融政策も、平時に戻す「出口戦略（exit strategy）」の議論がすでに盛んであった。ただし同時に、二〇〇九年九月の時点で、雇用情勢は失業率が一〇％弱まで悪化し、金融機関は不良債権をなお抱え、金融システムは依然として不安定なままであった。もし「政治の失敗」が重なった場合には、景気がさらに二番底を迎え、最悪事態としてドルが暴落し、世界経済が「グローバル恐慌」に突入する危険がまだ指摘されていた。世界金融危機と世界同時不況から、第三幕のグローバル恐慌へと現況の危機を深化させないためにも、オバマ政権には引き続き慎重で微妙な金融政策の舵取りが期待されていた（Smick, 2008; 浜、二〇〇九；岩田、二〇〇九）。その後、オバマ政権は、政権八年目の二〇一六年までに、失業率を五％台まで回復させた。アメリカでは、完全雇用に等しい。にもかかわらず、オバマ大統領の支持率は、低迷したままであった。オバマ大統領の支持率が回復し始めたのは、二〇一六年大統領選挙の予備選挙が始まった二〇一六年二月以降である（島村、二〇一八：第一六章）。

二〇一〇年一二月一八日以降の中東地域での「アラブの春」をはじめとして、アメリカでの「茶会（tea party）」運動や「ウォール・ストリートを占拠せよ（Occupy Wall Street）」運動、香港での「雨傘革命」、ギリシャでのソブリン危機をめぐる混乱、ヨーロッパ地域でのシリア難民に対する反発、イギリスの欧州連合（EU）からの離脱劇（Brexit）など、各国での怒れる有権者たちの背景には、貧富の格差の問題があり、これもグローバリゼーションの帰結であると言ってよい。ところが、貧富の格差は広がるばかりであり、国家の財政赤字は膨らみ続け、政治（と政治家）は明らかに劣化している。特にアメリカ政治では、保守とリベラルでイデオロギーが極端に〝分極化〟してしまっている。これまで、危機意識の乏しかった有権者たちは、現状に対する怒りや不満を吐き出しつつある。アメリカやヨーロッパでは、ポピュリズムが高まっている。二〇一六年一一月のアメリカでの大統領選挙で、共和党のトランプが勝利した背景には、こうした現状があった（島村、二〇一八：第二章と第一六章）。

二〇〇九年に再び、議論を戻そう。オバマ政権は、深刻な金融危機に直面していたが、地球温暖化防止への取り組みは歴史的に先送りしないと指摘し、「グリーンなニューディール」政策を遂行した（オバマ大統領は、「グリーン・エコノミー」政策と呼んでいた）。情報通信技術（ICT）を介してエネルギー情報を可視化し、老朽化した送電網を次世代の双方向性システムへと整備し直す「スマート・グリッド」構想を軸に、太陽光や風力発電など再生可能エネルギーの開発に戦略的に取り組み、「グリーン・ジョブ」で三五〇万人以上の雇用を創出する構想であった。同時に、中東石油に依存する体質を脱却するという意味でエネルギー安全保障を高め、さらにアメリカの対外イメージの向上まで狙う戦略であった（Talbott, 2008: chap. 6; 山家、二〇〇九；寺島・飯田・NHK取材班、二〇〇九）。

オバマ政権の「グリーンなニューディール」政策は、成果が実現されるまでには長い時間がかかるが、政府の規制で市場の資金の流れを再構築し、アメリカ経済の産業構造の大転換を目指す構想であった（菅野×諸富、二〇〇九）。経済成長と地球温暖化防止との間で、いかなるバランスを見い出すか——。これも二一世紀のアメリカと国際秩序が直面する課題の一つと言える。国際政治学者のエヴァラは、二一世紀アメリカのグランド・ストラテジー（大戦略）への三つの課題として、大量破壊兵器の拡散とテロリズムの脅威に並んで、地球温暖化など「グローバル・コモンズ」への脅威を指摘していた（Evera, 2008: 14-16）。

その後、アメリカでの「シェール革命」によって、アメリカのエネルギー安全保障は大きく変化していくこととなった。中東地域にこれまでよりも依存しなくて済むようになれば、地政学的な意義は大きい。トランプ政権による規制緩和によって、オバマ政権期にほとんど息の根を止められかけていた石炭産業やシェール産業が復活し、雇用増と賃金増をもたらし、エネルギー安全保障を強化することにもつながった。

五 「壮大なチェス盤」——ユーラシア大陸をめぐる地政学

（1）ブレジンスキーの地政学

カーター政権で国家安全保障問題担当大統領補佐官を務めたブレジンスキーは、冷戦後の一九九七年に『壮大なチェス盤』を発表している。副題は、「アメリカの優位性とその地政戦略学的課題（*American Primacy and Its Geostrategic Imperatives*）」である（邦題は『ブレジンスキーの世界はこう動く——二一世紀の地政戦略ゲーム』、文庫版は『地政学で世界を読む——二一世紀のユーラシア覇権ゲーム』である）。冷戦の終結によって、アメリカが唯一の「グローバルな覇権国」となったという認識を踏まえ、アメリカのグランド・ストラテジーと新たな世界秩序の形成を構想したものである（Brzezinski, 1997）。

ブレジンスキーの視点は、「地政戦略」という言葉を副題で使っているが、徹底的に地政学的なものである。『壮大なチェス盤』は、アメリカのグローバルな覇権を支える地政学的な基盤をどのように構築し、維持するのかを論じた書である。二〇年以上も前の本であるが、今でもブレジンスキーの地政学的視点にまったくのブレはない。ブレジンスキーは、二〇〇八年一一月の大統領選挙では、オバマ大統領候補の外交問題顧問を務めていた。ブレジンスキーは一九九七年の時点で、以下の通り、地政戦略を描いていた。

　ソ連の崩壊後、アメリカは唯一の超大国（only super power）かつグローバルな覇権国となり、西側からは北大西洋条約機構（ＮＡＴＯ）、南側からは中東諸国との同盟、東側からは日米同盟という三つの方向から、ユーラシア大陸をその影響下に置いた。このことは、歴史上、はじめて次のような事態が生じたことを意味する。第一に、一つの国家が単独で、真にグローバルな覇権国となった。第二に、ユーラシア大陸にない国家が、グローバルな覇権国になった。そして第三に、世界の中心に位置するユーラシア大陸が、ユーラシア大陸にない国家によって支配された。地政学の開祖であるマッキンダー以来、ユーラシア大陸の支配者が世界を支配すると考えられてきたが、世界の歴史上、アメリカのような覇権国が出現し、ユーラシア大陸を支配したことは、いまだかつてなかった（Brzezinski, 1997: xiii, 197-198; 2012; 中野、二〇一四：二〇二―二一五）。

　しかし、このアメリカは、この圧倒的な〝優位（primacy）〟を永久に維持できるわけではない。それは続くとしても、せいぜい一世代程度であろう、とブレジンスキーは考えていた。アメリカのこの特異な覇権的地位は、歴史上、最初であり、同時に最後になるであろう、とブレジンスキーは分析していた。アメリカとしては、すでに見た通り、唯一の超大国ないしグローバルな覇権国になったという僥倖とも言うべき絶好の機会を利用し、その指導力を発揮して、ユーラシア大陸を横断する安全保障態勢を形成し、協調的な国際秩序を構築すべきである、とブレジンスキーは指摘していた（Brzezinski, 1997: 30, 213, 215）。ブレジンスキーは、以下の通り、彼の地政学的なポイントを要約している。

> 要するに、アメリカの政策目標は、二つの点を正面切って掲げなければならない。第一に、アメリカの支配的な立場を少なくとも三〇年間、できればそれ以上、維持することを目標にしなければならない。第二に、地政学上のしっかりとした枠組みをつくることを目標にしなければならない。この枠組みは、社会と政治の変化によって必ず起こるショックを吸収できるものでなければならず、同時に、世界を平和的に管理する責任を分担する地政学上の中核に発展するものでなければならない（Brzezinski, 1997: 215）。

　また、こうも指摘される。「ユーラシアの地政上の多元性を安定させ、圧倒的な力を持つ勢力の登場を抑える動きを強化するものとして、来世紀はじめのどこかの時点で、『汎ユーラシア安全保障制度（ＴＥＳＳ）』をつくり上げることができるだろう。ユーラシア全体を包括する安全保障協定には、拡大NATO（協力条約によってロシアと結びつく）、中国、日本（日米安保条約によってアメリカと結びついている）が参加すべきである」。

ただし、この大戦略を実現するために、アメリカが特に注意を払わなければならない地域がある。ブレジンスキーが指摘したのは、第一にヨーロッパとロシアの境界に位置するウクライナ、第二にアゼルバイジャンなど旧ソ連の多民族国家がひしめく中央アジア、第三にトルコやイランなど中東・西アジア、そして第四に中国と日本など東アジアである。ブレジンスキーによれば、「壮大なチェス盤」であるユーラシア大陸の支配力を維持するためには、こうした潜在的な危険地帯をどのように統治していくのかが鍵となるという（Brzezinski, 1997: 34-35）。

こうして、ブレジンスキーは、今から二〇年以上前に、すでにこのような優れた地政学的洞察を持ち合わせていた。とりわけ、ウクライナの重要性に着目していたところなどは、二〇一四年以降の混迷を深めるウクライナ情勢を知るわれわれからすれば、その慧眼を高く評価せざるを得ない。驚嘆すべき先見性であると言ってよい（フランスの人類学者トッドは、その予言的な言説で広く知られるが、『帝国以後』で、ブレジンスキーについて論じ、彼の慧眼を高く評価しつつも、「その戦略的主張はたしかに苦笑を誘うようなところがあり、特に彼がウクライナとウズベキスタンをアメリカが関心を向けるべき対象として指示するのには、苦笑を禁じ得ない」と指摘していた［トッド、二〇〇三：二九］。ところが、正しかったのは、トッドではなく、ブレジンスキーであった）。

なぜウクライナは、地政学的に重要なのか――。ブレジンスキーは、以下の通り、論じている。ソ連の崩壊によってウクライナが独立したことで、ロシアはウクライナを失った。ウクライナは、ロシアにとって、安全保障上はもちろん、経済的あるいは文化的にも、重要な地域である。ウクライナとそこに住む五〇〇〇万人のスラブ民族を失うということは、ロシアがヨーロッパからより離れて、よりアジア化してしまうことを意味する。かつてのロシア帝国やソ連のような、ヨーロッパとアジアにまたがるユーラシア大陸の覇権をロシアが復活させる上で、ウクライナは必要不可欠な存在なのである（Brzezinski, 1997: 92, 104）。

（2）ブレジンスキーによる処方箋

では、アメリカは、ユーラシア大陸の西側で、どのような手を打つべきなのか――。ブレジンスキーは、以下の通り、さらに論じる。アメリカは、ロシアのユーラシア覇権を阻止するべく、EUとNATOを東方へ拡大して、ウクライナを西側陣営に帰属させる戦略を推し進めるべきである、とブレジンスキーは政策提言した。もちろん、ロシアはそれに強く反発するであろう。しかし、アメリカは、「拡大西洋」とロシアとの連携を深め、アジアよりもむしろヨーロッパへと向いたロシアと西側諸国との協調関係を構築していけばよい。こうして、ロシアを「西洋化」し、「無害化」する政策を推し進めるべきである、とブレジンスキーは結論づけた（Brzezinski, 1997: chap. 4)。

では、アメリカは、ユーラシア大陸の東側で、どのような手を打つべきなのか――。ブレジンスキーは、以下の通り、論じている。中国の目覚ましい経済成長により、東アジア地域の勢力均衡（ＢＯＰ）が崩れるであろうことから、東アジアは「潜在的な紛争の火山」である。アメリカにとって、ユーラシア大陸の西側の抑えはＮＡＴＯであるのに対して、東側の抑えは日米同盟である。しかし、日米同盟は、ＮＡＴＯとはかなり性格が異なる。日本は経済大国ではあるが、資源の海外依存度が高く、国際情勢の不安定化に対してきわめて脆弱であり、自国の安全保障をアメリカに依存している。ブレジンスキーは、遠慮なく、日本をアメリカの「保護国（protectorate)」と呼んでいる（Brzezinski, 1997: 152)。

また、日本は、ヨーロッパにおけるドイツとは異なり、アジアの周辺諸国から潜在的な脅威とみなされており、ドイツにとってのフランスのような、パートナーに成りうる地域大国を持っていない。さらに、アジア諸国は、ヨーロッパ地域に匹敵するような文化的な基盤を共有していない。とりわけ島国の日本は、独特の文化を有している。日本は、地理的にはアジアにありながら、孤立している。したがって、ヨーロッパにおけるドイツのように、アジア諸国の協調的な関係を形成するリーダーには成り得ない（Brzezinski, 1997: 174-178)。こうした点は、第八章で見た通り、ハンティントンも『文明の衝突と世界秩序の再編』で強調していた（Huntington, 1996: 134-135, 137)。

こうしたことから、東アジア地域は、アメリカが日米同盟を通じて関与しなければ、国際秩序を安定化させることができない構造にある。その一方で、中国がその著しい経済成長とともに、東アジア地域における地域大国として台頭しつつある。中国には、アメリカのグローバルな覇権（hegemony）に挑戦するほどの力はないが、東アジア地域を安定化させる存在にはなりうる。こうして、ブレジンスキーは、東アジア地域の国際秩序の錨として、日本ではなく、中国を選ぶのである。日本は「保護国」にすぎず、アメリカの世界支配の駒として使えばよい（Brzezinski, 1997: 207)。以上を踏まえた上で、アメリカは、グローバルな覇権国としての地位を維持しつつ、以下のような東アジア戦略をとるべきであるという。

まず、中国に対しては、日米同盟を通じて、その領土的野心を抑制しつつ、東アジア地域を安定化させる錨の役割を果たす地域大国とする。日本に対しては、アジアよりも国際社会全体へと目を向けさせ、アメリカの世界支配に貢献させる。そのためには、日本がアメリカの特別なパートナーであることに満足できるようにすることが重要である。その目的のために、アメリカは日米の互恵的な自由貿易協定（ＦＴＡ）を検討すべきである、とブレジンスキーは政策提言していた（Brzezinski, 1997: 152, 207-208)。一二カ国でのＴＰＰ交渉が始まる一〇年以上前のことである。

こうして、アメリカは、東アジア地域においては、巧みな外交によって、米中日のバランスを保つ役割を担うべきなのであるという。たとえば、もしアメリカが、日米の軍事協力をいたずらに拡大すれば、中国との協調に失敗するであろう。逆に、アメリカが日米同盟を破棄したり、弱めたりすれば、日本が軍事力を強化し、東アジア地域の国際秩序を不安定化させるであろう、と結論づけられた（Brzezinski, 1997: 185-193）。ブレジンスキーは、一九九七の時点で、二〇年近く先を見越した長期のグランド・ストラテジーとして、以上のようなヴィジョンを描いていた。

六　日本外交へのインプリケーション

（1）「地球儀を俯瞰する外交」と「積極的平和主義」

以上見てきたように、二一世紀のはじめの二〇一〇年代後半までに、国際秩序は、大国間政治が復活し、地政学的な側面がより強まってきた。ヨーロッパの大国やアジアの中国などは、地政学的な発想で、対外政策を立案し、遂行する。伝統的に理念外交に陥りがちなアメリカ外交も、地政学的な伝統を持っている。問題は、日本外交である。日本外交はこれからはたして、地政学的な発想と無縁でいられるのか――。隣国に中国と北朝鮮を抱えるため、そうではないであろう。

たしかに、アジア地域の中国の脅威は、日本の外交にとって、最も深刻なものだが、遠く離れたヨーロッパ地域のウクライナ情勢も、中東地域のイスラーム国のような脅威も、まったく無関係ではない。混迷化するウクライナ情勢をめぐって、日露関係は一時的に、冷却化を余儀なくされている。またイスラーム国は、二〇一五年一―二月に、人質にしていた日本人二名を斬首し、その映像をインターネットで配信してみせた。ただし、すでに見た通り、イスラーム国の勢力は、にわかに後退した。

こうした現実に対して、安倍政権は、世論や海外からの評価とは異なり、ナショナリズムではなく、現実主義で対応してきた。特に本章で明らかにしてきた地政学的な現実に立脚した外交を展開する必要がある、と思われる。またそれは、総合的かつ包括的な枠組みを持った外交でなければならない。その意味で、「積極的平和主義（proactive contribution to peace）」と「地球儀を俯瞰する外交（bird-view globe diplomacy）」は、適切な外交ドクトリンであると思われる。問題は、それぞれの地域と二国間関係で、いかに対外政策を具体化するか、である（島村、二〇一八：第一四章と第一五章）。

まず忘れていけないことは、自由民主主義と資本主義、法の支配など、普遍的でリベラルな価値観や規範を尊重する外交を粘り強く展開していくことである。テロリズムなど新しい脅威には、機動性と即応性をもった外交と安全保障政策が必要とされよう。加えて、広報外交（public diplomacy）を積極的に活用し、国際世論を味方につける必要がある。この分野は、日本外交がずっと苦手としてきた。

民主党政権からの政権交代後の第二次安倍政権以降の日本外交は、繰り返しになるが、「積極的平和主義」と「地球儀を俯瞰する外交」を標榜してきた。二〇一四年一二月一四日の総選挙では、自民党が勝利し、政治基盤を強化した。一二月二四日には、第三次安倍政権が発足した。第二次および第三次安倍政権は、特に東南アジア諸国を重視し（「東南アジア旋回」と呼ばれる）、この地域での中国の脅威を牽制してきた。こうした外交姿勢は、「安倍ドクトリン」と呼ばれることがある。二〇一七年一一月一日には、第四次安倍政権が発足している。

また同時に、安倍首相は二〇一五年夏までに、五〇カ国以上をすでに訪問してきた（二〇一八年九月までに六八カ国を訪問している）。その範囲は、東アジアと東南アジアを大きく超えて、南アジアや中東地域、ヨーロッパやアフリカ大陸、中南米地域へと広がっている。歴代の政権には見られなかった積極的な外交の動きである。たとえば、安倍首相は、ロシアのプーチン大統領との間で、緊密な関係を構築してきた。ロシアでのソチ・オリンピックの開会式に、欧米諸国の首脳が参加を見送ったにもかかわらず、安倍晋三首相は参加した。ロシアのプーチン大統領は、就任以来、アジア重視の〝東を向いた〟外交を展開してきた。北方領土問題の解決も期待されたのである。ただし、その後、ヨーロッパ地域でウクライナ情勢が緊迫し、混迷化するに及んで、日露関係も冷え込んでしまった。日本政府も、ロシアに対する経済制裁に協力しなければならなくなったからである。しかし、このまま、日露関係の対立が継続すると考えるのは、早計かもしれない。もちろん、北方領土問題の解決は、まったく楽観できない。日本としては、返還後の北方領土にアメリカ軍を展開できる余地を残す必要がある。

（2）ぶれていない安倍外交

安倍政権が二〇一四年七月一日に、集団的自衛権の行使容認のための憲法解釈の変更を閣議決定したことに対しては、その意思決定プロセスを問題視する声が、たしかに国内にはある。中国や韓国、北朝鮮など、国外でも批判がある。ただし、同盟国のアメリカやオーストラリアなどの友好国は、「歓迎する」意思を明らかにしていた。二一世紀の日本が担う軍事と安全保障の役割はより広く、より重いものとなりつつある。二〇一五年七月一六日には、国会で安全保障関連法が成立した。

二〇一三年一二月二六日に、安倍首相は靖国参拝をし、日中関係と日韓関係が大きく後退した。同盟国のアメリカでも、こうした安倍首相の動きを「危険なナショナリズムの発露」と見る声もあった。しかし、たとえば、中国と韓国が歴史認識問題で日本を厳しく批判してきても、安倍政権の反応は、きわめて冷静で落ち着いたものであった。危険なナショナリストのそれではない。むしろ、現実主義である。

二〇一五年は、戦後七〇周年であり、終戦記念日の前日の八月一四日に、「安倍談話」が発表された。歴史認識問題に直接かかわる安倍談話が、ナショナリストの観点からまとめられることはあり得ない。冷静かつ客観的な新しい談話が求められた。「戦後レジームからの脱却」を掲げてきた安倍首相は、安倍談話で、未来志向の必要性を強調した。

第二次安倍政権は、政権発足からまもなく、日本版の国家安全保障会議（ＮＳＣ）を立ち上げ、戦略的な政策決定の組織を作った。そのトップには、安倍首相が厚い信頼を置く、元外務事務次官の谷内正太郎が就任した。谷内は、第一次安倍政権で、「自由と繁栄の弧」構想を描いた人物である。この構想を発表した当時の外相、麻生太郎は、第四次安倍政権でも副総理兼財務相である。

二〇一三年一二月一七日に安倍政権は、国家安全保障会議及び閣議で、『国家安全保障戦略（NSS）』を決定した。

また安倍首相は、日米に加えて、オーストラリアとインドを加えた「民主主義のダイヤモンド」構想について、演説で触れたことがある。こうした第一次安倍政権の国家安全保障戦略の骨子は、第二次および第三次安倍政権にそのまま、引き継がれた。二〇一七年一一月一日には、すでに見た通り、一〇月二二日の総選挙の結果を受けて、第四次安倍政権が発足した。二〇一八年一一月一三日には、安倍首相は、訪日したペンス副大統領との間で、「自由で開かれたインド太平洋」の地域概念の意義を強調した。オーストラリアとインドを巻き込んで、中国を牽制する動きである。

大きく変化しているのは、むしろ国際秩序の方である。特に地政学的な変化を踏まえた上で、政権ごとに国家安全保障戦略を描く必要がある。このことは、アメリカのポスト・トランプ政権だけではなく、日本のポスト安倍政権にとっても、必要不可欠なことである。地政学の時代に完全にさかのぼるわけではないが、地政学的な変化は増えることはあっても減ることはない、と考えられるからである。

終章　二一世紀の国際秩序の行方？

「アメリカ第一主義（America First）」で、「アメリカを再び偉大にする（Make America Great Again）」。

ドナルド・トランプ（二〇一六年）

「新しい冷戦」が始まったと考えるべきであろうか。今や「貿易戦争」という言葉で米中関係を特徴づけることは普通のことになっている。はたしてこの関係は「貿易」にとどまる対立なのだろうか。……現在進行中の米中貿易戦争は、日米貿易摩擦の現代版と言っていいのか。というより現在の米中対立は、単なる貿易戦争ではなく、似ている現象を探すとすれば、米ソ冷戦に匹敵するのではないか。つまりイデオロギーと軍事・安全保障をも包含するシステミックな紛争が展開されつつあると見るべきなのではないか（田中、二〇一八：二六）。

田中明彦「貿易戦争から『新しい冷戦』へ」（二〇一八年）

一　四つのシナリオ

二一世紀はじめ、二〇一〇年代の国際秩序は、アメリカ中心の単極の構造にある。しかし同時に、ブラジルとロシア、インド、中国、南アフリカのＢＲＩＣＳをはじめとした新興国の台頭を受け、アメリカ中心のリベラルな国際秩序はこれから、次第に相対化し多極化に向かうと予測される。問題は、いかなるペースで多極化が進むのか、またどこまで多極化が進行するのか、ということである。国際秩序の中心にいるアメリカが、これからの二一世紀前半、いかなる政治外交を展開するかによって、国際秩序の姿は大きく左右される。特にアメリカが〝内向き〟に転じた場合、アメリカを中心としたリベラルな国際秩序が根底から揺らぐことになる。トランプ政権の政治外交の危うさはここにある。もちろん、中国をはじめとした新興国の政策対応も無視できない。「予見しうる将来」を少し長めに二〇―三〇年程度と考えた場合、二一世紀の国際秩序は、論理的に、四つのシナリオを想定できる。第二章でも論じたが、より詳細に検討してみたい。

第一に、アメリカ中心のリベラルな国際秩序が長続きするというシナリオである。この立場に立てば、圧倒的な軍事力と経済力を有するアメリカが、二一世紀も覇権国（hegemon）の地位にとどまるということになる。国際システムは、単極の構造のままであるという議論である。二一世紀は、「パックス・アメリカーナ」パートⅡということになる。特にネオリベラリズムの立場は、多国間主義（multilateralism）のアプローチで、アメリカ中心のリベラルな覇権秩序がより安定的になる、と論じる。多国間主義を尊重する覇権国の「戦略的自制（strategic restraint）」を説くアイケンベリーが典型的である（Ikenberry, 2001; 2006; 2011）。またナイも、過度の単独主義（unilateralism）に走れば、覇権国アメリカのソフト・パワーが損なわれてしまう、と警告している（Nye, 2002）。オバマ政権は、政権発足当初、ナイの助言にしたがい、ハード・パワーとソフト・パワーを巧みに駆使する「スマート・パワー」の政策概念をオバマ外交の指針の一つとした（Nye, 2011）。また、国際金融を研究するアイケングリーンは、君臨する基軸通貨ドルの強み（と弱み）を論じている（Eichengreen, 2011）。ウォルトは、国際関係論の防御的リアリズムの立場から、アメリカの単極の構造に対して、「いかにアメリカのパワーを飼い馴らすか」という議論を展開した（Walt, 2005）。歴史家のシュレジンガーは、「九・一一」同時多発テロ攻撃後のアメリカ政治外交で、「帝王的大統領制（imperial presidency）」の復活を危惧した（Schlesinger, 2004）。特に二一世紀のはじめ、アメリカを中心とした単極の国際システムがしばらく続き、帝国的な統治運営がなされることへの警告の声が強かった。この点については、特に藤原帰一の『デモクラシーの帝国』や山本吉宣の『「帝国」の国際政治学』が示唆に富む議論を展開している（藤原、二〇〇二；山本、二〇〇六；田島、二〇〇二も参照）。アメリカの政治外交と思想に詳しい中山俊宏は、「二一世紀もアメリカの世紀か？」と問題提起した（中山、二〇一一）。

米中が逆転するシナリオがないわけではない。たとえば、イギリスの研究者のジェイクスは、西洋世界の終焉と新たなグローバル秩序の始まりについて論じ、中国が世界をリードする可能性を示唆する（Jacques, 2012）。この場合も、国際システムは単極の構造である。

世界システム論を展開するウォーラーステインは、一九七〇年代の比較的に早い時期から、二一世紀の半ばぐらいまでに、中国ではなく、インドがアメリカに代わる覇権国になる、と予測していた。ウォーラーステインによれば、アメリカの覇権（hegemony）は、早くも衰退の局面に入っているという（Wallerstein, 2003; 田中、一九八九；猪口、一九八九）。ニューレフトのアメリカ外交史家で世界システム論からアメリカ外交を論じたマコーミックが、アメリカの覇権の衰退をいち早く論じていた。ただし、アメリカにとって代わる覇権国はどの国家となるのかについては、必ずしも明らかではなかった（McCormick, 1995）。

歴史家のファーガソンは、『憎悪の世紀』で、振り返ってみれば二〇世紀の「本当の物語」は「『西洋の勝利』ではなく、ヨーロッパ帝国の危機と、その結果避けようもなく生じたアジアの復興と西洋の衰退」だと論じている。一九〇〇年までに圧倒的な優位を築いた西洋（この場合、主としてヨーロッパを指す）は、「五〇年戦争」という前例のないほどの暴力と破壊のなかで自らを苦しめていく。ファーガソンが語るところでは、第二次世界大戦は東洋の台頭と西洋の没落の「決定的な転換点」となったという（Farguson, 2006: lxviii-lxix; Friedberg, 2011: 22に引用された）。

第二に、アメリカの覇権が相対的に後退し、中国の国力がアメリカに追いつく程度まで相対的に上昇して、アメリカと中国の双極のシステムになるというシナリオである。この場合、アメリカと中国の関係が良好かつ安定的であれば、「G2」ないし「C2」の体制になる（矢吹、二〇一二）。たとえば、カーター政権の国家安全保障問題担当大統領補佐官として米中国交正常化で「チャイナ・カード」を切ったことがあるブレジンスキーは、オバマ政権の発足直前に、以下の通り、「G2」論を吐露したことがある。「米中両国は相互依存の重要性に鑑みて、包括的なパートナーシップに基づくG2の特別な関係を築くべきである。米中両国は経済問題を超えて、中東地域から核兵器削減、テロ対策、気候変動（climate change）などの国際的な重要課題の解決に共同で取り組む必要がある」（長島、二〇一三：一四二）。しかし現在では、そこまで楽観的ではないであろう。ブレジンスキーは同時に、日本を北大西洋条約機構（NATO）に組み込み、中国の台頭に備えることを政策提言していた（Brzenzinski, 2007; 2012）。ブレジンスキーの地政学的な発想については、第九章で見た通りである。オバマ政権二期目のスーザン・ライス国家安全保障問題担当大統領補佐官は、経済面でならば、米中両国が「新型の国際関係」として国際秩序を主導していくことを容認する発言を繰り返していたが、オバマ政権が中国からの提案に乗ることはなかった。経済の分野では協調していく道を探るが、安全保障の分野ではヘッジをかけていくという政策のアプローチであった。「牽制と抱擁（hedge and embrace）」ないし「統合と牽制（integrate, but hedge）」の対中政策に沿った政策対応であった（島村、二〇一八：第一四章と第一五章）。

二〇一三年三月に発足した習近平政権だが、アメリカのオバマ政権に対して、「新型の大国関係」の構築を呼びかけてきた。「新型の大国関係」の構築とは、『人民日報』によれば、「これまでの歴史における大国が勢力圏を争い、対外的に武力拡張をするという旧いモデルを脱却し、新興大国と既存の大国は必ず衝突と対抗に向かうという旧い概念を超越し、大国間の対話と協力が猜疑心と競争を上回り、共通の利益が摩擦や分岐を上回るという新たな局面をつくり出すことである」。米中間でお互いに「核心的利益」を認め合い、衝突はせずに、ウィン・ウィンで協調するということである。習近平国家主席は、二〇一三年六月七日から八日のカリフォルニア州での米中首脳会談で、オバマ大統領に対して、「アジア太平洋には、中国とアメリカが共存できる十分な空間がある」と喝破したという（長島、二〇一三：六六—六九）。

アメリカと中国の関係が対立的かつ不安定であれば、米中での「新しい冷戦」という事態になろう。たとえば、ジャーナリストのマンは、中国に対して「関与（engagement）」し、アメリカを中心とした世界経済や国際システムに中国を「関与」させ、〝取り込む〟ことができると想定する政策概念は「大いなる幻想」であり、きわめて危険な考え方である、論じている（Mann, 2008; ナポリオーニ、二〇一二；ハルパー、二〇一二）。マンは米中関係史の著作も残している（Mann, 2000）。また、チェイニー副大統領の補佐官を務めたフリードバーグは、米中が対立することは不可避とみなして、米中対立の構図とアジアの将来について悲観的な議論を展開している（Friedberg, 2011; 島村、二〇一八：第一五章）。オバマ政権一期目の「アジア旋回（pivot to Asia）」と「再均衡（rebalancing）」については、（内容が大幅に削減されたようだが）ベーダーの回顧録が示唆に富む（Bader, 2012）。ヒラリー・クリントンやスタインバーグ（とオハンロン）、キャンベル、ゲーツも回顧録を残している（Clinton, 2014; Steinberg and O'Hanlon, 2014; Campbell, 2016; Gates, 2014）。

トランプ政権の下で、米中関係は貿易戦争の様相を呈しており、二〇一七年一二月一八日の『国家安全保障戦略（NSS）』と中間選挙直前の二〇一八年一〇月四日のペンス副大統領によるハドソン研究所での演説を契機として、米中両国は、「新しい冷戦」に突入する、という議論もある（田中、二〇一八）。注目すべきことは、二〇一八年のアメリカでは、ホワイトハウスや官庁間、アメリカ議会、シンクタンクで、反中国のコンセンサスが超党派で形成されてきたことである。ペンス副大統領の中国演説は、その一つの発露であった。

第三に、国際秩序は、意外と早く多極化へ向かうというシナリオである。第二次世界大戦後の国際秩序は、冷戦の双極システムの時代であった（経済力を重視する覇権安定理論によれば、アメリカ中心の国際秩序で単極構造ということになるが）。第二次世界大戦までの国際秩序は「西欧国家体系」もしくは「勢力均衡体系」と呼ばれる多極システムの時代であった。攻撃的リアリストのミアシャイマーは、冷戦の終結直後に、冷戦後の国際秩序はさほど遠くない将来に、こうした近代はじめの西欧国家体系のような多極システムへと移行する、すなわち、「未来への逆走（back to the future）」に転じる、と論じた（Mearsheimer, 1990）。彼はまた、『大国政治の悲劇』で、米中の衝突は不可避である、と論じている（Mearsheimer, 2014: chap. 10）。『大いなる幻想』では、副題の通り、「リベラルの理想と国際政治の現実」について論じている（Mearsheimer, 2018）。ネオリアリズムのウォルツも同じく、冷戦後の国際秩序は二一世紀に向けて多極化に向かう、と予測していた（Waltz, 1993）。キッシンジャーや論文「文明の衝突？」のハンティントンなど、古典的なリアリストたちも、冷戦後、国際秩序が多極化することを確信をもって予測していた（Kissinger, 2001; Huntington, 1996a）。

キッシンジャーは比較的に最近、『中国』で、次の通り指摘する。「自分たちは台頭しているのではない、大国の座に戻ってきたのだと、中国は自認している。……強い中国が世界の経済、文化、政治、軍事に影響を及ぼすのは、世界秩序に対する不自然な挑戦とは彼らは思っていない。むしろあるべき姿への回帰だと考えている」（Kissinger, 2012: 546; Shambaugh, 2013, chap. 1 の冒頭で引用された）。また『世界秩序』では、以下の通り、指摘される。「二一世紀に中国が卓越した地位に『昇った』ことは、決して目新しくはなく、歴史上の図式を再現したに過ぎない。際立った違いは、中国が古代文明の継承者と、ヴェストファーレン・モデルに則った現代の大国の両方になって復帰したことだ。……中国は、将来の国際ルール作りでは中国が中核となり、ことによると現在広く行われているルールを改定するような方向に、国際秩序が発展することを期待するであろうし、遅かれ早かれ、その期待に沿って行動するだろう」（Kissinger, 2014: 220, 225）。

民主党系で現実主義者のカプチャンも、二一世紀のはじめに、国際秩序の多極化を予測し、特に欧州連合（ＥＵ）の台頭がアメリカ中心の覇権秩序を脅かす、と示唆していた（Kupchan, 2002; 2012）。ただし、二〇一〇年代の現在、ＰＩＩＧＳ（ポルトガル、イタリア、アイルランド、ギリシャ、スペイン）が指摘される通り、ＥＵは深刻な財政危機に直面している。ネオコンの論客として知られるケーガンは、第九章でも見た通り、フクヤマの論文「歴史の終わり？」のテーゼに反して、近代以降のイデオロギー対立が終焉し、冷戦後の世界はつまらない時代に突入するという〝夢〟が幻想となり、〝歴史（大国間のライバル関係）〟が復活した、と論じていた（Kagan, 2008; 2012）。かつて、イラク開戦の前後には、ケーガンの著作の議論が、現実の米欧対立を無駄に刺激したこともあった（Kagan, 2004）。ラムズフェルド国防長官が、フランスやドイツを「古いヨーロッパ」と呼んだことも、この問題を複雑にした（渡邊、二〇〇八）。フランスの外交官のベドリーヌも同じく、アメリカ後の世界が到来し、国家が復権し、大国間のライバル関係が復活する、と分析していた（Vedrine, 2008）。第九章で見た通りである。

第四に、国際秩序は、多極化というよりも「無極化（non-polar）」に向かうというシナリオである。無極化のシナリオは、『フォーリン・アフェアーズ』誌にリアリストのリチャード・ハースの論文が所収されて注目された（Haass, 2008）。また、国際的なリスクを分析するシンクタンクのユーラシア・グループ代表の政治学者ブレマーは、主導国が存在しない「Ｇゼロ」の時代が早くも到来している、と論じる（Bremmer, 2016）。米国国家情報会議（ＮＩＣ）の報告書『二〇三〇年世界はこう変わる』も、これからの二〇年間で、メガ・トレンドとして「力の拡散」が進み、国際社会を指導する覇権国が存在しなくなる蓋然性が低くない、と予測する（National Intelligence Council, 2012）。外交官のクーパーは、ヨーロッパ地域やアメリカ、日本を中心に「ポスト・モダン圏」が出現しつつあることを指摘している。同じく、国際政治学者の田中明彦は、アメリカとヨーロッパ、日本の先進工業諸国が「新しい中世圏」に突入し（中国や北朝鮮などから成る「近代圏」と、アフリカの内戦の国家や破綻国家（failed state）、最貧国などから成る「混沌圏」は残るが）、二一世紀の国際システムは、「新しい中世」と呼ぶべき複雑で混沌とした新しい国際秩序へと次第に移行するのではないか、と問題提起した。ニュー・アメリカ財団上級研究員のカンナは、「新しい中世」の概念にも触れながら、「巨大化する外交（mega-diplomacy）」の時代の到来を指摘している（Khanna, 2011; 2009）。

こうした議論は、近代以降の主権国家システムが終焉することを示唆している。国際秩序ないし国際システムの構造（特に「力の分布」）が、単極か双極か、あるいは多極かを論じるのではなく、国際システムそのものが原理的に変化することを想定している。こうした「近代の終わり」を論じる議論は、その原因として、特に相互依存のさらなる深化ないしグローバリゼーションの進展が、国際システムそのものの性格を根底から覆している、と論じている。また、国際システムを構成する行為主体（アクター）ないし単位（ユニット）が、もっぱら主権国家のみではなくなりつつある現状を強調する。たとえば、田中明彦は、リーマン・ショック後の新しい多極時代を動かすパワー原理について、アメリカ国内政治の変容も勘案しつつ、柔軟な議論を展開している（田中、二〇〇九）。

グローバリゼーションが国際秩序全体にもたらすインパクトをいかに捉えるのかは、依然として大きな謎である。たとえば、ロドリックは、民主主義を犠牲にするか、国家主権を捨て去るか、それともグローバリゼーションに制約を加えるのか、「世界経済のトリレンマ」をいかに乗り越えるのかについて、精緻な議論を展開している（Rodrik, 2012; 藤田、二〇一四）。ジャーナリストのザカリアは、『アメリカ後』で、アメリカの単極構造の終焉と新興国の台頭を論じている（Zakaria, 2011）。経済学者の水野和夫は、帝国化と金融化、そして二極化する世界を体系的に論じ、グローバリゼーションが近代以降の政治的な主権国家システムと経済的な資本主義システムの〝結婚〟を終わらせる蓋然性について肯定的な議論を展開している。また、国際政治学者のクラークは、主権国家・競争国家・規範国家・民主国家それぞれのグローバリゼーションとの関係について、理論的な考察を試みている（Clark, 1999; Keohane and Nye, 2011）。社会学者のギデンズは、第八章で見た通り、「グローバリゼーションは歴史的に不可避な趨勢的変化である」と論じ、政治的に柔軟に対応する必要性を強調する（Giddens, 2000）。保守でも、リベラルでもなく、「第三の道」をとるべきであるということになる（Giddens, 1998）。こうした助言は、一九九六年一一月の大統領選挙で「トライアンギュレーション（三角測量）」のアプローチをとり、再選したクリントン大統領をはじめとして、イギリスのブレア首相、そしてオバマ大統領に、受け容れられた（Morris, 1999; 島村、二〇一八：第一章）。ただし、注目すべきことに、トランプは、二〇一六年一一月の大統領選挙を戦う上で、トライアンギュレーションの選挙戦略をとっていない。「ラストベルト（錆びついた工業地帯）」と呼ばれる地域の特に白人層（の中間層の下）にターゲットを絞った選挙戦略をとった（島村、二〇一八：第一章）。

二 「帝国の時代」？

以上の四つのシナリオで抜け落ちている点がある。それは、かつてのような「帝国の時代」になる、というシナリオである。アメリカは、大陸国家でありながら、非公式ではあるが、「海の帝国」であり、「空の帝国」である。「基地の帝国」でもある。また、ＢＲＩＣＳのうち、中国とロシア、インドは、かつては帝国であった。中東地域では、イラン（ペルシャ）とトルコが帝国であった。そして、こうした国家群が、新興国として、高度経済成長を遂げているのである。また、ソ連を「最後の陸の帝国」と見るか、二一世紀の中国を「残された最後の陸の帝国」とみなすかについては、議論が分かれる。

第八章でも論じたが、ジェファソン大統領をはじめとしたアメリカの建国の父たちは、国内で自由民主主義の共和国の実験を試みながら、アメリカが将来、「自由の帝国（empire of liberty）」となることを夢見ていた。その後、アメリカは、一八二三年一二月のモンロー・ドクトリンで、ヨーロッパ大陸と西半球の間の相互不干渉と反植民地主義を打ち出す一方で、一九世紀後半のアメリカは、「統合された帝国（integrated empire）」や「海洋帝国」を模索した。アメリカは、単純な反植民地主義の国家ではないのである。一八七〇年代から第一次世界大戦まで（あるいは第二次世界大戦まで）の「帝国主義の時代」の世界大の国際秩序を特に「帝国主義世界体制」と呼ぶが、この時期、アメリカもフィリピンを植民地化している。国内では、反帝国主義運動が展開された（島村、二〇一八：第四章）。

第一次世界大戦では、アメリカのウィルソン大統領などが、戦後構想の文脈で、「民族自決」の概念を打ち出した。また、「国民国家の総力戦」だけではなく「帝国の総力戦」となった第一次世界大戦後は、植民地独立の動きを刺激した。同じく「国民国家の総力戦」だけではなく「帝国の総力戦」ともなった第二次世界大戦の後は、「脱植民地化（decolonization）」の動きは不可避の趨勢となった。この時期、反植民地主義のアメリカは脱植民地化の促進要因となったが、同時に、冷戦の文脈で、それぞれの地域の国際秩序が不安定になることを懸念する側面も持っていた（島村、二〇一八：第四章）。もう一つ、注目すべき点は、第二次世界大戦後の国際秩序が、冷戦の国際システムだけではなく、脱植民地化する帝国主義世界体制も併存していたということである。激化する冷戦と溶解する帝国主義世界体制との二重構造なのであった（納家、二〇一七：二〇一八）。

こうして、第二次世界大戦後の冷戦期の本格的な脱植民地化によって、帝国主義世界体制は次第に崩壊していった。にもかかわらず、「帝国の遺産」は、全地球的規模で人々の生活の全領域を形作っている（Howe, 2002: 6; 納家・永野編、二〇一七）。他方で、「帝国の時代」が再来するのかについては、いまだ未来予想図の選択肢の一つにとどまっていると言ってよい。

二〇〇〇年代のアメリカ帝国論とその批判者たちをめぐる論争は、アメリカ単極論とともに、二〇一〇年代には下火となる。アフガニスタン戦争とイラク戦争の後の占領統治の泥沼化に加えて、二〇〇七年七月一九日からのサブプライム金融危機と二〇〇八年九月一五日のリーマン・ショックを受けて、「帝国」としてのアメリカに疑問符がついたのである（島村、二〇一七）。むしろ、その後は、アメリカの覇権衰退がにわかに議論されるようになった。たとえば、先に見たザカリアやリチャード・ハース、ブレマーの議論がある。

アメリカの覇権衰退や「アメリカ後」が語られるのは、今回がはじめてではない。特に一九八〇年代後半に、アメリカの覇権衰退の議論が活発に展開されたことがある。たとえば、歴史家のポール・ケネディは、『大国の興亡』で、「帝国的過剰拡大（imperial overstretch）」の結果、歴代の覇権国はやがて衰退の局面に突入した、と論じた（Kennedy, 1989）。国際政治学者のギルピンは、一九八一年の『世界政治における戦争と変化』で、覇権安定理論を展開し、アメリカの覇権が未来永劫、継続するわけではないことをすでに示唆していた（Gilpin, 1981）。これに対して、コヘインらのネオリベラリストたちは、「慣性」の法則から、国際制度がしばらく〝残存〟し、そのため、アメリカ中心の覇権秩序が直ちに崩壊するわけではない、という議論を展開した（Keohane, 1984）。

これらアメリカの覇権衰退論に対しては、たとえば、ナイが『指導する責務』（一九九〇年）で、ハード・パワーとソフト・パワーの両面で、依然として第一位の地位を占めるアメリカ中心のリベラルな覇権秩序は、しばらく長続きする、と批判した（Nye, 1990）。第七章で見た通りである。ナウも、『アメリカ没落の神話』（一九九〇年）で、アメリカ衰退論を批判した。クラウトサマーが、論文「単極の瞬間」で、「アメリカは、正しいことを行うため、必要とあれば、単独の介入を行うことを要請されよう。そして、アメリカの単極に代わるものは、安定した静態的な多極の世界ではなく、混沌なのである」と指摘したのも、ほぼ同じ時期であった（Krauthammer, 1990/1991: 23-34; 山本、二〇〇六：二四頁に引用された）。後に、クラウトサマーは、「単極の時代」や「単極の世界」についてまで言及することになる。

三　トランプ政権の内政と外交

二〇一〇年代に、アメリカの衰退が論争になったため、「拡大（maximalist）」と「縮小（retrenchment）」の間の揺れ動きをめぐる議論が展開されている。たとえば、セスタノヴィッチである。彼によれば、オバマ政権で「アジア旋回」と「再均衡」が推し進められ、アメリカ外交のトレンドは、「縮小」の方向へと傾きつつあると示唆される（Sestanovich, 2014）。現実には、オバマ後のトランプ大統領は、「最初の一〇〇日間」で、シリアへの空爆に踏み切った（四月七日）。二〇一八年四月六日にも、シリアへの空爆に踏み切っている。二〇一八年六月一二日には、トランプ大統領が北朝鮮の朝鮮労働党委員長の金正恩と米朝首脳会談を開催し、朝鮮半島の非核化と北朝鮮の体制の保証、朝鮮戦争の終結などを話し合った。他方で、トランプ政権は、特に武力行使など、対外関与には消極的である。たとえば、二〇一八年一二月一九日には、シリアに展開するアメリカ軍が撤退を開始したことを明らかにした。また二〇一九年一月二六日には、ポンペオ国務長官がツイィッターで、アフガニスタン駐留米軍部隊について、「本国へ帰還させる」考えを明らかにした。

トランプ政権は、二〇一八年に入り、三段階にわたって、中国への制裁関税を引き上げ、米中貿易戦争を仕かけた。一一月六日の中間選挙を約一カ月後に控えた一〇月四日のハドソン研究所でのペンス副大統領の対中演説は、貿易から安全保障、人権問題まで幅広く中国を批判し、中国を「現状変革国家（revisionist power）」と位置づけ、厳しい姿勢で臨むことを明らかにした。はたして、米中両国は、「新しい冷戦」へと突入していくのか――。少なくとも、米中間でのハイテク覇権の争いが激化していくはずである。背景には、「中国製造二〇二五」や国家主席の任期撤廃（終身化）、不透明な軍拡、南シナ海と東シナ海での海洋進出などを念頭にして、二〇一七年から二〇一八年にかけて、ホワイトハウスと官庁間、アメリカ議会、シンクタンクで、対中強硬路線で超党派のコンセンサスが形成されたことがある。

ただし、トランプ政権内の対中強硬派は、必ずしも一枚岩ではない。ライトハイザー米通商代表部（USTR）代表やロス商務長官、カプラン国際貿易担当商務次官など、国外に流出した雇用を取り戻すことを最優先し、保護貿易も辞さない経済ナショナリストの勢力がまずいる。シャナハン国防長官代行やマティス元国防長官など、中国が軍事的・政治的な影響力を広げ、アメリカや同盟国、友好国の安全保障を脅かすことを阻止したい安全保障優先派もいる。これら経済ナショナリストと安全保障優先派が手を組み、対中圧力を強めている。ナヴァロ国家通商問題担当大統領補佐官は、中国との敵対関係は避けがたいと認識し、中国の弱体化を狙うより強硬な敵対派である。ライトハイザーやロス、カプラン、ナヴァロは、中国とのサプライ・チェーンを断ち切り、中国の台頭を強硬に牽制することまで想定しているかもしれない。ただし、トランプ大統領が適度なところで〝取り引き（deal）〟に応じる可能性もある。ムニューチン財務長官やクドロー国家経済会議（NEC）委員長、コーン元NEC委員長などは、対話と交渉で中国との対立を緩和する道を探る穏健派である。しかし、穏健派は、少数派にとどまっている。「トランプ政権の内政と外交」についての年表の**表10－1**を見れば、トランプ政権が比較的に早い段階から、中国に対する強硬路線を強めてきたことが明らかになるであろう。

またロシアとの関係では、トランプ政権は、中距離核戦力（INF）全廃条約の破棄を正式に通告した。中露両国が、中距離の極超音速兵器を開発していることが原因で、ここでも中国要因が無視できない。二〇二一年に失効する新戦略兵器削減条約（新START）の延長に、ボルトン国家安全保障問題担当大統領補佐官は否定的であるという。ペンス副大統領は二月一六日に、ミュンヘン安全保障会議での演説で、核戦略増強やハイテク分野の覇権争いでロシアや中国に譲歩しない姿勢を鮮明に打ち出した。トランプ大統領は二四日に、中国との貿易交渉で「構造問題などで十分な進展があった」として、三月二日に予定していた追加関税引き上げの延期を表明した。市場が懸念する米中の貿易対立の激化は、ひとまず〝休戦〟となった。貿易交渉も延期し、米中両国の首脳会談で最終合意を目指すという。

はたして、トランプ政権の対外政策は、いかなるものとなっていくのであろうか――。

表10-1　トランプ政権の内政と外交

二〇一七年：

一月二〇日	トランプ大統領の就任式。
一月二二日	トランプ政権、コンウェイ顧問がスパイサー報道官の虚偽発言を「オルターナティブ・ファクト」と擁護した。
一月二三日	トランプ大統領、環太平洋経済連携協定（TPP）から離脱する大統領令に署名した。
一月二五日	トランプ大統領、メキシコとの国境に「壁」の建設を支持する大統領令に署名した。
一月二七日	トランプ大統領、イスラーム圏七カ国からの移民入国を禁止する大統領令に署名した。
一月三一日	トランプ大統領、保守派のゴーサッチを連邦最高裁判所判事に指名した。
二月一〇日	トランプ大統領、日米首脳会談を行う。訪米した安倍晋三首相とゴルフをした。
二月一三日	トランプ政権、フリン国家安全保障問題担当大統領補佐官が辞任した。
二月二八日	トランプ大統領、アメリカ議会で施政方針演説を行い、「アメリカ第一主義」の基本政策を発表した。
三月六日	トランプ大統領、一月の入国一時禁止措置を見直した、イスラーム圏六カ国からの入国を制限する大統領令に署名した。
三月二四日	トランプ大統領、オバマ政権の温室効果ガス排出規制の見直しを指示する大統領令に署名した。
四月七日	トランプ政権、米駆逐艦がシリアのアサド政権軍の拠点を巡航ミサイルで攻撃した（五九発）。
五月九日	トランプ大統領、コミー連邦調査局（FBI）長官を解任した。
五月一七日	トランプ政権、司法省がロシア関連疑惑の特別検察官にモラーを任命した。
五月一九～二七日	トランプ大統領、はじめてのヨーロッパ（ブリュッセルなど）訪問で、同盟国に国民総生産（GDP）比二％の国防予算は必要最低限にすぎず、「アメリカの納税者に対して公正ではない」と訴えつつ、北大西洋条約機構（NATO）の第五条の集団防衛へのコミットメントには触れなかった。
六月一日	トランプ大統領、パリ協定からの離脱を表明した。
六月一六日	トランプ大統領、オバマ政権によるキューバとの国交正常化を破棄すると宣言した。
七月二一日	トランプ大統領、広報部長に投資家スカラムッチを指名し、反発したスパイサー報道官を更迭した。
七月二八日	トランプ大統領、プリーバス大統領首席大統領補佐官を更迭した。 アメリカ議会の上院が、オバマケア見直し法案を否決した。
七月三一日	トランプ大統領、スカラムッチ広報部長をわずか一〇日間で解任した。
八月八日	トランプ大統領、ミサイル開発を強行する北朝鮮に「世界が経験したことのない炎と怒りに直面する」と警告した。
八月一二日	バージニア州シャーロッツビルで白人至上主義者の集会参加者と反対派が衝突した。
八月一五日	トランプ大統領、シャーロッツビル事件に対し、「どちらにも非がある」と主張した。

八月一八日　トランプ大統領、バノン首席戦略官を解任した。

八月二一日　トランプ政権、新しいアフガニスタン戦略を発表し、約四〇〇〇名規模のアフガニスタンへの増派を発表した。

九月五日　トランプ大統領、アメリカ生まれの不法移民の子供の滞在を認めるオバマ政権の移民政策（DAPA）の打ち切りを発表した。

九月一九日　トランプ大統領、国連演説で、「アメリカ第一主義」と「主権」を強調し、北朝鮮の金正恩委員長について「ロケットマンは自殺行為をしている」と揶揄した。

九月二九日　トランプ政権、プライス厚生長官が辞任したと発表した。

一〇月一二日　トランプ政権、国務省がユネスコからの脱退を発表した。

一〇月一三日　トランプ大統領、イランとの核合意について欠陥を解消できなければ破棄すると警告した。

一〇月三〇日　モラー特別検察官、マナフォート大統領選挙元選対本部長をロシア疑惑で起訴した。

一一月五〜一四日　トランプ大統領、アジアを歴訪した（日本、韓国、中国、ヴェトナム、フィリピン）。

一一月二〇日　トランプ大統領、北朝鮮を「テロ支援国家」に再指定した。

一一月二九日　北朝鮮がアメリカ全土を攻撃できると主張する新型ICBM「火星」を発射実験した。

一二月一日　フリンが罪を認め、特別検察官の捜査協力を表明した。

一二月六日　トランプ大統領、エルサレムをイスラエルの首都と認定し、米大使館移転の準備開始を指示した。

一二月八日　トランプ政権、ディナ・パウエル大統領副補佐官が二〇一九年一月に退任すると発表した。

一二月一八日　トランプ政権、『国家安全保障戦略（NSS）』を発表し、レーガン流の「力による平和（peace through strength）」のアプローチを打ち出した。中国とロシアを既存の国際秩序に挑戦する「現状変革国家（revisionist powers）」と位置づけ、「大国間の権力競争の新時代に突入し」、特に「アメリカは中国に新たな姿勢で臨む」と宣言した。

一二月二二日　トランプ大統領がアメリカ議会で可決した大幅減税を含む税制改革法案に署名し、同法が成立した。

二〇一八年：

一月三日　トランプ政権、トランプ政権の暴露本『炎と怒り』のなかでバノンが語った内容について強く批判する声明を発表した。

一月一〇日　トランプ大統領、ノルウェー首相との記者会見で、パリ協定への復帰の可能性を示唆した。

一月一九日　トランプ政権、『国家防衛戦略（NDS）』を発表し、NSSの認識を基にして、現実主義のアプローチと同盟国重視を打ち出した。「中国とロシアとの長期的な競争が国防総省の最優先課題である」と表明した。

一月三一日　トランプ大統領、一般教書演説で、富と好機の「新時代」と実績を誇示した。

一月二五日　トランプ大統領、テレビ・インタビューでTPP復帰検討を表明した。

一月三〇日　トランプ大統領、初の一般教書演説を行い、「結束」を呼びかけ、一年目の成果を強調した。

二月二日　トランプ政権、核戦略や核戦力態勢を定める文書である『核態勢見直し（NPR）』を八年ぶりに公表した。通常兵器やサイバー手段による攻撃に対しても、核兵器を使用することがあると明らかにした。

三月二三日　トランプ政権、鉄鋼・アルミニウムの輸入制限を発動した。

三月六日　トランプ政権、コーン国家経済会議（NEC）委員長が数週間以内に辞任すると表明した。

三月一五日　トランプ大統領、ティラーソンの後任として、ポンペオ中央情報局（CIA）長官を国務長官に指名した。

三月二二日　トランプ大統領、マクマスターの後任として、ボルトン（元国連大使）を国家安全保障問題担当大統領補佐官に指名した。

トランプ政権、通商三〇一条に基づき、中国の知的財産への侵害に制裁関税を課すと表明した。

三月二三日　トランプ政権、中国を含む各国の鉄鋼とアルミに輸入制限を課した。

四月三日　トランプ政権、米通商代表部（USTR）がハイテク分野など五〇〇億ドルに相当する約一三〇〇品目の中国からの輸入品に二五%の追加関税を課す制裁案を発表した。

四月六日　米英仏三カ国がシリアのアサド政権軍の拠点を巡航ミサイルで攻撃した（一〇五発）。

四月一六日　トランプ政権、中国の中興通訊（ZTE）にアメリカ企業との取り引きを禁じる制裁を課した。

五月八日　トランプ大統領、イランとの核合意からの離脱を表明した。

五月一七～一八日　ワシントンで米中閣僚協議が開催され、米中両国が協議後に、「貿易戦争の保留」を表明した。

五月二九日　トランプ政権、対中制裁関税の発動を改めて表明した。

六月一二日　トランプ大統領、北朝鮮の金正恩委員長と米朝首脳会談をシンガポールで開催し、朝鮮半島の非核化と北朝鮮の体制の保証で合意した。↓朝鮮戦争の終結へ？

六月一五日　トランプ政権、知的財産の侵害を理由に、計約五〇〇億ドル分の中国からの輸入品に二五%の関税を上乗せする措置を発表した。

六月一九日　トランプ政権、『アメリカと世界の技術・知的財産を脅かす中国の経済侵略』報告書（ナヴァロ・ペーパー）を発表し、中国の貿易慣行を批判し、中国政府が組織的な経済侵略作戦を展開していると批判した。中国が空爆能力と、サイバー攻撃や電子線、宇宙兵器など「非対称戦争の軍事力」を強化していることに対しても、強い警戒感を示した。

トランプ政権、ヘイリー国連大使が国連人権委員会から脱退したと表明し、同委員会は「政治的偏見のはきだめ」と批判した。

七月五日　トランプ米大統領、プルイット環境保護局（EPA）長官の辞任を受け入れたと明かした。

七月六日　トランプ政権、三四〇億ドル規模の中国製品に制裁関税の第一弾を発動した。↑中国も即座に同規模の報復へ。

七月一一日　トランプ大統領、ベルギーの首都ブリュッセルで始まった北大西洋条約機構（NATO）首脳会議で、各加盟国の分担する国防支出を倍増するよう要求した。

八月六日　トランプ政権、国防総省が『中国の軍事力に関する年次報告』をアメリカ議会に提出し、中国が「一帯一路」構想やアジア・インフラ投資銀行（AIIB）などを通じて、他国への影響力を拡大しつつある、との警戒感を示した。

八月一三日　二〇一九年度国防権限法（NDAA2019）が、アメリカ議会で成立した。華為技術（ファーウェイ）とZTE、公衆海康威視数字技術（ハイクビジョン）、浙江大華技術（ダーファ・テクノロジー）、海能達通信（ハイテラ）の五社との取引禁止が明確化され、中国企業によるアメリカ企業への投資を抑制するために対米外国投資委員会（CFIUS）の権限が強化された（↓八月一三日以降、米政府機関が五社の製品や、五社が製造した部品を組み込む他社製品を調達することを禁止した）。また中国の脅威に対抗するため、

八月二三日　総額七一六六億ドルの軍事支出が盛り込まれた。
トランプ政権、中国がアメリカ企業の技術などを不当に手に入れて、知的財産を侵害しているとして、一六〇億ドル規模の中国製品に制裁関税第二弾を発動した。←中国も即座に同規模の報復へ。

九月二四日　トランプ政権、約二〇〇〇億ドル規模の中国製品に一〇％の追加関税を課す対中経済制裁の第三弾を発動した。←中国も即座に同規模の報復へ。

九月二五日　トランプ大統領、グローバリズムの貿易体制改革を訴え、中国による世界貿易機関（WTO）ルールの濫用を批判した。また、多国間主義を拒否し、イランの孤立化を各国に呼びかける一方で、北朝鮮を評価した。

九月二六日　トランプ政権、物品貿易協定（TAG）の交渉開始で日本と合意した。

九月三〇日　トランプ政権、北米自由貿易協定（NAFTA）見直しでカナダと合意し、アメリカ・メキシコ・カナダ協定（USMCA）を締結した。

一〇月四日　トランプ政権、ペンス副大統領がハドソン研究所で包括的な対中国政策を演説した。貿易から安全保障、人権問題まで幅広く中国を批判し、中国を「現状変革国家」と位置づけ、厳しい姿勢で臨むことを明らかにした。←米中での「新しい冷戦」へ？

一〇月五日　トランプ大統領、国防総省の『防衛産業基盤とサプライチェーンの強靭性・復元力を評価しそれを強化する』報告書を受理した。

一〇月九日　トランプ大統領、ヘイリー国連大使が辞任すると発表した。

一〇月二〇日　トランプ米大統領、旧ソ連と結んだ中距離核戦力（INF）全廃条約から離脱する意向にあることを表明した。トランプ大統領は、ロシアが条約に違反していると非難した上で、「われわれは合意を破棄し、条約から離脱する」と明言した。さらに、「（新たな）兵器を開発しなければならない」とも語っており、中距離ミサイルの開発に着手する予定であることも語った。

一一月六日　アメリカの中間選挙で、下院が民主党多数議会となり、上院は共和党が多数党を維持したことによって、「ねじれ議会」となった。また大統領と下院で、「分割政府」の政治状況となった。

一一月七日　トランプ大統領、セッションズ司法長官が辞任したとツイッターで発表した。

一一月一四日　アメリカ議会の超党派諮問機関の米中経済安全保障再考委員会（USCC）の年次報告書が発表され、中国が国産空母や大型輸送機の製造など中国軍の展開能力を強化し、「中国が二〇二五年までにインド洋や太平洋の全域でアメリカ軍に対抗できる能力を備える」と強い懸念を示した。

一一月一七〜一八日　アジア太平洋経済協力会議（APEC）首脳会談で、米中両国が対立し、議長国のパプアが首脳宣言の採択を断念した。

一二月一日　主要二〇カ国・地域（G20）の首脳会議開催にともなう米中首脳会談で、米中間で制裁関税率引き上げを猶予する暫定合意が実現し、米中貿易戦争は小休止へ。米中両国は、知的侵害やサイバー攻撃などについて新たな通商協議を開始し、アメリカ側が二〇一九年一月に予定していた追加関税率引き上げを九〇日間凍結することで合意した。
カナダ当局、アメリカの要請に応じて、中国のファーウェイ幹部を逮捕した。

一二月四日　トランプ政権、ポンペオ国務長官が、ロシアがINF全廃条約の重大な不履行を行っており、六〇日以内にロシアが条約義務に復帰しない限り、アメリカも義務を停止する、と表明した。

一二月八日　トランプ大統領、ケリー首席大統領補佐官が年末に辞任すると記者団に明らかにした。

十二月一四日　トランプ政権、マルヴァニー行政予算局（ＯＭＢ）局長を首席大統領補佐官代行に指名すると発表した。
十二月一五日　トランプ大統領、ジンギ内務長官が年末で辞任するとツイッターで発表した。
十二月一九日　トランプ政権、シリアに展開するアメリカ軍が撤退を開始したことを明らかにした。
十二月二〇日　トランプ大統領、マティス国防長官が二月末に辞任するとツイッターで発表した。
トランプ政権、アフガニスタンに駐留する一万四〇〇〇人規模のアメリカ軍を半減させる方針だと報道される。

二〇一九年：

一月一七日　トランプ政権、ミサイル防衛強化に向けた『ミサイル防衛の見直し（ＭＤＲ）』を発表し、新型巡航ミサイルや極超音速兵器に対抗するため宇宙空間を利用する方針を盛り込んだ。
一月一八日　トランプ大統領、北朝鮮の金正恩委員長の側近である金英哲副委員長とホワイトハウスで面会し、米朝首脳会談を二月末に開催することで合意した。
アメリカ議会の下院が、ロシア疑惑をめぐり、トランプ大統領が元個人弁護士のコーエン被告に偽証を指示したと報じられた報道に関する調査実施を発表した。
一月一九日　トランプ大統領、テレビ演説で、不法移民の親とともに入国した若者の暫定保護策を提案した。
一月二三日　トランプ大統領、ベネズエラで暫定大統領に就任したグアイド国会議長を承認する声明を発表した。
一月二五日　トランプ政権、二月一五日までの「つなぎ予算」を組んで、政府を再開させることで議会与野党と合意した。
一月二六日　トランプ政権、ポンペオ国務長官がアフガニスタン駐留米軍部隊について、「本国へ帰還させる」考えをツイッターで明らかにした。
一月二八日　トランプ政権、司法当局がファーウェイの孟晩舟副会長兼最高財務責任者を起訴した。
トランプ政権、ベネズエラの反米左翼のマドゥロ政権に対する制裁措置として、国営ベネズエラ石油（ＰＤＶＳＡ）を対象にしたと発表した。
二月一日　トランプ政権、ポンペオ米国務長官が、ロシアとのＩＮＦ全廃条約を二日付で破棄し、ロシア政府に正式通告すると発表した。
二月二日　トランプ政権、中距離核戦力（ＩＮＦ）全廃条約の破棄をロシアに正式に通告した。
二月五日　トランプ大統領、一般教書演説で、米朝首脳会談を二月二七日と二八日にヴェトナムで開催することを発表した。
二月一五日　トランプ大統領、議会の承認を経ずに公約のメキシコとの国境の壁を建設するため、「非常事態」を宣言した。
二月一六日　トランプ政権、ペンス副大統領がミュンヘン安全保障会議での演説で、核戦力増強やハイテク分野での覇権争いでロシアや中国に譲歩しない姿勢を鮮明に打ち出した。
二月二二日　トランプ大統領、クラフト駐カナダ大使を次期国連大使に指名するとツイッターで発表した。
二月二四日　トランプ大統領、中国との貿易交渉が進展したとして、三月二日に予定していた追加関税引き上げの延期を表明した。
二月二七〜二八日　トランプ大統領、北朝鮮の金正恩委員長と二度目の米朝首脳会談をヴェトナムのハノイで開催したが、朝鮮半島の非核化をめぐって合意には至らなかった。

出典：筆者作成。

四　アメリカ外交の拡大と縮小のサイクル

セスタノヴィッチの『拡大』について、少し詳しく触れておこう。セスタノヴィッチは、アメリカが国際社会に対してとってきた政策的対応を「拡大（maximalist）」と「縮小（retrenchment）」の間で揺れ動くものとして、トルーマン政権からオバマ政権までを通史的に描き、一二人の大統領がとってきた外交と安全保障政策に独自の角度からメスを入れた。セスタノヴィッチはハーヴァード大学でPh. Dを取得後、米国政府に奉職し、クリントン政権ではロシア大使を務めた。現在ではGeorge F. Kennan Senior fellow for Russian and Eurasian Studies at the Council on Foreign Relations の地位にある。

セスタノヴィッチの言う「拡大」とは、国際社会へのコミットメントを可能な限り大きくしようと試みるアメリカ大統領とその外交的アプローチ（School of "More"）と定義され、「縮小」とは国際社会へのコミットメントをより小さくしようと試みる大統領とその外交的アプローチ（School of "Less"）と定義づけられている。トルーマン、ケネディ、（一九六五年以降の）ジョンソン、レーガン、（二〇〇一年の「九・一一」同時多発テロ攻撃後の）W・ブッシュは拡大を試みた大統領に分類されている。これに対して、アイゼンハワー、ニクソン、フォード、カーター、オバマは縮小を試みた大統領として描かれる。ブッシュ・シニアとクリントンは、拡大と縮小を両方試みたハイブリッド型大統領であるという（「ブッシュ・シニアは、拡大から縮小を試みる大統領へと転身した。クリントンは、その逆のパターンである」）。

セスタノヴィッチは、「第二次世界大戦後、アメリカ外交は、拡大と縮小のサイクルを三回繰り返してきた」と主張する。まず、ソ連にベルリンが封鎖され、朝鮮半島では三八度線を超えて侵略されたトルーマン政権が拡大の外交をとり、その後、アイゼンハワー政権で縮小の外交が展開された。第二に、ヴェトナム戦争を開始し、激化させたケネディとジョンソン政権が拡大の外交をとり、その後、「ニクソン政権の軍備管理と緊張緩和（détente）で縮小の外交が展開された」。フォード政権とカーター政権は、デタントの路線を基本的に踏襲した。第三に、デタントに批判的であったレーガンが拡大を試みた大統領となり、六年間、軍拡が進展した。ちなみに、セスタノヴィッチは「レーガン後の縮小については、それがいつ始まり、いつ終わったのかが不明確である」としている。

では、なぜアメリカ外交は拡大と縮小の間を揺れ動くのだろうか――国際的危機に対応して、拡大的大統領が必要以上の国際関与を行い、国防予算がかさむ結果、やがて縮小へと転じていくという論理は理解しやすい。予算などの資源には、限りがあるからである。

縮小から拡大の外交へと転換するのは、国際環境の変化や悪化に加えて、「国内政治のダイナミズムが大きく作用する」からであるという。特にアメリカ議会、利益集団やシンクタンク、マスメディア、大統領候補などが、「縮小の失敗を批判し、拡大の外交を主張するようになる」ことが決定的な要因になると説明されている。

たとえば、縮小期にあたるアイゼンハワー政権は、一九五〇年代後半のスプートニク・ショック後、アメリカ議会で「ミサイル・ギャップ」論争に直面する。この時に、上院議員の地位にあり、一九六〇年一一月の大統領選挙で大統領候補となったケネディが果たした役割を無視することはできない。

同じく縮小期にあたるニクソン政権・フォード政権・カーター政権期には、ニクソンとキッシンジャーが展開したデタント政策に批判的な勢力が政権内外に多数存在しており、各政権はその影響力と直面することになった。たとえば、アメリカ議会に存在した、ジャクソンやヘルムズ、ジャヴィッツなどを中心とする反デタント勢力である。政府内部においても、フォード政権の国防長官、シュレジンガーとラムズフェルドはともにデタントに批判的であった。政権外のアクターでは、アメリカ労働総同盟・産業別組合会議（ＡＦＬ－ＣＩＯ）のミーニーと「現在の危機に関する委員会（Committee of the Present Danger）」のニッツェの存在が無視できない重要性を持っていた。

同じく縮小の外交を展開してきたオバマ政権も、アメリカ議会やマスメディア、外交官などからの激しい批判にさらされてきた。オバマ批判の先鋒としては、リバタリアンであるポール上院議員、ネオコンであるボルトン元国連大使（トランプ政権で国家安全保障問題担当大統領補佐官）、フォックス・ニュースなどの保守的メディア、ヘリテージ財団（トランプ政権への影響力が大きい）のような保守派のシンクタンクなど、枚挙にいとまがない。二〇一六年一一月の大統領選挙が近づくにつれて、民主党の中道派もオバマ外交への批判を強めるようになるだろうという。オバマ外交との差異化を図りたいヒラリー・クリントンとその夫であるビル・クリントン、ニューヨーク・タイムズなどのリベラル・メディア、カーネギー国際平和基金などのシンクタンクなどである。

このように考えた時、ポスト・オバマのアメリカ外交は再び縮小から拡大へと向かうのではないか——このように予想することも可能であるが、著者はオバマ後の展望をはっきりとは描いていない。

以上の要因に加えて、歴代の大統領は前政権の外交アプローチを批判し、新しい外交を展開しようとする傾向があると著者は指摘する。「前政権の外交を肯定的に継承したのは、ジョンソンとフォードだけである」。こうした傾向の影響もあって、アメリカ外交は拡大と縮小の間を揺れ動くことになるのである。

著者によれば、「拡大と縮小の外交のアプローチ」という視点は、読者の理解を促すため、あえて単純化に徹した分析枠組みであるという。拡大の外交は、「必ずしも向こう見ずで、思慮に欠けるわけではない」し、縮小の外交も「必ずしも受け身の姿勢であるわけではない」。どちらの外交のアプローチも、国際社会でのアメリカのリーダーシップを強化し、優位をより固めることを基本的に目的としている。したがって、拡大と縮小の間のアメリカ外交の揺れ動きは、「目的と手段の微調整（fine tuning）の結果である」と理解される。

以上のように、セスタノヴィッチの研究は「拡大と縮小」というアメリカ外交史に対するマクロな新しいパターンを提示したことに加え、それぞれの政権の分類と比較検討をし、オバマ外交の歴史的位置づけを試みるなど、斬新な知見を数多く提示している。アメリカ政治外交史や国際関係論（IR）に関心のある読者にとって、大きな示唆を与えることは疑いない。

ただし、セスタノヴィッチの研究にも問題がないわけではない。

第一に、「レーガン後の縮小がいつ始まり、いつ終わったのか、不明確である」とされている点である。

第二に、第一の点と関連して、オバマ政権期の「縮小」を歴史的にどのように位置づけるのか、不明確であると言わざるを得ない。ここで仮にオバマ政権期の縮小がW・ブッシュ政権の「テロとの戦い」（アフガニスタン戦争とイラク戦争）からの縮小を意味するものであるならば、それはポスト・レーガン期の縮小とは異なるものと考えられよう。すなわち、W・ブッシュ政権からオバマ政権までは、拡大と縮小の「第四のサイクル」として描かれるべきではないのだろうか――。

第三に、仮にそうであるとすると、レーガン後のブッシュ・シニア政権とクリントン政権の歴史的位置づけについても、再検討する必要が出てくるであろう。ブッシュ・シニア大統領とクリントン大統領は「拡大と縮小のハイブリッド」という著者の説明では不十分と言わざるを得ない。

第四に、一九八〇年代以降、アメリカの国内政治で保守とリベラルのイデオロギー対立が激化し、イデオロギーの〝分極化〟の傾向が顕著なものとなってきた点をどのように理解するかである。一九七〇年代までの民主党と共和党は、ともに比較的穏健な立場をとっていた。民主党の主流派は南部を基盤とした保守派であり、共和党の主流派は東部エスタブリッシュメントを代表した穏健派であり、民主党のリベラル派と共和党の保守派は少数派にとどまっていた。ところが、一九七〇年代以降、民主党の主流派はリベラル派となり、共和党の主流派は保守派となった。この結果、民主党はますますリベラルとなり、共和党はますます保守的になるという変化に見舞われている（島村、二〇一八：第七章）。

こうしたアメリカ国内政治の変化、特に政党の性格の変容が、レーガン後のアメリカ外交にいかなるインパクトを持ったのか、もう少し踏み込んだ分析が欲しいところである。

繰り返しを厭わず言うが、新規な分析枠組みに基づいた大胆なアメリカ外交の通史として、セスタノヴィッチの研究は高く評価できる。専門家だけではなく、アメリカ政治外交史や国際関係論に関心のある一般読者にも、セスタノヴィッチの知見は極めて有益であろう（Sestanovich, 2014）。

最後に注目すべきことは、セスタノヴィッチが、アメリカの対外コミットメントを縮小して、「オフショア・バランシング」の戦略を採用すべきである、という問題提起をしていないことである。ただ、アメリカ政治外交には拡大と縮小のサイクルが歴史的に観察されることを明らかにしたに過ぎない。縮小のアプローチが、歴史上、伝統があることを明らかにしたが、今このタイミングで縮小のアプローチをとるべきである、と強く主張しているわけではないのである。

五　トランプ時代のグランド・ストラテジー

第二次世界大戦後、七〇年以上にわたって、アメリカ中心のリベラルな国際秩序が維持されてきた。冷戦の時期は、資本主義の西側陣営に限られていたが、冷戦の終結後は、グローバルに拡大した。特に冷戦後の四半世紀は、冷戦期のような大きな脅威はなく、国際秩序は比較的に安定してきた。はたしてトランプの政治外交は、アメリカ中心のリベラルな国際秩序の終わりを意味するのか――。

国際政治で未来予測は慎むべきだが（現状分析でさえ難しい）、後世の歴史家がトランプ政権の政治外交を歴史の分水嶺と捉える可能性はある。ただし、はたしてトランプ政権に、グランド・ストラテジー（大戦略）が存在するのか、疑問を呈する識者は少なくない。たしかにトランプ政権の政治外交には、特に大統領自身の規律のなさや激情ぶり、不十分な専門知識などが顕著であり、さらにこれまでアメリカ中心のリベラルな国際秩序を支えてきた政策や規範に対して、トランプ大統領がそれらを否定するような言動が顕著に見られる（Kroenig, 2017; Ikenberry, 2017; Abrams, 2017）。

しかし、こうして大統領に専門知識が不足し、その政治外交に一貫性はなくとも、地政学的な課題に対して、一定のパターンを見い出すことはできる。地政学上、中国の台頭は、アメリカ政治外交に対して、深刻な課題を突きつけている。プーチンのロシアは、二〇一四年三月一八日に、隣国ウクライナのクリミア半島を併合し、冷戦後にはじめて国境線を書き換えた。中東地域では、シリアの内戦やイスラーム国（IS）の台頭、イランの核開発など、地域情勢は不安定で混沌としてきた。イスラーム国の脅威はにわかに後退したが、これら地政学上の課題は、オバマ政権の時期から、アメリカ政治外交が直面してきたものである。

振り返れば、オバマ政権の政治外交の評価も賛否両論があった。〝緊縮（austerity）〟の時代に、アメリカの力の限界を認識しつつ、「アメリカ後」も見据えた中長期的な視点から、アメリカ中心のリベラルな国際秩序の維持と再構築に尽力した、と肯定的に評価する識者もいる（Chollet, 2016）。これに対して、オバマ政権の政治外交には、一貫した理念が欠如しており、グランド・ストラテジーとみなすべきものが存在しない、と批判的に評価する識者もいる。オバマ大統領は、「アメリカはもはや世界の警察官ではない」や「今のアメリカにケナン（のような戦略家）は必要ない」と発言したことがある（Dueck, 2015: 2）。第八章でも見た通りである。両者の中間的な評価としては、「アジア旋回」ないし「再均衡」や「後方からの指導（leading from behind）」、「戦略的忍耐（strategic patience）」など、オバマ政権にはオバマ政権なりのグランド・ストラテジーが存在したが、前ブッシュ政権の過剰な関与（overreach）の教訓を過度に受け止め過ぎて、不十分な関与（underreach）の罠にとらわれてしまった、と分析する識者がいる（Brands, 2018: chap. 3）。特にシリアのアサド政権が市民に化学兵器を使用した時に、オバマ大統領が設定した「レッド・ライン」を超えたが、オバマ大統領が軍事行使を躊躇したため、その後、中露両国の対外的な強硬姿勢をもたらす結果となった（島村、二〇一八：第二章と第一四章）。

「アメリカ第一主義（America First）」を掲げるトランプ政権の政治外交で、注目すべきことは、これまでのアメリカ中心のリベラルな国際秩序の脱構築（deconstruction）を試みる姿勢を見せてきたことである。こうした考え方は、大統領上級顧問兼首席戦略緩のバノンに顕著であった。二〇一七年八月半ばのシャーロッツビル事件後の一八日にバノンが解任されたが、トランプ政権の政治外交は一時、穏健なものとなったものの、強硬な対外姿勢に根本的な変化は見られない（Brands, 2018: 154-155）。むしろ、特に二〇一八年春以降は、通商・貿易面で保護主義の姿勢を強めた。特に米中間は、関税引き上げの相互応酬で、貿易戦争の様相を呈している。貿易戦争の域を超えつつあるという議論もある。終章の冒頭で引用したが、米中での「新しい冷戦」の議論である（田中、二〇一八）。さらに五月八日の核開発一時停止をめぐるイランとの核合意からの離脱や六月一二日のはじめての米朝首脳会談も含めて、一一月六日の中間選挙での共和党勝利を見据えて強硬な対外姿勢を見せてきた。米朝首脳会談後も、米朝両国は駆け引きを繰り広げており、朝鮮半島の非核化と北朝鮮の体制の保証、朝鮮戦争の終結、経済制裁の解除のタイミングをめぐって互いに優先順位が異なるようである。二〇一九年二月二七日と二八日に行われた二度目の米朝首脳会談は、何の合意も生まなかった。

これまでのアメリカ中心のリベラルな国際秩序は、特に冷戦の終結後、「唯一の超大国（only super power）」となったアメリカが「戦略的自制」を継続し、（W・ブッシュ政権下では単独主義に傾いたが）多国間主義のアプローチをとり、比較的に平和で、繁栄した国際秩序であった。こうしたアメリカ中心のリベラルな国際秩序を支えてきたのは、アメリカの圧倒的な軍事力と経済力のハード・パワーであり、「他国を魅了する力」と定義されるソフト・パワーであり、これら圧倒的なパワーの使い方、すなわち比較的に〝慈悲深い（benevolent）〟アプローチであった。アメリカの行動は、協調を重んじ、比較的に予想可能であった。経済的には相互依存のさらなる深化ないしグローバリゼーションの進展から、ポジティブ・サムの利益を享受できる、と想定されてきた。覇権国アメリカは、たとえば、自由貿易の拡大や国際金融の安定、航行の自由など、国際公共財を提供してきた。そのため、ヨーロッパや日本など、アメリカ以外の大国がアメリカ中心のリベラルな国際秩序に対抗するのではなく、「勝ち馬に乗る（band-wagon）」インセンティブを感じてきた。こうした結果、アメリカ中心のリベラルな国際秩序は、より安定的なものとなってきた（Ikenberry, 2011; 2017; Leffler, 1992; Brands, 2018: 155-158）。

問題は、トランプ政権が、ゼロ・サム的な発想から、国際秩序を国際社会やグローバルな共同体というよりも国際的な〝闘技場（arena）〟と捉えて、「お人好しの」アメリカが、同盟国やパートナー国からうまく搾取されてきた、と主張していることである。そのため、多国間主義や慈悲深いアプローチではなく、アメリカの「主権（sovereignty）」や「自立性（independence）」を高める対外姿勢を強めてきた。トランプ大統領は、特にＮＡＴＯだが、同盟を軽蔑するような発言を繰り返し、より公正な防衛負担を同盟国に強く求めている。自由民主主義（政治的な民主化）や資本主義（経済的な市場化・自由貿易の拡大・相互依存の深化）、法の支配などリベラルな規範をほとんど語らず、民主主義の促進（promotion of democracy）や拡大（enlargement）には消極的であり、批判的でさえある。他方で、ロシアのプーチン大統領やトルコのエルドアン大統領、フィリピンのドゥトルテ大統領など、権威主義の指導者を手放しで賞賛する。そのため、ＮＡＴＯの同盟国は、トランプ政権がロシアとの間で〝取り引き〟し、戦略的な提携を試みるのではないかと危惧してきた。またトランプ政権の排外主義（xenophobia）の姿勢は、イスラーム諸国との関係を悪化させ、「テロとの戦い」を複雑なものとしてきたと言えよう。トランプ大統領は、内政ばかりでなく、対外政策でも〝取り引き（deal）〟を重んじ、そのために予測不可能性（unpredictability）を重要視している。同盟国とさえ、取り引きを重んじるという（島村、二〇一八：第一六章；Zeiler, 2018; Thompson, 2018; Legvold, 2018; Brands, 2018: 158-159）。

現実のトランプ政権の政治外交は、トランプ自身の大統領選挙中の公約やレトリックほど、過激なものではなく、共和党外交の伝統により近くなり、「実態に即した（conventional）」ものとなってきた、と肯定的に評価する意見もある。トランプ外交は、政権内の側近や閣僚、ブレーン、官僚機構、アメリカ議会によって、少なからず〝抑制〟されてきたという議論である。トランプ政治外交に〈抑制と均衡（check and balance）〉が機能したことに注目する議論である（島村、二〇一八：終章）。トランプ政権一年目は、マティス国防長官やティラーソン国務長官、ケリー首席大統領補佐官、マクマスター国家安全保障問題担当大統領補佐官、クシュナー上級顧問、ヘイリー国連大使、コーン国家経済会議（ＮＥＣ）委員長など、現実主義のアプローチをとる側近や閣僚、ブレーンが要職を占めた（二〇一八年三月六日に、トランプ政権は、コーン国家経済会議委員長が「数週間以内に辞任する」と発表した。トランプ大統領は、三月一三日に国務長官にポンペオＣＩＡ長官を、二二日に国家安全保障問題担当大統領補佐官にボルトン元国務次官を抜擢することをツイートした。一〇月九日にヘイリー国連大使が辞任することを発表した。一二月八日にはケリー首席大統領補佐官が「年末に辞任する」と明言し、一四日にはマルヴァニー行政管理予算局〔ＯＭＢ〕局長を首席大統領補佐官代行に指名すると発表した。二〇日には、マティス国防長官が「来年二月末に辞任する」とツイートした。その後、シャナハンが国防長官代行となった）。政権発足直後のトランプ政権の混乱は、バノン＝ナヴァロ＝ライトハイザーの強硬派が政策決定で大きな影響力を行使したからであった（島村、二〇一八：第一六章；Busby and Morten, 2018; Abrams, 2017: 10; Kroenig, 2017; Brands, 2018: 159-161; Cohen, 2018）。

たとえば、トランプ政権は、北米自由貿易協定（ＮＡＦＴＡ）を破棄してもいない。拷問を再開してもいないし、テロリストと疑われる家族を殺害してもいない。イスラーム国（ＩＳ）への大規模な空爆を実施してきたわけではないし、テロとの戦いではオバマ政権のアプローチを踏襲している。（現在のところ）中国から輸出されるすべての工業製品に四五％の関税を課したり、中国を為替操作国に指定してもいない。ヨーロッパの同盟国の頭ごなしに、ロシアとの取り引きを試みてもいないし、ＮＡＴＯの軍事力は強化してきた。メキシコとの間に「壁」を構築できていないし、そのための建設費用を支払わせるために、メキシコに経済制裁を課してもいない。アフガニスタン戦争から即時撤退するのではなく、むしろ治安維持のためにまず増派した（二〇一九年に入り、撤退の方針が打ち出されたが）。シリア内戦では、すでに見た通り、アサド政権と連携するのではなく、シリア市民への化学兵器の使用に対して、空爆を二度、実施した（Chaudoin, Milner and Tingley, 2018）。

しかし、トランプ政権の政治外交には危険な兆候もある。たとえば、トランプ大統領は、ロシアへの経済制裁を解除し、戦略的な和解を模索したが、国務省と議会の反対にあって断念し、〝抑制〟された。大統領令で拷問を再開しようと何度か試みたが、ここでも大統領は〝抑制〟された。二〇一七年春には、ＮＡＦＴＡの破棄を検討したが、主要な側近や閣僚、ブレーンに反対され、〝抑制〟された（その後、メキシコとカナダとの間で、ＮＡＦＴＡの再交渉に入った）。二〇一七年四月まで、トランプ政権はシリアのアサド政権との連携を試みたが、そのことがアサド政権に化学兵器を市民に使用してもよいという間違ったメッセージを与えてしまった可能性が高い。トランプ大統領は、二〇一七年一月二三日に環太平洋経済連携協定（ＴＰＰ）から離脱する大統領令に署名した。六月一日には、気候変動をめぐって、地球温暖化対策の国際的枠組みであるパリ協定から離脱することを表明した。これらの協定は、アメリカの繁栄と経済的自立にとって、利益というよりもむしろ害である、と説明された。トランプ大統領は、自由貿易の協定や同盟、国際機構などからアメリカは搾取されてきた、という考え方を持っている。こうして、トランプ大統領は、第二次世界大戦後のアメリカ中心のリベラルな国際秩序を支えてきた規範や価値観に挑戦しているのである（Brands, 2018: 160-161）。

トランプ大統領は、二〇一七年一月二〇日の就任演説で、「われわれは、他国を裕福にしてきたが、わが国の富と力、自信は、水平線の彼方へ消えてしまった」と述べ、排他的で狭い国益の概念を明らかにした。九月一九日の国連演説では、それまでのアメリカ外交の国際主義や開かれたリベラルな国際秩序の伝統とは対照的に、「アメリカ第一主義」を語り、ナショナリズムへの回帰を唱えつつ、主権を敵対的な世界での略奪に対抗するための不可欠な防波堤として位置づけた。「主権」ないし「主権の」という言葉を二〇回以上、語った。「国民国家は、幸福と調和にとって真の基盤のままである」と述べ、「グローバリズムの間違った歌」は、アメリカを破滅へと導くであろう、とも述べている。当時注目されたのは、トランプ大統領が、イランや北朝鮮を「ならず者国家」と位置づけ、特に「アメリカと同盟国を守ることを迫られれば、北朝鮮を完全に破壊する」と発言したことであった（Brands, 2018: 167-168）。

トランプ政権は、通商・貿易面では、多国間（マルチ）ではなく、二国間（バイ）での問題解決を模索してきた。政権発足直後のＴＰＰからの離脱についてはすでに触れた。カナダの航空機と軟材に保護主義的な措置をとり、世界貿易機関（ＷＴＯ）には一貫して批判的な姿勢をとっている。アメリカのＷＴＯ離脱も噂されてきた。主要二〇カ国・地域（G20）の首脳会談（サミット）では、「反保護主義」の文言を削除しようと試みた（二〇一八年一二月一日のG20サミットの首脳宣言では、「反保護主義」の文言がはじめて削除された）。中国や韓国、日本、ドイツからの鉄鋼に高い関税を課し、貿易戦争も辞さない構えを見せている。ＮＡＦＴＡや米韓自由貿易協定（ＫＯＲＵＳ）を破棄することをしばしばちらつかせる。中国や日本に対しては、通商・貿易の対米赤字を削減するように強く迫ってきた。こうしてトランプ政権は、アメリカ中心のリベラルな国際秩序を犠牲にするような形で、経済主権と「行動の自由」を確保し強化しようとしてきた。アメリカ外交の国際主義の伝統に反して、金切り声のナショナリズムを唱えているのである（Brands, 2018: 162-163）。

アメリカ中心のリベラルな国際秩序は、安全保障面では、自由民主主義（政治的な民主化）や資本主義（経済的な市場化・自由貿易の拡大・相互依存の深化）、法の支配といった規範や価値観を共有する国家と同盟やパートナーシップ関係を強化してきた。たとえば、シュルツ元国務長官は、「アメリカの最も親密で永続する関係が、主に民主主義国家との同盟であることは偶然ではない」と述べている（Smith, 2012: 270）。かつてアチソン元国務長官も、自由民主主義の価値観と広く共有された国際秩序のヴィジョンへの「共通の信念」について言及している（McMahon, 2008: 74）。こうした結びつきは、最も深刻な安全保障の課題に取り組む上で、数十年にわたり制度化された協調によって強化されてきた。こうした共通の規範や価値観を持つ同盟国との間で、アメリカは、過分な防衛負担を担い、主要な地域での安定に貢献してきた。

問題は、トランプ政権が、こうしたアメリカの安全保障政策の伝統に批判的なことである。たとえば、トランプ大統領は、二〇一七年五月一九日から二七日にかけてのはじめてのヨーロッパ（ブリュッセルなど）訪問で、同盟国に国民総生産（ＧＤＰ）比二％の国防予算は必要最低限にすぎず、不十分であり、「アメリカの納税者に対して公正ではない」と訴えつつ、ＮＡＴＯの第五条の集団防衛へのコミットメントには触れなかった。「ドイツは悪い。非常に悪い」「これは止めなければならない」とも述べている。トランプ政権の側近や閣僚たちは、こうした発言はより公正な防衛負担を引き出すための交渉材料であると指摘したが、トランプ大統領が最も親密な同盟国に対して、親近感よりもむしろ敵意を感じていることが明らかとなった（Sloan, 2018; Keylor, 2018; Brands, 2018: 163-165）。同じく、日本有事の際に、日米安全保障条約の第五条が発動されるのか、疑問が生じる（Lind, 2018）。

トランプ大統領は、アメリカが過分な負担とリスクを引き受ける一方で、同盟国は相応の利益を享受しているため、アメリカの同盟関係は「悪い取り引きである」と認識している。またトランプ大統領は、最も友好な同盟国との関係でさえ、より相互互恵で、アドホックなアプローチをとるべきである、と考えているという。特別な永続する同盟関係は「時代遅れである」と認識されているのである。これまでアメリカは、永続する戦略的な共同体から多くの利益を享受してきたが、トランプ政権は、永続する同盟国は必要がないかのように振る舞っている（Brands, 2018: 165）。

六　健全なグランド・ストラテジーを求めて

冷戦期、アメリカは、自由民主主義と資本主義を掲げて、共産主義のソ連とイデオロギー対立していた。特に一九七〇年代後半には、カーター政権が人権外交を展開し、冷戦の終結後のアメリカは、民主主義の促進ないし〝拡大〟を封じ込め（containment）に代わる対外政策の戦略的な目的に据えた。民主党のクリントン政権は、一九九五年二月一日に、「関与（engagement）と拡大」の国家安全保障戦略（NSS）をまとめた。冷戦後の脅威となりうる中国を封じ込めるのではなく、宥和するのでもなく、関与することで、中国を国際経済に関与させ、〝取り組む〟。その結果、中長期的に中国の民主化を期待する戦略であった。単独主義のアプローチに傾斜し、「先制（pre-emption）」の『国家安全保障戦略』を打ち出した共和党のW・ブッシュ政権でさえ、なぜイラク戦争に突入するのかについて、大量破壊兵器（WMD）の不拡散（nonproliferation）に加えて、イラクの民主化ひいては中東の民主化を掲げていた。その後、民主党のオバマ政権は、中国やロシア、インドなど大国間関係では、クリントン国務長官の「マルチ・パートナーの世界」演説で戦略的な対話を深めることを打ち出すと同時に、ハード・パワーとソフト・パワーの両方を巧みに使い分ける「スマート・パワー」の政策概念に基づいた対外政策を展開し、民主主義の促進や拡大、人権擁護が積極的に目指された。民主主義の促進や拡大、人権擁護の立場をとることで、アメリカは、自国の理想と国益に好都合な国際秩序を享受してきたのである（島村、二〇一八：第二章；Nau, 2002; Layne, 2009）。

問題は、トランプ政権が、すでに見た通り、民主主義の促進や拡大、人権擁護に消極的かつ批判的ですらあることである。価値観の問題は、アメリカの安全保障を高め、繁栄を享受するための本来の政策の努力からの逸脱であるとみなされる（*The Hill*, February 4, 2017）。たとえば、ティラーソン国務長官は、政権発足当初、トランプ大統領の政策志向にしたがって、価値観の問題はアメリカ外交にとって「障害」である、とさえ言った（*Washington Post*, August 1, 2017）。トランプ大統領は、「テロとの戦い」の文脈で、「われわれは、こうしたグローバルな脅威に対抗してともに立ち上がり、戦うことを選択するあらゆる国家と協力するつもりである」と述べ、シリアを含む中東地域の権威主義体制とも連携することを明らかにしたことがある（Bradley, 2018; Moyn, 2018; Margon, 2018; Brands, 2018: 166-167）。

トランプ大統領は、ベネズエラやイラン、シリア、北朝鮮の人権侵害はしばしば批判するが、トランプ政権は、民主主義の促進や拡大、人権擁護について、一貫した体系的な政策を持ち合わせてはいない。軍事介入をともなう国家建設に懐疑的な点は、「イラク後」と「アフガニスタン後」という文脈から理解できる。トランプ大統領は、すでに見た二〇一七年九月十九日の国連での演説で、民主主義の促進や拡大、人権擁護のいかなる試みにも批判的であったばかりでなく、地政学上の競争が激しくなるなかで、国家主権を強化するというより重要な課題に取り組む必要性を訴えた。「あらゆる国家は、……あらゆる他の主権国家の権利を尊重し」なければならない、と主張された。ただし、主権の尊重は、権威主義体制の国内での市民抑圧を正当化する時に持ち出される危険がある（Brands, 2018: 166-168）。

トランプ政権のグランド・ストラテジーでさらに問題となるのは、主要なグローバルな脅威や課題に対して、アメリカがまず先頭に立ち、取り組む上で不可欠な国家（indispensable nation）であるという点に疑問符を抱かせてしまっていることである。トランプ政権は、こうした取り組みから距離を置いてきた。たとえば、通商・貿易面では、すでに見た通り、保護主義と反グローバリゼーションの立場をとり、グローバリゼーションを停滞させている。ＴＰＰからは離脱する措置をとった。地球温暖化防止の国際的な枠組みであるパリ協定からも離脱することを表明した。このことは、二一世紀のポスト・モダンの脅威である気候変動（climate change）の問題に距離を置くことを意味する。安全保障面では、イランとの核合意から離脱することを表明した。グローバルな課題となりつつある難民問題でも、イスラーム圏からの難民と移民の受け入れに対して、きわめて消極的である（Brands, 2018: 168-170）。はたしてアメリカは、もはや「例外主義的でない（unexceptional）」国家に変容してしまうのか――（Wertheim, 2018）。

アメリカが、グローバルな脅威や課題に真っ先に取り組むという責務を放棄した場合、ヨーロッパ諸国や日本の同盟国が代わりに指導力を発揮する場合もあるが、中国やロシアなど、むしろ国際秩序にとって脅威となりうる国家がその真空状態を埋めることもあるということを看過してはならない。実際、トランプ政権の指導力の欠如は、〝リベラルでない〟中国の習近平政権が、通商・貿易や気候変動、その他の争点をめぐって、責任があるグローバルな大国として振る舞うことを許してしまっている（Brands, 2018: 169-170）。

トランプ政権は、アメリカ政治外交の堅実さと信頼性を弱めてしまっているという問題もある。たとえば、すでに見た

NATOの第五条の集団防衛へのコミットメントの不明確さがある。またトランプ大統領は、国際秩序にほとんど関心を示さず、外交交渉の〝取り引き〟を念頭に予測不可能性を重視していることも問題である。繰り返しになるが、TPPとパリ協定だけでなく、イランとの核合意からも離脱することを表明し、中東情勢をさらに混乱させてしまった（Brands, 2018: 170-173）。

アメリカ政治外交の能力と適性に疑問を生じさせていることも問題である。たとえば、政権発足以前だが、トランプは、「一つの中国」原則を見直すと表明し、中国を過度に刺激してしまった。政権発足直後には、イスラーム圏の七カ国からの難民と移民の受け入れを禁止する措置をとり、「テロとの戦い」をめぐるアメリカの立場を弱体化させることとなった。イランとの核合意からの離脱も、象徴的な動きだとしても、中東地域を実質的により不安定にさせてしまう結果になると思われる。さらに、「行政国家の脱構築」を掲げて、政権を発足させたトランプは、外交専門家や情報機関への不信感が強く、国務省の予算は大幅に削減された。トランプのホワイトハウスは、国務省やその他の省庁を迂回して、政策決定することもしばしばであった。またトランプ政権の一年目は、対外政策の主要なポストもあまり埋まらないままであった。こうしたことは、外交官など政策決定者たちの意気を消沈させてしまうことになりうる（Brands, 2018: 173-175）。

以上の点は、アメリカのソフト・パワーを傷つけている可能性が高い。ソフト・パワーが健在であるが故に、ハード・パワーを有効かつ適切に行使できるという側面がある。しかし、トランプ政権には、ソフト・パワーへの関心がほとんど見られない。この点で、国務省予算の大幅削減は問題である。トランプ政権は、三％増の国防予算の増額を提案したが、他方で、国務省と国際開発局の予算を三〇％近く削減することを明らかにした。マルヴァニー行政管理予算局長は、「これはハード・パワーの予算である」「ソフト・パワーの予算ではない」と述べた（Hellman, 2017）。議会指導部は、議会に予算案が「届き次第、死文化される」と警告することとなった（Rathbun, 2018; Brands, 2018: 176-177）。

アメリカ外交が「縮小」の局面に突入したオバマ政権の時代に注目された「オフショア・バランシング」（ないし「オフショア・コントロール」）への政策転換には慎重でなければならない。レインやウォルト、ミアシャイマー、ポーゼンといった名立たる国際政治学者たちが政策提言しているため、目立った反論も出ていないが、地政学上の脅威がますます増している現状で、はたして現実的な政策オプションであろうか――（Layne, 2006: 18, 23-28, 159, 160; Walt, 2005: 12, 14, 125, 222-223, 234, 236, 240-243, 299n; Mearsheimer, 2014: 141, 234-266; Posen, 2014）。

「オフショア・バランシング」論者たちは、アメリカが平時にオフショアへと一歩下がり、主要な地域が不安定になった時にのみ介入することで、現在の前方展開型の防衛態勢よりも防衛予算を削減でき、中国やロシアの大国を無駄に刺激せず、イランや北朝鮮の「ならず者国家」に対しても彼らが核兵器を保有するインセンティブを減らすことができる、と主張する。ただし、オフショア・バランシングの政策をとることで削減できる防衛予算は、せいぜいGDP比で一％であり、最も野心的な軍拡のアプローチでもGDP比で四％ほどの防衛予算を維持していくだけで十分である。また、特に中国やロシアとの間で、地政学的な競争がすでに激化してしまっている。アメリカが主要な地域からオフショアへと距離を置くことで生じる力の真空を埋めるのは、これらの権威主義の大国であろう。核兵器の不拡散についても、アメリカの軍事プレゼンスが低下することで、むしろ核兵器の〝拡散（proliferation）〟が進む可能性が少なくない。アメリカの比類なきハード・パワーが、それぞれ主要な地域で安定した国際秩序を維持してきたし、これからもそうである必要がある。しかも、そのためのコストは、オフショア・バランシングを提言する専門家たちが想定するほど膨大なわけでもない。こうして、オフショア・バランシングは、メリットよりもデメリットの方が大きいと言わざるを得ない（Brands, 2018: ch. 2）。

トランプ政権が一期四年間のみで終わるのか、二期八年間も続くのかは別として、トランプ政権の政治外交がアメリカ中心のリベラルな国際秩序に少なからず悪影響を及ぼしたとしても、リベラルな国際秩序は高度に〝制度化〟されており、きわめて頑丈で、トランプ政権の任期よりも長続きするという楽観的な意見もある。トランプ大統領が引退すれば、W・ブッシュ大統領の時のように、アメリカの国際社会での威信やソフト・パワーも回復するであろうという。しかし、トランプ政権の政治外交がアメリカ中心のリベラルな国際秩序にもたらすであろうダメージがどれだけ累積されていくのかは、予測不能である（Rose, 2019; Haass, 2019; Kotkin, 2018; Deudney and Ikenberry, 2018; Otte, 2018; Sullivan, 2018; Cohen, 2018; Posen, 2018; Zakaria, 2017; Nye, 2015）。

以上述べてきた点は、アメリカ中心のリベラルな国際秩序を支えてきたアメリカのグランド・ストラテジーをまったく変化させてはならないということではない。むしろ時代に応じて、絶えず〝微調整〟していく必要がある。一九六九年以降の共和党のニクソン政権のように、大幅な政策転換を図る必要がある歴史の瞬間もあるであろう。ニクソン政権は、すでに見た通りだが、一九六九年七月二五日の「グアム・ドクトリン」ないし「ニクソン・ドクトリン」で「ヴェトナム化」を図り、アジア、特にヴェトナムから段階的に撤退した。またニクソン大統領は、一九七一年七月一五日の「ニクソン・ショック」で、翌年の中国訪問を発表し、一九七二年二月二一日から二八日にかけての訪中による米中和解で、米中ソの三角関係をアメリカ優位に再構築した。米中和解を足がかりに、約三カ月後、ソ連との間でも「ハイ・デタント」を実現させた。さらに、一九七一年八月一五日の「第二次ニクソン・ショック」でドルと金との兌換性を廃止するなど「新経済政策」を打ち出し、ブレトン・ウッズ体制を崩壊させた。ニクソン政権は、アメリカ中心のリベラルな国際秩序を維持しつつ、アメリカの国益により沿った形で、政策転換を図ったのである。

トランプ時代に求められるグランド・ストラテジーも、これと同じような試みである。アメリカ中心のリベラルな国際秩序を維持しつつ、アメリカの国益や健全なナショナリズム、妥当なレベルでの国家主権の強化などといかに折り合いをつけるかということが重要となってくる。ただし、「言うは易く行うは難し」である。また、アメリカがしばらく、圧倒的なハード・パワーとソフト・パワーを持ち合わせていたとしても、そのパワーをいかに行使するのかという問題が重要であると言ってよい。

たとえば、リアリストのリチャード・ハースは、いかに世界秩序が終わるのかを論じる上で、政治家や外交官の個人の役割を強調する。「（安定した世界秩序は）安定した力の分布と国際関係の行動を統治するルールが広く受け容れられる必要もある。秩序は自然に生まれるのではなく、人によって形成されるものであるため、熟練した政治的手腕も必要となる。いかに秩序をスタートさせる機が熟していようと、いかに新秩序への願いが大きくとも、安定した世界秩序を維持していくためには、環境が変化した場合にそれにうまく適応し、挑戦にさらされた場合にそれを強化し、支えるために、創造的な外交や機能的な国際制度、効果的な行動が必要となる」（Haass, 2019: 22）。

また、「現実に、最もうまく管理された秩序でさえ、不可避的に、終焉を迎える。……しかし、あらゆる秩序が終わりを迎えるのが不可避であったとしても、そのタイミングや終わり方はさまざまである。……秩序は、突然の崩壊というよりはむしろ、長期にわたる劣化を経て、その役割を終える傾向がある。そして、まさに秩序の維持が優れた政治的手腕と効果的な行動に左右されるように、良質な政策と先を見据えた外交が、いかに秩序が劣化し、何がもたらされるのかを決定づける」と指摘される（Haass, 2019: 22）。

ハースの念頭にあるのは、一九世紀の「ウィーン体制」と「ヨーロッパの協調」の国際秩序である。一八三〇年と一八四八年の革命とその後のクリミア戦争（一八五三―一八五六年）での一時的な秩序崩壊にもかかわらず、ウィーン体制とヨーロッパの協調の国際秩序はその後も、政治家や外交官の政治的手腕によって、二〇世紀はじめの第一次世界大戦の勃発まで、比較的に安定して継続した。これと同じように、二一世紀はじめのアメリカ中心のリベラルな国際秩序を、アメリカの政治的手腕で効果的に維持していく必要性を説くのである（Haass, 2019: esp. 22-23, 24, 28-30）。

特に、「中国とロシアを秩序の地域的かつグローバルな秩序へと取り込んでいく試みを放棄すべきではない。こうした努力は、必然的に妥協とインセンティブ供与、対抗策を組み合わせたアプローチをとる必要がある。これまで中国とロシアを取り込む試みがほとんど失敗してきたという判断によって、将来のこうした試みを拒絶するための根拠としてはならない。なぜなら、二一世紀の成り行きは、こうした中国とロシアを秩序に取り込む試みがいかに推移していくのかに大いに左右されるからである」と指摘される（Haass, 2019: 29）。

ただし、すでに見た通り、二〇一七年から二〇一八年にかけて、トランプ政権下のアメリカでは、ホワイトハウスだけではなく、省庁間やアメリカ議会、シンクタンクなどで、対中国の強硬路線で超党派のコンセンサスが形成されてきたことが無視できない。中国をアメリカ中心のリベラルな国際秩序に〝取り込む〟ことに成功すれば、共産党一党独裁の政治体制ないし権威主義体制から民主化が進展すると期待することは幻想であった、という認識が広まっている。たとえば、民主党のオバマ政権で国務次官補を務めたキャンベルとラトナーも、これまでの対中関与政策の前提が間違っていた、と論じている（Campbell and Ratner, 2018）。すでに見た通り、二〇一八年一〇月四日のハドソン研究所でペンス副大統領が包括的な対中政策を明らかにした演説は、こうした対中国の強硬路線での超党派のコンセンサスが背景にあった（Hudson Institute, 2018）。こうしたペンス演説の内容は、二〇一七年一二月一八日に発表された『国家安全保障戦略（ＮＳＳ）』にまでさかのぼることができる（White House, 2017B）。

ネオクラシカル・リアリズムを〝発見〟したローズは、トランプ政権の政治外交を機に、リベラルな国際秩序が新たな第四段階へと移行する必要性を説く。「（孤立主義と地域覇権の古いグランド・ストラテジーと比較して）新しいグランド・ストラテジーは、今では『リベラルな国際秩序』として知られる慈悲深い（benevolent）相互互恵の交流を育む濃密なネットワークを作り出した。こうした秩序は、三つの段階を経て進化してきた。まずウッドロウ・ウィルソン大統領が第一次世界大戦後にリベラルな国際秩序を確立しようと試みた。彼はそれに失敗したが、彼の後継者たちに（国際協調システムの）モデルとその構築を試みる上で注意すべき点についての警告的な教訓を残した。次いで、フランクリン・ローズヴェルト大統領とハリー・トルーマン大統領は、第二次世界大戦期と戦後に再び、リベラルな国際秩序を構築しようと試みた。この時には、少なくとも世界の一部分であったが、秩序がうまく定着した。その後、ジョージ・Ｈ・Ｗ・ブッシュ大統領とビル・クリントン大統領が、リベラルな国際秩序を冷戦後の世界のために再構築し、西側世界から残りの世界へとシステムを拡大させたのである」（Rose, 2019: 11）。

また、「二〇一六年には、アングロサクソンの国家の有権者たちが、Brexit（イギリスの欧州連合〔ＥＵ〕からの離脱）を支持し、ドナルド・トランプ大統領を大統領に選ぶことで古い歴史の第三局面を終わらせ、その後二年間、世界は漂流した。……しかし依然として、リベラルな国際秩序は維持されている。自発的で、ルールに基づいた国際協調から相互に利得をもたらす可能性という秩序の中核的な洞察への認識は依然として存在する。世界の大半の地域がリベラルなプロジェクトに組み込まれ、この状況を維持したいと望んでいる」とローズは指摘し、リベラルな国際秩序の第四段階を形成する上で、アメリカが真剣なコミットメントによって、国際秩序を指導する責務を説くのである（Rose, 2019: 11）。

しかし、ローズは、グローバリズムの現段階の構築者たちが資本主義の拡大にともなう弊害を見て見ないふりをしてきたことにきわめて批判的である。「何らかの国家の介入なしでは、その恩恵が着実かつ公平に社会に分配されることはなかった。高まる期待のなかで、思うように状況が変化しないことへの怒りが高まり、社会に混乱が生じた。ワシントンは、たとえ国内のセーフティー・ネットを削減することになったとしても、グローバリゼーションを熱心に推し進め、まさに創造的破壊が猛威を振るい出したタイミングで、リスク対応の責任を国家から大衆へと押しつけた。……こうして、リベラリズムのプロジェクトは終わり、ナショナリズムにハイジャックされることとなった」。機能不全のエスタブリッシュメントに対する不信感も増大したという（Rose, 2019: 17）。

「二〇一〇年代までに、古い取り決めは明らかに破綻していたが、政治的な行き詰まりゆえに、何も変化しなかった。バラク・オバマ大統領の対外政策は、アメリカにとって周辺的な利益しかない地域への過剰関与から縮小することによって、秩序の中核を守ろうと試みることに焦点を絞った。その後、独学で政治的センスを磨いた天才であるトランプが、あらゆる既存の政府の政策を批判するアウトサイダーとして大統領職へと躍り出た。……秩序はポジティブ・サムのゲームだが、彼はゼロ・サムの世界に生きている。……彼は協調というよりも競争を、自由貿易というよりも保護主義を、民主主義というよりも権威主義をむしろ好む」とも指摘される（Rose, 2019: 17）。

トランプ政権の政治外交は、衝動や直観、無知に基づくトランプ大統領の決定に対して、政策のプロフェッショナルである「大人たち」が、政権内で抵抗運動を形成し、大統領による不適当な決定を〝抑制〟すべく努力してきた、と指摘される（*New York Times*, September 5, 2018; Rose, 2019: 18も参照）。ローズは、二〇一八年一一月の中間選挙後も、下院では民主党多数議会が成立し、「分割政府（divided government）」の政治状況となったが、トランプ政権の対外政策に大きな変化はない、と予測する。「国際秩序は、解体することはなくとも、蝕まれ続けていくであろう。政治学者のバリー・ポーゼンが『リベラルでない覇権（illiberal hegemony）』と呼んだ状況へとまっすぐ進むのではないか」という（Rose, 2019: 18）。

ローズは、トランプ後の次の大統領と政権が、リベラルな国際秩序を再構築するとしても、トランプ政権の任期中に国際秩序に深刻なダメージを残すのではないか、と指摘する。「秩序へのダメージを修復するには、非トランプ的であるだけでは十分ではない。トランプ的なものを覆す必要がある。すなわち、真実を語り、自分自身だけでなく他者の立場に配慮し、長期的な視点で活動しなければならない。トランピズムとは、勝利を手に入れることであり、そこには敗北にまみれる相手が必要となる。秩序は、指導するプレイヤーを必要とし、他国との協調でリーダーシップをまとめなければならない。もし次期政権がこうした相違を認識するならば、まだ再び秩序を維持していく機会を手に入れられるかもしれない」とも指摘される（Rose, 2019: 18）。

ローズは、アメリカの力が衰退する一方で、中国の力が増大し、大国間の地政学的な対立が不可避となるというリアリズムの議論には与さない。むしろ、現代の国際秩序は、ネオリベラリズムのコヘインとナイがかつて「複合的な相互依存

（complex interdependence）」と呼んだ、密接に相互に結びつき合った関係やネットワークへと変容しつつあるのではないか、と指摘される（Rose, 2019: 19）。

また、ローズの中国に対する政策は、ハースの議論と重なり合う。「中国が、国内の政治体制を自由化することなく、経済的な競争相手となった今、中国は協力と競争がミックスした複雑なゲームを展開している。そのため、ワシントンがこれまで、直面したことのないレベルの複雑な構図が作り出されている。関与も封じ込めも、それだけでは力強いアプローチにはなり得ない。問題は、米中対立へと転げ落ちることなく、この二つのアプローチをいかにバランスさせるかである。そのためには、問題領域を超えて対策を組み合わせ、一貫した戦略をとり、目的に優先順位をつけ、同盟国や地域のパートナー国と密接に協力しなければならない。脅してそうさせるのではなく、相互に受け容れ可能な妥協を忍耐強く模索することで連帯をまとめなければならない」と指摘した上で、「この秩序は、協力的な二国間の、または地域レベルの、そして機能的なグループ化の配列によって構成される。なぜなら、こうしたグループは、さまざまな側面を持ち、一度にパッケージ合意のすべてを受け容れられない国家でも、時間をかけて、自分自身のペースで周辺部から関与し、中核的な部分の合意に参加することができるからである。中国がいつの日か、国際システムの責任ある利害共有者（responsible stake-holder）の役割を担うことを期待しつつ、アメリカとその同盟国は、このやり方を試みるべきである」と指摘される（Rose, 2019: 20）。

自らネオクラシカル・リアリストであるローズは、急速に進展するグローバリゼーションが国内政治経済にもたらす弊害を緩和する必要性をも強調する。「一九三〇年代の教訓の一つは、経済的なリベラリズムが民主主義のなかで政治的に持続可能であるためには、国家が市場の力によって打ちのめされることから市民を守るために介入する必要があるということである。……今日の政策決定者たちは、こうしたより初期の取り引きの叡知を認識すべきである。すなわち、国際協調と自国の国内社会で引き裂かれたセーフティー・ネットを修復するという二つのコミットメント間のバランスに配慮し、自国の社会が一息つく時間と空間を与えることで、経済と社会、技術の急速な変化のペースをうまく制御する力を取り戻すことである」と指摘した上で、「こうしたプロジェクトの国内の側面は、国内政治上、それ自体に価値があっただけではなく、対外政策のための国民の支持をつなぎ止める上でも必要である。（リベラルな国際秩序の）第四段階目の秩序形成にとって真の課題は、理論や政策の領域ではなく、政治の領域にある。秩序とは、国家建設のプロジェクトではなく、無政府状態（anarchy）の副作用を和らげるために構想された協調的な取り決めの機能的な枠組みの一連のセットにすぎない。このため人を魅了する力は十分ではない」と指摘される（Rose, 2019: 20-21）。

さらに、ローズは、「冷戦がなければ、国家の実際の対外政策への国民の支持を生み出すことはきわめて困難であった」と指摘した上で、増大する中国の脅威を強調し、「新しい冷戦」のコンセンサスを形成することは可能で容易だが、そうすべきではない、と示唆する。かつて、フランクリン・ローズヴェルト大統領が、リベラルなグランド・ストラテジーを遂行する上で国民を説得したように、国内政治と有権者に真摯に向かい合う必要性を説くのである（Rose, 2019: 21）。

トランプ時代のアメリカは、「もはや例外主義的でない」国家となっていくのか――。アメリカ中心のリベラルな国際秩序は、はたして維持されるのか――。あるいは、「もはやリベラルでない」国際秩序となっていくのか――（納家、二〇一八）。それとも、アリソンやベイスヴィッチが指摘する通り、「グローバルな秩序」ないし「リベラルな秩序」という概念自体が〝神話〟である、と考えるべきなのか――。アリソンは、以下の通り、指摘する。「『長い平和』は、リベラルな秩序の結果ではなく、四五年に及ぶ冷戦のソ連とアメリカの間の危険な勢力均衡と、その後のアメリカの優位の短い期間の副産物であった」。「もしソ連の脅威がなければ、マーシャル・プランはなく、NATOも存在していなかったであろう」。「冷戦の終結は、単極の時代ではなく、単極の瞬間をもたらした」。「中国の台頭やロシアの復権、グローバルなパワーにおけるアメリカの衰退が、トランプよりもはるかに大きな課題を突きつけている」（Allison, 2018: 125, 128, 130; Bacevich, 2018）。

こうして、二一世紀のはじめに、地政学が復活しつつある国際環境の下で、アメリカという国家とそれが支えてきたリベラルな国際秩序のあり方が深刻に問われているのである。

あとがき

神よ、変えられないものを受け容れる平静さを、変えるべきものを変える勇気を、そして、それらを見分ける英知を与えたまえ。

神学者で国際政治学者のラインホルト・ニーバー

絶望することは罪である。そこからは何も生まれない。どんな逆境においても絶望してはならない。むしろ絶望という名の不運から希望ある将来へと導く強さを学ぼう。

ウィンストン・チャーチル首相

決して冷めない狂おしいほどの情熱を持って行動を繰り返せ。

小説家の喜多川泰

本書は、構想二〇年、執筆に半年間を要した――。本書は、小生にとって、『〈抑制と均衡〉のアメリカ政治外交――歴史・構造・プロセス』（ミネルヴァ書房、二〇一八）に続く、二冊目の本となる。かねてより、いつか、「国際政治の〈変化〉を見る眼」について、論文と本をまとめてみたい、と考えてきた。まさか、わずか半年間でまとめることができるとは考えてもいなかった。実家の居間で、すべてを書き上げた。

論文を一つずつまとめるために、「もしかして、天才？」と独り言を言うと、母のきよ子が「ああ、そう？」とそっけなく答える。無口の父の幸次は、いつも無言である。九歳下の妹の友妃子に至っては、「お兄ちゃん、いつもそんなに頑張って、何がしたいの？」と聞いてくる始末。ただし、「いつも馬鹿みたいに頑張り過ぎるから、たまには体に気をつけてね」という言葉をかける優しさも併せ持っている。三歳下の妹の江身子に至っては、「そう、まあ頑張ってね。えへへ」ともはや他人事である。

最愛の姪の桃花は、ついに高校に進学した――。Kポップにはまっていて、足しげく新大久保に通う。「なんで日韓関係がこんなに冷え込んでいるのに、第二次韓流ブームなのか、よくわからないよ」と小生が言ったら、桃花はこう言った。「若い世代が日韓関係を変える！」と。

楽しそうに論文をまとめているから、家族から見ても、本を読んで、遊んでいるようにしか見えないらしい。研究者は、時間の都合がつくが、研究と教育、そして大学の学務をバランスよくこなさなければならないから、意外と大変な職業なのである。しかも、三六五日、新しい研究のテーマについて、頭のなかでずっと考えている。毎日毎日が、休みのようだが、ずっと働き続けているように感じる時もある。無口の父がいつか、小生にこう言ったことがある。「毎日のように、朝寝坊しているようでは駄目だ。自分の道で一流になりたいのなら、誰よりも早く起きなくてならない。少なくとも太陽に負けてはならない」と。

本書は、タイトルの通り、「国際政治の〈変化〉を見る眼」をいくつかのレベルから考察したものである。国際政治の変化には、国際システムそのものの歴史的に大きな変化もあれば、国際システム上の変化もある。同盟の組み換えや政策転換など、ユニット・レベルの変化もある。さらに、帝国が解体していく脱植民地化のダイナミズムや、相互依存のさらなる深化ないしグローバリゼーションの進展など、システム・レベルの趨勢（トレンド）的な変化もある。覇権国の交替という循環（サイクル）的な変化と区別しなければならい。詳しくは、序章で論じた。副題の通り、本書は、理論と歴史と現状を取り上げた。特に現状を分析することは、意外と根拠のない自信と勇気、というか覚悟が必要である。

小生の処女作となった『〈抑制と均衡〉のアメリカ政治外交――歴史・構造・プロセス』は、一八の論文をまとめたものだが、「国内政治・同盟内政治・帝国の論理」という三つのレベルから分析しているという点ではまとまりがある。タイトルの通り、対外政策の〈抑制と均衡〉の要因に特に着目して、「アメリカ外交の政治学」をまとめたものである。

しかし、帝国の論理と脱植民地化のダイナミズムについての分析が不十分であった。そのため、本書では、「帝国の興亡史」と「脱植民地化と冷戦、グローバル・サウス」の章を設けた。二一世紀のアメリカ帝国論については、別の機会にまとめた（島村、二〇一七）。処女作には、「ケネディ政権の議論がないのが残念だ」というご意見もいただいたが、これも別の機会に論じている（島村、二〇一六）。問題は、処女作は「国内政治・同盟内政治・帝国の論理」という三つの論理の間の相互作用については、十分な考察を加えていないということである。全体のイメージとしては、「国内政治・同盟内政治・帝国の論理」の三つの論理で三次元、これに時間・空間の推移を加えていわば四次元で、アメリカ政治外交を立体的に捉える必要性を説いたものである。

処女作の『〈抑制と均衡〉のアメリカ政治外交』では、残念ながら、以下のようなミスや誤字脱字がみつかった。

- Layne の *Illusion of Peace* の出版年を二〇〇六年と思い込んでいたこと。正しくは、二〇〇七年であった。これに気がついた後に、一週間ほど、落ち込んだ。
- 土山實男先生のご高著のタイトルで、『安全保障の国際政治学』とすべきところ、「国際」が抜けていたこと。これもやはり、一週間ほど、落ち込んだ。
- さらに悪いことに、土山先生の師匠である永井陽之助先生の「助」を間違えていた。

• 冷戦の終結についての志田淳二郎君の論文を参考文献リストに載せたが、「淳次郎」になっていた。本当に申し訳がない。
• 杏林大学総合政策学部の学部長、大川昌利先生のお名前が「正利」になっていた。大変に申し訳がない。
• 後輩の古内洋平君を言及し忘れていた。
• 「分割政府の常態化」を論じた箇所で、「分析政府の常態化」になっていた箇所があった。
• トランプの二〇一六年一一月大統領選挙での「アメリカ第一主義で、アメリカを再び偉大にする」のキャッチフレーズだが、「二〇〇六年」と間違えていた。恥ずかしい。
• オバマ政権のアジア政策が大きく転換した二〇一一年七月二三日のARF閣僚会合を「二〇一〇年」と間違えていた箇所も発見してしまった。
• トランプ政権の行政管理予算局長は、マルバニーではなく、マルヴァニーとすべきであった。
• あとがきの冒頭で引用したニーバーの言葉も、言葉足らずであった。本書のあとがきの冒頭で、改めて引用してみた。

まだ間違いがあるかもしれません。その場合は、どうかご教示いただけたら幸いです。どうかよろしくお願いします。

論文の初出一覧は、以下の通りである。

序章　「国際政治の変化を見る眼（上下）」『杏林社会科学研究』第三三巻第三号及び第四号、二〇一八年二月及び三月

第一章　「変化するリアリズム――ネオクラシカル・リアリズムの〝発見〟（上下）」『杏林社会科学研究』第三四巻第三号及び第四号、二〇一九年二月及び三月

第二章　「国際システムそのものを俯瞰する」馬田啓一・西孝・小野田欣也編『国際関係の論点――グローバル・ガバナンスの視点から』文眞堂、二〇一五年

第三章　「大国間戦争後の国際秩序――ソフト・ピースかハード・ピースか？」杉田米行編『第二次世界大戦の遺産――アメリカ合衆国』大学教育出版、二〇一五年

第四章　「帝国の興亡史――古代から現代まで」『法学新報（滝田賢治先生古稀記念論文集）』第一二三巻第七号、二〇一七年三月

第六章　「米中ソの三角関係の変容とアジアの戦争」『杏林社会科学研究』第三四巻第一号、二〇一八年一二月

第七章　「アメリカ外交の変化と知識人」『杏林社会科学研究』第三四巻第二号、二〇一九年一月

第九章　「地政学の復活か」滝田賢治編『二一世紀国際政治の展望――現状分析と予測』中央大学出版部、二〇一七年

この度、本書をまとめるにあたり、恥ずかしながら、これまでの論文に数々の間違いや誤植を多くみつけた。可能な範

囲で、すべて修正した。

また（注）で、できる限り新しい研究にも触れている。大幅に書き直したので、原文をほとんどとどめていない論文もある。

論文の転載を許可してくれた出版社や機関に深く感謝する。

処女作の『〈抑制と均衡〉のアメリカ政治外交』には、石井修、佐々木卓也、倉科一希、中嶋啓雄、安野正士、三牧聖子、久保文明、臼井久和、斎藤元秀、金子譲、岩崎正洋といった先生方から、お手紙で貴重なコメントをいただいた。特に土山實男や松岡完、君塚直隆、西村めぐみ、納家政嗣といった先生方からは、長文のメールで温かいコメントをいただいた。竹田いさみ、永野隆行、水本義彦、滝田賢治、岩隈道洋、今井宏平、会田弘継といった先生方にお祝いもしていただいた。小川浩之先生は、脱植民地化について、多くのコメントを下さった。二冊目の本書をまとめる上で、参考になったし、励みにもなった。深く感謝したい。

本がなかなか売れないこのご時世に、小生の本を出版していただいた晃洋書房の、特に丸井清泰さんに、心から感謝したい。またいつか、いっしょに仕事がしたい。

杏林大学からは、出版助成をいただいた。特に大川昌利先生にお礼を申し上げたい。

最後になったが、両親の幸次ときよ子に改めて、心から感謝の気持ちを伝えたい。

父は、小生が小さい頃から深刻な腎不全を患っていた（まさか八三歳まで長生きするとは、夢にも思っていなかった。有難い）。そのため、島村家の教育方針は、「健康第一」となった。小生が小学校の時には、「貧乏で塾には行けないから、学校の授業ですべて学びなさい」と母に言われた。小学二年生になると、両親は小生の勉強の面倒が見られなくなった。「これからは、自分の力で学びなさい」と母に言われた。

小生が中学生になり、試験期間の一週間をほぼ徹夜ぎみで詰め込みの勉強をしていると、「目が悪くなるから、勉強はほどほどにしなさい。人生は、健康第一だよ」と言われた。小生は、家族が眠った後の夜中から朝方まで、隠れるように勉強することとなった。塾には行けなかったが（特に行きたくはなかったのだが）、両親は、本だけは快く買ってくれた。おかげで、目が悪くなったが、自分自身の頭で考える癖は身についた。

小生は二人の子供として生まれてきて、とても幸せである。

二〇一九年三月二日　父・幸次の誕生日に
杏林大学の井の頭キャンパスの研究室にて
島村　直幸

《著者紹介》

島 村 直 幸（しまむら　なおゆき）

1970年　東京生まれ.

獨協大学外国語学部卒業. 一橋大学大学院博士後期課程満期退学. 博士（法学）.

専攻は, アメリカ政治外交（史）, 国際関係論. 2011年から, 杏林大学総合政策学部講師.

主要業績

『〈抑制と均衡〉のアメリカ政治外交——歴史・構造・プロセス』（ミネルヴァ書房, 2018年）,『帝国の遺産と現代国際関係』（共著, 勁草書房, 2017年）,『イギリスとアメリカ——世界秩序を築いた四百年』（共著, 勁草書房, 2016年）など.

国際政治の〈変化〉を見る眼
——理論・歴史・現状——

2019年8月10日　初版第1刷発行　　＊定価はカバーに表示してあります

著　者　島 村 直 幸©
発行者　植 田 　 実
印刷者　藤 森 英 夫

発行所　株式会社　晃 洋 書 房
〒615-0026　京都市右京区西院北矢掛町7番地
電　話　075(312)0788番(代)
振替口座　01040-6-32280

装丁　野田和浩
組版　(株)トーヨー企画
印刷・製本　亜細亜印刷(株)

ISBN978-4-7710-3215-6

索　引

〈人名索引〉

あ行

アイケングリーン（Eichengreen, Barry）　222
アイケンベリー（Ikenberry, John G.）　82, 179, 193, 204, 205, 222
アイゼンハワー（Eisenhower, Dwight David）　163, 235
アウグストゥス（Augustus, Imperator Caesar Divi Filius）　95
アウン・サン（Aung San）　120
青野利彦　81
麻生太郎　220
アタリ（Attali, Jacques）　210
アチソン（Acheson, Dean Gooderham）　127, 153, 242
安倍晋三　219, 220, 230
アーミテージ（Armitage, Richard Lee）　175
アミン（Amin, Samir）　12
アリソン（Allison, Graham T.）　30, 251
アレクサンドロス（Aleksandros）　95
アロン（Aron, Raymond）　34, 61, 192
板橋拓己　81
市原麻衣子　62
イーデン（Eden, Robert Anthony）　127
ヴァーノン（Vernon, Raymond）　198
ヴィクトリア（Victoria）　104
ウィルソン（Wilson, Thomas Woodrow）　5, 82, 108, 115, 116, 177, 192, 227, 248
ヴィルヘルム二世（Wilhelm II）　81
ウェスタッド（Westad, Odd Arne）　144, 148
ヴェドリーヌ（Vedrine, Hubert）　208
ベドリーヌ（Vedrine, Hubert）　225
ウェルチ（Welch, David A.）　27
ウェント（Wendt, Alexander）　22
ウォーラーステイン（Wallerstein, Immanuel）　10, 12, 74, 222
ウォルト（Walt, Stephen M.）　18, 38, 39, 209, 222, 245
ウォルツ（Waltz, Kenneth N.）　2, 6, 18, 26, 27, 29, 33, 36, 40, 41, 48, 50, 62, 63, 66, 67, 73, 80, 185, 190, 195, 197, 224
ウォルファース（Wolfers, Arnold）　34
ウォルフォース（Wohlforth, William C.）　34, 39, 42, 46, 48, 54
ウォルフォウィッツ（Wolfowitz, Paul Dundes）　174
ウォレス＝ジョンソン（Wallace-Johnson, Issac Theophilus Akuna）　117
エヴァラ（Evera, Stephen Van）　18, 38, 214
エヴァンジェリスタ（Evangelista, Matthew）　46
エリザベス一世（Elizabeth I）　100
エリツィン（Yeltsin, Boris）　161
エルドアン（Erdoğan, Recep Tayyip）　240
エンクルマ（Nkrumah, Kwame）　117, 134, 136, 142
岡義武　81
小川浩之　81
オズダマール（Ozdamar, Ozgur）　61
織田信長　99
オットー一世（Otto I.）　69
オニール（Oneal, John）　78, 196
オバマ（Obama, Barack Hussein）　212, 213, 214, 215, 223, 226, 235, 239, 249
オハンロン（O'Hanlon, Michael E.）　224
オルテガ（Ortega Saavedra, Daniel José）　136

か行

カー（Carr, Edward Hallett）　34, 61, 65, 70, 85, 194
カークパトリック（Kirkpatrick, Jeane Jordan）

173
カストロ（Castro Ruz, Fidel Alejandro） 133, 135
カースルリー（Castlereagh） 79
カーター（Carter, Jr., James Earl “Jimmy”） 177, 181, 186, 235
カプチャン（Kupchan, Charles A.） 225
カプラン（Kaplan, Gilbert） 229
カプラン（Kaplan, Morton A.） 79
ガルトゥング（Galtung, Johan） 12
カルドーゾ（Cardoso, Fernando Henrique） 12
カンズ（Kunz, Barbara） 34, 61
ガンディー（Gandhi, Mohandas Karamchand） 118, 119
カント（Kant, Immanuel） 5, 196
カンナ（Khanna, Parag） 225
キッシンジャー（Kissinger, Henry A.） 2, 7, 34, 67, 70, 80, 81, 83, 139, 140, 143, 144, 158, 164, 168, 169, 170, 173, 224, 236
ギデンズ（Giddens, Anthony） 181, 191, 226
君塚直隆 81
金正恩 211, 228, 231
金英哲 234
ギャディス（Gaddis, John Lewis） 68, 86, 147, 155, 181
ギャラハー（Gallagher, John） 104
キャンベル（Campbell, Kurt M.） 224, 248
ギルピン（Gilpin, Robert） 6, 7, 10, 25, 26, 39, 66, 67, 68, 80, 198, 228
キング（King, Jr., Martin Luther） 129
クシュナー（Kushner, Jared Corey） 170, 240
クドロー（Kudlow, Larry） 229
クーパー（Cooper, Robert） 73, 197, 198, 225
クビライ（Qubilai） 96, 98
クラウゼヴィッツ（Clausewitz, Carl von） 3, 202
クラウトサマー（Krauthammer, Charles） 228
クラーク（Clark, Ian） 226
グラセール（Glaser, Charles L.） 18, 38
クラフト（Craft, Kelly Night） 234
クリステンセン（Christensen, Thomas J.） 34, 35, 39, 42, 44, 46, 55
クリストル，アーヴィン（Kristol, Irving） 173
クリストル，ウィリアム（Kristol, William） 174
クリントン，ヒラリー（Clinton, Hillary Rodham） 173, 224, 236
クリントン，ビル（Clinton, William Jefferson “Bill”） 171, 172, 173, 177, 226, 235, 236, 237, 248
グレゴリウス七世（Gregorius VII） 69
グロティウス（Grotius, Hugo） 24, 86
クーン（Kuhn, Thomas Samuel） 16
ケーガン（Kagan, Robert） 174, 208, 225
ゲーツ（Gates, Robert Michael） 175, 224
ケナン（Kennan, George F.） 88, 163, 164, 165, 166, 167, 168, 170
ケニヤッタ（Kenyatta, Jomo） 117
ケネディ，ジョン（Kennedy, John Fitzgerald “Jack”） 133, 136, 137, 138, 157, 235, 236
ケネディ，ポール（Kennedy, Paul） 39, 171, 189, 208, 228
ゲバラ（Guevara, Ernesto） 135
ケリー（Kelly, John Francis） 233, 240
ゴア（Gore, Jr., Albert Arnold “Al”） 199
高坂正堯 70, 77, 80, 81
江沢民 173
コーエン（Cohen, Warren I.） 155, 234
ゴーサッチ（Gorsuch, Neil McGill） 230
コヘイン（Keohane, Robert O.） 171, 228, 249
コミー（Comey, Jr., James Brien “Jim”） 230
ゴールドウォーター（Goldwater, Barry Morris） 138
ゴルバチョフ（Gorbachev, Mikhail Sergeevich） 72, 89, 152, 171, 182, 183, 184, 185, 186
コロンブス（Columbus, Christopher） 100
コーン（Cohn, Gary D.） 232, 240
コンウェイ（Conway, Kellyanne Elizabeth） 230

さ行

ザカリア（Zakaria, Fareed） 34, 39, 42, 47, 50, 226, 227
ザグルール（Zaghlul, Saad） 116
佐藤英夫 30
サンゴール（Senghor, Léopold Sédar） 117
ジェイクス（Jacques, Martin） 222
ジェーガン（Jagan, Cheddi Berret） 133
ジェファソン（Jefferson, Thomas） 119, 176, 192,

227
ジェームズ，シリル・ライオネル・ロバート（James, Cyril Lionel Robert） 117
ジェームズ，パトリック（James, Patrick） 60
ジェム（Gem, Go Jin） 132, 135, 156
シェリング（Schelling, Thomas Crombie）
始皇帝 96
芝崎厚士 40
ジャーヴィス（Jervis, Robert） 39, 196
ジャヴィッツ（Javits, Jacob Koppel） 236
ジャクソン，アンドリュー（Jackson, Andrew） 176
ジャクソン，ヘンリー（Jackson, Henry Martin "Scoop"） 144, 236
シャナハン 229
シュウェラー（Scwheller, Randall L.） 34, 39, 42, 43, 45, 50, 53, 54, 55, 59, 60
周恩来 132
習近平 73, 201, 223
シュルツ（Shultz, George Pratt） 182, 242
シュレジンガー，アーサー（Schlesinger, Jr., Arthur M.） 222
シュレジンガー，ジェームズ（Schlesinger, James Rodney） 236
シュワルナゼ（Shevardnadze, Eduard Amvrosievich） 182, 183
シュンペーター（Schumpeter, Joseph Alois） 104
蔣介石 123, 152
ジョル（Joll, James） 71, 82
ジョンソン（Johnson, Lyndon Baines） 137, 138, 139, 157, 235, 236
ジンギ（Zinke, Ryan Keith） 234
進藤榮一 22, 25
スカラムッチ 230
スカルノ（Sukarno） 120, 121, 130, 142
スコウクロフト（Scowcroft, Brent） 185
スタインバーグ（Steinberg, James） 224
スターリン（Stalin, Joseph） 28, 86, 116, 122, 125, 152, 153, 154, 155, 165
ステーリング＝フォルカー（Sterling-Folker, Jennifer） 54, 55, 57, 61
ストレンジ（Strange, Susan） 25, 198
スナイダー（Snyder, Jack） 18, 38
スパイサー（Spicer, Sean Michael） 230
セザール（Césaire, Aimé Fernand David） 117
セスタノヴィッチ（Sestanovich, Stephen） 228, 235, 237
セッションズ（Sessions III, Jefferson Beauregard "Jeff"） 233
ゼーリック（Zoellick, Robert Bruce） 162
孫文 119

た行

ダイソン 62
ダイヤー（Dyer, Geoff） 207
田中明彦 73, 196, 198, 221, 225, 226
玉木俊明 81
タリアフェッロ（Taliaferro, Jeffrey W.） 1, 34, 39, 45, 53, 54, 55, 59, 61, 62
ダール（Dahl, Robert Alan） 197
ダレイオス三世（Darius Ⅲ） 95
ダレス（Dulles, John Foster） 163
タレーラン＝ペリゴール（Talleyrand-Périgord, Charles-Maurice de） 79
チェイニー（Cheney, Richard Bruce "Dick"） 170, 175, 176, 224
チェルネンコ（Chernenko, Konstantin Ustinovich） 182
チャー（Cha, Victor D.） 54
チャーチル（Winston Churchill） 86, 87, 165, 166, 253
チンギス＝ハン（Činggis Qan） 98
ディヴィッドソン（Davidson, Jason W.） 53
テイラー，A.J.P.（Taylor, A.J.P.） 86
ティラク（Tilak, Bal Gangadhar） 116
ティラーソン（Tillerson, Rex Wayne） 240, 243
デゥエック（Dueck, Colin） 34, 42, 53, 55, 57
デヴレン（Devlen, Balkan） 61
テオドシウス一世（Theodosius I） 95
デバイレ（Debayle, Anastasio Somoza） 145
デュボイス（Du Bois, William Edward Burghardt） 117
テーラー，マックスウェル（Taylor, Maxwell Davenport） 137

ドイッチェ（Deutsch, Karl Wolfgang） 197
ドイル（Doyle, Michael W.） 34, 37, 94, 172, 196
トゥーキュディデース（Thukydides/ Thucydides） 1, 3, 34, 67, 201, 202
鄧小平 160, 207
徳川家康 99
トジェ（Toje, Asle） 34, 61
トッド（Todd, Emmanuel） 216
ドブルイニン（Dobrynin, Anatoly Fyodorovich） 145
ドゥテルテ（Duterte, Rodrigo Roa） 240
トラヤヌス（Trajanus Augustus, Marcus Ulpius Nerva） 95
トランプ（Trump, Donald John） 164, 177, 185, 199, 206, 211, 221, 226, 228, 230, 238, 240, 241, 242, 243, 244, 245, 246, 248, 249, 251
トルーマン（Truman, Harry S.） 28, 86, 126, 154, 168, 235, 248

な行

ナイ（Nye, Jr., Joseph S.） 21, 27, 164, 171, 172, 173, 194, 205, 228, 249
ナウ（Nau, Henry R.） 21, 22, 228
ナヴァロ（Navarro, Peter） 229, 240
中山俊宏 222
ナセル（Nasser, Gamal Abdel） 131, 132, 136, 142
ナポレオン（Napoléon Bonaparte） 86, 102, 201, 202
ナポレオン三世（Napoléon III） 35
ナリズニィ（Narizny, Kevin） 34
ニクソン（Nixon, Richard Milhous） 83, 139, 140, 144, 151, 157, 158, 163, 170, 173, 235, 236, 246
ニッツェ（Nitze, Paul Henry） 144, 168, 236
ニーバー（Niebuhr, Reinhold） 253, 255
ネタニヤフ（Netanyahu, Benjamin） 206
ネト（Neto, Antonio Braga） 136
ネルー（Jawaharlal Nehru） 113, 121, 125, 131, 136, 142, 155

は行

バイマン（Byman, Daniel L.） 53
ハインリヒ四世（Heinrich IV） 69
ハウ（Howe, Stephen） 93, 94
パウエル，コリン（Powell, Colin Luther） 175, 176
パウエル，ディナ（Powell, Dina Habib） 231
パウエル，ロバート（Powell, Robert） 46
パヴロヴァ（Pavlova, Elena） 61
橋本龍太郎 172
ハース（Haass, Richard N.） 225, 227, 247, 250
ハーツ（Herz, John H.） 34
パットナム（Putnam, Robert D.） 30, 39
ハッドフィールド＝アムカン（Hadfield-Amkhan, Amelia） 62
バティステッラ（Battistella, Dario） 61
バトゥ（Batu） 98
パドモア（Padmore, George） 117
バノン（Bannon, Stephen Kevin） 230, 231, 239, 240
ハミルトン（Hamilton, Alexander） 176
ハリソン（Harrison, Ewan） 60
バール（Bahr, Egon Karlheinz） 83
パール（Richard Norman Perle） 173
バンヴィル（Bainville, Jacques） 83
バンディ（Bundy, McGeorge “Mac”） 138
ハンティントン（Huntington, Samuel P.） 20, 189, 190, 191, 217, 224
ビスマルク（Bismarck, Otto von） 35, 80, 81, 176
ヒトラー（Hitler, Adolf） 28, 43, 78, 83, 85, 86, 109, 165, 195
ピノチェト（Pinochet Ugarte, Augusto José Ramón） 136
ヒンズリー（Hinsley, F.H.） 82
ファイス（Feis, Herbert） 174
ファーガソン（Ferguson, Niall） 88, 193, 222
フォード（Ford, Jr., Gerald Rudolph “Jerry”） 81, 143, 235, 236
フォードハム（Fordham, Benjamin） 55
フクヤマ（Fukuyama, Francis） 20, 73, 172, 173, 179, 188, 189, 190, 191, 196, 225
藤原帰一 193, 222
プーチン（Putin, Vladimir Vladimirovich） 219, 238, 240
ブッシュ・シニア（Bush, George Herbert Walker）

90, 152, 171, 176, 184, 187, 188, 235, 237, 248
ブッシュ（Bush, George Walker）　170, 175, 199, 235, 246
プライス（Price, Thomas Edmunds "Tom"）　231
ブラウレイ（Brawley, Mark R.）　55, 56, 57, 62
フランク（Frank, Andre Gunder）　12
ブラント（Brandt, Willy）　83
フリードバーグ（Friedberg, Aaron L.）　39, 224
プリーバス（Priebus, Reinhold Richard "Reince"）　230
フリン（Flynn, Michael Thomas）　230, 231
ブル（Bull, Hedley）　22, 24, 86
プルイット（Edward Pruitt, Scott）　232
フルシチョフ（Khrushchev, Nikita Sergeyevich）　125, 133, 180
ブルックス（Brooks, Stephen G.）　53
ブレア（Blair, Anthony Charles Lynton）　226
フレイザー（Fraser, Cary）　113, 119, 120, 129, 134
フレイバーグ＝イナン（Freyberg-Inan, Annette）　60
ブレジネフ（Brezhnev, Leonid Il'ich）　169
ブレジンスキー（Brzezinski, Zbigniew）　73, 203, 214, 215, 216, 217, 218, 223
ブレマー（Bremmer, Ian）　225, 227
ベイスヴィッチ（Bacevich, Andrew J.）　251
ヘイリー（Haley, Nimrata Nikki Randhawa）　233, 240
ベヴィン（Bevin, Ernest）　168
ベーダー（Bader, Jeffrey A.）　224
ペリー（Perry, William J.）　172, 212
ベル（Bell, Daniel）　173
ヘルムズ（Helms, Jr., Jesse Alexander）　236
ヘロドトス（Herodotus）　202
ペンス（Pence, Michael Richard "Mike"）　210, 220, 224, 229, 233, 248
細谷雄一　81
ポーゼン（Posen, Barry R.）　18, 38, 245, 249
ホー・チ・ミン（Hồ Chí Minh）　116, 119, 120, 121, 122, 123, 132, 136
ホッブス（Hobbes, Thomas）　3, 34
ポドレツ（Podhoretz, Norman）　173
ホブソン（Hobson, John Atkinson）　103
ホフマン（Hoffmann, Stanley）　189
ポラック（Pollack, Kenneth M.）　53
ポール（Paul, Randal Howard "Rand"）　236
ボルトン（Bolton, John Robert）　174, 175, 229, 232, 236, 240
ボーレン（Bohlen, Charles Eustis "Chip"）　126
ポンペオ（Pompeo, Michael Richard "Mike"）　228, 232, 240

ま行

マキャベリ（Machiavelli, Niccolò）　3, 34
マクアリスター（McAlliser, James）　53
マクナマラ（McNamara, Robert Strange）　137, 138
マクマスター（McMaster, Herbert Raymond "H. R."）　175, 240
マクマン（McMahon, Robert J.）　124, 126, 128, 130, 138, 141, 142, 143, 144, 181, 182
マクミラン（Macmillan, Maurice Harold）　145
マケイン（McCain III, John Sidney）　204, 208
マコーミック（McCormick, Thomas J.）　222
マーシャル（Marshall, Jr., George Catlett）　122
マッカーサー（MacArthur, Douglas）　154
マッキンダー（Mackinder, Sir Halford John）　202, 215
マティス（Mattis, James Norman）　229, 234, 240
マナフォート（Manafort Jr., Paul John）　231
マハン（Mahan, Alfred Thayer）　202
マラカ（Tan Malaka）　116
マルヴァニー（Mulvaney, John Michael "Mick"）　234, 240, 245, 255
マルクス（Marx, Karl Heinrich）　12
マルテル（Martel, Gordon）
マン（Mann, James）　223
マンデルバウム（Mandelbaum, Michael）　39
ミアシャイマー（Mearsheimer, John J.）　17, 37, 50, 60, 62, 68, 73, 190, 195, 224, 245
水野和夫　74, 226
ミトラニー（Mitrany, David）
ミード（Mead, Walter Russell）　176, 177, 204, 205
ミーニー（Nee, George）　236
ミューラー（Mueller, John）　195, 196, 197

ミュルダール（Myrda,l Karl Gunnar） 129
ミラー（Miller, Steven E.） 190
ムニューチン（Mnuchin, Steven Terner “Steve”） 229
ムハンマド・イブン＝アブドゥッラーフ（Muḥammad ibn `Abd Allāh ibn `Abd al-Muṭṭalib） 96
村田晃嗣 49, 177
メイ（May, Ernest Richard） 39, 49
メッテルニヒ（Metternich, Klemens Wenzel Nepomuk Lothar Fürst von） 79
モイニハン（Moynihan, Daniel Patrick） 173
毛沢東 123, 125, 132, 135, 152, 167
孟晩舟 234
モーゲンソー（Morgenthau, Hans J.） 2, 34, 61, 67, 70
モサデク（Mosaddeq, Muhammad） 128
モデルスキー（Modelski, George） 10
モブツ（Mobutu Sese Seko Kuku Ngbendu wa za Banga） 136

や行

谷内正太郎 220
山本吉宣 193, 222
ヤング（Young, Oran） 17

ら行

ライス，コンドレッサ（Rice, Condoleezza） 175
ライス，スーザン（Rice, Susan Elizabeth） 223
ライトハイザー（Lighthizer, Robert Emmet） 229, 240
ラギー（Ruggie, John Gerard） 22
ラスク（Rusk, David Dean） 129, 138
ラセット（Russett, Bruce） 37, 78, 172, 196
ラックマン（Rachman, Gideon） 204, 206
ラトナー（Ratner, Ely） 248
ラムズフェルド（Rumsfeld, Donald Henry） 175, 176, 225, 236
リッセ＝カーペン（Risse-Kappen, Thomas） 21, 22
リップスマン（Ripsman, Norrin M.） 1, 34, 39, 45, 53, 54, 55, 58, 61, 62
リップマン（Lippmann, Walter） 167
ルソー（Rousseau, Jean-Jacques） 34
ルムンバ（Lumumba, Patrice Emery） 133, 134
レイチウェイン（Reichwein, Alexander） 61
レイン（Layne, Christopher） 34, 42, 43, 44, 48, 53, 61, 245
レーガン（Reagan, Ronald Wilson） 138, 162, 164, 176, 181, 182, 183, 186, 187, 231, 235
レーニン（Vladimir Ilyich Lenin） 82, 103
レフラー（Leffler） 39
レボウ（Lebow, Richard Ned） 21
ロイド＝ジョージ（Lloyd-George, David） 116
ロサ（Rosa, Paolo） 62
ロス 229
ローズ（Rose, Gideon） 18, 33, 34, 37, 40, 41, 42, 49, 248, 249, 250
ローズヴェルト（Roosevelt, Franklin Delano） 85, 87, 109, 156, 165, 166, 248, 251
ローズノー（Rosenau, James N.） 27
ロドリック（Rodrik, Dani） 226
ロビンソン（Robinson, Ronald） 104
ロベル（Lobell, Steven E.） 1, 34, 39, 45, 53, 54, 55, 56, 61, 62
ロマノヴァ（Romanova, Tatiana） 61

〈事項索引〉

あ行

か行

さ行

は行

ま行

や行

ら行

わ行

主要な参考文献

〈Documents〉

Department of Defense [2006], *Quadrennial Defense Review Report.*
http://archive.defense.gov/pubs/pdfs/QDR20060203.pdf

Full Text: Trump's 2017 U.N. Speech Transcript, *Politico*, September 19, 2017.
https://www.politico.com/story/2017/09/19/trump-un-speech-2017-full-text-transcript-242879

Hudson Institute [2018], *Vice President Mike Pence's Remarks on the Administration's Policy toward China.*
https://www.hudson.org/events/1610-vice-president-mike-pence-s-remarks-on-the-administration-s-policy-towards-china102018

U.S. Department of State [1972], *Foreign Relations of the United States [FRUS], 1947*, Vol. VI, *The Far East*, U.S. Government Printing Office, esp. pp. 67–68.

White House [February 1, 1995], *A National Security Strategy of Engagement and Enlargement.* http://www.dtic.mil/doctrine/doctrine/research/nss.pdf

White House [January 20, 2017A], The Inaugural Address.
https://www.whitehouse.gov/briefings-statements/the-inaugural-address/

White House [December 18, 2017B], *The National Security Strategy of the United States of America.*
https://www.whitehouse.gov/wp-content/uploads/2017/12/NSS-Final-12-18-2017-0905.pdf

White House [December 18, 2017C], Remarks by President Trump on the Administration's National Security Strategy.
https://www.whitehouse.gov/briefings-statements/remarks-president-trump-administrations-national-security-strategy/

〈Books〉

Acemoglu, Daron and James Robinson [2012], *Why Nations Fail: The Origins of Power, Prosperity, and Poverty*, Profile Books.

Allison, Graham T. and Philip Zelikow [1999(1971)], *Essence of Decision: Explaining the Cuban Missile Crisis*, Second Edition, Longman.

Ansprenger, Franz [1989], *The Dissolution of the Colonial Empire*, Routledge.

Aron, Raymond [2003], *Peace and War: A Theory of International Relations*, Transaction Publishers.

—— [2009(1974)], *The Imperial Republic: The United States and the World 1945–1973*, Transaction Publisher.

Bader, Jeffrey A. [2012], *Obama and China's Rise: An Insider's Account of America's Asia Strategy*, Brookings Institution Press.

Baker, Ⅲ, James A. with Thomas M. DeFrank [1995], *The Politics of Diplomacy: Revolution,*

War & Peace, 1989–1992, G.P. Putnam's Sons

Baldwin, David A. ed., *Neorealism and Neoliberalism: The Contemporary Debate*, Columbia University Press.

Barkey, Karen and Mark Von Hagen, eds. [1997], *After Empire: Multiethnic Societies and Nation-Building; The Soviet Union and the Russian, Ottoman, and Habsburg Empires*, Westview Press.

Bevir, Mark [2012], *Governance: A Very Short Introduction*, Oxford University Press.

Borstelmann, Thomas [2001], *The Cold War and the Color Line: American Race Relations in the Global Arena*, Harvard University Press.

Black, Jeremy [2008], *Great Powers and the Quest for Hegemony: The World Order since 1500*, Routldge.

Brands, Hal [2018], *American Grand Strategy in the Age of Trump*, Brookings institution Press.

Brawley, Mark R. [2010], *Political Economy and Grand Strategy: A Neoclassical Realist View*, Routledge.

Bremmer, Ian [2016], *Superpower: Three Choices for America's Role in the World*, Portfolio Penguin.

Brendon, Piers [2008], *The Decline and Fall of the British Empire 1781–1997*, Vitage.

Brinkley, Douglas and David R. Facey-Crowther, eds. [1994], *The Atlantic Charter*, Palgrave Macmillan.

Brooks, Stephen G. and William C. Wohlforth [2008], *World Out of Balance: International Relations and the Challenge of American Primacy*, Princeton University Press.

—— [2016], *America Abroad: Why the Sole Superpower Should Not Pull Back from the World*, Oxford University Press.

Brown, Archie [1997], *The Gorbachev Factor*, Oxford University Press.

Brown, Chris [2015], *International Society, Global Polity: An Introduction to International Political Theory*, SAGA.

Brown, Michael E., Sean M. Lynn-Jones, and Steven E. Miller, eds. [1995], *The Perils of Anarchy: Contemporary Realism and International Security*, The MIT Press.

Brzezinski, Zbigniew [1997], *The Grand Chessboard: American Primacy and Its Geostrategic Imperatives*, Basic Books.

—— [2007], *Second Chance: Three Presidents and the Crisis of American Superpower*, Basic Books.

—— [2012], *Strategic Vision: America and the Crisis of Global Power*, Basic Books.

—— and Brent Scowcroft [2008], Moderatede by David Ignatius, *America and the World: Conversations on the Future of American Foreign Policy*, Basic Books.

Bull, Hedley [1977], *The Anarchical Society: A Study of Order in World Politics*, Macmillan.

—— and Adam Watson, eds. [1984], *The Expansion of International Society*, Oxford University Press.

Burbank, Jane and Frederick Cooper [2010], *Empire in World History: Power and the Politics of Difference*, Princeton University Press.

Bush, George and Brent Scowcroft [1998], *A World Transformed*, Vintage Books.

Bush, George W. [2010], *Decision Point*, Crown Publisher.

Butterfield, H. and Martin Wight, eds. [1966], *Diplomatic Investigations: Essays in the Theory of International Relations*, Cambridge University Press.

Buzan, Barry [2014], *An Introduction to the English School of International Relations*, Polity.

——, Charles Jones, and Richard Little [1993], *The Logic of Anarchy: Neorealism to Structural Realism*, Columbia University Press.

—— and George Lawson [2015], *The Global Transformation: History, Modernity and the Making of Modern International Relation*, Cambridge University Press.

Cain, P.J. and A.G. Hopkins [2002(1993)], *British Imperialism, 1688-2000*, Second Edition, Longman.

Campbell, Kurt M. [2016], *The Pivot: The Future of American Statecraft in Asia*, Twelve.

Carr, Edward Hallett [1964(1939)], *The Twenty Years' Crisis 1919-1939: An Introduction to the Study of International Relations*, Harper & Row, Publishers.

—— [1987(1961)], *What Is History?* New Edition, Penguin Books.

Chafer, Tony [2002], *The End of Empire in French West Africa: France's Successful Decolonization*, Berg.

Cheney, Dick with Liz Cheney [2011], *In My Time: A Personal and Political Memoir*, Threshold Editions.

Chernow, Ron [2005], *Alexander Hamilton*, Penguin Books.

Christensen, Thomas J. [1996], *Useful Adversaries: Grand Strategy, Domestic Mobilization, and Sino-American Conflict, 1947-1958*, Princeton University Press.

Chollet, Derek [2016], *The Long Game: How Obama Defied Washington and Redefined America's Role in the World*, Publish Affairs.

Clark, Ian [1999], *Globalization and International Relations Theory*, Oxford University Press.

—— [2005], *Legitimacy in International Society*, Oxford University Press.

Clinton, Hillary Rodham [2014], *Hard Choices*, Simon & Schuster Publishers.

Cooper, Frederick [2005], *Colonialism in Question: Theory, Knowledge, History*, University of California Press.

Cooper, Robert [2003], *The Breaking Nations: Order and Chaos in the Twenty-First Century*, Grove Press.

Costigliola, Frank and Michael J. Hogan eds. [2014(1996)], *America in the World: The Historiography of American Foreign Relations since 1941*, Second Edition, Cambridge University Press.

Elman, Colin and Miriam Fendius Elman, eds., *Progress in International Relations Theory: Appraising the Field*, MIT Press.

Darwin, John [2009], *The Empire Project: The Rise and Fall of the British World-System 1830-1970*, Cambridge University Press.

Davidson, Jason W. [2006], *The Origins of Revisionist and Status Quo States*, Palgrave Macmillan.

Dittmer, Jason and Joanne Sharp, eds. [2014], *Geopolitics: An Introductory Reader*, Routledge.

Dobson, Alan P. [1995], *Anglo-American Relations in the Twentieth Century: Of Friendship, Conflict and the Rise and Decline of Superpowers*, Routledge.

Dodds, Klaus [2014(2007)], *Geopolitics: A Very Short Introduction*, Second Edition, Oxford University Press.

Donnelly, Jack [2000], *Realism and International Relations*, University of Cambridge Press.

Doyle, Michael W. [1986], *Empires*, Cornell University Press.

—— [1997], *Ways of War and Peace: Realism, Liberalism, and Socialism*, W.W. Norton.

Doyle, Michael W. and G. John Ikenberry, eds. [1997], *New Thinking in International Relations Theory*, Westview Press.

Dudziak, Mary [2000], *Cold War Civil Rights*, Princeton University Press.

Dueck, Colin [2015], The Obama Doctrine: American Grand Strategy Today, Oxford University Press.

—— [2016], *Reluctant Crusaders: Power, Culture, and Change in American Grand Strategy*, Princeton University Press.

Dyer, Geoff [2014], *The Contest of the Century: The New Era of Competition with China – And How America can Win*, Penguin Books.

Dyson, Tom [2010], *Neoclassical Realism and Defence Reform in Post-Cold War Europe*, Palgrave Macmillan.

Echevarria, Antulio J., II [2017], *Military Strategy: A Very Short Introduction*, Oxford University Press.

Eichengreen, Barry [2011], *Exorbitant Privilege: The Rise and Fall of the Dollar*, Oxford University Press.

Ellsberg, Danial [2002], *Secrets: A Memoir of Vietnam and the Pentagon Papers*, Viking Penguin.

Ehrman, John [1995], *The Rise of Neoconservatism: Intellectuals and Foreign Affairs 1945–1994*, Yale University Press.

Ferguson, Niall [2004A], *Empire: The Rise and Demise of the British World Order and the Lessons for Global Power*, Basic Books

—— [2004B], *Colossus: The Price of America's Empire*, Penguin Books

—— [2006], *The War of the World: Twentieth-Century Conflict and the Descent of the West*, Penguin Books

—— [2009], *Empire: How Britain Made the Modern World*, Penguin.

Ford, Arthur Peronneau [2012], *Denting the Hub, or Strengthening the Spokes?: A Neoclassical Realism Analysis of New Security Trend in the Pacific*, Biblioscholar.

Fray, Marc, Ronald W. Pruessen, and Tan Tai Yong, eds. [2003], *The Transformation of Southeast Asia: International Perspectives on Decolonization*, M.E. Sharpe.

Freedman, Lawrence [2003], *The Evolution of Nuclear Strategy*, Palgrave Macmillan.

—— [2004], *Deterrence*, Polity.

—— [2006], *The Transformation of Strategic Affairs*, Routledge.

—— [2015], *Strategy: A History*, Oxford University Press.

—— [2017], *Future of War: A History*, Allen Lane.

Freyberg-Inan, Annette, Ewan Harrison, Patrick James, eds. [2009], *Rethinking Realism in International Relations: Between Tradition and Innovation*, Johns Hopkins University Press.

Friedberg, Aaron L. [1988], *The Weary Titan: Britain and the Experience of Relative Decline*, Princeton University Press.

—— [2000], *In the Shadow of the Garrison State: America's Anti-Statism and its Cold War Grand Strategy*, Princeton University Press.

—— [2011], *A Contest for Supremacy: China, America, and the Struggle for Mastery in Asia*, W.W. Norton & Company.

Fukuyama, Francis [1992], *The End of History and the Last Man*, Penguin Books.

—— [2004], *State Building: Governance and World Order in the Twenty-First Century*, Profile Books.

—— [2006], *America at the Crossroad: Democracy, Power, and the Neoconservative Legacy*, Yale University Press.

—— [2011], *The Origins of Political Order: From Prehuman Times to the French Revolition*, Profile Books.

—— [2014], *Political Order and Political Decay: From the Industrial Revolution to the Globalization of Democracy*, Farrar, Srraus and Gioroux.

Gaddis, John Lewis [1992], *The United States and the End of the Cold War: Implications, Reconsiderations, Provocations*, Oxford University Press.

—— [1998], *We Now Know: Rethinking Cold War History*, Oxford University Press.

—— [2018], *On Grand Strategy*, Penguin Books.

Gadzey, Anthony Tuo-Kofi [1994], *The Political Enonomy of Power: Hegemony and Economic Liberalism*, St. Martin's Press

Garthoff, Raymond [1994A (1985)], *Détente and Confrontation: American-Soviet Relations from Nixon to Reagan*, Brookings Institution.

—— [1994B], *The Great Transition: American-Soviet Relations and the End of the Cold War*, The Brookings Institution.

Gates, Robert M. [2014], *Duty: Memoirs of a Secretary at War*, Alfret A. Knopf.

Gellman, Barton [2008], *Angler: The Cheney Vice Presidency*, The Penguin Press.

George, Alexander and Andrew Bennet [2005], *Case of Studies and Theory Development in the Social Sciences*, The MIT Press.

Giddens, Anthony [1998], *The Third Way: The Renewal of Social Democracy*, Polity.

—— [2000], *Runaway World: How Globalization is Reshaping Our Lives*, Routledge.

Gilpin, Robert [1981], *War & Change in the World Politics*, Cambridge University Press.

—— [1987], *The Political Economy of International Relations*, Princeton University Press.

—— [2001], *Global Political Economy: Understanding the International Economic Order*, Princeton University Press.

Gordon, Paul Lauren [1996], *Power and Prejudice: The Politics of and Diplomacy of Racial Discrimination*, Westview Press.

Grieco, Joseph [1990], *Cooperation among Nations: Europe, America, and the Non-Tariff*

Barriers to Trade, Cornell University Press.

Haass, Richard [2010], *A World in Disarray: American Foreign Policy and the Crisis of the Old Order*, Penguin Press.

Hadfield-Amkhan, Amelia [2010], *British Foreign Policy, National Identity, and Neoclassical Realism*, Rowman & Littlefield.

Hahn, Peter L. [1991], *The United States, Great Britain, and Egypt, 1945-1956*, The University North Carolina Press.

Halperin, Morton H. and Priscilla A. Clapp with Arnold Kanter [2006], *Bureaucratic Politics and Foreign Policy*, Second Edition, Brookings Institution Press.

Hanhimaki, Jussi M. [2013], *The Rise and Fall of Détente: American Foreign Policy and the Transformation of the Cold War*, Potomac Books.

Hanrieder, Wolfram F., and Graeme P. Auton [1980], *The Foreign Policies of West Germany, France, & Britain*, Prentice-Hall.

Hardt, Michael and Antonio Negri [2001], *Empire*, Harvard University Press.

Herz, John H. [1959], *International Politics in the Atomic Age*, Columbia University Press.

Hinsley, F.H. [1967], *Power and the Pursuit of Peace: Theory and Practice in the History of Relations between States*, Cambridge University Press.

Hobsbawm, Eric [1989(1987)], *The Age of Empire 1875-1914*, Vintage Books.

Hotta, Eri [2007], *Pan-Asianism and Japan's War, 1931-1945*, Palgrave Macmillan.

Howe, Stephen [2002], *Empire: A Very Short Introduction*, Oxford University Press

Huntington, Sumuel P. [1996A], *The Clash of Civilizations and the Remaking of World Order*, Simon & Schuster Publishers.

Hurrell, Andrew [2007], *On Global Order: Power, Values, and the Constitution of International Society*, Oxford University Press.

Hyam, Ronald [2006], *Britain's Declining Empire: The Road to Decolonisation 1918-1968*, Cambridge University Press.

Ichihara, Maiko [2017], *Japan's International Democracy Assistance as Soft Power: Neoclassical Realist Analysis*, Routledge.

Ignatieff, Michael [2003], *Empire Lite: Nation-Building in Bosnia, Kosovo and Afghanistan*, Vintage.

Ikenberry, John G. [2001], *After Victory: Institutions, Strategic Restraint, and the Rebuilding of Order after Major Wars*, Princeton University Press.

—— [2006], *Liberal Order & Imperial Ambition*, Polity.

—— [2011], *Liberal Leviathan: The Origins, Crisis, and Transformation of the American World Order*, Princeton University Press.

——, ed. [2002], *America Unrivaled: The Future of the Balance of Power*, Cornell University Press.

——, ed. [2011], *Power, Order, and Changing in World Politics*, Cambridge University Press.

Iriye, Akira [1981], *Power and Culture: The Japanese-American War, 1941-1945*, Harvard University Press.

Isaacson, Walter [1992], *Kissinger: A Biography*, Simon & Schuster Publishers.

Jackson, Ashley [2013], *The British Empire: A Very Short Introduction*, Oxford University Press.

Jackson, Robert [2007], *Sovereignty: The Evolution of an Idea*, Polity.

Jacques, Martin [2012], *When China Rules the World: The End of the Western World and the Birth of a New Global Order* [Greatly Expanded and Fully Updated], Penguin.

James, Lawrence [1994], *The Rise and Fall of the British Empire*, St. Martin's Press.

Jervis, Robert [1976], *Perception and Misperception in International Politics*, Princeton University Press.

— [1989], *The Meaning of the Nuclear Revolution: Statecraft and the Prospect of Armageddon*, Cornell University Press.

— [1996], *System Effects: Complexity in Political and Social Life*, Princeton University Press.

— [2005], *American Foreign Policy in a New Era*, Routledge.

— [2017], *How Statesmen Think: The Psychology of International Politics*, Princeton University Press.

—, Francis J. Gavin, Joshua Rovner, and Diane N. Lavrosse [2018], *Chaos in the Liberal Order: The Trump Presidency and International Politics in the Twenty-First Century*, Columbia University Press.

Johnson, Boris [2015], *Churchill Factor: How One Man Made History*, Hodder.

Joll, James [1990(1973)], *Europe since 1870: An International History*, Penguin.

— and Gordon Martel [2007(1984)], *The Origins of the First World War*, Third Edition, Pearson Longman.

Kagan, Robert [2004(2003)], *Of Paradise and Power: America and Europe in the New World Order*, Vintage Books.

— [2008], *The Return of History and the End of Dreams*, Vintage Books.

— [2012], *The World America Made*, Knopf.

— [2018], *The Jungle Grows Back: America and Our Imperiled World*, Alfred A. Knopf.

Kupchan, Charles A. [1996], *The Vulnerability of Empire*, Cornell University Press.

Kaplan, Morton A. [1968], *Macropolitics: Selected Essays on the Philosophy and Science of Politics*, Aldine Publishing Company.

— [2005(1968)], *System and Process in International Politics*, ECPR Press.

Kaplan, Robert D. [2013(2012)], *The Revenge of Geography: What the Map Tells Us about Coming Conflicts and the Battle against Fate*, Random House Trade Paperbacks.

Kapstein, Ethan B. and Michael Mastanduno, eds. [1999], *Unipolar Politics: Realism and State Strategies after the Cold War*, Columbia University Press.

Kapur, Sudarshan [1992], *Raising Up a Prophet: The African-American Encounter with Gandhi*, Beacon Press.

Katzenstein, Peter [1996], *Cultural Norms and National Security: Police and Military in Postwar Japan*, Cornell University Press.

—, ed. [1996], *The Culture of National Security: Norms and Identity in World Politics*, Columbia University Press.

Kegan, Robert [2008], *The Return of History and the End of Dreams*, Vintage.

Keegan, John [2002], *Winston Churchill*, Penguin Book.

Kennedy, Dane [2016], *Decolonization: A Very Short Introduction*, Oxford University Press.

Kennedy, Paul [1981], *The Realities behind Diplomacy: Background Influences on British External Policy 1865-1980*, Fontana Press.

—— [1989], *The Rise and Fall of the Great Powers*, Vintage Books.

Kennan, George F. [1984(1951)], *American Diplomacy*, Expanded Edition, The University of Chicago Press.

Keohane, Robert O. [1984], *After Hegemony: Cooperation and Discord in the World Political Economy*, Princeton University Press.

——, ed. [1986], *Neorealism and Its Critics*, Columbia University Press

—— and Joseph S. Nye, Jr. [2011(1977)], *Power and Interdependence*, Fourth Edition, Longman.

Khanna, Parag [2009], *The Second World: Empires and Influence in the Global Order*, Penguin.

—— [2011], *How to Run the World: Charting a Course to the Next Renaissance*, Random House.

Kindleberger, Charles P. [1973], *The World in Depression, 1929-1939*, University of California Press.

Kissinger, Henry A. [1957], *A World Restored: Metternich, Castlereagh and the Problems of Peace 1812-1822*, Houghton Miffrin.

—— [1994], *Diplomacy*, Simon & Schuster Publishers.

—— [2001], *Does America Need a Foreign Policy?: Toward a Diplomacy for the 21st Century*, A Touchstone Books.

—— [2012], *On China*, Second Edition, Penguin Books.

—— [2015], *World Order: Reflections on the Character of Nations and the Course of History*, Penguin Books.

Korbel, Josef [2015], *Detente in Europe: Real or Imaginary*, Princeton University Press.

Krasner, Stephen D. [1999], *Sovereignty: Organized Hypocrisy*, Princeton University Press.

Kunz, Diane B. [1991], *The Economic Diplomacy of the Suez Crisis*, The University of North Carolina Press.

Kupchan, Charles A. [2002], *The End of the American Era: U.S. Foreign Policy and the Geopolitics of the Twenty-first Century*, Alfret A. Knopf.

—— [2012], *No One's World: The West, The Rising Rest, and the Coming Global Turn*, Oxford University Press.

Layne, Christopher [2007], *The Peace of Illusions: American Grand Strategy from 1940 to the Present*, Cornell University Press.

Layton, Azza Salama [2000], *International Politics and Civil Right in the United States, 1941-1960*, Cambridge University Press.

Lebow, Richard Ned and Thomas Risse-Kappen eds. [1995], *International Relations Theory and the End of the Cold War*, Columbia University Press.

Leffler, Melvyn P. [1992], *A Preponderance of Power: National Security, the Truman Administration, and the Cold War*, Stanford University Press.

—— and Jeffrey W. Legro eds. [2008], *To Lead the World: American Strategy after the Bush Doctrine*, Oxford University Press.

LeSueur, D. ed. [2003], *The Decolonization Reader*, Routledge.

Linklater, Andrew and Hidemi Suganami [2006], *The English School of International Relations: Contemporary Reassessment*, Cambridge University Press.

Liska, George [1967], *Imperial America*, Baltimore.

—— [1968], *War and Order*, Baltimore.

Little, Douglas [2002], *American Orientalism: The United States and the Middle East since 1945*, The University of North Carolina Press.

Lloyd, Stewart and Antonio Costa Pinto, eds. [2003], *The Last Empire: Thirty Years of Portuguese Decolonization*, Intellect.

Lobell, Steven E., Norrin M. Ripsman, and Jeffrey W. Taliaferro, eds. [2009], *Neoclassical Realism, the State, and Foreign Policy*, Cambridge University Press.

Louis, Wm. Roger [1978], *Imperialism at Bay: The United States and the Decolonisation of the British Empire 1941–1945*, Oxford University Press.

—— [2006], *Ends of British Imperialism: The Scramble for Empire, Suez and Decoloniztion, Second Edition*, I.B. Tauris.

Mahan, A.T. [2015(1890)], *The Influence of Sea Power upon History, 1660–1783*, Dover.

Mackinder, Halford John [2015(1919)], *Democratic Ideals and Reality: A Study in the Politics of Reconstruction*, Forgotten Books.

Mandelbaum, Michael [1981], *The Nuclear Revolution: International Politics before and after Hiroshima*, Cambridge University Press.

Mann, James [2000], *About Face: A History of America's Curious Relationship with China, from Nixon to Clinton*, Vintage.

—— [2008(2007)], *The China Fantasy: Why Capitalism Will Not Bring Democracy to China*, Penguin Books.

—— [2010], *The Rebellion of Ronald Reagan: A History of the End of the Cold War*, Penguin Books.

Matlock, Jack [2005], *Reagan and Gorbachev: How the Cold War Ended*, Random House Trade Paperbacks.

May, Ernest R. [1975], *Lessons of the Past: The Use and Misuse of History in American Foreign Policy*, Oxford University Press.

Mayall, James [2000], *World Politics: Progress and Its Limits*, Polity.

McAlliser, James [2002], *No Exit: America and the German Problem, 1943–1954*, Cornell University Press.

McCormick, Thomas J. [1995(1989)], *America's Half-Century: United States Foreign Policy in the Cold War and after*, Second Edition, The Johns Hopkins University Press.

McMahon, Robert J. [1981], *Colonialism and Cold War: The Struggle for Indonesian Independence, 1945–1949*, Cornell University Press.

—— [2008], *Dean Acheson and the Creation of an American World Order*, Potomac Books.
—— [2003], *The Cold War: A Very Short Introduction*, Oxford University Press.
——, ed. [2013], *The Cold War in the Third World*, Oxford University Press.
Mead, Walter Russell [2002], *Special Providence: American Foreign Policy and How It Changed the World*, Routledge.
—— [2004], *Power, Terror, Peace, and War: America's Grand Strategy in a World at Risk*, Alfred A, Knopf.
—— [2007], *God and Gold: Britain, America, and the Making of the Modern World*, Vintage
Mearsheimer, John J. [2014(2003)], *The Tragedy of Great Power Politics*, Updated Edition, W.W. Norton & Company.
—— [2018], *The Great Delusion: Liberal Dream and International Realities*, Yale University Press.
Miller, Benjamin [1995], *When Opponents Cooperate*, University of Michigan Press.
Modelski, George [1987], *Long Cycle in World Politics*, Macmillan Press.
Moisi, Dominique [2009], *Geopolitics of Emotion: How Cultures of Fear, Humilitation, and Hope Are Reshaping the World*, Anchor Books.
Monteiro, Nuno P. [2014], *Theory of Unipolar Politics*, Cambridge University Press.
Montgomery, Bruce P. [2009], *Richard B. Cheney and the Rise of the Imperial Vice Presidency*, Praeger.
Morgenthau, Hans J. [1948], *Politics among Nations: The Struggle for Power and Peace*, Alfret A. Knopf.
—— [1978(1948)], *Politics among Nations: The Struggle for Power and Peace*, Fifth Edition, Revised, Alfred. A. Knopf.
Morris, Dick [1999(1997)], *Oval Office: Getting Reelected against All Odds*, Second Edition, Renaissance Books.
Mueller, John [1989], *Retreat from Doomsday: The Obsolescence of Major War*, University of Rochester Press.
Myrdal, Gunner [1962], *An American Dilemma*, Harper & Row.
National Intelligence Council [2012], *Global Trends 2030: Alternative Worlds*, Createspace.
Nau, Henry R. [1990], *The Myth of America's Decline: Leading the World Economy into the 1990s*, Oxford University Press.
—— [2002], *At Home Abroad: Identity and Power in American Foreign Policy*, Cornell University Press.
Nye, Jr., Joseph S. [1990], *Bound to Lead: The Changing Nature of American Power*, New York: Basic Books.
—— [2002], *The Paradox of American Power: Why the World's Only Superpower Can't Go It Alone*, Oxford University Press.
—— [2004], *Soft Power: The Means to Success in World Politics*, Public Affairs
—— [2008], *The Power to Lead*, Oxford University Press.
—— [2011], *The Future of Power*, Public affairs.
—— [2013], *Presidential Leadership and the Creation of the American Era*, Princeton

University Press.
—— [2015], *Is the American Century Over?* Polity.
—— and David A. Welch [2016], *Understanding Global Conflict and Cooperation: An Introduction to Theory and History*, Tenth Edition, Pearson Education.
O'Neill, Jim [2011], *The Growth Map: Economic Opportunity in the BRICs and Beyond*, Penguin Books Ltd.
Orde, Anne [1996], *The Eclipse of Great Britain: The United States and British Imeprial Decline, 1895–1956*, St. Martin's Press.
Oudenaren, John Van [1991], *Detente in Europe: The Soviet Union and the West since 1953*, Duke University Press.
Plummer, Brenda Gayle, ed. [2003], *Window on Freedom: Race, Civil Rights, and Foreign Affairs, 1945–1988*, The University of North Carolina Press.
Posen, Barry R. [2014], *Restraint: A New Foundation for U.S. Grand Strategy*, Cornell University Press.
Rachman, Gideon [2010], *Zero-Sum World: Politics, Power and Prosperity after the Clash*, Atlantic Books.
Rady, Martyn [2017], *The Habsburg Emire: A Very Short Introduction*, Oxford University Press.
Reagan, Ronald [1990], *An American Life: The Autobiography*, Simon & Schuster Publishers.
Reynolds, David [2000], *One World Divisible: A Global History since 1945*, Penguin Books.
Rice, Condoleezza [2011], *No Higher Honour: Memoir of My Year in Washington*, Simon & Schuster.
Ripsman, Norrin M. [2002], *Peacemaking by Democracies: The Effects of State Autonomy on the Post-World War Settlements*, Pennsylvania University Press.
——, Jeffrey W. Taliaferro, Steven E. Lobell [2016], *Neoclassical Realist Theory of International Politics*, Oxford University Press.
Rodrik, Dani [2012], *The Globalization Paradox: Democracy and the Future of the World Economy*, W.W. Norton & Company.
Rosa, Paolo [2018], *Neoclassical Realism and the Underdevelopment of China's Nuclear Doctrine*, Palgrave Macmillan.
Rose, Gideon [2010], *How Wars End: Why We Always Fight the Last Battle: A History of American Intervention from World War I to Afghanistan*, Simon & Schuster Paperbacks.
Rosenau, James N., ed. [1969(1961)], *International Politics and Foreign Policy: A Reader in Research and Theory*, Revised Edition, The Free Press.
Rosenau, James N., Vincent Davis, and Maurice A. East, eds. [1972], *The Analysis of International Politics*, The Free Press.
Rosenau, James N., Kenneth W. Thompson, and Gavin Boyd [1976], *World Politics: An Introduction*, The Free Press.
Rosenau, James N. and Ernst-Otto Czempiel, eds. [1993], *Governance without Government: Order and Change in World Politics*, Cambridge University Press.
Rotter, Andrew J. [1987], *The Path to Vietnam: Origins of the American Commitment to*

South Asia, Cornell University Press.
Ruggie, John Gerard [1996], *Winning the Peace: America and World Order in the New Era*, Columbia University Press.
—— [1998], *Constructing the World Polity: Essays on International Institutionalization*, Routledge.
Rumsfeld, Donald [2011], *Known and Unknown: A Memoir*, Sentinel, 2011.
Russett, Bruce [1993], *Grasping the Democratic Peace: Principles for a Post-Cold War World*, Princeton University Press.
—— [2017], *Triangulating Peace*, Forgetten Books.
—— and John Oneal [2001], *Triangulating Peace: Democracy, Interdependence, and International Organizations*, W.W. Norton & Company.
Sarris, Peter [2015], *Byzantium: A Very Short Introduction*, Oxford University Press.
Schlesinger, Jr., Arthur M. [2004], *War and the American Presidency*, W.W. Norton & Company, 2004
Schuman, Frederick, L. [1958(1933)], *International Politics: The Western State System and the World Community*, Sixth Edition, McGraw-Hill Book Company.
Scwheller, Randall L. [1998], *Deadly Imbalances: Tripolarity and Hitler's Strategy of World Conquest*, Columbia University Press.
—— [2006], *Unanswered Threats: Political Constraints on the Balance of Power*, Princeton University Press.
Segal, Gerald, Edwina Moreton, Lawrence Freedman, John Baylis [1988], *Nuclear War and Nuclear Peace*, Second Edition, Palgrave Macmillan.
Sestanovich, Stephen [2014], *Maximalist: America in the World from Truman to Obama*, New York: Vintage Books.
Shraeder, Peter J. [1994], *United States Foreign Policy toward Africa: Incrementalism, Crisis and Change*, Cambridge University Press.
Shultz, George [1993], *Turmoil and Triumph*, Charles Scribner's Sons.
Smith, Michael Joseph [1986], *Realist Thought from Weber to Kissinger*, Louisiana State University Press, 1986.
Smith, Tony [2012], *America's Mission: The United States and the Worldwide Struggle for Democracy*, Princeton University Press.
Snyder, Glenn H. [1997], *Alliance Politics*, Cornell University Press.
Snyder, Jack [1991], *Myth of Empire: Domestic Politics and International Ambition*, Cornell University Press.
Smith, Simon C. [2012], *Ending Empire in the Middle East: Britain, the United States and Post-War Decolonization, 1945–1973*, Routledge.
Spykman, Nicholas J. [2008(1942)], *America's Strategy in World Politics: The United States the Balance of Power*, Transaction Publisher.
Steil, Benn [2014], *The Battle of Bretton Woods: John Maynard Keynes, Harry Dexter White, and the Making of New World Order*, Princeton University Press.
Steinberg, James and Michael E. O'Hanlon [2014], *Strategic Reassurance and Resolve: U.S.-*

China Relations in the Twenty-First Century, Princeton University Press.
Stephens, Bret [2014], *America in Retreat: The New Isolationism and the Coming Global Disorder*, Sentinal.
Sterling-Folker, Jennifer [2002A], *Theories of International Cooperation and the Primacy of Anarchy: Explaining US International Monetary Policy-Making after Bretton Woods*, State University of New York Press.
Stern, Geoffrey [1995], *The Structure of International Society*, Pinter Publishers.
Stevenson, Richard W. [2014(1985)], *The Rise and Fall of Détente: Relaxations of Tension in US-Soviet Relations, 1953–1984*, Macmillan.
Strange, Susan [1988], *States and Markets: An Introduction to International Political Economy*, Pinter Publishers.
—— [1998], *Mad Money: When Markets Outgrow Governments*, University of Michigan Press.
—— [2015], *Casino Capitalism*, Manchester University Press.
Taliaferro, Jeffrey W. [2004], *Balancing Risks: Great Power Intervention in the Periphery*, Cornell University Press.
Talbott, John R. [2008], *Obamanomics: How Bottom-up Economic Prosperity Will Replace Trickle-down Economics*, Seven Story Books.
Tamarkin, M. [1990], *The Making of Zimbabwe: Decolonization in Regional and International Politics*, Frank Cass.
Taylor, A.J.P. [1991(1961)], *The Origin of the Second World War*, Penguin.
Thies, Wallace J. [1989], *Why NATO Endures*, Cambridge University Press.
Thorne, Christopher [1985], *The Issue of War: States, Societies, and the Far Eastern Conflict of 1941–1945*, Oxford University Press.
Toje, Asle and Barbara Kunz, eds. [2012], *Neoclassical Realism in European Politics: Bringing Power Back in*, Manchester University Press.
Ulam, Adam B. [1974(1968)], *Expansion and Coexistence: Soviet Foreign Policy, 1917–73*, Second Edition, Praeger Publishers.
Vasquez, John A. [1996(1986)], *Classics of International Relations*, Third Edition, Prentice Hall.
Vernon, Raymond [1971], *Sovereignty at Bay*, Penguin Books.
Vedrine, Hubert [2008], translated by Philip H. Gordon, *History Strikes Back: How States, Nations, and Conflicts Are Shaping the 21st Century*, Brookings Institution Press.
Wallerstein, Immanuel [2003], *The Decline of American Power: The U.S. in a Chaotic World*, The New Press.
Walt, Stephen M. [1987], *The Origin of Alliances*, Cornell University Press.
—— [2005], *Taming American Power: The Global Response to U.S. Primary*, W.W. Norton & Company.
Waltz, Kenneth N. [1959(1954)], *Man, the State and War: A Theoretical Analysis*, Columbia University Press.
—— [1967], *Foreign Policy and Domestic Politics: The American and British Experience*, Institute of Governmental Studies Press.

—— [1979], *Theory of International Politics*, McGraw-Hill.
—— [2008], *Realism and International Politics*, Routledge.
Westad, Odd Arne [2007], *The Global Cold War*, Cambridge University Press.
—— [2017], *The Cold War; A World History*, Penguin Books.
Whaley, Joachim [2018], *The Holy Roman Empire: A Very Short Introduction*, Oxford University Press.
Whitney, Thomas P., ed. [1963], *Khrushchev Speaks!*, University of Michigan Press.
Wight, Colin [2006], *Agents, Structures and International Relations: Politics as Ontology*, Cambridge University Press.
Wight, Martin, edited by Gabriel Wight and Brian Porter [1991], *International Theory: The Three Tradition*, Leicester University Press.
——, edited by Hedley Bull and Carsten Holbraad [1995(1978)], *Power Politics*, Leicester University Press.
Wilson, James G. [2002], *The Imperial Republic: A Structural History of American Constitutionalism from the Colonial Era to the Beginning of the Twentieth Century*, Ashgate.
—— [2015], *The Triumph of Improvisation: Gorbachev's Adaptability, Reagan's Engagement, and the End of the Cold War*, Cornell University Press.
Wohlforth, William Curti [1993], *The Elusive Balance: Power and Perceptions During the Cold War*, Cornell University Press.
Wolfers, Arnold and Laurence W. Martin [1956], *The Anglo American Tradition in Foreign Affairs: Readings from Thomas More to Woodrow Wilson*, Elliots Books.
Wolfers, Arnold [1959], *Alliance Policy in the Cold War*, Greenwood Press, Publishers.
—— [1962], *Discord and Collaboration: Essays on International Politics*, Johns Hopkins University Press.
—— [1966], *Britain and France Between Two Wars: Conflicting Strategies of Peace from Versailles to World War II*, W. W. Norton & Company.
Woodward, Bob [2002], *Bush at War*, Simon & Schuster Publishers.
—— [2004], *Plan of Attack*, Simon & Schuster Publishers.
—— [2006], *State of Denial: Bush at War, Part Ⅲ*, Simon & Schuster Publishers.
—— [2008], *The War Within: A Secret White House History 2006-2008*, Simon & Schuster Publishers.
—— [2010], *Obama's Wars: The Inside Story*, Simon & Schuster Publishers.
—— [2012], *The Price of Politics*, Simon & Schuster Publishers.
—— [2018], *Fear: Trump in the White House*, Simon & Schuster Publishers.
Young, Marilyn [1991], *The Vietnam Wars, 1945-1990*, Harper Collins.
Young, Oran [1994], *International Governance: Protecting the Environment Stateless Society*, Cornell University Press.
—— [2016], *On Environmental Governance: Sustainability, Efficiency, and Equity*, Paradigm Publishers.
Zakaria, Fareed [1998], *From Wealth to Power: The Unusual Origins of America's World*

Role, Princeton University Press.
—— [2009], *The Post-American World*, W.W. Norton & Company.
—— [2011(2009)], *The Post-American World: Release 2.0*, Updated and Expanded, W.W. Norton & Company.
—— [2017], *The End of the Liberal Order?*, Oneworld.

(Articles)

Abrams, Elliot [2017], "Trump the Traditionalist: A Surprisingly Standard Foreign Policy," *Foreign Affairs*, Vol. 96, No. 4, esp. p. 12.

Allison, Graham [2018], "The Myth of the Liberal Order: From Historical Accident to Conventional Wisdom," *Foreign Affairs*, Vol. 97, No. 4, pp. 124–133.

Anderson, Carol [2013], "The Histories of African Americans' Anticolonialism during Cold War," Robert J. McMahoned, *The Cold War in the Third World*, Oxford University Press, pp. 178–191.

Bacevich, Andrew J. [2018], "The 'Global Order' Myth," Jervis, Robert, Francis J. Gavin, Joshua Rovner, and Diane N. Lavrosse, *Chaos in the Liberal Order: The Trump Presidency and International Politics in the Twenty-First Century*, Columbia University Press, pp. 210–217.

Battistella, Dario [2012], "Raymond Aron: A Neoclassical Realist before the Term Existed?" Asle Toje and Barbara Kunz, eds., *Neoclassical Realism in European Politics: Bringing Power Back in*, Manchester University Press, pp. 117–137.

Berenskoetter, Tatiana and Elena Pvlova [2012], "Hegemony by Invitation: Neoclassical Realism, Soft Power and US-European Relations," Asle Toje and Barbara Kunz, eds., *Neoclassical Realism in European Politics: Bringing Power Back in*, Manchester University Press, pp. 182–213.

Bradley, David S. [2010], "Decolonization, the Global South, and the Cold War, 1919–1962," Melvyn P. Leffler and Odd Arne Westad eds., *The Cambridge History of the Cold War*, Volume Ⅰ Origins, Cambridge University Press, pp. 464–485.

Bradley, Mark Philip [2018], "The United States and the Global Human Rights Order," Jervis, Robert, Francis J. Gavin, Joshua Rovner, and Diane N. Lavrosse, *Chaos in the Liberal Order: The Trump Presidency and International Politics in the Twenty-First Century*, Columbia University Press, pp. 331–336.

Brawley, Mark R. [2009], "Neoclassical Realism and Strategic Calculations: Explaining Divergent British, French, and Soviet Strategies toward Germany between the World Wars, 1919–1939," Steven E. Lobell, Norrin M. Ripsman, Jeffrey W. Taliaferro, eds., *Neoclassical Realism, the State, and Foreign Policy*, Cambridge University Press, pp. 75–98.

Brooks, Stephen G. [1997], "Dueling Realism," *International Organization*, Vol. 51, No. 3, pp. 445–477.

—— and William C. Wohlforth [2000/2001], "Power, Globalization, and the End of the Cold War: Re-Evaluating a Landmark Case for Ideas," *International Security*, Vol. 25, No. 3, pp.

5-53.

Brown, Archie [2010], "The Gorbachev Revolution and the End of the Cold War," Melvyn P. Leffler and Odd Arne Westad, eds., *The Cambridge History of the Cold War Volume Ⅲ Endings*, Cambridge University Press, pp. 244-266.

Busby, Joshua and Jonathan Monten [2018], "Has Liberal Internationalism Been Trumped?" Jervis, Robert, Francis J. Gavin, Joshua Rovner, and Diane N. Lavrosse, *Chaos in the Liberal Order: The Trump Presidency and International Politics in the Twenty-First Century*, Columbia University Press, pp. 49-60.

Buzan, Barry [1993], "From International System to International Society: Structural Realism and Regime Theory Meet the English School," *International Organization*, Vol. 47, No. 3, pp. 327-352.

Byman, Daniel L. and Kenneth M. Pollack [2001], "Let Us Now Praise Great Men: Bringing the Statesman Back In," *International Security*, Vol. 25, No. 4, pp 107-146.

Byme, Jeffrey James [2014], "The Cold War in Africa," Artemy M. Kalinovsky and Craig Daiglle eds., *The Routledge Handbook of the Cold War*, Routledge, pp. 149-162.

—— [2013], "Africa's Cold War," Robert J. McMahoned, *The Cold War in the Third World*, Oxford University Press, 101-123.

Campbell, Kurt M. and Ely Ratner [2018], "The China Reckoning: How Beijing Defied American Expectations," *Foreign Affairs*, Vol. 97, No. 2, pp. 60-70.

Cha, Victor D. [2002], "Hawk Engagement and Preventive Defense on the Korean Peninsula," *International Security*, Vol. 27, No.1, pp. 40-78.

Chapman, Jessica M. [2014], "Vietnam and the Global Cold War," Artemy M. Kalinovsky and Craig Daiglle, eds., *The Routledge Handbook of the Cold War*, Routledge, pp. 105-117.

Chamberlin, Paul Thomas [2014], "The Cold War in the Middle East," Artemy M. Kalinovsky and Craig Daiglle eds., *The Routledge Handbook of the Cold War*, Routledge, pp. 163-177.

Chaudoin, Stepheh, Helen V. Milner, and Dustin Tingley [2018], "Down but Not Out: A Liberal International American Foreign Policy," Jervis, Robert, Francis J. Gavin, Joshua Rovner, and Diane N. Lavrosse, *Chaos in the Liberal Order: The Trump Presidency and International Politics in the Twenty-First Century*, Columbia University Press, pp. 61-97.

Christensen, Thomas J. [1997], "Perceptions and Alliance in Europe, 1980-1940," *International Organization*, Vol. 51, No. 1, pp. 65-97.

Citino, Nathan J. [2014], "Modernization and Development," Artemy M. Kalinovsky and Craig Daiglle eds., *The Routledge Handbook of the Cold War*, Routledge, pp. 118-130.

Cohen, Eliot A. [2018], "Trump's Lucky Year: Why the Chaos Can't Last," *Foreign Affairs*, Vol. 97, No. 2, pp. 2-9.

Cox, Robert W. [1986], "Social Forces, States, and World Orders: Beyond International Relations Theory," Robert O. Keohane, ed., *Neorealism and its Critics*, Columbia University Press, pp. 204-254.

Daalder, Ivo H. and James M. Lindsay [2018], "The Committee to Save the World Order: America's Allies Must Step Up as America Steps Down," *Foreign Affairs*, Vol. 97, No. 6, pp. 72-83.

Desch, Michael C. [2006], "War and Strong, Peace and Weak States?" *International Organization*, Vol. 50, No. 2, esp. pp. 904-905.

Deudney, Daniel and G. John Ikenberry [2018], "Liberal World: The Resilient Order," *Foreign Affairs*, Vol. 97, No. 4, pp. 16-24.

Devlen, Balkan and Ozgur Ozdamar [2009], "Neoclassical Realism and Foreign Policy Crisis," Annette Freyberg-Inan, Ewan Harrison, Patrick James, eds. [2009], *Rethinking Realism in International Relations: Between Tradition and Innovation*, Johns Hopkins University Press, pp. 103-135.

Doyle, Michael [1983a], "Kant, Liberal Legacies, and Foreign Affairs, part 1," *Philosophy and Public Affairs*, Vol. 12, No. 3, pp. 205-235.

—— [1983b], "Kant, Liberal Legacies, and Foreign Affairs, part 2," *Philosophy and Public Affairs*, Vol. 12, No. 4, pp. 1151-1161.

Duara, Prasenjit [2013], "The Cold War and the Imperialism of Nation-States," Richard H. Immerman and Peter Goedde, eds., *The Oxford Handbook of the Cold War*, Oxford University Press, pp. 86-104.

Dueck, Colin [2009], "Neoclassical Realism and the National Interest: Presidents, Domestic Politics, and Major Military Intervention," Steven E. Lobell, Norrin M. Ripsman, Jeffrey W. Taliaferro, eds., *Neoclassical Realism, the State, and Foreign Policy,* Cambridge University Press, pp. 139-169.

Duffield, John [1994/1995], "NATO's Functions after the Cold War," *Political Science Quarterly,* Vol. 109, No. 5, pp. 763-787.

Elman, Colin [2009], "Realist Revisionism," Annette Freyberg-Inan, Ewan Harrison, Patrick James, eds., *Rethinking Realism in International Relations: Between Tradition and Innovation*, Johns Hopkins University Press, pp. 63-75.

Engerman, David C. [2013], "South Asia and the Cold War," Robert J. McMahoned, *The Cold War in the Third World*, Oxford University Press, pp. 67-84.

Evangelista, Matthew [1997], "Domestic Structure and International Change," Michael W. Doyle and G. John Ikenberry, eds., *New Thinking in International Relations Theory,* Westview Press, pp. 202-265.

Evera, Stephen Van [2008], "A Farewell to Geopolitics," Melvyn P. Leffler and Jeffrey W. Legro eds., *To Lead the World: American Strategy after the Bush Doctrine*, Oxford University Press, esp. pp. 14-16.

Farber, David S. and Joanne Gowa [1996], "Polities and Peace," Michael E. Brown, Sean M. Lynn-Jones, and Steven E. Miller, eds, *Debating the Democratic Peace*, The MIT Press, pp. 239-262.

Fordham, Benjamin O. [2009], "The Limits of Neoclassical Realism: Additive and Interactive Approaches to Explaining Foreign Policy," Steven E. Lobell, Norrin M. Ripsman, Jeffrey W. Taliaferro, eds., *Neoclassical Realism, the State, and Foreign Policy,* Cambridge University Press, pp. 251-279.

Fraser, Cary [March 1992], "Understanding American Policy towards the Decolonization of European Empires, 1945-1964," *Diplomacy & Statecraft*, pp. 105-125.

—— [2000], "The New Frontier' of Empire in the Caribbean: Transfer of Power in British Guiana, 1961-1964," *The International History Review*, Vol. 22, pp. 583-610.

—— [2013], "Decolonization and the Cold War," Richard H. Immerman and Peter Goedde, eds. *The Oxford Handbook of the Cold War*, Oxford University Press, pp. 469-485.

Fukuyama, Francis [1989], "The End of History?" *The National Interest*, Vol. 16, pp. 3-18. http://history.msu.edu/hst203/files/2011/02/Fukuyama-The-End-of-History.pdf

Gaddis, John Lewis [1993], "The Long Peace: Elements of Stability in the Postwar International System," Lynn-Jones, Sean M. and Miller, Steven E. eds., *The Cold War and After: Prospects for Peace*, Expanded Edition, The MIT Press, pp. 1-44.

Gilpin, Robert G. [1986], "The Richness of the Tradition of Political Realism," Robert O. Keohane, ed., *Neorealism and its Critics*, Columbia University Press, esp. pp. 304-308.

—— [1996], "No One Loves a Political Realist," Benjamin Frankel, ed., *Realism: Restatements and Renewal,* Frank Cass, pp. 3-26.

Gegout, Catherine [2012], "Explaining European Military Intervention in Africa," Asle Toje and Barbara Kunz, eds., *Neoclassical Realism in European Politics: Bringing Power Back in*, Manchester University Press, pp. 138-160.

Glaser, Charles L. [1994/1995], "Realists as Optimists: Cooperation as Self-Help," *International Security*, Vol. 19, No. 3, pp. 50-90.

—— [1997], "The Security Dilemma Revisited," *World Politics*, Vol. 50, No. 1, pp. 171-201.

Greijeses, Piero [2010], "Cuba and the Cold War, 1959-1980," Melvyn P. Leffler and Odd Arne Westad eds., *The Cambridge History of the Cold War*, Volume Ⅱ Crises and Détente, Cambridge University Press, pp. 327-348.

Grieco, Joseph M. [1993], J. M., "Anarchy and the Limits of Cooperation," David A. Baldwin, ed., *Neorealism and Neoliberalism*, Columbia University Press, pp. 116-140.

—— [1997], "Realist International Theory and the Study of World Politics," Michael W. Doyle and G. John Ikenberry, eds. [1997], *New Thinking in International Relations Theory,* Westview Press, pp. 163-201.

Guan, Ang Cheng [2013], "The Cold War in Southeast Asia," Richard H. Immerman and Peter Goedde, eds., *The Oxford Handbook of the Cold War*, Oxford University Press, pp. 230-245.

Guyatt, Nicholas [2013], "The End of the Cold War," Richard H. Immerman and Petra Goedde, eds., *The Oxford Handbook of the Cold War*, Oxford University Press, 605-622.

Gallagher, John and Ronald Robinson [1953], "The Imperialism of Free Trade," *Economic History Review*, Vol. 6, No. 1, pp. 1-15.

Jervis, Robert [1999], "Realism, Neorealism, and Cooperation: Understanding the Debate," *International Security*, Vol. 24, No. 1, pp. 42-63.

Haass, Richard N. [2008], "The Age of Nonpolarity," *Foreign Affairs*, Vol. 89, No. 3, pp. 44-56.

—— [2017], "Where to Go from Here: Rebooting American Foreign Policy," *Foreign Affairs*, Vol. 96, No. 4, pp. 2-9.

—— [2019], "How a World Order Ends: And What Comes in Its Wake," *Foreign Affairs*, Vol. 98, No. 1, pp. 22-30.

Haftendorn, Helga [2010], "The Unification of Germany, 1985-1991," Melvyn P. Leffler and Odd Arne Westad, eds., *The Cambridge History of the Cold War Volume Ⅲ Endings*, Cambridge University Press, pp. 333-355.

Haine, Jean-Yves [2012], "The Rise and Fall of the Common Security and Defence Policy: Bringing Strategic Culture Back in," Asle Toje and Barbara Kunz, eds., *Neoclassical Realism in European Politics: Bringing Power Back in*, Manchester University Press, pp. 182-213.

Hanhimaki, Jussi M. [2012], "Détente in Europe, 1962-1975," Melvyn P. Leffler and O.A. Westad, eds., *The Cambridge History of the Cold War, volume 2, Crises and Détente*, Cambridge University Press, pp. 198-218.

Harrison, Ewan [2009], "The Contradictions of Unipolarity," Annette Freyberg-Inan, Ewan Harrison, Patrick James, eds., *Rethinking Realism in International Relations: Between Tradition and Innovation*, Johns Hopkins University Press, pp. 76-99.

Hellman, Gregory [2017], "Trump White House Unveils a 'Hard-Power Budget,'" *Politico.*

Herring, George C. and Richard H. Immerman [1984], "Eisenhower, Dulles, and Dienbienphu," *Journal of American History*, Vol. 71, pp. 343-363.

Hikotani, Takako [2017], "Trump's Gift to Japan: Time for Tokyo to Invent in the Liberal Order," *Foreign Affairs*, Vol. 96, No. 5, pp. 21-27.

Holden, Patrick [2012], "Looking After the 'European' Interest? Neoclassical Realism and the European Union's Engagement with Sub-Saharan Africa," Asle Toje and Barbara Kunz, eds., *Neoclassical Realism in European Politics: Bringing Power Back in*, Manchester University Press, pp. 161-181.

Huntington, Samuel P. [1993], "The Clash of Civilization?" *Foreign Affairs*, Vol. 72, No. 3, pp. 50-66.

—— [1996a], "The West: Unique, not Universal," *Foreign Affairs*, Vol. 75, No. 6, pp. 28-46.

Ikenberry, G. John [2010], "The Restructuring of the International System after the Cold War," Melvyn P. Leffler and Odd Arne Westad, eds., *The Cambridge History of the Cold War Volume Ⅲ Endings*, Cambridge University Press, pp. 535-556.

—— [2014], "The Illusion of Geopolitics: The Enduring Power of the Liberal Order," Foreign Affairs, Vol. 93, No. 3, esp. p. 80.

—— [2017], "The Plot against American Foreign Policy: Can the Liberal Order Survive?" *Foreign Affairs*, Vol. 96, No. 3, pp. 2-9.

Irvin, Ryan M. [2014], "Decolonization and the Cold War," Artemy M. Kalinovsky and Craig Daiglle eds., *The Routledge Handbook of the Cold War*, Routledge, pp. 91-104.

Jackson, Ian [2010], "Economics and the Cold War," Melvyn P. Leffler and Odd Arne Westad eds., *The Cambridge History of the Cold War*, Volume Ⅱ Crises and Détente, Cambridge University Press, pp. 50-66.

James, Patrick [2009], "Elaborating on Offensive Realism" Annette Freyberg-Inan, Ewan Harrison, Patrick James, eds., *Rethinking Realism in International Relations: Between Tradition and Innovation*, Johns Hopkins University Press, pp.

Jervis, Robert [1978], "Cooperation under the Security Dilemma," *World Politics*, Vol. 30, No. 2,

pp. 167–214.

—— [1990], "The Political Effects of Nuclear Weapons: A Comment," Sean M. Lynn-Jones Steven E. Miller, and Stephen Van Evera, eds, *Nuclear Diplomacy and Crisis Management*, The MIT Press, pp. 28–38.

Jian, Chen [2013], "China, the Third World, and the Cold War," Robert J. McMahoned, *The Cold War in the Third World*, Oxford University Press, pp. 85–100.

Jun, Niu [2010], "The Birth of the People'ss Republic of China and the Road to the Korean War," Melvyn P. Leffler and Odd Arne Westad eds., *The Cambridge History of the Cold War*, Volume I Origins, Cambridge University Press, pp. 221–243.

Kahler, Miles [1998], "Rationality in International Relations," *International Organization*, Vol 52, No. 4, pp. 919–941.

Kalinovsky, Artemy M. [2014], "The Cold War in South and Central Asia," Artemy M Kalinovsky and Craig Daiglle eds., *The Routledge Handbook of the Cold War*, Routledge pp. 178–191.

Kalinovsky, Artemy M. and Craig Daigle [2014], "Explanations for the End of the Cold War," Artemy Kalinovsky and Craig Daigle, eds., *The Routledge Handbook of the Cold War*, Routledge, pp. 371–387.

Kaufmann, Chaim [2004], "Threat Inflation and Failure of the Marketplace for Ideas: The Selling of the Iraq War," *International Security*, Vol. 29, No. 1, pp. 112–156.

Keohane, Robert O. and Lisa Martin [1995], "The Promise of International Theory," *International Security*, Vol. 20, No. 1, pp. 39–51.

Keylor, William R. [2018], "The Future of the Atlantic Alliance under President Trump," Jervis, Robert, Francis J. Gavin, Joshua Rovner, and Diane N. Lavrosse, *Chaos in the Liberal Order: The Trump Presidency and International Politics in the Twenty-First Century*, Columbia University Press, pp. 322–327.

Keys, Barbara and Roland Burke [2013], "Human Rights," Richard H. Immerman and Peter Goedde, eds., *The Oxford Handbook of the Cold War*, Oxford University Press, pp. 486–502.

Kitchen, Nicolas [2012], "Idea of Power and the Power of Ideas," Asle Toje and Barbara Kunz, eds., *Neoclassical Realism in European Politics: Bringing Power Back in*, Manchester University Press, pp. 79–95.

Kotkin, Stephen [2018], "Realist World: The Players Change, but the Game Remains," *Foreign Affairs*, Vol. 97, No. 4, pp. 10–15.

Krauthammer, Charles [1990/1991], "The Unipolar Moment," *Foreign Affairs*, Vol. 70, No. 1, pp. 23–34.

—— [2002/2003], "The Unipolar Moment Revisited," *National Interest*, No. 70, pp. 5–13.

Kristol, Irving [1968], "We Cannot Resign as 'Policeman of World,'" *New York Times Magazine*, pp. 26–27.

Kroenig, Matthew [2017], "The Case for Trump's Foreign Policy: The Right People, the Right Position," *Foreign Affairs*, Vol. 96, No. 3, esp. pp. 30–34.

Kunz, Barbara and Ilai Z. Saltzman [2012], "External and Domestic Determinants of State

Behaivior," Asle Toje and Barbara Kunz, eds., *Neoclassical Realism in European Politics: Bringing Power Back in*, Manchester University Press, pp. 96–116.

Latham, Michael E. [2010], "The Cold War in the Third World, 1963–1975," Melvyn P. Leffler and Odd Arne Westad eds., *The Cambridge History of the Cold War*, Volume II Crises and Détente, Cambridge University Press, pp. 258–280.

Lawrence, Mark Atwood [2013], "The Rise and Fall of Nonalignment," Robert J. McMahoned, *The Cold War in the Third World*, Oxford University Press, pp. 139–155.

Layne, Christopher [1996], "Kant or Cant: The Myth of the Democratic Peace," Michael E. Brown, Sean M. Lynn-Jones, and Steven E. Miller, eds, *Debating the Democratic Peace*, The MIT Press, pp. 157–201.

—— [2009], "The Influence of Theory on Grand Strategy: The Unitede States and a Rising China," Annette Freyberg-Inan, Ewan Harrison, Patrick James, eds., *Rethinking Realism in International Relations: Between Tradition and Innovation*, Johns Hopkins University Press, pp. 103–135.

Legro, Jeffrey W. and Andrew Moravcsik [1999], "Is Anybody Still a Realist?" *International Security*, Vol. 24, No. 2, pp. 5–55.

Legvold, Robert [2018], "US-Russia Relations Unhinged," Jervis, Robert, Francis J. Gavin, Joshua Rovner, and Diane N. Lavrosse, *Chaos in the Liberal Order: The Trump Presidency and International Politics in the Twenty-First Century*, Columbia University Press, pp. 287–300.

Levesque, Jacques [2010], "The East European Revolution of 1989," Melvyn P. Leffler and Odd Arne Westad, eds., *The Cambridge History of the Cold War Volume III Endings*, Cambridge University Press, pp. 311–332.

Lind, Jennifer [2018], "The Art of the Bluff: The US-Japan Alliance under the Trump Administration," Jervis, Robert, Francis J. Gavin, Joshua Rovner, and Diane N. Lavrosse, *Chaos in the Liberal Order: The Trump Presidency and International Politics in the Twenty-First Century*, Columbia University Press, pp. 235–250.

Little, Douglas [2010], "The Cold War in the Middle East: Suez Crisis to Camp David Accords," Melvyn P. Leffler and Odd Arne Westad eds., *The Cambridge History of the Cold War*, Volume II Crises and Détente, Cambridge University Press, pp. 305–326.

Little, Richard [2009], "Revising Realism and the Balance of Power," Annette Freyberg-Inan, Ewan Harrison, Patrick James, eds., *Rethinking Realism in International Relations: Between Tradition and Innovation*, Johns Hopkins University Press, pp. 21–44.

Lobell, Steven E. [2009], "Threat Assessment, the State, and Foreign Policy: A Neoclassical Realist Model," Steven E. Lobell, Norrin M. Ripsman, Jeffrey W. Taliaferro, eds., *Neoclassical Realism, the State, and Foreign Policy*, Cambridge University Press, pp. 42–74.

Logevall, Fredrik [2010], "The Indochina War and the Cold War, 1945–1975," Melvyn P. Leffler and Odd Arne Westad eds., *The Cambridge History of the Cold War*, Volume II Crises and Détente, Cambridge University Press, pp. 281–304.

Loth, Wlfried [2010], "The Cold War and the Social and Economic History of the Twentieth

Century," Melvyn P. Leffler and Odd Arne Westad eds., *The Cambridge History of the Cold War*, Volume II Crises and Détente, Cambridge University Press, pp. 503-523.

Luthi, Lorenz M. [2014], "The Sino-Soviet Split and its Consequences," Artemy M. Kalinovsky and Craig Daiglle eds., *The Routledge Handbook of the Cold War*, Routledge, pp. 74-88.

Mansfield, Edward D. and Jack Snyder [1996], "Democratization and the Danger of War," Michael E. Brown, Sean M. Lynn-Jones, and Steven E. Miller, eds, *Debating the Democratic Peace*, The MIT Press, pp. 301-334.

Margon, Sarah [2018], "Gibing Up the High Ground: America's Retreat on Human Rights," *Foreign Affairs*, Vol. 97, No. 2, pp. 39-45.

Mastro, Oriana Skylar [2019], "The Stealth Superpower: How China Hid Its Global Ambitions," *Foreign Affairs*, Vol. 98, No. 1, pp. 31-39.

Mazarr, Michael J. [2017], "The Once and Future Order: What Comes after Hegemony?" *Foreign Affairs,* Vol. 96, No. 1, pp. 25-32

McCalla, Robert B. [1996], "NATO's Persistence after the Cold War," *International Organization,* Vol. 50, No. 3, pp. 445-475.

Mead, Walter Russell [2014], "The Return of Geopolitics: The Revenge of the Revisionist Powers," Foreign Affairs, Vol. 93, No. 3, esp. pp. 69-71, 77.

—— [2017], "The Jacksonian Revolt: American Populism and the Liberal Order," Foreign Affairs, Vol. 96, No. 2, pp. 2-7.

Mearsheimer, John J. [1990], "Back to the Future: Instability in Europe after the Cold War," *International Security*, Vol. 15, No. 1, pp. 5-56.

Mearsheimer, John J. [1993], "The Case for Ukrainian Nuclear Deterrent," *Foreign Affairs*, Vol. 72, No. 3, pp. 50-66.

—— [1994/1995], "The False Promise of International Institution," *International Security*, Vo. 19, No. 3, pp. 5-49.

Miller, Steven E. [1993], "The Case against Ukrainian Nuclear Deterrent," *Foreign Affairs*, Vol. 72, No. 3, pp. 67-80.

Mitter, Rana [2013], "China and the Cold War," Richard H. Immerman and Peter Goedde, eds., *The Oxford Handbook of the Cold War*, Oxford University Press, pp. 124-140.

Modelski, George [1981], "Long Cycle, Kondraieffs, Alternating Innovations and Their Implications for U.S. Foreign Policy," C.W. Kegley and P.J. McGowan, T*he Political Economy of Foreign Policy Behavior*, Sage Publications.

Monten, Jonathan [2005], "The Roots of the Bush Doctrine: Power, Nationalism, and Democaracy Promotion in Grand Strategy," *International Security*, Vol. 29, No. 4, pp. 112-156.

Moravcsik, Andrew [1997], "Taking Preference Seriously: A Liberal Theory of International Politics," *International Organization*, Vol. 51, No. 4, 513-553, esp., 516-520.

Mouritzen, Hans [2009], "Past versus Present Geopolitics: Cautiously Opening the Realist Door to the Past," Annette Freyberg-Inan, Ewan Harrison, Patrick James, eds., *Rethinking Realism in International Relations: Between Tradition and Innovation*, Johns Hopkins University Press, pp. 164-188.

Moyn, Samuel [2018], "Donald Trump and the Irrelevance of Human Rights," Jervis, Robert, Francis J. Gavin, Joshua Rovner, and Diane N. Lavrosse, *Chaos in the Liberal Order: The Trump Presidency and International Politics in the Twenty-First Century*, Columbia University Press, pp. 337-340.

Mueller, John [1990], "The Essential Irrelevance of Nuclear Weapons: Stability in the Postwar World," Sean M. Lynn-Jones, Steven E. Miller, and Stephen Van Evera, eds, *Nuclear Diplomacy and Crisis Management*, The MIT Press, pp. 3-27.

Narizny, Kevin [2017], "On Systemic Paradigms and Domestic Politics: A Critique of the Newest Realism," *International Security*, Vol. 42, No. 2, pp. 155-190.

Nye, Jr., Joseph S. [2017], "Will the Liberal Order Survive?" *Foreign Affairs*, Vol. 96, No. 1, pp. 10-16.

Oren, Ido [1996], "The Subjectivity of the 'Democratic' Peace: Changing U.S. Perception of Imperial Germany," Michael E. Brown, Sean M. Lynn-Jones, and Steven E. Miller, eds, *Debating the Democratic Peace*, The MIT Press, pp. 263-300.

Otte, T. G. [2018], "The Waning of the Postwar Order: Historical Reflections on 2016 and the Emergence of a Twenty-First-Century World Order," Jervis, Robert, Francis J. Gavin, Joshua Rovner, and Diane N. Lavrosse, *Chaos in the Liberal Order: The Trump Presidency and International Politics in the Twenty-First Century*, Columbia University Press, 158-171.

Ovendale, Ritchie [1995], "Macmillan and the Wind of Change in Africa, 1957-1960," *The Historical Journal*, Vol. 38, pp. 455-477.

Pechatnov, Vladimir O. [2010], "The Soviet Union and the World, 1944-1953," Melvyn P. Leffler and Odd Arne Westad eds., *The Cambridge History of the Cold War*, Volume I Origins, Cambridge University Press, pp. 90-111.

Perkins, Bradford [1986], "Unequal Partners* The Truman Adminstration and Great Power," Louis, WM. Roger and Hedley Bull, eds., *The Special Relationship: Anglo-American Relations since 1945*, Oxford University Press.

Plummer, Brenda Gayle [2013], "Race and the Cold War," Richard H. Immerman and Peter Goedde, eds., *The Oxford Handbook of the Cold War*, Oxford University Press, pp. 503-539.

Powell, Robert [1994], "Anarchy in International Relations Theory: The Neorealist-Neoliberal Debate," *International Organization*, Vol. 48, pp. 313-344.

Posen, Barry R. [2018], "The Rise of Illiberal Hegemony: Trump's Surprising Grand Strategy," *Foreign Affairs*, Vol. 97, No. 2, pp. 20-27.

Pravda, Alex [2010], "The Collapse of the Soviet Union, 1990-1991," Melvyn P. Leffler and Odd Arne Westad, eds., *The Cambridge History of the Cold War Volume Ⅲ Endings*, Cambridge University Press, pp. 356-377.

Priestland, David [2014], "Neoliberalism, Consumerism and the End of the Cold War," Artemy Kalinovsky and Craig Daigle, eds., *The Routledge Handbook of the Cold War*, Routledge, pp. 401-415.

Putnam, Robert D. [1993], "Diplomacy and Domestic Politics: The Logic of Two-Level Games,"

Peter B. Evans, Harold K. Jacobson, and Robert D. Putnam, eds. *Double-Edged Diplomacy: International Bargaining and Domestic Politics*, University of California Press, pp. 431-468.

Rachman, Gideon [2014, June 30], "Revisionist Powers are Driving the World Crises," *Financial Times*.

Radchenko, Sergey [2010], "The Sino-Soviet Split," Melvyn P. Leffler and Odd Arne Westad eds., *The Cambridge History of the Cold War*, Volume Ⅱ Crises and Détente, Cambridge University Press, pp. 349-372.

Rathbun, Brian [2108], "Does Structure Trump All? A Test of Agency in World Politics," Jervis, Robert, Francis J. Gavin, Joshua Rovner, and Diane N. Lavrosse, *Chaos in the Liberal Order: The Trump Presidency and International Politics in the Twenty-First Century*, Columbia University Press, pp. 98-103.

Reichwein, Alexander [2012], "The Tradition of Neoclassical Realism," Asle Toje and Barbara Kunz, eds., *Neoclassical Realism in European Politics: Bringing Power Back in*, Manchester University Press, pp. 30-60.

Reynolds, David [1986], "The Roosevelt, Churchill, and the Wartime Anglo-American Alliance, 1939-1945: Toward a New Synthesis," WM. Roger Louis and Hedley Bull, eds., *The Special Relationship: Anglo-American Relations since 1945*, Oxford University Press, esp. pp. 17, 30.

Ripsman, Norrin M. [2009], "Neoclassical Realism and Domestic Interest Groups," Steven E. Lobell, Norrin M. Ripsman, Jeffrey W. Taliaferro, eds., *Neoclassical Realism, the State, and Foreign Policy*, Cambridge University Press, pp. 170-193.

——, Jeffrey W. Taliaferro, and Steven E. Lobell [2009], "Conclusion: The State of Neoclassical Realism," Steven E. Lobell, Norrin M. Ripsman, Jeffrey W. Taliaferro, eds., *Neoclassical Realism, the State, and Foreign Policy*, Cambridge University Press, pp. 280-299.

Risse-Kappen, Thomas [1996], "Collective Identity in a Democratic Community: The Case of NATO," Peter Katzenstein, ed., *The Culture of National Security: Norms and Identity in World Politics*, Columbia University Press, pp. 357-399.

Romanova, Tatiana and Elena Pavlova [2012], "Towards Neoclassical Realist Thinking Russia?" Asle Toje and Barbara Kunz, eds., *Neoclassical Realism in European Politics: Bringing Power Back in*, Manchester University Press, pp. 234-254.

Rose, Gideon [1998], "Neoclassical Realism and Theories of Foreign Policy," *World Politics*, Vol. 51, pp.144-172.

—— [2018], "The Forth Founding: The United States and the Liberal Order," *Foreign Affairs*, Vol. 98, No. 1, pp. 10-21.

Rosenberg, Emily S. [2010], "Consumer Capitalism and the End of the Cold War," Melvyn P. Leffler and Odd Arne Westad, eds., *The Cambridge History of the Cold War Volume Ⅲ Endings*, Cambridge University Press, pp. 513-534.

Rosow, Stephen L. [2009], "Paradigm, Tradition, and the Politics of Realism," Annette Freyberg-Inan, Ewan Harrison, Patrick James, eds., *Rethinking Realism in International Relations: Between Tradition and Innovation*, Johns Hopkins University Press, pp. 233-

252.

Rotter, Andrew J. [2013], "South Asia," Richard H. Immerman and Peter Goedde, eds., *The Oxford Handbook of the Cold War*, Oxford University Press, pp. 211-229.

Ruggie, John Gerald [1986], "Continuity and Transformation in the World Polity: Toward a Neorealist Synthesis," Robert O. Keohane, ed., *Neorealism and its Critics*, Columbia University Press, pp. 131-157.

Saunders, Chris and Sue Onslow [2010], "The Cold War and Southern Africa, 1976-1990," Melvyn P. Leffler and Odd Arne Westad eds., *The Cambridge History of the Cold War*, Volume Ⅲ Endings, Cambridge University Press, pp. 222-243.

Schake, Kori [2017], "Will Washington Abandon the Order?: The False Logic of Retreat," *Foreign Affairs*, Vol. 96, No. 1, pp. 41-46.

Schmidt, Brian and Thomas Juneau [2012], "Neoclassical Realism and Power," Asle Toje and Barbara Kunz, eds., *Neoclassical Realism in European Politics: Bringing Power Back in*, Manchester University Press, pp. 61-78.

Schmidt, Elizabeth [2013], "Africa," Richard H. Immerman and Peter Goedde, eds., *The Oxford Handbook of the Cold War*, Oxford University Press, 265-285.

Schulzinger, Robert D. [2010], "Détente in the Nixon-Ford Years, 1969-18-976," Melvyn P. Leffler and Odd Arne Westad eds., *The Cambridge History of the Cold War*, Volume Ⅱ Crises and Détente, Cambridge University Press, pp. 373-394.

Scwheller, Randall L. [1992], "Domestic Structure and Preventive War: Are Democracies More Pacific," *World Politics*, Vol. 44, pp. 235-269.

—— [1994], "Bandwagoning for Profit: Bringing the Revisionist State Back In," *International Security*, Vol. 19, No. 1, pp. 72-107.

—— [1997], "New Realist Research on Alliances: Refining, Not Refuting Waltz's Balancing Proposition," *American Political Science Review*, Vol. 91, No. 4, esp. pp. 927-930.

—— [1999], "Realism and the Present Great Power System: Growth and Positional Conflict over Scarce Resources," Ethan B. Kapstein and Michael Mastanduno, eds., *Unipolar Politics: Realism and State Strategies after the Cold War*, Columbia University Press, pp. 28-68.

—— [2001], "The Twenty Year's Crisis, 1919-39: Why a Concert Didn't Arise," Colin Elman and Miriam Fendius Elman, eds., *Bridges and Boundaries: Historians, Political Scientists, and the Study of International Relations*, The MIT Press, pp. 181-212.

—— [2003], "The Progressiveness of Neoclassical Realism," Colin elman and Miriam Fendius Elman, eds., *Progress in International Relations Theory: Appraising the Field*, The MIT Press, pp. 311-347.

—— [2009], "Neoclassical Realism and State Mobilizations: Expansionist Ideology in the Age of Mass Politics," Steven E. Lobell, Norrin M. Ripsman, Jeffrey W. Taliaferro, eds., *Neoclassical Realism, the State, and Foreign Policy*, Cambridge University Press, pp. 227-250.

Simpson, Bradley R. [2013], "Southeast Asia in the Cold War," Robert J. McMahoned, *The Cold War in the Third World*, Oxford University Press, pp. 48-66.

Sloan, Stanley R. [2018], "Donald Trump and NATO: Historic Alliance Meets A-historic President," Jervis, Robert, Francis J. Gavin, Joshua Rovner, and Diane N. Lavrosse, *Chaos in the Liberal Order: The Trump Presidency and International Politics in the Twenty-First Century*, Columbia University Press, pp. 221-234.

Snyder, Glenn H. [1984], "The Security Dilemma in Alliance Politics," *World Politics*, Vol. 36, No. 4, pp. 461-495.

Spiro, David E. [1996], "The Insignificance of the Liberal Peace," Michael E. Brown, Sean M. Lynn-Jones, and Steven E. Miller, eds, *Debating the Democratic Peace*, The MIT Press, pp. 202-238.

Sterling-Folker, Jenifer [1997], "Realist Environment, Liberal Process, and Domestic-Level Variables, "*International Studies Quarterly*, Vol. 41, No. 1, 1-25.

—— [2002a], "Realist-Constructivism Challenge: Rejecting, Reconstructing, or Rereading," *International Studies Review*, Vol. 4, No. 1, pp. 73-94.

—— [2004], "Realist-Constructivism and Morality," *International Studies Review*, Vol. 6, No. 2, esp. pp. 341-343.

—— [2009a], "Neoclassical Realism and Identity: Peril despite Profit across the Taiwan Strait," Steven E. Lobell, Norrin M. Ripsman, Jeffrey W. Taliaferro, eds., *Neoclassical Realism, the State, and Foreign Policy,* Cambridge University Press, pp. 99-138.

—— [2009b], "Forward Is as Forward Does: Assessing Neoclassical Realism from a Traditions Perspective," Annette Freyberg-Inan, Ewan Harrison, Patrick James, eds., *Rethinking Realism in International Relations: Between Tradition and Innovation*, Johns Hopkins University Press, pp. 191-218.

Stueck, William [2010], "The Korean War," Melvyn P. Leffler and Odd Arne Westad eds., *The Cambridge History of the Cold War*, Volume Ⅰ Origins, Cambridge University Press, pp. 266-287.

Sullivan, Jake [2018], "The World after Trump: How the System can Endure," *Foreign Affairs*, Vol. 97, No. 2, pp. 10-19.

Taje, Asle and Barbara Kunz [2012], "Introduction: Neoclassical Realism in Europe," Asle Toje and Barbara Kunz, eds., *Neoclassical Realism in European Politics: Bringing Power Back in*, Manchester University Press, pp. 1-16.

—— [2012], "Conclusion: The Future of Neoclassical Realism in Europe," Asle Toje and Barbara Kunz, eds., *Neoclassical Realism in European Politics: Bringing Power Back in*, Manchester University Press, pp. 255-263..

Taliaferro, Jeffrey W. [2000/2001], "Security Seeking under Anarchy: Defensive Realism Revisited," *International Security,* Vol. 25, No. 3, pp. 128-161.

—— [2009], "Neoclassical Realism and Resource Extraction: State Building for Future War," Steven E. Lobell, Norrin M. Ripsman, Jeffrey W. Taliaferro, eds., *Neoclassical Realism, the State, and Foreign Policy,* Cambridge University Press, pp. 194-226.

——, Steven E. Lobell, and Norrin M. Ripsman [2009], "Introduction: Neoclassical Realism, the State, and Foreign Policy," Steven E. Lobell, Norrin M. Ripsman, Jeffrey W. Taliaferro, eds., *Neoclassical Realism, the State, and Foreign Policy,* Cambridge University Press, pp.

1-41.

Tellis, Ashley J. [1996], "Reconstructing Political Realism: The Long March toward Scientific Theory, Benjamin Frankel, ed., *Realism: Restatements and Renewal,* Frank Cass, pp. 3-104.

Thompson, John A. [2018], "The Appeal of 'America First,'" Jervis, Robert, Francis J. Gavin, Joshua Rovner, and Diane N. Lavrosse, *Chaos in the Liberal Order: The Trump Presidency and International Politics in the Twenty-First Century*, Columbia University Press, pp. 136-150.

Torbjorn L. Knutsen [2012], "Realism: A Distinctively European Academic Tradition," Asle Toje and Barbara Kunz, eds., *Neoclassical Realism in European Politics: Bringing Power Back in*, Manchester University Press, 2012, pp. 17-29.

Walt, Stephen M. [1998], "International Relations: One World, Many Theories," *Foreign Policy*, Vol. 110, esp. p. 37.

Waltz, Kenneth N. [1986], "Reflections on Theory of International Politics: A Response to My Critics," Robert O. Keohane ed., *Neorealism and Its Critics*, Columbia University Press, esp. pp. 327-328, 339-340, 343.

—— [1992], "Realist Thought and Neorealist Theory," Robert L. Rothstein, ed., *The Evolution of Theory in International Relations*, University of South Carolina Press, pp. 31-38.

—— [1993], "The Emerging Structure of International Politics," *International Security*, Vol. 18, No. 2, pp. 44-79.

—— [1996], "International Politics is Not Foreign Policy," *Security Studies*, Vol. 6, No. 1, esp. pp. 54-57.

Weaver, Ole [1996], "Rise and Fall of the Inter-Paradigm Debate," Steve Smith, Ken Booth & Marysia Zalewski, eds.,, *International Theory: Positivism and Beyond,* Cambridge University Press, pp. 149-185.

Wendt, Alexander [1992], "Anarchy Is What States Make of It," *International Organization*, Vol. 46, No. 2, pp. 391-425.

Wertheim, Stephen [2018], "Trump against Exceptionalism: The Sources of Trumpian Conduct," Jervis, Robert, Francis J. Gavin, Joshua Rovner, and Diane N. Lavrosse, *Chaos in the Liberal Order: The Trump Presidency and International Politics in the Twenty-First Century*, Columbia University Press, pp. 125-135.

Wight, Martin [1966], "The Balance of Power," H. Butterfield and Martin Wight, eds., *Diplomatic Investigations: Essays in the Theory of International Relations*, Cambridge University Press, pp. 132-148.

Wohlforth, William C. [1995], "Realism and the End of the Cold War," Michael E. Brown, Sean M. Lynn-Jones, and Steven E. Miller, eds., *The Perils of Anarchy: Contemporary Realism and International Security,* The MIT Press, p. 3-41.

—— [1998], "Reality Check: Revising Theories of International Politics in Response to the End of the Cold War," *World Politics*, Vol. 50, pp. 650-680.

—— [1999], "The Stability of a Unipolar World," *International Security*, Vol. 21, No. 1, pp. 1-36.

—— [2011], "Gilpinian Realism and International Relations," *International Relations*, No. 25, pp. 499-511.
—— [2002], "US Strategy in a Unipolar World," G. John Ikenberry, ed., *America Unrivaled: The Future of the Balance of Power*, Cornell University Press.
Xuetong, Yan [2019], "The Age of Uneasy Peace," *Foreign Affairs*, Vol. 98, No. 1, pp. 40-46.
Yaqub, Salim [2013a], "The Cold War and the Middle East," Richard H. Immerman and Peter Goedde, eds., *The Oxford Handbook of the Cold War*, Oxford University Press, pp. 246-264.
—— [2013b], "The Cold War and the Middle East," Robert J. McMahoned, *The Cold War in the Third World*, Oxford University Press, pp. 11-26.
Zakaria, Fareed [1995], "Realism and Domestic Politics," Michael E. Brown, Sean M. Lynn-Jones, and Steven E. Miller, eds., *The Perils of Anarchy: Contemporary Realism and International Security,* The MIT Press, pp. 462-483.
Zeiler, Thomas W. [2018], "This Is What Nationalism Looks Like," Jervis, Robert, Francis J. Gavin, Joshua Rovner, and Diane N. Lavrosse, *Chaos in the Liberal Order: The Trump Presidency and International Politics in the Twenty-First Century*, Columbia University Press.
Zhang, Shu Guang [2010], "The Sino-Soviet Alliance and the Cold War in Asia, 1954-1962," Melvyn P. Leffler and Odd Arne Westad eds., *The Cambridge History of the Cold War*, Volume I Origins, Cambridge University Press, pp. 353-375.

〈書籍〉

アイケンベリー，G. ジョン［2004］（鈴木康雄訳）『アフター・ヴィクトリー——戦後構築の論理と行動』NTT出版.
会田弘継［1994］『戦争を始めるのは誰か——湾岸戦争とアメリカ議会』講談社〔講談社現代新書〕.
秋田茂編［2004］『イギリス帝国と20世紀　第1巻　パクス・ブリタニカとイギリス帝国』ミネルヴァ書房.
秋田茂［2012］『イギリス帝国の歴史——アジアから考える』中央公論新社〔中公新書〕.
麻田貞雄［1993］『両大戦間の日米関係——海軍と政策決定過程』東京大学出版会.
浅田實［1989］『東インド会社——巨大商業資本の盛衰』講談社〔講談社現代新書〕.
アトワーン，アブドルバーリ［2015］（中田考監訳，春日雄宇訳）『イスラーム国』集英社インターナショナル.
アタリ，ジャック［2009］（林昌宏訳）『金融危機後の世界』作品社.
阿部齊・久保文明［2002］『国際社会研究Ⅰ　現代アメリカの政治』放送大学教育振興会.
アームストロング，カレン［2017］（小林朋則訳）『イスラームの歴史——1400年の軌跡』中央公論新社〔中公新書〕.
有賀貞編［1992］『アメリカ外交と人権』日本国際問題研究所.
アロン，レイモン，R.［1986］（柏岡富英，田所昌幸，嘉納もも訳）『世紀末の国際関係——アロンの最後のメッセージ』昭和堂.
アンサーリー，タミム［2011］（小沢千重子訳）『イスラームから見た「世界史」』紀伊國屋書店.
飯田洋介［2015］『ビスマルク——ドイツ帝国を築いた政治外交術』中央公論新社〔中公新書〕.

五十嵐武士［1995］『戦後日米関係の形成――講和・安保と冷戦後の視点に立って』講談社〔講談社学術文庫〕.
――［1999］『日米関係と東アジア――歴史的文脈と未来の構想』東京大学出版会.
――［2001］『覇権国アメリカの再編――冷戦後の変革と政治的伝統』東京大学出版会.
生井英考［2006］『興亡の世界史　19　空の帝国――アメリカの20世紀』講談社.
池内恵［2016（2008）］『増補新版　イスラーム世界の論じ方』中央公論新社.
池田嘉郎［2014］『第一次世界大戦と帝国の遺産』山川出版社.
池田亮［2013］『植民地独立の起源―フランスのチュニジア・モロッコ政策』法政大学出版局.
石井修［2000］『国際政治史としての二〇世紀』有信堂.
――［2015］『覇権の翳り――米国のアジア政策とは何だったのか』柏書房.
石川卓編［2005］『連鎖する世界――世界システムの変遷と展望』森話社.
石塚勝美［2017］『ケースで学ぶ国連平和維持活動―― PKOの困難と挑戦の歴史』創成社.
伊藤俊太郎［1988］『文明の誕生』講談社〔講談社学術文庫〕.
井上浩一［2008］『生き残った帝国ビザンティン』講談社〔講談社学術文庫〕.
猪口邦子［1989］『戦争と平和』東京大学出版会.
猪口孝［1982］『国際政治経済の構図――戦争と通商にみる覇権盛衰の軌跡』有斐閣〔有斐閣新書〕.
――［2012］『ガバナンス』東京大学出版会.
井野瀬久美恵［2007］『興亡の世界史　16　大英帝国という経験』講談社.
岩崎周一［2017］『ハプスブルク帝国』講談社〔講談社現代新書〕.
岩間陽子［1993］『ドイツ再軍備』中央公論社.
ウォーラーステイン，I.［2013］（川北稔訳）『近代世界システム（Ⅰ～Ⅳ）』名古屋大学出版会.
ウォーラーステイン，I.［2006］（山下範久訳）『入門・世界システム分析』藤原書店.
ヴァラダン，アルフレード［2000］（伊藤剛，村島雄一郎，都留康子訳）『自由の帝国――アメリカン・システムの世紀』NTT出版.
浦野起央［1989（1985）］『国際関係論の再構成〈全改訂版〉』南窓社.
江口朴朗［2013］『新版　帝国主義と民族』東京大学出版会.
エルマン，コリン，ミリアム・フェンディアス・エルマン［2003］（渡辺昭夫監訳，宮下明聡・野口和彦・戸谷美苗・田中康友訳）『国際関係研究へのアプローチ――歴史学と政治学の対話』東京大学出版会.
大下尚一・有賀貞・志邨晃佑・平野孝編［1989］『史料が語るアメリカ　1584-1988――メイフラワーから包括通商法まで』有斐閣.
大芝亮［2016］『国際政治理論――パズル・概念・解釈』ミネルヴァ書房.
大芝亮・秋山信将・大林一広・山田敦編［2018］『パワーから読み解くグローバル・ガバナンス論』有斐閣.
大谷正［2014］『日清戦争――近代日本初の対外戦争の実像』中央公論新社〔中公新書〕.
岡田英弘［2004］『中国文明の歴史』講談社〔講談社現代新書〕.
岡本隆司［2018］『世界史序説――アジア史から一望する』筑摩書房〔ちくま新書〕.
岡義武［1993］『岡義武著作集　第7巻　国際政治史』岩波書店.
小川浩之［2012］『英連邦――王冠への忠誠と自由な連合』中央公論新社.
――・板橋拓己・青野利彦［2018］『国際政治史――主権国家体系のあゆみ』有斐閣.
オーバードーファー，ドン，ロバート・カーリン［2015］（菱木一美訳）『二つのコリア――国際

政治の中の朝鮮半島［第3版］』共同通信社.
カー，E. H.［1962］（清水幾太郎訳）『歴史とは何か』』岩波書店〔岩波新書〕.
神谷不二［1990（1966）］『朝鮮戦争――米中対決の原形』中央公論新社〔中公文庫〕.
河合秀和［2012（1979）］『チャーチル――イギリス現代史を転換させた一人の政治家［増補版］』中央公論新社〔中公新書〕.
川田侃［1980］『国際関係の政治経済学』日本放送出版協会.
ガルトゥング，ヨハン［1991］（高柳先男・塩屋保・酒井由美子訳）『構造的暴力と平和』中央大学出版部.
カンナ，パラグ［2009］（玉置悟訳）『「三つの帝国」の時代――アメリカ・EU・中国のどこが世界を制覇するか』講談社.
――［2017］（尼丁千津子・木村高子訳）『「持続性」の地政学――グローバリズムの先にある世界』原書房.
紀平英作［1996］『パクス・アメリカーナへの道――胎動する戦後世界秩序』山川出版社.
北岡伸一［2015］『門戸開放政策と日本』東京大学出版会.
――［2017（2011）］『日本政治史――外交と権力［増補版］』有斐閣.
木谷勤［1997］『世界史リブレット　40　帝国主義と世界の一体化』山川出版会.
吉川元・首藤もと子・六鹿茂夫・望月康恵編［2014］『グローバル・ガヴァナンス論』法律文化社
キッシンジャー，ヘンリー・A.（伊藤幸雄訳）［1976］『回復された世界平和』原書房.
――［1994A］（森田隆光訳）『核兵器と外交政策』駿河台出版社.
――［1994B］（森田隆光訳）『二国間の歪んだ関係――大西洋同盟の諸問題』駿河台出版社.
――［1970］（吉沢清次郎訳）『アメリカ外交政策の考察』時事通信社.
――［1979］（桃井眞監修，斎藤彌三郎ほか訳）『キッシンジャー秘録（全5巻）』小学館.
――［1982］（桃井眞監修，斎藤彌三郎ほか訳）『キッシンジャー激動の時代（全3巻）』小学館.
――［1996］（岡崎久彦監訳）『外交（上下）』日本経済新聞社.
――［2012］（塚越敏彦・松下文男・横山司・岩瀬彰・中川潔訳）『キッシンジャー回想録　中国（上下）』岩波書店.
――［2016］（伏見威蕃訳）『国際秩序』日本経済新聞出版社.
木畑洋一［1996］『帝国のたそがれ――冷戦下のイギリスとアジア』東京大学出版会.
――［1997］『世界史リブレット　54　国際体制の展開』山川出版社.
――［2008］『イギリス帝国と帝国主義――比較と関係の視座』有志舎.
――・南塚信吾・加納格［2012］『帝国と帝国主義』有志舎.
――［2014］『二〇世紀の歴史』岩波書店〔岩波新書〕.
ギボン［1992（1952）］（村山勇三訳）『ローマ帝国衰亡史（全十巻）』岩波書店〔岩波文庫〕.
君塚直隆［2010］『近代ヨーロッパ国際政治史』有斐閣.
――［2019］『ヨーロッパ近代史』筑摩書房〔ちくま新書〕.
クラウゼヴィッツ［1968］（篠田英雄訳）『戦争論（上中下）』岩波書店〔岩波文庫〕.
木村靖二［2014］『第一次世界大戦』筑摩書房〔ちくま新書〕.
栗田伸子・佐藤育子［2016］『興亡の世界史　通商国家カルタゴ』講談社〔講談社学術文庫〕.
グレイ，コリン，ジェフリー・スローン［2009］（奥山真司訳）『進化する地政学――陸，海，空そして宇宙へ』五月書房.
――［2010］（奥山真司訳）『胎動する地政学――英，米，独そしてロシアへ』五月書房.

黒田友哉［2018］『ヨーロッパ統合と脱植民地化、冷戦――第四共和制後期フランスを中心に――』吉田書店.
ケイン，P・J，A・G・ホプキンズ［1997A］（竹内幸雄・秋田茂訳）『ジェントルマン資本主義の帝国Ⅰ――創生と膨張　1688-1914』名古屋大学出版会.
――［1997B］（木畑洋一・旦祐介訳）『ジェントルマン資本主義の帝国Ⅱ――危機と解体　1914-1990』名古屋大学出版会.
ケナン，ジョージ・F.［1965］（松本重治編訳）『アメリカ外交の基礎問題』岩波書店.
――［1973］（清水俊雄・奥畑稔訳）『ジョージ・F・ケナン回顧録（上下）』読売新聞社.
――［1979］（秋山康男訳）『危険な雲』朝日イブニングニュース社.
――［1984］（佐々木坦・佐々木文子訳）『核の迷走』社会思想社.
――［2000（1986）］（近藤晋一・飯田藤次・有賀貞訳）『アメリカ外交50年』岩波書店.
ケネディ，ポール［2007］（古賀林幸訳）『人類の議会――国際連合をめぐる大国の攻防（上下）』日本経済新聞出版社.
高坂正堯［1966］『国際政治――恐怖と希望』中央公論新社〔中公新書〕.
――［1978］『古典外交の成熟と崩壊』中央公論社.
――［1981］『文明が衰亡するとき』新潮社.
――［1989］『現代の国際政治』講談社〔講談社学術文庫〕.
幸徳秋水［2004（1952）］『帝国主義』岩波書店〔岩波文庫〕.
小杉泰［2006］『興亡の世界史　第6巻　イスラーム帝国のジハード』講談社.
後藤明［2017］『イスラーム世界史』角川書店〔角川ソフィア文庫〕.
ゴルバチョフ，ミハイル［1996］（工藤精一郎・鈴木康雄訳）『ゴルバチョフ回想録（上下）』新潮社.
佐伯尚美［1990］『ガットと日本農業』東京大学出版会.
佐伯啓思［2015］『20世紀とは何だったのか――西洋の没落とグローバリズム』PHP研究所〔PHP文庫〕.
佐々木卓也［1993］『封じ込めの形成と変容――ケナン，アチソン，ニッツェとトルーマン政権の冷戦戦略』三嶺書房.
――［2008］『アイゼンハワー政権の封じ込め政策――ソ連の脅威，ミサイル・ギャップ論争と東西交流』有斐閣.
――［2011］『冷戦――アメリカの民主主義的生活様式を守る戦い』有斐閣.
――編［2011］『ハンドブックアメリカ外交史――建国から冷戦後まで』ミネルヴァ書房.
――編［2017（2002）］『戦後アメリカ外交史［第3版］』有斐閣.
佐瀬昌盛［1999］『NATO――21世紀からの世界戦略』文藝春秋〔文春新書〕.
佐藤次高［1997］『世界の歴史　8　イスラーム世界の興隆』中央公論社.
佐藤英夫［1989］『対外政策』東京大学出版会.
――［1991］『日米経済摩擦　1945~1990年』平凡社.
ジェイクス，マーティン［2014］『中国が世界をリードするとき――西洋世界の終焉と新たなグローバル秩序の始まり』NTT出版.
塩野七生［2001］『ルネサンスとは何であったのか』新潮文庫.
篠田英朗［2007］『国際社会の秩序』東京大学出版会.
篠原初枝［2010］『国際連盟――世界平和への夢と挫折』中央公論新社〔中公新書〕.
島村直幸［2018］『〈抑制と均衡〉のアメリカ政治外交――歴史・構造・プロセス』ミネルヴァ書房.

下斗米伸夫［2004］『アジア冷戦史』中央公論新社〔中公新書〕.
シュンペーター，J. A.［1956］（都留重人訳）『帝国主義と社会階級』岩波書店.
ジョンソン，ポール［1995］（別宮貞徳訳）『近代の誕生（Ⅰ Ⅱ Ⅲ）』共同通信社.
進藤榮一［2001］『現代国際関係学――歴史・思想・理論』有斐閣.
スタヴリディス，ジェイムズ［2017］（北川知子訳）『海の地政学――海軍提督が語る歴史と戦略』早川書房.
杉山正明［2014］『大モンゴルの世界――陸と海の巨大帝国』角川書店〔角川ソフィア文庫〕.
――［2016］『モンゴル帝国と長いその後』講談社〔講談社学術文庫〕.
鈴木董［1992］『オスマン帝国――イスラム世界の「柔らかい専制」』講談社〔講談社現代新書〕.
――［2018］『オスマン帝国の解体――文化世界と国民国家』講談社〔講談社学術文庫〕.
鈴木基史［2000］『国際関係』東京大学出版会.
――［2017］『グローバル・ガバナンス論講義』東京大学出版会.
セーガン，スコット，ケネス・ウォルツ［2017］（川上高司監訳，斎藤剛訳）『核兵器の拡散――終わりなき論争』勁草書房.
関場誓子［1988］『超大国の回転木馬――米ソ核交渉の6000日』サイマル出版会.
添谷芳秀［2005］『日本の「ミドルパワー」外交――戦後日本の選択と構想』筑摩書房〔ちくま新書〕
高橋章［1999］『アメリカ帝国主義成立史の研究』名古屋大学出版会.
竹田いさみ［2011］『世界史をつくった海賊』筑摩書房〔ちくま新書〕.
田中明彦［1989］『世界システム』東京大学出版会.
――［1996］『新しい「中世」――21世紀の世界システム』日本経済新聞社.
――［2009］『ポスト・クライシスの世界――新多極化時代を動かすパワー原理』日本経済新聞社
――，日本経済研究センター編［2017］『提言　日米同盟を組み直す――東アジアリスクと安全保障改革』日本経済新聞出版社.
谷川道雄［2008］『隋唐世界帝国の形成』講談社〔講談社学術文庫〕.
谷川稔［1999］『世界史リブレット35　国民国家とナショナリズム』山川出版社.
玉木俊明［2009］『近代ヨーロッパの誕生――オランダからイギリスへ』講談社〔講談社選書メチエ〕
――［2012］『近代ヨーロッパの形成――商人と国家の近代世界システム』創元社.
――［2014］『海洋帝国興隆史――ヨーロッパ・海・近代世界システム』講談社〔講談社選書メチエ〕
――［2015］『ヨーロッパ覇権史』筑摩書房〔ちくま新書〕.
――［2018］『逆転の世界史――覇権争奪の5000年』日本経済新聞出版社.
土山實男［2014］『安全保障の国際政治学――焦りと傲り［第2版］』有斐閣.
恒川恵市［1988］『従属の政治経済学　メキシコ』東京大学出版会.
トゥーキュディデース［2013（1966）］（久保正彰訳）『戦史（上中下）』岩波書店〔岩波文庫〕.
テシィケ，ベンノ［2008］（君塚直隆訳）『近代国家体系の形成――ウェストファリアの神話』桜井書店.
寺島実郎［2017］『ユニオンジャックの矢――大英帝国のネットワーク戦略』NHK出版.
寺島実郎・飯田哲也・NHK取材班［2009］『グリーン・ニューディール――環境投資は世界経済を救えるか』NHK出版〔生活人新書〕.
トッド，エマニュエル［2003］（石崎晴己訳）『帝国以後――アメリカ・システムの崩壊』藤原書店
富永健一［1993］『現代の社会科学者――現代社会科学における実証主義と理念主義』講談社〔講談社学術文庫〕.

ナイ，ジョセフ・S.［1988］（土山實男訳）『核戦略と倫理』同文舘出版.
――［1990］（久保伸太郎訳）『不滅の大国アメリカ』読売新聞社.
――［2002］（山岡洋一訳）『アメリカへの警告』日本経済新聞社.
――［2004］（山岡洋一訳）『ソフト・パワー』日本経済新聞社.
――［2008］（北沢格訳）『リーダー・パワー』日本経済新聞出版社.
――［2011］（山岡洋一・藤島京子訳）『スマート・パワー――21世紀を支配する新しい力』日本経済新聞出版社.
――［2014］（藤井清美訳）『大統領のリーダーシップ』東洋経済新報社.
――，デイヴィッド・A．ウェルチ［2017］（田中明彦・村田晃嗣訳）『国際紛争――理論と歴史［原書第10版］』有斐閣.
ナウ，ヘンリー・R.［2005］（村田晃嗣・石川卓・島村直幸・高橋杉雄訳）『アメリカの対外関与――アイデンティティとパワー』有斐閣.
中川淳司［2013］『WTO――貿易自由化を超えて』岩波書店〔岩波新書〕.
長島昭久［2013］『「活米」という流儀――外交・安全保障のリアリズム』講談社.
長島伸一［1989］『大英帝国――最盛期イギリスの社会史』講談社〔講談社現代新書〕.
永積昭［2000］『オランダ東インド会社』講談社〔講談社学術文庫〕.
中野聡［2007］『歴史経験としてのアメリカ帝国――米比関係史の群像』岩波書店.
中野剛志［2014］『世界を戦争に導くグローバリズム』集英社〔集英社新書〕.
――［2016］『富国と強兵――地政経済学序説』東洋経済新報社.
中山治一［1973］『新書西洋史⑦　帝国主義の展開』講談社〔講談社現代新書〕.
ナポリオーニ，ロレッタ［2012］（井上実訳）『マオノミクス――なぜ中国経済が自由主義を凌駕できるのか』原書房.
――［2015］（村井章子訳）『イスラム国――テロリストが国家をつくる時』文藝春秋.
納家政嗣［2003］『国際紛争と予防外交』有斐閣.
――・デヴィッド・ウェッセルズ編［1997］『ガバナンスと日本――共治の模索』勁草書房.
――・永野隆行編［2017］『帝国の遺産と現代国際関係』勁草書房.
日本再建イニシアティブ［2017］『現代日本の地政学――13のリスクと地経学の時代』中央公論新社〔中公新書〕.
野林健・大芝亮・納家政嗣・山田敦・長尾悟［2007（1996）］『国際政治経済学・入門［第3版］』有斐閣.
パーキンズ，ブライアン・ウォード［2014］（南雲泰輔訳）『ローマ帝国の崩壊――文明が終わるということ』白水社.
狭間直樹・長崎暢子［1999］『世界の歴史27　自立へ向かうアジア』中央公論新社〔中公文庫〕.
羽田正［2007］『興亡の世界史 15　東インド会社とアジアの海』講談社.
浜林正夫［2008］『世界史再入門――歴史のながれと日本の位置を見直す』講談社〔講談社学術文庫〕.
林佳世子［2016］『オスマン帝国500年の平和』講談社〔講談社学術文庫〕.
ハリス，ジョナサン［2013］（井上浩一訳）『ビザンツ帝国の最期』白水社.
――［2018］（井上浩一訳）『ビザンツ帝国――生存戦略の一千年』白水社.
ハリソン［1967］（竹村正子訳）『東南アジア史』みすず書房.
馬場伸也［1980］『アイデンティティの国際政治学』東京大学出版会.
福井勝義・赤坂賢・大塚和夫［2010］『世界の歴史24　アフリカの民族と社会』中央公論新社〔中

公文庫〕.
福田歓一［1970］『近代の政治思想――その現実的・理論的諸前提』岩波書店〔岩波新書〕.
藤原帰一［2002］『デモクラシーの帝国――アメリカ・戦争・現代世界』岩波書店〔岩波新書〕.
――［2007］『国際政治』財団法人放送大学教育振興会.
フランク，アンドレ・グンダー［2000］（山下範久訳）『リオリエント――アジア時代のグローバル・エコノミー』藤原書店.
ブリュア，ジョン［2003］（大久保桂子訳）『財政＝軍事国家の衝撃――戦争・カネ・イギリス国家1688-1783年』名古屋大学出版会.
ヘロドトス［1972］（松平千秋訳）『歴史（上中下）』岩波書店〔岩波文庫〕.
細谷雄一［2007］『外交――多文明時代の対話と交渉』有斐閣.
――［2012］『国際秩序――18世紀ヨーロッパから21世紀アジアへ』中央公論新社〔中公新書〕.
ボニファス，パスカル，ユベール・ヴェドリーヌ［2016］（佐藤絵里訳）『最新世界情勢地図［増補改訂版］』ディスカバー・トゥエンティワン.
ホブスン，J. A.［1951-1952］（矢内原忠雄訳）『帝国主義論（上下）』岩波書店〔岩波文庫〕.
ホフマン，デイヴィット・E.［2016］（平賀秀明訳）『死神の報復――レーガンとゴルバチョフの軍拡競争』白水社.
ホフマン，スタンレー［2011］（中本義彦訳）『スタンレー・ホフマン国際政治論集』勁草書房.
堀越孝一［2006］『中世ヨーロッパの歴史』講談社〔講談社学術文庫〕.
堀敏一［2008］『東アジア世界の歴史』講談社〔講談社学術文庫〕.
マイヤー，マイケル［2010］（早良哲夫訳）『1989――世界を変えた年』作品社.
マゾワー，マーク［2015A］（池田年穂訳）『国連と帝国――世界秩序をめぐる攻防の20世紀』慶應義塾大学出版会.
――［2015B］（依田卓巳訳）『国際協調の先駆者たち――理想と現実の200年』NTT出版.
松岡完［2001］『ベトナム戦争――誤算と誤解の戦場』中央公論新社〔中公新書〕.
――［2003］『ベトナム症候群――超大国を苛む「勝利」への強迫観念』中央公論新社〔中公新書〕
松下冽・藤田憲編著［2016］『グローバル・サウスとは何か』ミネルヴァ書房.
マブバニ，キショール［2015］（山本文史訳）『大収斂――膨張する中産階級が世界を変える』中央公論新社.
水野和夫［2007］『人々はなぜグローバル経済の本質を見誤るのか』日本経済新聞出版会.
――［2011］『終わりなき危機――君はグローバリゼーションの真実を見たか』日本経済新聞出版社
水本義彦［2009］『同盟の相剋――戦後インドシナ紛争をめぐる英米関係』千倉書房.
南川高志［2013］『新・ローマ帝国衰亡史』岩波書店〔岩波新書〕.
宮城大蔵［2001］『バンドン会議と日本のアジア復帰――アメリカとアジアの狭間で』草思社.
武者小路公秀［1977］『国際政治を見る眼――冷戦から新しい国際秩序へ』岩波書店〔岩波新書〕
村田晃嗣［1998］『大統領の挫折――カーター政権の在韓米軍撤退政策』有斐閣.
――［2005］『アメリカ外交――苦悩と希望』講談社〔講談社現代新書〕.
――［2011］『レーガン――いかにして「アメリカの偶像」となったか』中央公論新社〔中公新書〕
――［2018］『銀幕の大統領　ロナルド・レーガン――現代大統領制と映画』有斐閣.
毛里和子［1989］『中国とソ連』岩波書店〔岩波新書〕.
――［2017］『日中漂流――グローバル・パワーはどこへ向かうか』岩波書店〔岩波新書〕.
毛利健三［1978］『自由貿易帝国主義』東京大学出版会.

最上敏樹［2001］『人道的介入――正義の武力行使はあるか』岩波書店〔岩波新書〕.
茂木敏夫［1997］『世界史リブレット41　変容する近代東アジアの国際秩序』山川出版社.
森安孝夫［2016］『シルクロードと唐帝国』講談社〔講談社学術文庫〕.
モリス，ジャン［2006］（椋田直子訳）『パックス・ブリタニカ――大英帝国最盛期の群像（上下）』講談社.
――［2008］（椋田直子訳）『ヘブンズ・コマンド――大英帝国の興隆（上下）』講談社.
――［2010］（池央耿・椋田直子訳）『帝国の落日――パックス・ブリタニカ完結篇（上下）』講談社.
森谷公俊［2016］『アレクサンドロスの征服と神話』講談社〔講談社学術文庫〕.
モンタネッリ，I.［1976］（藤沢道郎訳）『ローマの歴史』中央公論社.
モンテスキュー［1989］（田中治男・栗田伸子訳）『ローマ人盛衰原因論』岩波書店〔岩波文庫〕.
薬師寺泰蔵［1989］『テクノヘゲモニー――国は技術で興り，滅びる』中央公論新社〔中公新書〕.
矢吹晋［2012］『チャイメリカ――米中結託と日本の進路』花伝社.
山内昌之［1996］『世界の歴史　20　近代イスラームの挑戦』中央公論新社〔中公新書〕.
――［2004］『帝国と国民』岩波書店.
山内昌之・増田一夫・村田雄二郎編［1994］『帝国とは何か』岩波書店.
山影進編［2012］『主権国家体系の生成――「国際社会」認識の再検証』ミネルヴァ書房.
山下範久［2008］『現代帝国論――人類史の中のグローバリゼーション』NTT出版〔NHKブックス〕.
山中仁美［2017a］（佐々木雄太監訳，吉留公太・山本健・三牧聖子・板橋巧己・浜由樹子訳）『戦争と戦争のはざまで――E・H・カーと世界大戦』ナカニシヤ出版.
――［2017b］『戦間期国際政治とE・H・カー』岩波書店.
山本有造編［2003］『帝国の研究――原理・類型・関係』名古屋大学出版会.
山本吉宣［2006］『「帝国」の国際政治学――冷戦後の国際システムとアメリカ』東信堂.
――［2008］『国際レジームとガバナンス』有斐閣.
山家公雄［2009］『オバマのグリーン・ニューディール』日本経済新聞出版社.
弓削達［1991］『永遠のローマ』講談社〔講談社学術文庫〕.
横手慎二［2005］『日露戦争史――20世紀最初の大国間戦争』中央公論新社〔中公新書〕.
レーニン［2006］（角田安正訳）『帝国主義論』光文社〔光文社古典新訳文庫〕.
ローガン，ユージン［2017］（白須英子訳）『オスマン帝国の崩壊――中東における第一次世界大戦』白水社.
渡辺昭夫・土山實男編［2001］『グローバル・ガヴァナンス――政府なき秩序の模索』東京大学出版会.
渡辺昭一編［2006］『帝国の終焉とアメリカ――アジア国際秩序の再編』山川出版社.
渡邊啓貴［2008］『米欧同盟の協調と対立――二十一世紀国際社会の構造』有斐閣.

〈論文〉

アイケンベリー，G. ジョン［2001］「制度，覇権，グローバル・ガヴァナンス」渡辺昭夫・土山實男編［2001］『グローバル・ガヴァナンス――政府なき秩序の模索』東京大学出版会，69-97頁.
アイケンベリー，G. ジョン［2003］「アメリカ多国間主義の源流」『外交フォーラム』30-37頁.
秋田茂［2004a］「パクス・ブリタニカとイギリス帝国」秋田茂編『イギリス帝国と20世紀　第1巻　パクス・ブリタニカとイギリス帝国』ミネルヴァ書房，1-17頁.
――［2004b］「自由帝国主義と英領インド」秋田編『イギリス帝国と20世紀　第1巻　パクス・ブ

リタニカとイギリス帝国』ミネルヴァ書房，153-186頁．

――［2008］「イギリス帝国とヘゲモニー」秋田茂，桃木至朗編『歴史学のフロンティア――地域から問い直す国民国家史観』大阪大学出版会，特に122-127頁．

――・桃木至朗［2013］「グローバルヒストリーと帝国」秋田茂，桃木至朗編『グローバルヒストリーと帝国』大阪大学出版会，28-35頁．

石川卓［1997］「世紀末における国際政治理論の状況」『外交時報』第1334号，82-97頁．

石田淳［1997］「国際政治理論の現在――対外政策の国内要因分析の復権」『国際問題』第447号，特に45頁．

――［2000］「コンストラクティヴィズムの存在論とその分析射程」『国際政治（特集:国際政治理論の再構築）』第124号，11-26頁．

――［2007］「序論　国際秩序と国内秩序の共振」『国際政治（特集:国際秩序と国内秩序の共振）』第147号，1-10頁．

――［2014］「動く標的――慎慮するリアリズムの歴史的文脈」『国際政治（特集:歴史的文脈の中の国際政治理論）』第175号，59-69頁．

市原麻衣子［2004］「〈書評論文〉攻撃的リアリズムによる戦争発生の論理」『国際政治（特集:国際政治研究の先端　1）』第136号，128-144頁．

今井宏平［2014］「第2次世界大戦とアメリカ」滝田賢治編著『アメリカがつくる国際秩序』ミネルヴァ書房，特に93-95頁．

宇佐美滋［1998］「指導力の回復を目指して」有賀貞・宮里政玄編『概説アメリカ外交史――対外意識と対外政策の変遷』有斐閣，181-210．

梅本哲也［2004］「大量破壊兵器，RMA，国際秩序」藤原帰一・李鐘元・古城佳子・石田淳編『国際政治講座　4　国際秩序の変動』東京大学出版会，特に139-140頁．

大芝亮［2007（1996）］「国際政治経済の見方――理論的枠組み」野林健・大芝亮・納家政嗣・山田敦・長尾悟『国際政治経済学・入門［第3版］』有斐閣，24-60頁．

小川浩之［2009］「イギリス本国脱植民地化とイギリス対外政策――公式帝国・非公式帝国・コモンウェルス」北川勝彦「脱植民地化とイギリス帝国」北川勝彦編著『イギリス帝国と20世紀　第4巻　脱植民地化とイギリス帝国』ミネルヴァ書房，25-68頁．

オブライエン，パトリック・カール［2002］（秋田茂訳）「パックス・ブリタニカと国際秩序 1688-1914」松田武・秋田茂編『ヘゲモニー国家と世界システム――20世紀をふりかえって』山川出版社，89-134頁．

織完［1977］「アメリカの対外政策と国内政治」細谷千博・綿貫讓治編『対外政策決定過程の日米比較』東京大学出版会，147-178頁．

――［1981］「相互依存と連繋政治理論」『国際政治（特集:相互浸透システムと国際理論）』第67号 29-46頁．

上村直樹［2017］「冷戦終結外交と冷戦後への模索」佐々木卓也編『戦後アメリカ外交史［第3版］』有斐閣，155-198頁．

川上高司［2019］「米中新冷戦時代の到来か」『海外事情』第67巻第1号，26-45頁．

川島真［2014］「社会主義とナショナリズム――1920年代」和田春樹・後藤乾一・木畑洋一・山室信一・趙景達・中野聡・川島真『東アジア近現代通史　19世紀から現在まで　上』岩波書店 143-183頁．

菅英輝［2009］「アメリカ『帝国』の形成と脱植民地化過程への対応」北川勝彦編著『イギリス帝

国と20世紀　第4巻　脱植民地化とイギリス帝国』ミネルヴァ書房，111-152頁.
木畑洋一［2006］「イギリス帝国の崩壊とアメリカ――1960年代アジア太平洋における国際秩序の変容」渡辺昭一編『帝国の終焉とアメリカ――アジア国際秩序の再編』山川出版社，280-309頁.
――［2012a］「帝国と帝国主義」木畑洋一・南塚信吾・加納格『帝国と帝国主義』有志舎，1-54頁.
――［2012b］「陽の沈まぬ帝国――イギリス帝国論」木畑洋一・南塚信吾・加納格『帝国と帝国主義』有志舎，237-293頁.
君塚直隆［2015a（2009）］「主権国家の誕生――ウェストファリア体制」村田晃嗣・君塚直隆・石川卓・栗栖薫子・秋山信将『国際政治学をつかむ【新版】』有斐閣，11-20頁.
――［2015b（2009）］「ナショナリズムと帝国主義の時代」村田晃嗣・君塚直隆・石川卓・栗栖薫子・秋山信将『国際政治学をつかむ【新版】』有斐閣，21-31頁.
高坂正堯［2004］「勢力均衡」田中明彦・中西寛編『新・国際政治経済の基礎知識』有斐閣，4-5頁.
後藤春美［2006］「イギリスと日本――東アジアにおける二つの帝国」佐々木雄太編著『イギリス帝国と20世紀　第3巻　世界戦争の時代とイギリス帝国』ミネルヴァ書房，213-249頁.
小林啓治［2004］「日英同盟締結と帝国日本」木村和男編著『イギリス帝国と20世紀　第2巻　世紀転換期のイギリス帝国』ミネルヴァ書房，291-325頁.
桜井由躬雄［1999］，「植民地化のベトナム」石井米雄・桜井由躬雄編『新版世界各国史5　東南アジア史Ⅰ　大陸部』山川出版社，303-346頁.
佐々木卓也［2017（2002）］「パックス・アメリカーナの揺らぎとデタント外交――ニクソン，フォード，カーター政権期の外交」佐々木卓也編『戦後アメリカ外交史［第3版］』有斐閣，140-154頁.
佐々木雄太［2006］「世界戦争の時代とイギリス帝国」佐々木雄太編著『イギリス帝国と20世紀　第3巻　世界戦争の時代とイギリス帝国』ミネルヴァ書房，1-24頁.
佐藤丙午［2019］「INF条約と軍備管理軍縮の将来」『海外事情』第67巻第1号，90-105頁.
塩川伸明［1996］「ペレストロイカ・東欧革命・ソ連解体」歴史学研究会編『講座世界史　11　岐路に立つ現代世界――混沌を恐れるな』東京大学出版会，45-75頁.
芝崎厚士［2006］「国際関係研究における「帝国」と〈帝国〉」山下範久編『帝国論』講談社〔講談社選書メチエ〕，167-208頁.
――［2000］「国際問題文献紹介（ネオクラシカル・リアリズムと対外政策の理論）」『国際問題』第482号，80-82頁.
信夫隆司［2014］「〈書評論文〉ウォルツは国際政治理論の世界に何を残したのか」『国際政治（特集:中東の政治変動）』第178号，146-155頁.
篠崎正郎［2011］「『引き留められた帝国』としての英国――コモンウェルスからの撤退政策，1974-75年」『国際政治（特集:国際政治研究の先端　8）』第164号，29-42頁.
島村直幸［2016］「『特別な関係』の危機と再構築　1956~63年」君塚直隆・細谷雄一・永野隆行編『イギリスとアメリカ――世界秩序を築いた四百年』勁草書房，165-187頁.
――［2017］「『帝国』としてのアメリカ――その擁護論と批判者たちについて」納家政嗣・永野隆行編『帝国の遺産と現代国際関係』勁草書房，161-176頁.
祝迫得夫［2017］「トランプノミクスがもたらすもの」日本再建イニシアティブ『現代日本の地政学――13のリスクと地経学の時代』中央公論新社〔中公新書〕，193-214頁.
白石隆［2017］「アジア旋回と同盟の役割」田中明彦・日本経済研究センター編『提言　日米同盟

を組み直す――東アジアリスクと安全保障改革』日本経済新聞出版社，31-46頁．

新川健三郎［1995］「アメリカの大国化」歴史学研究会編『講座世界史　6　必死の代案――期待と危機の20年』東京大学出版会，13-43頁．

スガナミ，H［2001］「〈書評論文〉英国学派とヘドリー・ブル」『国際政治（特集:冷戦の終焉と60年代性）』第126号，199-210頁．

砂野幸稔［1997］「パン・アフリカニズムとナショナリズム」宮本正興・松田泰二編『新書アフリカ史』講談社〔講談社現代新書〕，445-470頁．

角南治彦［1994］「K・N・ウォルツの国際構造論に関する一考察」『国際政治（特集:システム変動期の国際協調）』第106号，56-70頁．

高澤紀恵［1997］『世界史リブレット29　主権国家体制の成立』山川出版社，57-61，76-80頁．

高松基之［1998］「冷戦の進展と変質」有賀貞・宮里政玄編『概説アメリカ外交史――対外意識と対外政策の変遷　［新版］』有斐閣，137-179頁．

滝田賢治［2015］「ウェスファリア体制の成立・拡大・変容」滝田賢治・大芝亮・都留康子編『国際関係学――地球社会を理解するために』有信堂高文社，特に8-9頁．

――［2015］「勢力均衡政策」滝田賢治・大芝亮・都留康子編『国際関係学――地球社会を理解するために』有信堂高文社，185-187頁．

竹内幸雄［2004］「アフリカ分割の政治経済学」秋田茂編著『イギリス帝国と20世紀第1巻　パクス・ブリタニカとイギリス帝国』ミネルヴァ書房，219-248頁．

田島晃［2002］「俯瞰する帝国――テロ事件後のアメリカ外交をめぐって」細谷雄一編『テロ後――世界はどう変わったか』岩波新書，92-113頁．

田所昌幸［2003］「序章　国際関係の制度化」『国際政治（特集:国際関係の制度化）』第132号，1-14頁．

田中明彦［2017］「21世紀における同盟の課題と使命」田中明彦・日本経済研究センター編『提言日米同盟を組み直す――東アジアリスクと安全保障改革』日本経済新聞出版社，11-30頁．

――［2018］「貿易戦争から『新しい冷戦』へ――中国台頭で変容する国際システム」『中央公論』11月号，26-37頁．

田中孝彦［1994］「パワー・ポリティクスの変容と冷戦――冷戦の終焉が意味するもの」鴨武彦編『講座　世紀間の世界政治　5　パワー・ポリティクスの変容――リアリズムとの葛藤』日本評論社，69-133頁．

――［1998］「冷戦構造の形成とパワーポリティクス――西ヨーロッパvs. アメリカ」東京大学社会科学研究所編『20世紀システム　1　構想と形成』東京大学出版会，216-251頁．

――［2008］「冷戦秩序と歴史の転倒――古いアメリカと新しいヨーロッパ」田中孝彦・青木人志編『〈戦争〉のあとに――ヨーロッパの和解と寛容』勁草書房，171-198頁．

――［2009］「グローバル・ヒストリー――その分析視座と冷戦史研究へのインプリケーション」日本国際政治学会編（李鍾元・田中孝彦・細谷雄一責任編集）『日本の国際政治学　第4巻　歴史の中の国際政治』有斐閣，37-52頁．

――［2001］「冷戦史研究の再検討――グローバル・ヒストリーの構築にむけて」一橋大学法学部創立50周年記念論集刊行会編 .『変動期における法と国際関係』有斐閣，523-545頁．

――［2003］「序論　冷戦史の再検討」『国際政治（特集:冷戦史の再検討）』第134号，1-8頁．

タールト，マーヨレイン［2002］（玉木俊明訳）「17世紀のオランダ――世界資本主義の中心から世界のヘゲモニー国家へ?」松田武・秋田茂編『ヘゲモニー国家と世界システム――20世紀をふ

りかえって』山川出版社，17-76頁.
トーランド，ジョン［1997］（千早正隆訳）『勝利なき戦い　朝鮮戦争（上下）』光人社.
トルクノフ，A. V.［2001］（下斗米伸夫，金成浩訳）『朝鮮戦争の謎と真実――金日成，スターリン，毛沢東の機密電報による』草思社.
長崎暢子［2004］「ガンディー時代」辛島昇編『新版世界各国史7　南アジア史』山川出版社，372-423頁.
中野亜里・遠藤聡・小高泰・玉置充子・増原綾子［2016］『入門東南アジア現代政治史［改訂版］』福村出版.
永野隆行［2001］「〈書評論文〉イギリスと戦後東南アジア国際関係」『国際政治（特集:比較政治と国際政治の間）』第128号，211-222頁.
中山俊宏［2011］「21世紀もアメリカの世紀か」押村高・中山俊宏編著『世界政治を読み解く』ミネルヴァ書房，99-116頁.
――［2013］「『理念の共和国』が結ぶ同盟――国益と価値の共鳴と相克」日本国際問題研究所監修・久保文明編『アメリカにとって同盟とはなにか』中央公論新社，77-94頁.
――［2017］「アメリカは地政学的リスクとなるか」日本再建イニシアティブ『現代日本の地政学――13のリスクと地経学の時代』中央公論新社〔中公新書〕.
――［2018］「アメリカン・ナショナリズムの反撃――トランプ時代のウィルソン主義」『アステイオン』第88号，45-56頁.
納家政嗣［2009a］「『ポスト冷戦』の終わり」『アステイオン』第70号，8-26頁.
――［2009b］「ポスト・クライシスの国際政治」『国際問題』第586号，5-14頁.
――［2017］「国際秩序と帝国の遺産」納家政嗣・永野隆行編『帝国の遺産と現代国際関係』勁草書房，1-20頁.
――［2018］「歴史の中のリベラルな国際秩序」『アステイオン』第88号，14-29頁.
八丁由比［2003］「大西洋憲章と多国間主義」『国際政治（特集「多国間主義の検証」）』第133号，特に34-37頁.
ハルバースタム，デイヴィッド（山田耕介・山田侑平訳）［2009］『ザ・コールデスト・ウィンター　朝鮮戦争（上下）』文藝春秋.
半澤朝彦［2001］「国連とイギリス帝国の消滅――1960-1963年」『国際政治（特集:冷戦の終焉と60年代性）』126号，81-101頁.
――［2005］「中東におけるイギリス・アメリカの『非公式帝国』の起源――1945-1947年」『国際政治（特集:国際政治のなかの中東）』第141号，72-85頁.
――［2007］「イギリス帝国の終焉と国連――イギリスの対国連政策［1960-1961］」緒方貞子・半澤朝彦編著『グローバル・ガヴァナンスの歴史的変容――国連と国際政治史』ミネルヴァ書房，181-202頁.
――［2010］「帝国と国際秩序　液状化する帝国史研究――非公式帝国論の射程」木畑洋一・後藤春美編『帝国の長い影』ミネルヴァ書房，3-24頁.
弘末雅士［1999］「近世国家の終焉と植民地支配の進行」池端雪浦編『新版世界各国史6　東南アジアII　島嶼部』山川出版社，182-267頁.
藤田泰昌［2014］「グローバル経済化――3つのトリレンマからのアプローチ」吉川元・首藤もと子・六鹿茂夫・望月康恵編『グローバル・ガヴァナンス論』法律文化社，14-27頁.
藤原帰一［1992］「アジア冷戦の国際政治構造――中心・前哨・周辺」東京大学社会科学研究所『現

代日本社会　7　国際化』東京大学出版会，327-361頁.
——［1998a］「構想　世界戦争と世界秩序——20世紀国際政治への接近」東京大学社会科学研究所編『20世紀システム　1　構想と形成』東京大学出版会，26-60頁.
——［1998b］「冷戦の終り方——合意による平和から力の平和へ」東京大学社会科学研究所編『20世紀システム　6　機能と変容』東京大学出版会，273-308頁.
——［2001］「序章　比較政治と国際政治の間」『国際政治（特集:比較政治と国際政治の間）』第128号，1-11頁.
フリードバーグ，アーロン［2018］,「リベラルな国際秩序と権威主義諸国の挑戦」『アステイオン』088号，30-44頁.
細谷雄一［1998］「英国学派の国際政治理論——国際社会・国際法・外交」『法学政治学論究』第37号，237-280頁.
——［2006］「冷戦の時代のイギリス帝国」佐々木雄太編著『イギリス帝国と20世紀　第3巻　世界戦争の時代とイギリス帝国』ミネルヴァ書房，95-128頁.
——［2016］「『特別な関係』の誕生——第二次世界大戦期」君塚直隆・細谷雄一・永野隆行編『イギリスとアメリカ——世界秩序を築いた四百年』勁草書房，112-139頁.
ホワイト，N. J.［2006］（秋田茂訳）「帝国の残影——イギリスの影響力と東南アジアの脱植民地化」渡辺昭一編『帝国の終焉とアメリカ——アジア国際秩序の再編』山川出版会，106-133頁.
前川一郎［2013］「アフリカからの撤退——イギリス開発援助政策の顛末」『国際政治（特集:戦後イギリス外交の多元重層化）』第173号，15-27頁.
松田武［1998（1983）］「国際政治舞台への登場」有賀貞・宮里政玄編『概説アメリカ外交史——対外意識と対外政策の変遷［新版］』有斐閣，特に91頁.
三宅立［1995］「第一次世界大戦の構造と性格」歴史学研究会編『講座世界史　5　強者の論理——帝国主義の時代』東京大学出版会，229-268頁.
村田晃嗣［2012］「書評『終戦論』」『日本経済新聞』2012年9月30日朝刊　https://www.nikkei.com/article/DGXDZO46698600Z20C12A9MZA001/（2019年2月14日アクセス）
——［2015］「冷戦」村田晃嗣・君塚直隆・石川卓・栗栖薫子・秋山信将『国際政治学をつかむ【新版】』有斐閣，54-64頁.
山口育人［2016a］「ブレトンウッズ体制崩壊後の国際通貨制度の再編成——新興国の挑戦から再考する」『国際政治（特集:新興国台頭と国際秩序の変遷）』第183号，73-86頁.
——［2016b］「英米『特別な経済関係』——世界経済秩序の展開からみる」君塚直隆・細谷雄一・永野隆行編『イギリスとアメリカ——世界秩序を築いた四百年』勁草書房，267-296頁.
山室信一［2003］「『国民帝国』論の射程」山本有造編『帝国の研究——原理・類型・関係』名古屋大学出版会，107-126頁.
——［2014］「新秩序の模索——1930年代」和田春樹・後藤乾一・木畑洋一・山室信一・趙景達・中野聡・川島真『東アジア近現代通史　上　19世紀から現在まで』岩波書店，185-232頁.
山本博之［2018］「近代ナショナリズムの形成」古田元夫編『東南アジアの歴史』放送大学教育振興会，108-119頁.
山本有造［2003］「『帝国』とはなにか」山本有造編『帝国の研究——原理・類型・関係』名古屋大学出版会，3-30頁.
山本吉宣［2018］「国際秩序の史的展開——揺らぐ国際秩序」『国際問題』第668号，37-45頁.
——［2009］「国際システムはまた均衡に向かうか」『アステイオン』第70号，27-45頁.

渡邉昭夫［2009］「〈21世紀初頭の危険な雲〉東アジアを覆う核緊張と日本の選択肢」『中央公論』162-168頁.